미국 중국과 한국의 지정학적 위험 그리고 통일

미중
패권 경쟁과
한국의 전략

■ ■ ■ ■ ■ ■ ■

독일에서 프러시아의 지위는 프러시아의 자유주의에 의해서가 아니라 프러시아의 힘에 의해 결정될 것이다. 프러시아는 힘을 집중시켜야 하며 유리한 순간이 올 때를 기다려야 한다. 그런 유리한 순간은 이미 여러 번 지나치고 말았다. 비엔나 조약 이후 프러시아의 국경은 건강한 정치체제를 위해서는 대단히 잘못된 불량한 것이었다. 오늘의 심각한 문제는 1848년과 1849년의 경우처럼 연설이나 다수결에 의해 결정되지는 않는다. 이 문제들을 결정하는 것은 철과 혈인 것이다.

■ ■ ■ ■ ■ ■ ■

비스마르크

미중 충돌과 한국의 지정학적 위험 그리고 통일

미중
패권 경쟁과
한국의 전략

이춘근 지음

21세기에도 미국은 세계의 패권국이자
한국의 동맹국으로 남아 있을 것인가

김앤김북스

미중 충돌과 한국의 지정학적 위험 그리고 통일

미중 패권 경쟁과 한국의 전략

초판 1쇄 발행 2016년 5월 27일
초판 4쇄 발행 2018년 7월 27일

지은이   이춘근
발행인   김건수
발행처   김앤김북스
디자인   이재호 디자인

출판등록 2001년 2월 9일(제 2015-000138호)
주소   서울시 마포구 월드컵로42길 40, 326호
전자우편 apprro@naver.com
전화   (02) 773-5133
팩스   (02) 773-5134
ISBN   978-89-89566-66-3 (03340)

2000년대가 시작된 이후 국제정치의 가장 큰 화두였던 동시에 가장 많은 학술적 관심을 불러일으켰던 주제는 중국의 급속한 부상이 과연 어디까지 갈 것인가였다. 중국이 궁극적으로 차세대 세계 패권국이 될 것이라는 주장, 미국이 결코 이를 방치하지 않을 것이기 때문에 미국과 중국 사이에는 심각한 패권 갈등이 야기될 것이라는 주장, 그리고 중국의 발전이 영원히 지속되지는 못할 것이며 미국이 계속 패권국으로 남아 있을 것이 분명하다는 주장 등 온갖 견해들이 다 쏟아져 나왔다.

그러나 미국과 중국이 패권 경쟁을 벌이기 시작했다는 현실은 우리나라 국민들에게는 단순한 학술적 관심을 넘어 국가 전략의 문제를 고민하게 하는 심각한 이슈가 아닐 수 없다. 미국에게는 국가안보를 크게 의존하고 있고 동시에 중국과 경제의존 관계에 있는 우리에게는 미국과 중국이 패권 경쟁을 벌이지 않고 상호 평화적 관계를 유지하는 것이 최선이겠지만 국제정치의 진행이 우리의 소원대로 되는 것은 아니다. 중국의 부상은 필히 미국의 견제를 불러일으킬 것이고 미중 관계가 갈등 상태로 빠져들어 가는 경우, 양국 모두와 심각한 이익관계에 있는 우리나라는 정말 어려운 전략적 선택을 하지 않을 수 없는 입장에 처할지도 모른다.

이미 대한민국은 미국과 중국 사이에서 어려운 결정을 해야 할 상황을 여러 번 당면했다. 현재 진행 중인 사드THAAD 미사일 배치 문제는 미중 패권 경쟁이 우리에게 강요하는 어려운 선택들 중 하나일 뿐이다. 앞으로 더욱 어려운 문제들이 많을 것이다. 바로 이 같은 상황에 당면할 우리나라가 택할 수 있는 바람직한 정책 방안을 생각해 보자는 것이 이 책을 집필하게 된 학문적 동기다.

필자는 한국경제연구원 연구위원으로 재직하며 2012년도 연구 과제로서 '미중 패권 경쟁과 한국의 전략적 선택'이라는 연구를 진행했고, 그 결과물을 2012년말 같은 제목의 단행본으로 출간한 적이 있지만 시중에서 널리 판매되지는 않았다.

출간 이후 미중 관계가 급격히 갈등 방향으로 진행되는 상황에서 보다 진전된 연구의 필요성을 느끼고 있던 중 김앤김북스로부터 개정판 출간을 제안 받게 되었다. 출판사의 제안은 필자가 사명감을 가지고 작업에 몰두할 수 있는 자극제가 되었다. 작년 가을, 한중 및 한미 관계가 북한의 핵개발 문제, 중국 전승기념일에 한국 대통령 참석 문제 등과 연계되어 복잡하게 꼬이고 있던 와중에서 필자는 본격적으로 미중 관계와 한국의 국가전략이라는 주제에 다시 몰두하기 시작했다.

작업을 진행하다 보니 손보아야 할 곳이 너무 많았고, 새로 써야 할 곳도 있었다. 새로운 자료도 너무나 많이 간행되었음을 알게 되었다. 역시 그동안 세계정치는 급변하고 있었다. 3년이라는 세월이 국제정치에서는 결코 짧은 세월이 아님을 알게 되었다. 그래서 과거에 쓴 책의 2판이 아니라 새 책으로 출간하기로 마음먹었다.

책을 저술하는 작업은 연구자의 본업이기는 하지만 결코 쉬운 일은 아니다. 더구나 주제가 방대하고 현실을 다루는 논쟁적인 것일 때 특히 그러하다. 프롤로그에 밝힌 대로 필자는 이 책에서 뚜렷한 관점을 제시하고 필자의 관점이 왜 옳다고 생각하는지를 학문적으로 근거를 제시하고자 노력했다. 대한민국의 전략 수립이라는 현실적인 이슈는 물론 국제정치에 관심을 가지고 공부하는 대학생, 일반 시민 누구도 쉽게 읽을 수 있는 책을 만들고자 노력했다.

필자가 집필 혹은 번역해서 단행본으로 출간한 책이 이 책까지 포함하여 19권에 이른다. 결혼하기 전에 낸 책 두 권을 제외한 17권 모두의 첫 번째 독자가 되어주었음은 물론 교정 등 출간 작업에도 열성적으로 참여했던 아내에게 고맙다는 말을 전한다. 집필 작업을 마치고 책을 낼 때마다 결코 만족스러운 적은 없었다. 이번도 마찬가지다. 그러나 나는 늘 박사학위 논문 지도교수 R. 해리슨 와그너R. Harrison Wagner 교수가 해준 말을 위로로 삼는다. "우리 누구도 완성본을 쓸 수는 없지."

이 책이 대한민국의 국제정치학도들에게 작은 학술적 토론의 계기를 제공함은 물론, 미중 갈등의 와중에서 대한민국 국가전략을 고민하는 모든 분들께 작은 참고가 되었으면 좋겠다.

저자 이춘근

10

중국의 부상은 결국 미국과 중국의 갈등 양상을 노정하는 단계에 이르렀다. 그동안 미중 관계가 어떻게 전개될 것인가에 관한 많은 논쟁이 있었지만 2016년 초반인 현 시점에서 보았을 때 두 나라의 관계는 상당히 진전된 수준의 갈등 및 경쟁 관계라고 말하지 않을 수 없다. 물론 현재의 미중 경쟁 관계가 무력이 사용되는 수준까지 악화될 것인지, 혹은 경제적인 경쟁 혹은 외교적인 수사를 가지고 상대방을 비난하는 수준에 머무를 것인지는 정확하게 예측하기 힘들다. 미중 관계가 어떤 상황으로 전개될 것인가는 미국과 중국의 국력 변화에 따라 달라질 것이다.

중국의 경제력과 군사력이 지속적으로 증강하게 될 경우 미국과 중국의 경쟁은 더욱 치열하게 될 것이고, 중국의 발전이 둔화되는 경우 미중 패권 경쟁의 가능성은 낮아질 것이다. 즉 중국의 힘이 미국의 힘에 얼마나 가까이 근접하느냐에 따라 두 나라 사이에 야기될 경쟁과 갈등의 정도가 결정될 것이다.

미국과 중국의 갈등 양상이 신경 쓰이는 것은 두 나라의 관계가 한국의 처신에 대단히 심각한 문제를 제기하기 때문이다. 지난 20여 년 동안 미국과 중국의 관계는 대단히 양호했고 한국 역시 중국과는 경제, 미국과는 안보라는 두 마리 토끼를 다 잡을 수 있던 좋은 시절이었다. 그러나 미중 관계가 심각한 갈등 상황으로 빠져들게 될 경우 한국은 심각한 전략적 선택에 당면할 수밖에 없게 될 것이다. 두 나라 모두와 다 잘 지낼 수 없는 상황이 되기 때문이다.

우리의 전략적 선택은 우리나라에 유리한 방향으로 결정되어야 하는데, 이는 쉽지 않은 문제이다. 이 책은 우리에게 이 같은 어려운 선택의 상황이 도래할 것인지, 그 경우 우리는 어떤 결정을 내려야 할 것인지의 문제에 답하기 위한 국제정치 연구다. 국제정치 연구는 결국은 힘에 대한 분석이다. 국가 간 힘의 관계를 정확하게 분석할 경우 정확한 국제정치적 결정을 내리는 것이 가능해진다. 우리나라와 같이 강대국의 틈바구니에 끼어 있는 경우 정확한 국제정치적 힘의 분석은 대단히 중요하다. 더 쉬운 말로 한다면, 우리나라와 같은 처지의 나라는 주변에서 다투는 강대국들 중 누가 궁극적인 승자가 될 것인가를 정확히 아는 일이 중요하다는 것이다.

미국이 21세기에도 막강한 패권국으로 남아 있을 것이 확실하다면 우리는 당연히 미국의 편에 서야 한다. 마틴 자끄Martin Jaque [1] 같은 사람들이 주장하는 것처럼 '중국이 21세기에 미국을 대체할 세계 패권국으로 등극할 것'이 확실하다면, 우리는 당연히 중국의 편에 서야 할 것이다. 이것은 비겁한 눈치작전이 아니다. 국가의 삶과 죽음에 관한 문제다.

만약 중국이 미국보다 막강한 나라로 등장하게 되었는데도 불구하고, 우리가 미국과의 동맹을 유지한다는 것은 마치 멕시코가 가까이 있는 미국이 두렵다고 먼 곳에 있는 브라질과 동맹을 맺는 것과 마찬가지로 황당한 일일 것이다. 역逆의 경우도 마찬가지다. 미국의 승리가 확실한 데도 불구하고 중국과 친밀하게 지낸다면, 그렇게 함으로써 미국의 중국 견제정책에 도움이 되기는커녕 방해가 된다고 인식될 경우, 미국은 한국을 신뢰할 수 없는 동맹으로 간주하고 자신의 지원 대상 국가 목록에서 빼버릴 수도 있을 것이다.

이 책은 바로 미국과 중국 사이에 야기되고 있는 국력 변동의 현황과 결과를 살펴보고, 이를 근거로 미국과 중국이 과연 패권 경쟁을 벌일 것인가를 분석하고자 한다. 한반도의 운명에 결정적인 영향을 미칠 수밖에 없는 미국과 중국 두 나라의 힘의 변동을 면밀히, 객관적으로 관찰하는 것은 그 차체만으로도 중요한 학문적 의미를 갖는다. 하지만 무엇보다 미국과 중국의 국력 변동을 객관적으로 분석하고 두 나라의 미래 전략을 파악하는 것은 우리의 급선무가 아닐 수 없다.

우리나라처럼 국제정치에 의해 운명이 규정되는 나라는 주변 국제정치 구조의 변화에 탁월한 적응능력을 갖추어야 한다. 우리나라가 힘이 더 커져서 우리 스스로 국제정치의 구조를 바꿀 수 있는 능력이 생기기 이전까지 우리는 국제정세의 변동에 기민하게 적응할 수 있는 실력을 갖추지 않으면 안 된다. 이 같은 실력을 갖추기 위해 필수적으로 해야 할 공부가 국제정치학이다.

국제정치학의 이론 중 하나인 위계이론status theory은 개인은 물론 국가의 위계가 그 국가의 기초 행위를 설정한다고 설명한다. 어떤 국가가 하는 행위는 그 국가가 차지하는 국제정치의 계층 구조 내에서의 위치에 따라 다르며, 행위자와 행위 대상과의 위계차가 그 행위를 일으키거나 한정시키는 힘이 된다는 것이다.[2]

물론 중국의 경제가 급속히 성장하고 있다는 사실 그 자체가 자동적으로 미국과 중국이 패권 경쟁을 벌일 것임을 말해주는 증표는 아니다. 중국의 급속한 경제발전이 야기할 미중 관계의 미래에 대한 학자들의 예측이 천차만별인 것처럼 중국의 급속한 경제성장이 초래할 미래를 100% 확실하게 설명할 수 있는 방법은 없다. 또한 중국과 미국 단 두 나라의 국력만 분석해도 안 된다. 국제정치는 국가들이 혼자만의 힘으로 상대방을 대하는 것이 아니기 때문이다. 국가들은 항상 자기편을 만들어 두고 함께 어려운 국제문제에 대처한다. 그래서 미중 관계의 미래를 연구하기 위해서는 미국과 중국이 함께하는 나라들에 대한 연구도 동시에 이루어져야 한다.

미중 갈등을 제대로 분석하기 위해 반드시 고려되어야 할 나라는 일본이다. 일본 외에도 중국 주변국인 베트남, 인도, 필리핀, 대만, 인도네시아, 호주 등의 대외행동 역시 미중 패권 경쟁에 영향을 미칠 수 있다. 이 책에서 이 모든 것들을 다 상세하기 다룰 수는 없는 일이지만 미국과 중국이 자기편으로 끌어들이려 하는 중요한 나라들의 국력과 외교정책에 대한 기본적인 설명은 제시될 것이다.

많은 한국 국민들이 우리는 미국과 중국의 갈등에서 중립적인 입장을 견지할 수 있을 것으로 생각하고 있다. 지정학적으로 불가능하며 국제정치 구조적으로도 불가능한 일이다.

미중 두 나라가 과거 미소 냉전 수준의 갈등과 경쟁관계에 빠져들게 될 경우 한국은 미국 편이던 중국 편이던, 어느 한 편에 설 수밖에 없게 될 것이다. 우리나라가 어느 편도 아닐 경우, 두 나라 모두는 우리나라를 유사 시 선제적으로 공격하여 점령해야 할 전략적 요충으로 삼을 것이기 때문에 그렇다. 한국이 차지하는 지정학적 중요성을 고려할 때 미국과 중국 두 나라가 한국을 중립지역으로 놓아둔 채 경합하는 경우를 상상할 수 없다. 우리나라의 과거 역사에서, 대륙세력과 해양세력이 충돌했을 때 한반도는 중립지역이니까 피해가야 한다고 생각한 강대국이 한 나라라도 있었는가?

이제까지 한국은 '미국과는 동맹', '중국과는 전략적 동반자'라는 편리한 수사를 가지고 미중 양국의 국제 관계 속에 안주할 수 있었다. 이것이 가능했던 이유는 그동안 미중 관계가 협력적이었고 양국의 경쟁 관계가 노골적으로 나타나지 않았기 때문이다. 그러나 미국과 중국의 충돌이 구체적으로 나타나고, 양국이 보다 적극적으로 패권 경쟁을 벌일 경우, 한국은 더 이상 한가하게 미국은 동맹, 중국은 전략적 동반자라고 말할 수 있는 입장이 아니게 될 것이다.

필자는 앞으로 중국의 국력 성장이 지속된다고 가정할 때, 미국과 중국이 갈등관계에 빠져들어 가게 되는 것은 거의 운명적이라고 본다. 미국과 중국 두 나라의 체제나 사상이 다르기 때문이 아니다. 미국과 소련의 경우는 체제와 사상이 달랐던 경쟁 상대였지만, 과거 프랑스와 영국, 영국과 독일의 경우 사상과 체제가 본질적으로 유사했음에도 불구하고 경쟁과 전쟁으로 빠져들어 갔다.

미국과 소련의 관계를 깊이 연구한 브레진스키 박사는 냉전이 한창 진행될 당시 소련이 자본주의 국가가 된다고 해도 혹은 미국이 공산국가가 된다고 해도 미국과 소련은 경쟁을 멈추지 않을 것이라고 주장했다. 그 이유는 두 나라가 본질적으로 충돌할 수밖에 없는 대제국colliding empire이라는 데 있다.[3] 미소 패권 경쟁이 종식된 것은 소련이 더 이상 대제국으로서 행동할 수 있는 국력을 보유할 수 없었기 때문이다. 마찬가지로 중국의 국력이 지속적으로 증강하는 경우 중국은 미국의 패권 영역을 침범하지 않을 수 없게 될 것이다.

중국이 성장을 계속해서 미국에 버금가는 경제대국이 된다면, 미국과 중국은 결국 충돌할 운명을 가진 제국들이 될 수밖에 없다.

물론 중국의 급속한 경제성장이 앞으로도 지난 30여 년처럼 지속될 것이라는 보장은 없다. 특히 2015년 이래 다수의 전문가들이 중국 경제의 경착륙을 이야기하고 있고, 이미 중국의 경제성장률은 하향 곡선을 그려 보이고 있는 중이다. 이 책은 '중국이 과연 미국을 능가하는 패권국으로 성장할 수 있을까'의 문제도 논의 대상으로 삼고 있다. 중국이 결국 미국을 앞설 것이라던 기존의 다수설은 2016년 초반인 현재 그 빛이 많이 바래버린 상태다.

필자는 오래전부터 중국이 미국의 패권을 대체할 나라가 되기 어려울 것이라고 생각해 왔으며, 그동안 소수설을 주장하는 학자 중 하나였다. 미국의 패권이 앞으로도 상당 기간 지속될 것이라는 주장은 최근 들어 더욱 설득력을 얻어가고 있는 중이다. 이 책은 미국 패권이 상당 기간 더 지속될 것이라는 주장들에 대해서도 그 논리와 상황적인 증거들을 상세하게 설명할 예정이다.

중국의 성장 속도가 더디어질 경우 동북아시아 국제정치 구조는 어떻게 변화할 것이며, 중국은 어떤 대외정책을 전개할 것인가도 궁금한 주제 중 하나다. 일본의 평론가인 하세가와 게이타로長谷川慶太郎는 중국의 공격적인 대외정책은 중국의 경제성장이 부진해진 탓에 발생한 것이라고 분석하고 있다.[4] 독재자들이 국내정치가 혼란할 경우 대외정책에서 그 탈출구를 찾는 경우는 역사상 대단히 흔한 일이었다. '관심전환 전쟁이론Diversionary Theory of War'이라는 국제정치 이론은 '국내정치에서 난관에 봉착한 독재자들이 대외전쟁을 야기한다'라는 가설을 부정하기는 했지만[5] 국내정치에서 난관에 봉착한 독재자들이 국제 문제로 국민들의 관심을 전환시킨 예는 적지 않다. 최근 중국의 공세적 외교정책은 경제성장이 멈칫함에 따라 야기될 가능성이 있는 중국 내부의 불만을 밖으로 돌리려는 것으로 분석해도 될 것이다. 즉 중국의 고도성장이 주춤할 경우라도 중국과 미국 사이에 분쟁이 발발할 개연성이 있다는 것이다.

지난 10년 정도 국제정치에서 가장 큰 관심을 받았던 주제는 '중국의 부상Rise of China'이었다. 그러나 중국의 부상이라는 주제는 학술적이기도 하지만 유행이라는 측면이 강했다. 1980년대 중반 이후 수년 동안 가장 유행했던 국제정치적 논의 주제가 '일본의 부상'이었던 것처럼 말이다.

2015년 이래 약간 수그러들기는 했지만 세계 대부분 나라의 국제정치학자들과, 신문기자, 정치가들 중 중국의 부상에 관해 논하지 않았던 사람은 없었다. 특히 한국의 경우 중국의 부상은 특히 더 많이, 과장되게 논의되어 온 주제이다. 다른 나라들과는 달리 한국에서의 '중국 부상론'은 중국에 '우호적인 측면'에서 '과장'된 측면이 많았다. 중국이 미국을 앞서지는 못할 것이라는 주장과 그런 주장을 하는 학자들은 약간 이상한 사람으로 취급될 정도로 소수파에 불과했다.

중국의 부상이 대한민국의 미래 운명에 정말 중요한 이슈라면, 그 주제는 정말 객관적으로 과학적으로 연구되어야 할 일이다. 전직 주미대사 양성철 박사는 이승만 박사의 외교를 연구한 책인 『벼랑 끝 외교의 승리』 추천 서문에서 "중국의 부상이 앞으로 대한민국이 당면할 가장 큰 외교문제"라는 사실을 강조한 바 있다.[6] 이처럼 중요한 문제는 결코 감정적으로 다루면 안 된다.

필자의 과문 탓일지도 모르지만, 대한민국의 대형서점 서가들을 채우고 있는 중국 관련 책들 중에는 심각한 학술적 고뇌의 산물이기보다는 시류에 편승한 가벼운 책들이 더 많다는 생각이 든다. 중국 관련 연구가 하나의 유행fad이 되면서 일반 시민들이 쉽게, 편하게 읽을 수 있는, 그러나 객관성과 학문적 엄밀성은 많이 결여된 그저 그런 책들이 엄청 많이 출간되었다. 그러다보니 본서는 중국 관련 제반 학설들을 문헌조사 연구를 통해 종합한다는 목적도 가지게 되었다. 물론 필자는 이 책을 '일반인들도 쉽게 읽을 수 있는 학술 서적'을 쓴다는 관점에서 저술했지만 주제와 관련된 다양한 견해들을 소개하고 그들의 적실성을 평가하는 작업을 포함하고자 했다.

미국과 중국의 국제 관계가 향후 어떻게 전개될지에 대해 100% 확신을 가지고 예측을 한다는 것은 불가능한 일이다. 그러나 미중 양국의 국력 변화를 분석하고, 이 같은 양상의 국력 변화가 미래에는 어떻게 지속될지, 그리고 변화하는 힘의 상관관계correlation of power 속에서 양국의 관계가 어떻게 변할 것인지 예측할 수는 있을 것이다.

그래서 본 저서의 첫 번째 주제는 미국과 중국의 국력이 어떻게 변동해 왔고 앞으로는 어떻게 변화할 것인가에 관한 것이다. 패권 경쟁이란 결국 힘의 갈등power struggle을 말하는 것이기 때문에 두 나라의 국력에 대한 정확한 분석이 결정적으로 중요하며, 이미 미국과 중국의 국력 변동에 대한 많은 연구결과들이 제시되어 있다.

문제는 미국과 중국의 국력을 분석한 결과가 저마다 상이하다는 점
이다. 중국이 미국을 곧 앞설 것이라는 주장에서부터 중국은 영원
히 미국을 앞설 수 없을 것이라는 주장까지, 상반되는 주장들이 공
존하고 있다.

국가의 미래를 예측한다는 것은 결코 쉬운 일이 아니다. 1994년
출간 당시 상당한 인기를 얻었던 책에서 해미시 맥래Hamish McRae는
중국의 미래를 이렇게 단언했다.[7]

"이 기세가 지속된다면 12억의 인구를 지닌 중국의 GDP가
2003년에 가서는 미국보다 더 커질 것이다. 비록 1980년대에
성장률이 반감되더라도 2014년에는 중국이 미국을 앞설 것이
다. 중국이 2020년에 세계 최대의 경제권이 되고, 그 결과 세계
정치권에서도 훨씬 더 큰 영향력을 갖게 될 것이다"

아무리 늦어도 2014년에는 중국의 경제력이 미국을 앞설 것이라
는 1994년의 예측은 허무할 정도로 틀렸다. 그래서 필자는 학자들
이 자신의 주장을 뒷받침하기 위해 사용하는 자료의 신빙성 역시
따져봐야 한다고 생각한다.[8] 특히 중국정부가 발표하는 자료들은
조심해서 다룰 필요가 있다.

2013년 중국의 경제력은 구매력 기준 GDP로 13.37조 달러였다.
당시 미국은 16.72조 달러였다. 2013년 구매력 기준 개인 소득은
중국 9,800달러, 미국 52,800달러였다. 13억 5000만 명, 즉 미국
인구의 거의 4.5배에 이르는 방대한 인구 덕택에 중국은 세계 2위
의 경제대국이 되었지만, 중국의 일인당 국민소득은 세계 120위에
불과하다는 것이 통계 자료가 보여주는 현실이다.[9]

패권국의 더욱 중요한 국력 요인인 군사력 측면에서 미국과 중국의 격차는 두 나라를 경쟁 관계라고 보기에는 민망할 정도로 심각하다. "동맹국들을 빼고 계산할 경우 미국의 군사력은 중국의 약 10배 정도"라는 것이 신뢰성을 인정받는 전문가들의 평가다.[10] 중국의 경제력과 군사력이 적어도 미국의 절반 이상은 되어야 두 나라가 패권 경쟁을 벌인다고 말할 수 있을 것이다. 미소 간의 경쟁은 '패권 경쟁'이었는데 소련은 1970년대 중반 이후 군사력 측면에선 미국을 압도한 적도 있었다.[11]

이 책은 이처럼 상충하는 여러 주장들을 소개하고, 이중 가장 타당한 주장이 어떤 것인지를 밝혀내고자 한다. 그런 다음 미국과 중국이 어떻게 행동할 것인가를 추론해 볼 것이다.

필자는 미국과 중국이 갈등과 경쟁 관계에 빠져들어 갈 가능성이 높다고 보고, 이에 대비해야 한다고 주장한다. 전략을 연구하는 경우, 두 나라가 갈등 관계에 들어갈 것으로 전제하는 것이 합당하고 안전하다. 미중 관계가 비관적인 방향으로 전개될 수 있음을 상정하고 대전략을 수립하는 것이 안전하기 때문이다.

이 책은 국제정치학이 개발한 패권 안정 이론, 세력전이 이론, 패권 전쟁론 등의 이론을 원용하여 향후 미중 관계의 진행을 전망할 것이다. 미중 패권 갈등의 양상을 분석함으로써 우리는 한국의 대안을 마련할 수 있는 기초를 얻게 될 것이다. 미중 갈등의 전개 양상에 따라 한국이 선택해야 할, 혹은 선택할 수 있는 전략은 다양하게 나타날 것이다. 이 같은 전제들 위에서 본 연구는 다음과 같은 주제들을 다룰 것이며, 이들은 보다 세분화되어 설명될 것이다.

1. 과거, 현재, 미래 미국과 중국의 국력 변화에 대한 분석Power Analysis, 중국의 경제성장, 미국의 국력 전망
2. 미국과 중국의 패권 갈등Hegemonic Struggle 전망. 국력 변동과 국제정치 변화(이론과 사례들), 미국과 중국의 대전략
3. 미중 패권 갈등 상황에서 한국의 전략적 선택, 미국과 중국의 한반도에 대한 관심과 이익. 통일과 평화, 안정을 위한 한국의 전략

이 책의 관점

독자들이 책의 서문만 읽어도 그 책의 전체 내용이 무엇인지를 개략적으로 파악할 수 있게 해주는 것이 저자의 도리라고 생각한다. 서문을 읽은 독자들이 저자가 왜 그런 주장을 했는지가 궁금해서 본론을 빨리 읽고 싶게 만드는 것이 좋은 책의 기본이다. 물론 견해가 다르기 때문에 아예 들쳐보지 않으려는 사람도 있을 것이다. 그렇다면 그 사람은 결코 지적인 발전을 이룰 수 없을 것이다.

미국과 중국의 미래에 관한 다양한 견해들이 존재하지만 그동안 한국을 지배하는 견해는 '몰락하는 미국Declining America'과 '부상하는 중국Rising China'이었다. 대부분의 책들과 신문기사들, 방송 내용들이 그랬다. 우리나라 사람들은 그동안 '슈퍼 차이나'라는 말을 당연시할 수밖에 없는 정보의 홍수 속에서 살고 있었다. 그러나 이처럼 일방적인 관점은 위험한 결과를 초래하게 된다. 그동안 우리나라에서 압도적인 지지를 받았던 다음과 같은 명제들에 대해 한번 생각해 보자.

- 중국은 급속한 경제성장을 이룩했으며 곧 미국을 앞지를 것이다.
- 중국의 군사력은 미국과 맞먹는다. 혹은 적어도 빠른 시일 내에 맞먹 게 될 것이다.
- 한국은 중국과 무역 거래가 제일 많으니 미국보다는 중국과 더 잘 지 내야 한다.
- 북한급변사태에 개입하지 말아야 한다. 왜냐하면 그럴 경우 중국도 개입할 테니까.
- 중국은 차세대의 세계 패권국이다. 미국은 결국 몰락하게 될 것이다.

이상의 명제들에 대해 학자나 전문가들은 다양한 견해를 가지고 있다. 전부 '그렇다' 라고 생각하는 사람들도 있고, 전부 '아니다' 라고 생각하는 사람들도 있다. 우리나라에서는 얼마 전까지 '그렇 다' 라고 대답하는 사람이 훨씬 더 많았다. '아니다' 라고 대답하는 사람은 소수였다. 여기서 어떤 생각이 옳은지 그른지를 평가하기에 앞서, '그렇다' 라고 생각하는 사람들이 제시할 대한민국의 국가전 략과 '아니다' 라고 생각하는 사람들이 제시할 대한민국의 국가전 략은 완전히 다를 것임을 알 수 있다.

중국이 패권국이 될 것이라고 믿는 사람들은 앞으로 우리나라의 국가전략이 친중적이 되어야 한다고 말할 것이며, 미국이 계속 패 권을 유지할 것이라고 믿는 사람들은 한미동맹을 더욱 강화해야 한 다고 말할 것이다. 미중 두 나라가 적대 관계에 들어갈 경우, 우리 가 취해야 할 입장에 대해서도 정반대의 대안이 제시될 것이다. 즉 진단이 다를 경우 처방도 달라지는 것이다. 문제는 하나는 옳고 다 른 하나는 그르다는 데 있다. 그래서 우리는 정확한 진단을 해야 한다. 정확한 진단이 있어야 정확한 처방이 가능하기 때문이다.

결국 미국과 중국의 미래 국력에 대한 정확한 분석이 행해져야만 미중 패권 경쟁의 향방을 알 수 있고, 우리가 택해야 할 전략 대안을 마련할 수 있을 것이다. 필자는 이를 위해 기존의 국제정치학자들이 개발해놓은 여러 가지 이론들을 소개하고 이 이론들을 통해 다가오는 미중 패권 경쟁 현상을 분석하고자 했다.

미국과 중국 사이에 세력전이power transition 현상은 실제로 일어나고 있는 것인가? 미국과 중국 사이에 패권 경쟁이 발발한다면 누가 궁극적인 승자가 될 것인가? 한국에 가장 소망스런 동북아시아의 미래는 어떤 것인가? 등에 관한 수많은 분석이 이루어졌다. 강대국 국력 변동에 관한 이론, 미국인의 세계관과 미국의 대전략, 중국인의 세계관과 중국의 대전략, 미국의 국력 변동, 중국의 국력 변동, 그리고 미중 관계의 미래에 관한 수많은 연구가 이루어졌다. 필자는 다양한 주장들을 소개하고 어떤 설명과 이론들이 미래에 대한 가장 정확한 설명인가를 분석하고 평가하고자 했다.

필자가 이 책에서 제시한 설명과 분석들은 미중 관계에 관한 보통 한국인들의 생각과 다른 부분이 적지 않을 것이라고 생각한다. 심지어 상당수 한국 학자들의 견해와도 다를 것이다. 다른 주장을 말할 경우 더 큰 노력이 필요하다. 필자는 2012년 여름 미국과 중국을 각각 보름, 열흘간 방문할 기회가 있었다. 2013년과 2014년에도 5차례에 걸쳐 미국을 방문, 이 책의 집필을 위한 자료를 수집하고 패권 도전에 맞서는 미국의 분위기를 파악해 보고자 했다. 필자가 인쇄된 혹은 인터넷상의 자료들을 통해 이해한 미중 관계가 과연 실제 현상 혹은 현장의 분위기와 일치하는지를 판단하기 위해서였다. 가장 설득력이 높다고 생각하는 국제정치 이론, 그리고 필자가 느낀 현장의 분위기들을 이 책 곳곳에서 소개하고자 노력했다.

■ 중국의 지속적 경제성장 가능성: 대입론자와 거품론자

외국의 학설들을 종합하면 미국과 중국의 미래에 대해 두 가지 정반대 견해가 존재함을 알 수 있다. 중국은 결국 제1의 경제 대국이 될 것이라고 보는 견해와 중국이 미국을 앞설 가능성은 없다고 보는 견해가 그것이다. 중국이 미국을 앞서 세계 제1의 경제대국이 될 것이라고 주장하는 사람들을 대입론자代入論者, Extrapolationist라고 말하는데 이들이 제시하는 주장의 전제가 "중국이 지난 수십 년간의 경제성장을 앞으로 수십 년 지속하게 될 경우"이기 때문이다. 지난 30년간 중국의 경제성장률이 10%에 육박하는 것이었는데, 앞으로 30년 동안에도 그렇게 성장하면 중국의 경제는 미국을 앞설 것이라는 주장이다. 이 주장의 가장 큰 문제는 중국이 앞으로 30년 동안도 과거 30년과 같은 수준의 경제성장을 이룩할 수 있다고 보는 근거를 제대로 제시하지 못하고 있다는 점이다.

중국 경제가 앞으로 성장하기는커녕 곤두박질칠 것이라고 보는 사람들도 많은데 이들을 통칭해서 거품론자Bubbler라고 부른다. 이들은 중국이 과거에 그랬던 것처럼 연평균 10%의 고도성장을 결코 계속할 수는 없으며, 그동안의 고도성장을 통해 중국사회에 엄청난 거품이 형성되었다고 본다. 북경의 아파트 값이 서울보다 비싸다는 사실이 거품의 전형이다. 이들은 거품이 곧 터질 것이며 중국의 고도성장은 멈추게 될 것이라고 본다. 일부 극단적인 견해는 중국이 망할 수도 있다고 주장하지만 다수는 일본처럼 성장 둔화의 침체기를 맞이하게 될 것이라고 본다. 필자는 중국 경제의 미래에 대해 위의 두 가지 견해 중에서 거품론자의 견해가 현실을 더 잘 설명하는 것이라고 보고 있다.

■ 중국의 미래: 용이 될 것인가, 팬다곰이 될 것인가?

중국의 고도 경제성장이 지속될 것이냐의 견해가 정반대로 나뉘는 것과 마찬가지로 미국과 중국이 충돌할 것인가의 문제에 대해서도 두 가지 정반대 견해가 존재한다. 중국의 부상이 결국 미중 대결을 초래할 것이라고 보는 사람들은 힘이 강해진 중국이 마치 龍龍, Dragon처럼 미국에 대들 것이라 본다. 용이란 상서로운 상상의 동물이지만 결코 얌전한 동물을 상징하지는 않는다.

이와는 반대로 중국이 막강해진다고 할지라도 중국은 자유주의 개방경제를 택했기 때문에 미국과 패권 갈등을 일으키지 않을 것이라고 보는 견해도 있다. 심지어 미국과 중국을 아예 하나의 융합된 경제체제로 보는 전문가들도 있다. 중국의 경제발전이 미중 갈등을 불러일으키지는 않을 것이라는 입장을 취하는 사람들은 경제 대국이 된 중국은 기존의 국제질서를 타파하려 하지 않을 온순한 팬다곰Panda Bear으로 남아 있을 것이라고 본다.

필자는 현실주의 국제정치학의 한 계열인 '공격적 현실주의' 관점을 지지하는 학자로서 중국의 부상은 필경 미중 패권 경쟁을 불러일으키지 않을 수 없다고 본다. 힘이 막강해진 2위 국가가 패권국에 대한 도전을 자제한 경우는 역사상 없었다. 또한 1위의 국가가 패권국의 도전에 자신의 지위를 평화적으로 양보한 적도 없었다. 중국의 힘이 부상하는 한, 미중 패권 경쟁은 필연적일 것이다.

■ 중국의 부상이 멈추어도 미중 패권 경쟁은 야기될 것이다

필자는 중국 경제가 미국을 넘어 세계 1위가 될 수 없을 것이라는 거품론자의 견해를 따르지만 중국 경제가 미국을 앞서지 못한다고 하더라도 미중 패권 갈등이 전혀 없을 것이라고 보지는 않는다. 물론 예상과 달리 중국의 경제가 앞으로도 지속적으로 고도성장을 이룩한다면, 이 경우 미중 패권 갈등은 필연적일 것이다.

필자는 중국이 세계적 차원의 패권국이 되지는 못하는 경우라도 미중 간 패권적 갈등이 야기될 것이라고 보는데, 중국이 미국을 대체하는 세계적 차원의 패권국까지는 아닐지라도 아시아의 패권국이 되려는 작은 희망조차 포기할 가능성은 없다고 보기 때문이다. 이미 중국은 아시아의 패자가 되기 위한 제반 계획들을 수립하고 이를 추진해 나가고 있다.

여기서 중국이 세계가 아닌 아시아의 패권국이 되는 것을 미국이 허용할 것인가의 문제가 대두되는데, 필자는 미국이 그러한 중국의 야망도 결코 전략적으로 용인하지 않을 것이라고 보고 있다. 중국의 아시아 챔피언십 획득은 미국의 세계 대전략Grand Strategy이 결코 용인할 수 없는 부분이기 때문이다.

이렇게 비관적으로 보는 이유가 하나 더 있다. 우리가 국제정치를 공부하는 이유는 우리나라가 안심하고 살아갈 수 있는 방책을 강구하기 위해서다. 그러기 위해서는 국제정세를 우리의 희망에 의해 분석하면 절대 안 된다. 비관론에 근거한 전략적 분석과 대비는 낙관론에 근거한 무대책보다는 언제라도 더 바람직할 수밖에 없다. 조선의 선조는 일본을 관찰하고 돌아온 두 특사의 보고 중에서 낙관론을 택하고 대비를 하고 있지 않다가 민족사 최대의 전란을 당했고 왕으로서 극도의 모욕을 당했다.

최근 중국의 고도 경제성장이 '멈칫하고' 있다. 그러나 중국의 지도자들은 중국의 힘이 적어도 아시아에서는 미국과 군사적 대결마저 벌일 수준이 되었다고 생각하고 있을지도 모른다. 두 나라가 물리적으로 충돌할 경우 우리의 입장은 정말 난감한 것이 아닐 수 없을 것이다. 이 같은 상황에 대처하기 위한 지혜를 모아보자는 것이 이 책을 집필하는 가장 중요한 목표다.

본 저서는 기존 연구들과 몇 가지 측면에서 차별화를 시도한다. 우선 관점의 차이다. 이제까지 미국과 중국의 갈등 가능성을 염두에 둔 국제정치 분석은 별로 없었다. 대체적으로 중국과 미국 모두가 한국에 우호적인 세력으로 남아 있을 것이라고 가정했다. 미국은 한국의 동맹국이고, 중국은 한국의 전략적 동반자라는 한국에 최상의 국제정치 환경을 가정한 것이다. 본 연구는 한국이 미국과 중국의 대결 구도 속에서 심각한 전략적 선택을 강요당할 날이 올 수 있다고 본다는 점에서 기존의 연구들과 분석 맥락을 달리한다.

둘째는 연구결과의 활용 측면에서의 차이점이다. 우리나라는 비록 약한 나라이기는 하지만 미중 패권 경쟁의 과정과 결과에 영향을 미칠 수 있는 나라다. 특히 한국은 현재 미국과의 동맹국으로서 미중 패권 경쟁이 심화될 경우 미국의 편에 서야할 의무가 있는 나라다. 많은 한국 사람들이 미중 패권 경쟁을 논할 때 한국이 현재 미국의 동맹국이라는 사실을 소홀히 취급한다. 우리가 '진정' 미중 패권 경쟁에서 중립을 취하려면, 먼저 미국과의 동맹을 종료시켜야 한다는 사실을 알아야 한다. 이 같은 일이 한국에 얼마나 어려운 것인지를 잘 아는 중국의 한 학자는 "한국과 중국도 동맹을 맺자"[12]는 어처구니없는 주장을 하기도 했다. 한국이 서로 으르렁거리는 두 강대국과 동시에 동맹을 맺는다는 상황이 어떻게 가능하단 말인가. 동맹이란 '공동의 적'을 가진 나라들이 그 공동의 적에 대해 함께 싸울 것을 약속한 관계다. 본 저서는 미중 패권 경쟁의 와중에서 우리나라가 어떻게 행동해야 할지를 분석한다.

셋째로 이 책은 미국과 중국의 국력 분석만으로는 미중 패권의 향방을 정확하게 분석할 수 없다는 입장을 견지한다. 미중 패권의 결과에 영향을 미칠 중요한 요인 중 하나는 일본, 인도, 러시아, 베트남, 호주 등의 관련 국가들이 미중 패권 경쟁의 와중에서 어떻게 행동할 것인가이다. 필자는 이 측면에서 미국이 결정적으로 유리한 고지를 점하고 있다고 본다. 일본은 중국과의 대결을 필연적이라고 보아 이미 중국에 대한 투자를 거두어들이는 대신 인도, 베트남 등에 대거 투자하고 있다. 또한 중국과의 무력 분쟁 가능성을 염두에 두고 미국과의 동맹 강화에 적극적으로 나서고 있다. 이 주제에 대해서도 일정 부분 기술하지 않을 수 없을 것이다.

우리는 미국과 중국의 국력 변화에 대해 가능한 광범하게 그리고 예리하게 관찰을 함으로써 우리나라의 정치, 경제적인 이익을 효과적으로 수호할 수 있을 것이다.

01

20세기 이후 패권의 역사

세계의 역사는 전쟁과 갈등의 역사

어느 시대를 살고 있는 사람들이라도 자신의 시대를 격변의 시대라고 생각한다. 1년 단위로 생각할 경우에도 최근 몇 년은 '격변의 해'였다. 기간을 더 길게 잡을 경우, 2000년대가 시작된 이후 세계 정치는 과거 어느 때보다 빠르고 분명한 변화가 일어났다. 그러나 2000년을 맞이하는 순간, 지구상의 인류 대부분은 미래의 세계 정치에 대해 상당한 낙관론에 빠져 있었다. 20세기라는 인류 역사상 가장 혹독했던 전쟁의 세기가 끝나고 21세기는 평화와 번영의 세기가 될 것이라는 기대가 충만했다. 20세기는 세계대전이 두 번이나 발발했던 처참한 전쟁의 시대였으며, 2차 대전 이후부터 거의 반세기 동안은 미국과 소련의 냉전 갈등아래 지구 인류 모두는 핵전쟁으로 인한 절멸의 공포에 숨죽이며 살아야 했었다.

그러던 20세기는 1980년대 말엽 동부 유럽 공산주의 정권들이 줄줄이 붕괴되는 현상을 목도했으며 소련마저도 예상 밖의 급속한 속도로 몰락했다. 공산주의는 패배하고 자유주의가 승리했다. 대전쟁 없이 미국이 승리하고 소련이 패배한 것이다. 미국과 자웅을 겨루던 초강대국 소련의 붕괴로 미소 간 핵전쟁의 위협도 없어지고, 사상으로 인한 충돌도 없어질 것이라고 생각했다. 세계의 역사를 이데올로기의 변증법적 갈등사로 분석하는 성급한 학자는 "역사가 끝났다"고 선언하기도 했다.[1] 1999년 12월 31일 자정 인류는 새로운 시대로의 진입을 축하했다.

그러나 최악의 전쟁과 분쟁의 세기가 되고 말았던 20세기가 시작되던 1900년 1월 1일에도 역시 세계 인류는 2000년을 맞이한 그들의 손자, 손녀들이 그랬던 것보다 오히려 훨씬 더 낙관적이고 들뜬 마음으로 새로운 세기를 맞이했다. 1900년의 지구인들은 새로 시작되는 20세기는 전쟁이 발발할 일이 없는 평화의 세기가 될 것이라고 낙관했다. 무지막지한 기관총이 발명되었는데 이성적인 인간이라면 감히 전쟁을 벌일 수 없을 것이라는 게 100년 전의 낙관론이었다. 또한 1900년 무렵 국가 간 인적, 물적 교류의 확대와 이를 통한 경제적인 풍요의 증진은 모든 사람들로 하여금 20세기는 진정 평화와 번영의 세기가 될 것이라고 믿게 했다. 국가 간 무역액으로 계산할 경우 1900년대 초반 유럽 각국의 경제적 상호 의존도는 세계화의 시대라고 말하는 오늘보다 오히려 더 높았다.

이처럼 낙관적으로 맞이한 20세기는 시작된 지 불과 14년이 지났을 때, 후세 역사가들이 '제1차 세계대전'이라고 부르는 엄청난 규모의 전쟁을 맞이한다. 1919년까지 지속된 1차 세계대전은 당시 유럽 청년의 한 세대를 몰살시킬 정도로 처참한 전쟁이었다. 1차 대전이라는 피비린내 나는 재앙을 경험한 인류는 다시는 전쟁을 하지 말아야겠다고 다짐하고, 국제정치학을 연구하고, 전쟁을 막을 수 있는 여러 가지 방안을 고안해 내기 시작했다. 국제정치학이라는 학문이 독립 분야로 출범한 시기도 바로 이때였다. 훌륭한 외교와 훌륭한 국제기구, 국제법이 만들어졌다.

연합국의 편에 서서 전쟁이 발발한 지 이미 3년이 지난 시점, 비록 뒤늦게 참전했지만 궁극적으로 1차 대전을 연합국의 승리로 이끈 주역인 미국의 윌슨 대통령은 앞으로의 세계는 평화와 번영만이 있는 좋은 세상이 될 것이라는 '이상주의적 국제정치 이론'을 전 세계에 설파했다. 1차 세계 대전 직후, 평화를 갈망하던 지도자들과 학자들은 '인류는 전쟁을 막을 수 있다'는 낙관론에 기초한 국제정치학을 발전시켰다. 이상주의자 윌슨은 국제연맹이라는 국제기구를 중심으로 외교, 대화, 협상, 국제법 등을 통해 모든 국제문제를 해결할 수 있다고 믿었다. 1928년 8월 27일에는 모든 전쟁을 불법으로 규정하는 켈로그-브리앙조약Kellog-Briand Treaty이 체결되기도 했다. 독일, 프랑스, 미국이 주도한 이 조약에는 1929년 7월까지 영국, 소련, 일본 등 강대국은 물론 세계의 거의 대부분 나라들이 가입했다. 1939년에 이르기까지 당시 세계 독립 국가들의 거의 전부라고 말할 수 있는 63개국이 이 조약에 가입할 정도였다.

그러나 이러한 평화를 위한 이상주의적 대책들은 일본의 만주 침략(1931), 이태리의 아비시니아 침공(1935), 소련의 핀란드 침공(1939), 독일의 폴란드 공격(1939) 등을 전혀 막을 수 없었다. 모든 전쟁을 불법이라고 규정한 조약에 가장 적극적으로 참여했던 국가들이 오히려 약속을 더 잘 지키지 않았던 것이다.[2] 1차 대전 이후 다음 세계대전을 막을 수 있다는 확신 아래 세계문제에 개입하고자 했던 이상주의적 국제기구인 국제연맹League of Nations은 태어나기도 전에 사산死産되고 마는 처지가 되었다. 윌슨이 주도한 사상 최대의 국제기구인 국제연맹에 미국이 가입하지 못하는 일이 일어난 것이다. 미국의 의회는 '전쟁에서 승리했으면 국내문제에 다시 집중을 할 일이지 무엇 때문에 국제문제에 계속 개입하려는 것이냐'며 미국의 국제연맹 가입을 불가능하게 만들어버렸다. 1차 대전을 통해 국력의 측면에서 명실 공히 세계 1위임을 과시한 미국은 또 다시 고립으로 돌아갔고, 최강의 국제정치적인 힘인 미국의 힘이 개입할 수 없게 된 1차 세계대전 이후의 국제정치 질서는 다시 혼란으로 빠져들 수밖에 없었다.

1930년대 초반 이후 유럽과 아시아에서 무법자가 된 독일, 이태리, 일본의 파시즘과 군국주의를 막지 못한 결과, 세계는 또 다시 인류사상 최대, 최악의 전쟁을 치르게 되었다. 1939년 여름 시작된 제2차 세계대전은 1945년 8월 15일 일본의 무조건 항복으로 종식될 때까지 사망자만도 6,000만 명이 넘는 인류 역사 최악의 재앙이었다. 1차 대전이 주로 유럽의 시골 지역에서 벌어진 것과 달리 2차 세계대전은 5대양, 6대주 세계 전체에서 전투가 진행되었으며 인구가 밀집된 대도시가 전쟁터가 되었고 민간인의 인명 피해가 군인의 인명피해를 초월하는 사상 초유의 처절한 전쟁이었다.

슈퍼파워 미국의 탄생

2차 세계대전의 경우에도 미국은 역시 늦게 개입했다. 2차 대전이 공식적으로 시작된 때와 장소가 1939년 가을 동부 유럽에서였지만 미국은 일본이 진주만을 공격한 후인 1941년 12월에야 비로소 전쟁에 참전했다. 히틀러의 독일제국에 맞서 힘든 전쟁을 치르고 있었던 영국의 처칠 수상은 일본이 진주만을 공격했다는 소식을 듣고 "이제는 우리가 이겼다"며 기뻐했다고 한다. 프랑스는 독일의 침공을 받은 후 불과 1개월 반만인 1940년 6월 25일 독일에 항복하고 점령당한 상태였으며, 영국은 독일이 러시아를 공격한 1941년 6월까지 홀로 독일과 싸우고 있었다. 머뭇거리고 있던 미국이 영국의 편에 서서 전쟁에 개입할 것이 분명해졌으니 처칠은 기쁘지 않을 수 없었고 미국이라는 막강한 힘의 개입은 연합국의 승리를 보장하는 것이나 마찬가지였다. 독일의 합동참모본부는 일본의 진주만 공격 직후, 미국에 대한 선전포고를 위해 회의를 열었는데 당시 진주만이 어디 있는 곳인지를 아는 독일의 고위 장군들은 없었다.

진주만이 어디 있는지조차 모르는 독일 군부는 미국이 독일에 선전 포고하기 전에 먼저 미국에 대해 선전포고를 했다.[3]

미국은 대서양을 건너가서 유럽대륙에서 독일과 전쟁을 벌이는 동시에 그 반대편인 태평양에서는 일본과 전쟁을 벌이는 진정 초강 대국다운 면모를 과시했다. 지구 전체를 전쟁터로 삼아 전쟁을 벌일 수 있는 괴력을 가진 나라가 탄생하는 순간이었다. 당시 세계 패권국으로 인식되던 영국은 일본군에 의해 아시아에서 추방당한 후 아시아 지역에서 다시 전투를 치를 엄두를 내지 못했다. 소련은 유럽과 아시아 두 대륙에 걸친 대국이었지만 유럽 전선에서 독일 한 나라하고만 전쟁을 벌이기에도 힘이 벅찼다. 오로지 미국만이 지구 전역에서 전쟁을 치를 수 있는 능력을 보유하고 있었다.

미국의 파워는 2차 대전의 승패를 결정지었다. 미국의 참전으로 인해 연합국은 독일, 일본, 이태리 등 주축국Axis Powers을 격파하고 전쟁에 승리할 수 있었다. 영국, 프랑스, 중국, 소련은 미국과 더불어 전승국이 되기는 했지만 전쟁으로 인해 강대국으로서 기능할 수 있는 산업 기반을 모두 잃고 말았다. 1945년 8월 15일 이후 미국만이 온전한 상태로 전쟁에 승리한 강대국으로 남아 있었다. 산업시설 등 국가기반 시설이 거의 대부분 파괴된 독일, 일본, 이태리는 패전국이 되어 승전국들의 점령 통치를 받게 되었다.

제2차 세계대전은 기존의 패권국인 영국의 패권에 독일, 일본, 이태리 등이 도전함으로써 야기된 전쟁이었다. 당시의 패권국 영국은 자신을 지지하는 프랑스, 미국을 연합국으로 삼아 도전국들에 대항했다. 중국과 러시아는 각각 도전국인 일본과 독일의 공격 표적이 되었던 관계로 연합국 측에 가담했다. 2차 세계대전에서 영국은 도전국들을 물리치고 전승국이 되기는 했지만, 패권을 유지할 수 있는 능력을 잃었다. 영국은 스스로 미국에게 자신의 패권적 지위를 넘겨 줄 수밖에 없었다. 미국은 패권의 추구를 목표로 전쟁을 치르지는 않았지만 패권국의 지위를 차지할 수 있게 되었다. 2차 대전 이후 미국은 세계의 문제에 적극 개입하기 시작했다. 정치, 군사적인 측면에서는 물론 경제적인 측면에서도 미국은 세계를 이끌어 가는 패권국의 역할을 적극적으로 담당하기 시작했다.

소련의 도전

의도하지도 않았던 패권을 물려받은 미국은 2차 대전 이후부터 1990년에 이르는 45년 동안 소련이라는 힘겨운 도전자와 경쟁을 벌어야 했다. 냉전Cold War 시대라고 불린 이 기간은 비록 진짜 전쟁은 발발하지 않았지만 핵전쟁의 공포 속에서 살아야만 했던 힘겨운 세월이었다. 냉전이 미국의 승리로 끝난 것을 다 아는 우리들은 지금 냉전의 치열함과 냉전이 과연 누구의 승리로 귀결될 것이냐에 관한 조바심을 더 이상 느끼지 못한다. 그러나 되돌아보면 너무나 당연한 일 같아 보이는 미국의 승리는 거저 얻은 것이 아니었다. 소련과의 50년 동안 지속된 힘겨운 투쟁 끝에 얻어 낸 것이다. 냉전이 한창이던 시절 미국은 자신이 냉전의 궁극적인 승자가 될 것이라는 확신을 갖고 있지도 못했다.

1956년 11월 18일 모스크바의 폴란드 대사관에서 열린 서방측 대사들을 위한 리셉션에서 소련 수상 흐루시초프는 "우리는 당신들을 묻어버릴 것이요We will Bury You!"라고 소리치며 공산주의의 승리를 확신했다.⁴ 당시 소련을 방문 중이던 닉슨 미국 부통령은 "소련 시민들은 앞으로 자유주의가 승리한 세계에서 살게 될 것이요."라고 반박했지만 솔직히 자신감을 가지고 한말은 아니었다고 회고했다. 소련이 붕괴된 직후인 1992년 출간 된 자신의 저서에서 닉슨이 이 같은 회고담을 이야기할 때 흐루시초프 수상의 아들 부부는 미국에서 살고 있었다. 닉슨이 자신 없게 했던 말이 실제로 현실이 된 것이었다.[5] 흐루시초프 수상의 아들 세르게이 흐루시초프는 미국 브라운 대학 국제학부 교수로 재직 중이던 1999년 6월 23일 미국 시민권을 획득하고 미국 시민이 되었다.

오히려 다수라고 말해도 될 정도로 수많은 지식인들이 소련보다는 미국의 미래에 대해 더 비관적이었다. 소련의 공산주의 체제가 미국의 자본주의 체제보다 우수하다고 생각한 지식인들이 많았다. 노벨 경제학상을 수상한 폴 사무엘슨Paul Samuelson 교수는 소련의 붕괴 조짐이 눈에 보였던 1989년 출간된 저서에서조차 소련은 결코 몰락하지 않을 것이라고 언급했다.[6] 이는 학자들의 편향된 이념에 근거한 예측은 신뢰할 것이 못 된다는 사실을 보여준다.

미국은 45년에 이르는 각고의 노력 끝에 소련을 붕괴시키는 데 성공했다. 지식인들로부터 무식한 대통령이라고 손가락질 당했던 레이건은 앞을 내다보는 리더십을 통해 소련을 붕괴시키고 미국의 패권을 확립했다. 레이건 대통령이 소련을 무너뜨리겠다고 선언했을 때 미국의 저명한 학자들은 그를 멍청한 사람이라며 조롱했다. 하지만 레이건 대통령은 열전熱戰 없이 소련을 붕괴시킴으로써 패권 경쟁을 종결지었다.

공산주의를 포기하고 자본주의를 받아들인 소련은 러시아를 비롯한 여러 개의 독립 국가들로 쪼개져 버렸다. 소련을 이어받은 러시아는 미국과 대적할 수 없는 약한 나라로 전락하고 말았다. 냉전

45년간의 냉전이 소련의 붕괴로 종식되었다.

이 치열하던 당시 소련은 미국보다 더 많은 군사비를 지출하기도 했지만 소련의 후신인 러시아는 기본적인 국력 측면에서 미국의 상대가 되지 못한다.[7] 요즈음 푸틴 대통령의 강경한 대외정책이 미국의 대외정책과 충돌하는 경우를 보고 미국과 러시아가 제2의 냉전을 벌이고 있다고 보도하는 개념 없는 언론들이 많다. 오늘의 러시아는 미국과 냉전을 벌일 수 있는 힘이 전혀 없는 나라다. 인구가 줄어들고 있을 뿐만 아니라, 평균수명도 줄어들고 있고, 경제력이 늘어나기는커녕 거꾸로 줄어들고 있다. 그런 러시아가 미국의 정책에 반하는 정책 몇 가지를 행하는 것을 보고 미국과 러시아가 제2의 냉전을 벌이고 있다는 말을 하면 안 된다. 러시아의 경제력은 현재 미국의 1/7로 이태리 수준이다. 러시아는 미국과 자웅을 겨룰 만한 강대국이 아니다. 이태리가 미국과 패권 경쟁을 벌일 수 없듯이, 러시아가 미국과 제2의 냉전을 벌인다는 것도 우스운 이야기다. 소련이 붕괴된 이후 오늘에 이르기까지 미국에 대한 도전자가 될 수 있는 국력을 갖춘 나라는 사실상 없다. 다만 중국의 경제력이 앞으로도 상당기간 동안, 지난 30년 수준의 고도성장을 지속한다면, 미국의 패권에 대한 도전자가 될 수 있을 것이다.

역사의 휴일

미국은 소련을 붕괴시킨 이후, 느긋한 마음에서, 그리고 소련과의 오랜 투쟁에 지친 나머지, 1990년대 10년 동안 특별한 대전략이 없는 느긋한 세월을 보냈다. 미국이 새 시대를 맞아 아무런 전략이 없었다는 사실을 비판하는 사람들도 많았지만, 사실 미국은 소련이 붕괴된 이후 특별한 전략이 없어도 살 수 있을 정도로 막강한 국력을 향유하고 있었다. 1960년대 미국의 몰락을 우려했던 키신저 박사는 1990년대의 미국을 "과거 어떤 위대한 제국도 누릴 수 없었던 막강한 힘의 우위를 향유하고 있는 나라"라고 표현했다.[8]

1990년대 10년간 미국에 대한 도전자는 보이지 않았다. 실제로 이 기간 동안 미국 주요 TV 방송국의 뉴스 중 국제뉴스가 차지하던 비중은 거의 1/3로 줄어들었다. 국제문제에 별 신경을 쓰지 않아도 잘 지낼 수 있었던 기간이었다.[9] 미국의 학자들과 평론가들이 냉전 종식 이후 10년을 "역사의 휴일Holiday from History"이라 묘사할 정도로 미국은 편안한 세월을 보냈다.[10] 1990년 8월 이라크가 쿠웨이트를 무력 점령함으로써 미국의 패권 질서에 도전했지만 미국은 이라크 군사력을 신속하게 격멸시킨 후 쿠웨이트를 해방시켰다. 당시 미국의 군사력은 미국도 놀랐을 정도로 과거와는 비교할 수 없는 정밀 타격능력을 갖추고 있었다. 쿠웨이트를 점령한 이라크군을 축출하는 걸프전쟁에서 구 소련마저도 미국 편을 드는 놀라운 일이 일어났다. 미국의 평론가들과 당시 부시 대통령(41대)은 이 시기를 '새로운 국제절서New World Order'라고 명명했다.

1990년대 한때 '일본의 도전', '유럽의 도전'이라는 이슈가 미국의 미래를 우울하게 보는 사람들의 입에 회자된 적이 있지만 이내 시들어 버리고 말았다. 미국의 특이한 현상은 언제라도 '미국이 곧 망할 것이라고 보는' 비관적인 지식인들이 존재하고 있다는 점이다. 이들은 대체로 좌파적인 관점을 가진 사람들이며 반미주의적인 성향을 보인다. 1990년 미국이 유일 초강대국으로 부상하고 있던 바로 그 시점에도 미국 몰락주의자들은 다수 존재하고 있었다.[11]

미국은 90년대 10년 동안 거의 1조 달러에 이르는 국방비를 줄일 수 있었다. 냉전 당시, 1990년 가격 기준, 연평균 3,500억 달러 정도였던 미국의 국방비는 냉전이 끝난 후 연평균 약 2,500억 달러 수준으로 감축되었다. 1990년대 10년 동안 1조 달러에 이르는 국방비 감축과 더불어, 제3차 산업혁명이라고 불리는 전자 통신 혁명을 주도해 온 미국은 같은 기간 세계 선진국 어떤 나라보다 급속한 경제성장을 이룩할 수 있었다. 유일 패권국 미국은 문자 그대로 '역사의 휴일'을 즐기고 있었다.

테러리즘의 도전

그러나 미국이 역사의 휴일을 즐기는 동안, 잘 인식되지는 않았지만, 분명하게 빠른 속도로 국제구조가 변하고 있었다. 국제구조의 변화를 이끈 요인은 두 가지였다. 하나는 미국의 세계 패권을 누구보다도 싫어하고 미워한 이슬람 원리주의자들의 확산이었고, 다른 하나는 중국의 급속한 경제력 성장이었다.

먼저 미국을 경악하게 만든 것은 이슬람 테러리스트들의 도전이었다. 2001년 9월 11일 이슬람 테러리스트들은 예상치 못한 방법으로 미국의 심장부를 강타했다. 미국 본토에서 미국 국민들이 그렇게 많이 죽은 날은 미국 건국 이후 단 한 번도 없었다. 남북전쟁 당시의 앤티텀Antietam 전투 이후, 단 하루 동안 미국 본토에서 3,000명 이상의 인명 피해가 발생한 적은 없었다. 더구나 민간인 수천 명이 그렇게 많이 희생당한 것은 미국 역사가 시작된 이래 초유의 일이었다.[12] 미국이 즐기던 '역사의 휴일'은 그렇게 끝났다. 케이건의 말대로 2001년 9월 11일 역사가 갑작스레 회귀Return of History하게 된 것이다.[13] 2001년 9·11 사건이후 2016년 초인 지금까지 '반테러 전쟁의 시대'가 지속되고 있다.

미국은 테러 공격을 당한 후 불과 1개월도 되지 않은 2001년 10월 7일, 아프가니스탄을 공격하여 테러리스트들의 배후 세력인 탈레반 정부를 붕괴시켰다. 2003년 3월 20일에는 후세인이 통치하는 이라크를 공격하여, 반테러 전쟁을 정규적인 국민국가nation state들 간의 전쟁으로 확대시켰다. 9·11 이후 미국이 주도하는 반테러 전쟁에 적극 협조한 나라는 영국을 제외하고는 별로 없었다. 결국 미국은 독자적으로 테러와 맞서 전쟁을 전개하여 승리를 거두었다.

미국은 사담 후세인, 오사마 빈 라덴, 가다피 등을 차례로 제거한 후[14] 서서히 중동 및 테러와의 전쟁에서 손을 떼고 있다. 2009년 취임한 오바마 대통령은 2011년 12월 18일 이라크에서 미군을 완전 철수시켰고, 2015년 연말로 예정된 아프가니스탄 미군 철수의 시

미국은 테러와의 전쟁에서 서서히 손을 떼고 있다.

한을 연기시키기는 했지만 중동에서의 반테러 전쟁을 서서히 접고 있던 중이다. 오바마 대통령은 2015년 10월 15일, 아프가니스탄 상황이 아직도 유동적이기 때문에 아프가니스탄에 년 150억 달러의 군사비를 투자할 것이며, 주둔 미군 병력 9,800명도 2016년 1년 동안 아프가니스탄에 계속 주둔시키고 2016년 연말 혹은 2017년 년 초까지 5,500명 수준으로 감축할 것이라고 발표했다.

현재 새로운 유형의 테러리스트인 ISIS가 기승을 떨치고 있지만 이에 대한 미국의 대책은 미적지근한 편이다. 2016년 현재 ISIS와의 싸움에 보다 적극적으로 나서고 있는 나라들은 러시아와 유럽 국가들이며, 미국은 ISIS와의 싸움에서 전면에 나서지 않고 있다. 물론 미국은 ISIS의 도전이 미국의 '패권'에 대한 도전이라고 인식할 경우 본격적으로 대 ISIS 작전에 참여하게 될 것이다.

미국이 벌이는 반테러 전쟁의 본질은 '이슬람에 의한 세계재패 방지'라는 관점에서 해석해야 올바로 이해될 수 있다. 이슬람을 통해 세계를 지배하겠다는 세력은 알카에다의 오사마 빈 라덴뿐만이 아니다. 이라크의 사담 후세인 그리고 성격이 약간 다르나 이란 역시 중동의 패자가 되어 미국의 세계 패권에 도전하려고 하는 세력이다. 그래서 미국은 9·11과 직접 관계가 없어 보이는 이라크, 이란, 리비아 등도 공격의 표적으로 삼았던 것이다.

2015년 후반, 특히 2015년 11월 13일 파리에서 발발, 100명 이상의 목숨을 앗아간 ISIS 주도의 테러사건 이후, 대선 예비 선거전을 치르는 미국 공화당 대통령 후보들은 오바마의 대 테러 전쟁 정책을 대단히 미적지근한 것이라며 본격적으로 비판하기 시작했다. 특히 공화당 선두주자인 도널드 트럼프는 오바마의 ISIS 대책을 누구보다도 강력하게 비난하며 본인이 대통령에 당선될 경우 적극적으로 ISIS 소탕 작전을 벌일 것임을 천명하고 있다.[15]

중국의 도전

미국이 본격적으로 반테러 전쟁을 치르기 시작한 2001년 이후, 중국의 경제력은 그야말로 일취월장, 2010년 일본의 GDP를 능가하여 세계 2위의 경제대국으로 등극하였다. 미국은 테러와의 전쟁이라는 비전통적non-traditional 패권 도전에 대응하는 와중에, 중국의 부상과 도전이라는 전통적인 패권 도전에도 당면하게 된 것이다.

테러리스트들에 의한 도전은 과거 역사에 나타나는 전통적인 패권 도전과는 그 성질이 본질적으로 달랐다. 우선 도전자가 국가가 아닌 다른 종류의 정치 집단이고, 도전의 성격이 대단히 이념적이고 종교적이라는 점에 달랐다. 그럼에도 불구하고 이슬람의 도전은 궁극적으로 미국의 패권적 지위를 무너뜨리고 '이슬람 대제국을 건

중국은 패권 도전국이 될 것인가?

설해서 세계를 지배할 것'이라는 원대한 목표 아래 이루어진 일이라는 점에서 미국을 향한 패권 도전이라고 말할 수 있다.[16]

미국에 대한 중국의 도전은 영국에 대한 프랑스의 도전, 영국에 대한 독일의 도전, 미국에 대한 소련의 도전과 유사한 전통적인 패권 도전이라고 볼 수 있다. 비록 그 양상이 아직 뚜렷하게 나타나고 있는 것은 아니고, 과연 중국이 미국의 패권에 대한 도전자가 될 수 있느냐에 대해서도 논란이 없지는 않지만, 중국의 경제가 앞으로도 지속적으로 고도성장을 할 경우 중국은 미국의 패권에 도전할 수 있는 능력을 보유하게 될 것이다. 그리고 패권 경쟁은 도전국의 의도보다는 도전국의 능력으로 판단하는 것이 올바른 접근이다.

러시아가 지금 미국과 패권 경쟁을 하지 않는 이유는 미국이 좋아져서가 아니라, 자신의 힘이 약해져서 미국에 도전할 수 없는 처지가 되었기 때문인 것은 불문가지의 상식이다. 한때 일본이 미국의 패권에 도전할 나라라고 인식된 적이 있었다. 일본의 경제력이 미국의 2/3 수준에 육박했을 때 많은 식자들은 일본을 차세대 패권 국으로 인식했다. 일부 보수적인 일본의 지식인들도 일본의 패권을 말했지만 일본을 패권 도전국으로 간주하고 야단법석을 떨었던 사람들은 미국의 지식인들이었다.[17] 그러나 1990년 이후 지금까지 거의 20년 이상 지속되고 있는 일본 경제의 침체는 일본을 미국에 대한 도전자 명단에서 삭제시키는 결과를 가져왔다. 일본이 지난 20여 년 동안 경제 침체에 시달리게 된 이유 중 하나는 미국의 의도적인 대 일본 경제 정책의 결과임을 부인할 수 없다.

오늘의 시점에서 미국의 패권에 도전하는 나라로 가장 널리 인식되고 있는 나라는 중국이다. 중국이 정식으로 도전장을 낸 것은 아니지만 중국의 국제 행동이 점차 강대국 행동을 닮아가고 있다는 사실, 미국이 중국의 급격한 성장을 우려하고 견제하기 시작했다는 사실, 주요한 국제문제들에서 두 나라가 점점 더 갈등적으로 되어가고 있다는 사실 등은 미국과 중국 사이에 패권 경쟁이 이미 전개되고 있음을 말해주고 있는 것이다. 특히 시진핑 주석이 보인 지난 수년간의 대외 및 대내 정책 행보는 기존 국제체제를 자신에게 유리한 것으로 바꾸고 싶어 했던 역사상 모든 신흥강대국의 전통적인 행보를 답습하는 것이었다. 중국인들은 최근 '대국大國'이라는 말을 즐겨 사용하며 이웃 국가들에 대해 위압적인 태도를 보이고 있다. 미국에 대해서도 협력보다는 도전자의 모습을 강하게 보이고 있다. 2015년 9월 3일 행해진 중국의 전승기념 열병식은 중국이 최근 보이고 있는 공세적 외교정책을 상징하는 행사였다. 12,000명의 병력이 행진한 이날 열병식에서 중국이 과시했던 신무기들은 모두 미국 군사력을 염두에 둔 것들이었다.

02

패권 변동에 관한 일반 이론

국제정치의 역사는 강대국의 변동사라고 볼 수 있다. 16세기의 세계가 하나의 정치 단위로 인식되기 시작한 이래 세계는 어느 특정 강대국에 의해 지배된다고 보는 국제정치 이론이 유행했다. 16세기 이후 지구 역사의 특정한 시대를 지배하는 특정한 강대국이 있었고 그 강대국은 일정 기간 국제정치를 지배했지만 그들의 지배력은 영원히 지속되지 못했다. 특정 강대국의 체제 장악력은 일정 기간이 지나면 약화되기 마련이었고, 그럴 때마다 강대국의 자리를 노리고 있던 도전자는 쇠락하는 강대국과 일전을 벌였다.

국제정치 시스템을 바꿀 정도의 큰 전쟁이 발발하고 나서, 새로이 국제체제의 지배자가 된 강대국은 자신의 의지에 합당한 국제질서를 형성했다. 새로운 강대국 역시 일정 기간이 지나면 쇠퇴하기 마련이었고 또다시 신흥 강대국의 도전을 받곤 했다. 이처럼 세계 전체를 하나의 단위로 보고 국제체제를 지배하는 강대국이 바뀌는 과정을 연구한 국제정치 이론이 여러 가지 있다.

패권 안정 이론Hegemonic Stability Theory, 패권 전쟁 이론Theory of the Hegemonic War, 힘의 전이 이론Power Transition Theory, 장주기 이론Long Cycle Theory 등 주요 국제정치학 이론들은 강조점이 약간씩 다르기는 하지만 모두 국제체제를 지배하는 패권이 변하는 과정을 연구한 이론들이다. 이 중에서 강대국의 변동에 관해 가장 오래된 이론은 1959년 오건스키 교수가 발표한 힘의 전이 이론이라고 할 수 있다. 본장에서는 미국과 중국의 패권 경쟁을 이해하기 위한 이론적인 분석틀로서 힘의 전이 이론과 함께 몇몇 이론들을 간략하게 소개하고자 한다.

힘의 전이 이론

강대국의 흥망성쇠는 국제정치에서 변함없이 나타났던 불변의 원칙이다. 국제정치의 역사상 어느 한 나라가 영원히 패권을 유지한 적은 없었다. 로마 제국도, 포르투갈 제국도, 네덜란드 제국도, 스페인 제국도, 그리고 대영 제국도 결국은 자신이 차지하던 패권적 지위를 도전자에게 물려주고 말았다. 이처럼 국제 정치의 힘의 구조는 강대국의 흥망성쇠Rise and Fall of the Great Powers로 특징 지워지며, 전문가들은 물론 일반인들도 모두 오늘의 세계 패권국인 미국도 언젠가는 다른 나라에게 패권적 지위를 물려주고 뒤로 물러서지 않을 수 없을 것이라고 믿고 있다.

미국이 영원히 제1의 강대국으로 남아 있을 수 없다는 데 대해서 동의하지 않는 사람은 없다. 문제는 그것이 언제냐는 것인데 현재의 국제정치 논의를 보면 다수의 사람들이 미국이 쇠락하고 있고, 미국의 뒤를 이어 중국이 패권국이 될 것이라고 보고 있는 것 같다. 그러나 이 같은 미국몰락 – 중국부상의 이야기는 정교한 학술적 논의의 결과는 아니다. 전문적인 연구를 하는 국제정치 학자들 사이에서 미국의 몰락–중국의 부상이라는 주제는 대단한 논쟁거리이며 아직 결정적으로 우세한 주장은 없는 상태다.

특히 미국의 몰락에 관해 의견이 분분한 이유는 이미 미국이 몰락할 것이라는 이론 혹은 주장이 수십 년도 넘은 오래된, 진부한 것이기 때문이다. 그리고 중국이 미국을 대체할 것이라는 주장은 이미 60년이 다 되가는 미국 몰락론의 최신 버전일 뿐이다. 1950년대 후반, 특히 1957년 소련이 인공위성을 최초로 발사한 이래, 미국이 소련에게 밀리고 있다는 주장이 팽배해지기 시작했다. 미국 패권은 몰락하고 소련이 다음번 패권국이 될 것이라는 주장은 1950년대로부터 1980년대 중반까지 거의 30년이나 지속되었다.

그러다가 80년대에는 일본이 미국을 앞지를 것이라는 이론이 유행했다. 일본은 그야말로 못할 것이 없는 나라처럼 보였고, 미국의 시대는 곧 끝날 것처럼 보였다.[1] 1980년대는 일본의 시대였다. 일본의 GDP는 소련을 앞서 세계 2위가 되었다. 당시 일본의 경제성장 속도에 의하면 일본의 GDP가 미국을 앞서 세계 1위로 등극하는 것은 시간문제처럼 보였다. 1987년 출간되어 미국이 몰락할 것이라는 주제를 학문적 논의의 차원에서 대중적 논의의 차원으로 크게 넓힌 폴 케네디 교수의 책, 『강대국의 흥망』은 미국이 몰락한 후 미국을 대체할 나라로 일본을 상정했다.[2]

소련과 국제 공산주의가 붕괴함으로써 누가 보아도 미국이 유일 패권국으로 남게 된 1990년대에도 미국 몰락론은 시들지 않았다. 미국이 유일 패권국으로 등극한지 불과 수년도 지나지 않았을 때인 1990년 초반, 일본의 부상이 갑자기 멈추는 현상이 나타나자, 많은 국제문제 평론가들은 유럽이 미국을 제체고 차세대 세계 패권국이 될 것이라고 주장하기 시작했다.[3] 유럽이 차세대 세계 패권국이 될 것이라는 주장은 상대적으로 오래 지속되지 못했다. 하나의 통일된 정치 단위가 아닌 유럽이 패권을 장악할 수 있을 것이라는 믿음 그 자체가 엉성하기 짝이 없는 것이었다. 비록 경제적 통합을 하기는 했지만 정치적인 통합을 이룩하지 못한 유럽은 그 자체로서는 패권국이 될 수 없는 경제통합체일 뿐이었다.

브레진스키 교수는 유럽이 미국을 앞서기 위해서는 우선 정치적으로 통일을 해야 할 것이라고 일침을 가한 바 있다.[4] 2004년에 출간된 자신의 저서에서 브레진스키 교수는 "일본은 미국에 대한 도전자의 반열에서 탈락했고, 유럽이 미국에 도전하기 위해서는 정치적 통합을 이룩해야 할 것이며, 중국이 미국에 대항하기 위해서는 우선 두세대 동안은 가난에서 벗어나도록 노력해야 할 것"이라고 설파했다. 미국의 패권은 적어도 앞으로 두 세대 동안 누구의 도전도 받지 않을 것이라는 강력한 언급이었다.

그러던 중, 갑자기 중국이 미국을 앞서 차세대 세계 패권국이 될 것이라는 주장들이 대유행하기 시작했다. 2000년대 초반 이래 지금에 이르기까지 10년 이상 중국의 부상 그리고 미국의 쇠망은 가장 중요한 국제정치 논쟁 주제가 되었다. 학문도 유행을 탄다지만 미중 패권 경쟁에 관한 논쟁은 그 유행의 시간이 상대적으로 긴 것 같은 느낌이 든다. 이미 수백 권 이상의 관련 서적이 출간되었고 미중 패권에 관한 논쟁은 미국, 중국은 물론 전 세계 도처에서 이루어지고 있다.

2011년 6월 17일 캐나다 토론토에서 미중 패권의 향방에 관한 유명한 논쟁이 있었다. 'Munk Debate(멍크 디베이트)'라고 불리는 유명한 토론 프로그램의 주제는 '21세기는 중국의 세기가 될 것인가?Does the 21st Century belong to China?'였다. 세계적인 석학들 4명이 2명씩 편을 가른 후 논쟁을 벌였다. 21세기는 중국의 세기가 될 것이라는 견해에 찬성하는 패널에는 영국출신 하버드대 역사학자 니얼 퍼거슨Niall Ferguson 교수와 중국학자 데이비드 라이David Lai가 참여했고, 미국의 패권이 지속될 것이라는 견해를 지지하는 패널에는 타임지의 파리드 자카리아Fareed Zakaria 박사와 헨리 키신저Henry Kissinger 박사가 참여했다.

사전에 청중들의 여론을 조사하고 토론이 끝난 다음, 토론회를 청취한 청중들의 여론을 다시 조사하는 방식으로 이루어진 멍크 토론회에서는 키신저-자카리아 박사팀이 승리했다. 즉 전문가의 견해를 청취한 후 청중들의 다수가 21세기는 중국의 세기가 되지 않을 것이라는 견해를 지지했던 것이다.[5] 논쟁이 시작되기 전 청중들의 39%는 중국이 패권을 장악하게 될 것이라고 대답했고 40%는 미국이 패권을 유지할 것이라고 답했다. 21%는 미정이었다. 2시간의 치열한 토론을 청취한 후 청중들의 38%가 중국이 패권을 장악할 것이라고 대답했고 62%는 미국이 21세기에도 패권국으로 남아 있을 것이라고 대답했다.

우리나라에서도 유사한 토론회가 열렸다. 2012년 3월 초 서울에서 개최된 제3회 아시안 리더십 콘퍼런스에서 '2050년, 중국이 미국을 대체해 수퍼 파워가 될 수 있을까?' 라는 주제의 논쟁이 벌어졌다. 중국이 미국의 패권을 대체할 것이라고 보는 니얼 퍼거슨Niall Ferguson 하버드대 교수와 여전히 미국의 패권이 유지된다는 미국 싱크탱크 스트랫포STRATFOR의 조지 프리드먼George Friedman 소장이 맞붙었다. 토론 전 대형화면에 청중들의 사전 투표결과가 공개됐다. 미국 58%, 중국 42%가 나왔다. 토론이 끝난 후 한국의 청중들은 다시 탭을 들고 투표했다. 미국 38%, 중국 62%로 나왔다.[6] 수개월 전에 토론토에서 있었던 토론회와 그 결과가 정반대라는 사실이 흥미롭다.

앞에서 지적했듯이 한국의 분위기는 이미 중국이 패권을 장악하게 될 것이라는 데로 기울어져 있었다. 중국계 미국학자 호펑 헝Ho-fung Hung 존스 홉킨스대 교수는 중국은 세계를 지배할 수 없을 것이라고 주장한 자신의 저서에서, 중국에 대한 입장은 저자들이 속한 국가들의 정치적 성향에 따라 왜곡되는 경향이 높다고 지적한다.[7] 우리나라는 아마도 세계에서 중국을 제일 긍정적인 입장에서 보는 나라 중 하나일 것이다. 예로서 우리는 다른 나라들은 별로 사용하지 않는 G2라는 용어를 유별나게 사용하고 있으며[8] 어떤 소설가는 "이제 머지않아 중국이 G1이 되리라는 사실을 부인하는 사람은 아무도 없다."[9]고 주장하기조차 했다. 이 같은 편향적 견해는 세계의 표준적인 견해와 차이가 있으며 우리나라의 미래 국가 전략을 만드는 데 도움이 되지 않는다.[10]

　세계를 지배하는 기존의 강대국이 새로운 강대국의 도전을 받을 경우, 언제라도 국제정치는 큰 홍역을 치르고 말았다는 것은 국제정치의 역사를 관심을 가지고 살펴본 사람이라면 누구라도 알 수 있는 일이다. 기존의 강대국이 도전하는 강대국에게 평화적으로 자신의 지위를 물려준 경우는 거의 없었으며, 기존의 강대국은 도전국의 도전에 격렬하게 대응했고 그 과정에서 세계적 규모의 대전쟁, 즉 세계대전이 발발하곤 했다는 것이 역사의 교훈이다.

■ 투키디데스의 함정

　기존 강대국과 새로이 출현한 강대국 간의 힘의 구조 변동이 국제정치에 어떤 충격을 가져오는가를 가장 오래전에 체계적으로 연구한 학자는 지금부터 약 2400년 전, 펠로폰네소스 전쟁사를 저술한 투키디데스였다. 투키디데스는 27년 동안이나 지속된, 참혹했던 펠로폰네소스 전쟁의 원인을 다음과 같이 간단명료하게 분석했다.

　　"스파르타는 아테네의 파워가 급격히 증강하고 있는 것을 그냥 두고만 볼 수 없었다."[11]

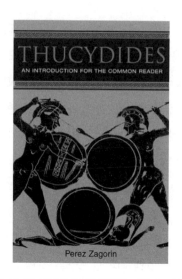

미국과 중국은 투키디데스의 함정을 피할 수 있을까?

즉 아테네에게 패권을 빼앗길 것 같은 불안에 빠진 스파르타가 전쟁을 일으키지 않을 수 없었다는 설명이다. 오늘날 중국의 지도자들이 말하는 '투키디데스의 함정陷穽'의 의미는 바로 급부상 중인 국가는 자신이 당면하게 될 패권국의 처벌을 두려워한다는 것이다. 현대 국제정치학이 개발한 전쟁원인 이론에 필적하는 이론을 이미 2400년 전의 한 역사가가 제시했던 것이다.

■ 오건스키의 힘의 전이 이론

현대 국제정치학자 중에서 국가들의 힘의 변동과 그 힘의 변동이 국제정치 구조에 어떤 영향을 미쳤는가에 대해 가장 먼저 체계적인 이론을 제시한 학자는 미국 미시건 대학의 오건스키A.F.K. Organski 교수다. 1959년 오건스키 교수가 저술한 『세계정치론World Politics』

의 제14장 '힘의 전이 이론Power Transition Theory'[12]이 바로 강대국들의 힘의 변동 현상을 가장 체계적으로 설명한 최초의 이론이라고 볼 수 있다.

국제정치의 위계질서에서 1등을 차지하고 있는 나라는 다른 나라들에 비해 해야 할 일이 많기 마련이다. 물론 세계 1등 국가는 자신이 주도하는 국제체제로부터 엄청나게 많은 이득을 얻는다. 2차대전 이후 미국은 다른 나라보다 훨씬 많은 일을 해야 했지만 동시에 자신이 주도하는 국제체제로부터 많은 이익을 얻었다. 미국은 자신이 규정한 국제질서를 유지하고 미국식 국제질서를 추종하는 나라들의 국가안보를 책임져 주었다. 이를 위해 미국은 국력의 많은 부분을 군사 분야에 투입하게 되었고, 국가의 자원을 집중적으로 경제발전에 투입한 나라들에 비해 경제발전이 뒤처지는 일이 발생했다. 패권국 미국이 규정한 국제질서 안에서 국력증강에 매진해 온 전후 독일과 일본의 국력이 점차 미국의 국력에 육박하게 된 것이 그 사례라 할 수 있다.

오건스키 교수의 힘의 전이 이론은 바로 이 같은 상황을 설명하기 위해 만들어진 이론이다. 오건스키 교수는 1등 국가의 국력 성장은 2, 3위의 국가들보다 속도가 늦어지게 되며 결국 패권 국가와 2, 3위권 도전자 국가의 힘이 근접하게 되는데, 일정 시점에 이르렀을 때 도전국이 패권국을 선제공격하는 일이 패턴처럼 발생한다고 주장했다.

오건스키 교수의 힘의 전이 이론은 국제정치학의 대표 이론인 세력균형 이론이 정태적인데 반해 국제 관계가 실제 움직이는 모습, 즉 국제정치의 동태動態에 초점을 맞추었다는 점에서 국제정치 이론을 한 단계 발전시킨 이론으로 평가받고 있다. 오건스키 교수는 힘의 전이 이론을 통해 기존 국제정치학의 유명한 가설들을 부정하고 격파했다. 예로서 세력균형 이론은 국제 평화의 조건으로 국가 간의 힘의 균형을 상정하고 있지만, 힘의 전이 이론은 경쟁하는 국가들 간에 힘의 격차가 줄어들수록, 즉 강대국 간 힘의 균형이 이루어질 경우 전쟁이 발발할 가능성이 더 높아진다고 주장했다.

오건스키의 이론은 전쟁의 발발 원인을 국가 간 힘의 분포 상태에서 찾는다는 점에서, 그리고 국제정치를 무정부상태anarchy[13]로 가정한다는 점에서 현실주의 국제정치학의 기본 가정에 충실하다. 오건스키 교수는 국제정치를 구성하는 국가들은 국력에 따라 최강의 지배국가로부터 약한 종속국가에 이르기까지 다양하다는 사실을 강조하며 국제정치를 국가들 간의 힘의 관계로 파악한다. 국가들은 국제정치의 위계질서에서 어떤 특정 위치에 자리 잡게 된다.

국제정치에서 전쟁은 기존 질서를 지배하고 있는 강대국과 그 지배권에 도전하는 신흥 강대국 간의 지배권 쟁탈전 형식으로 발발하게 된다. 즉 국제정치에서 질서는 한 시점에서 가장 강력한 국가와 그 국가에 맞서는 국가(혹은 국가군)의 힘의 관계에 달려 있다는 것이다. 현존 질서는 최강의 지배국에게 유리하게 되어 있으며, 이 세상 모든 나라는 가능한 한 자신의 국력을 증강시켜, 위계질서에서의 자신의 지위를 상승시키려고 노력한다. 즉 모든 국가들은 자국의 힘을 증강시키려 하며, 가능하기만 하다면 모두 패권국의 지위에 도달하기 원한다는 것이다.[14]

힘의 전이 이론에 의하면, 힘이 급부상하고 있는 중국은 패권국의 지위에 도달하고자 노력할 것이고, 패권국으로서 유리한 지위를 향유하고 있는 미국은 자신의 지위를 오래도록 유지하기 위해 노력할 것이다. 결국 두 나라는 '지배권 쟁탈전'을 벌이게 될 것이다.

그러나 오건스키 교수는 자신의 이론이 보편적인 이론은 아니라고 말한다. 그는 힘의 전이 이론이 자신의 책이 출간된 1959년 당시와 같은 산업화의 시대에 타당한 이론이라고 한정하였다.[15]

오건스키 교수의 시대 구분법[16]에 의하면 2016년인 현재도 산업화의 시대로 분류될 수 있다. 산업화의 시대란 산업화가 진행 중인 국가와 이미 산업화가 끝난 국가들이 병존하는 경우를 포함한다. 이 시대는 산업화에 따라 국가들의 국력 차이가 계속 변하는 시대이며 따라서 국제정치의 지배권을 장악하고 있는 국가가 교체될 가능성이 높은 시대다.

오건스키는 국력의 3대요인으로 부와 산업능력, 인구. 정부조직의 효율성을 제시했다.[17] 이 세 가지 중에서도 산업능력의 증강을 가장 중요한 요인으로 보고 있다. 오건스키는 산업화의 진행에 따라 한 국가는 3가지 단계를 거쳐 강대국이 된다고 본다. 1단계는 잠재적 힘의 단계, 2단계는 힘의 전환적 성장 단계, 3단계는 힘의 성숙 단계이다.

1단계: 잠재적 힘의 단계|The stage of potential power

아직 산업화를 이루지 못한 단계다. 인구 대부분이 농업에 종사하며 도시 인구가 적은 국가들이 이 단계에 해당된다. 이런 나라가 인구가 많고 영토가 넓다면 잠재적 힘을 가진 나라가 된다. 산업화를 통해 거대한 국가가 될 수 있기 때문이다. 산업화 이전의 중국, 인도, 인도네시아, 브라질 등이 이 단계에 있었다.

2단계: 힘의 전환적 성장 단계|The stage of transitional growth

한 나라가 산업화 단계로 진입하고 있는 과정의 단계다. 이 과정에 있는 국가들은 인구가 농촌에서 도시로 이동하며 서비스 산업이 발달함으로써 국내사회에 큰 변화를 경험한다. 이 단계의 국가는 국내총생산이 증가하며 국민 생활수준이 급속히 향상된다. 이 과정에서 국민들의 정치 참여 욕구가 높아지며 국가 권력이 더욱 강화되는 현상도 나타난다. 이런 나라들의 대외적 영향력은 증가된다. 1978년 개혁 개방 이래 급속한 발전을 이룩한 중국이 오건스키가 제시하는 2단계에 해당하는 국가라 할 수 있다.

3단계: 힘의 성숙 단계The stage of power maturity

한 나라의 산업화가 완성된 단계다. 기술혁신, 경제성장은 지속되지만 GDP 증가율은 그전보다 둔화된다. 정부 구조는 더욱 보강되고 능률은 향상되며, 국가는 발전한다. 국민들의 생활수준도 지속적으로 향상되고 골고루 잘살게 된다. 그러나 성숙 단계에 도달한 나라는 산업화 단계에 있는 나라들처럼 새로운 도시들이 생겨난다든지, 국민소득이 빠르게 증가한다든지 등의 일은 더 이상 일어나지 않는다. 성숙 단계에 들어간 강대국이 가진 힘의 상대적 비중은 점차 감소한다.

국제정치에서 힘은 절대적인 측면이 아니라 상대적인 측면에서 분석되어야 하며, 그렇기 때문에 성숙 단계의 강대국과 산업화가 진행되고 있는 2단계의 신흥 강대국 사이의 힘의 상대적 비율은 변하기 마련이다. 성숙 단계의 국가는 절대적인 힘의 우위는 유지할 수 있어도 상대적인 힘의 우세를 유지하기는 어렵다. 성숙 단계에 있는 미국의 경우, 국력의 상대적 비중이 줄어드는 것은 오히려 정상적인 일이다. 물론 이런 현상을 보고 일부 학자들은 미국이 쇠퇴하고 있다고 이야기한다.

힘의 전이 이론은 바로 이 시점의 국제 관계를 설명하기 위해 고안된 이론이다. 즉 성숙기의 패권 강대국과 산업화가 급속히 진행되는 신흥 강대국 사이에 힘의 격차가 줄어드는 시점에서 성숙한 강대국과 신흥 도전국의 행동을 설명하기 위해 고안된 이론이다. 기존의 강대국은 지배권 유지를 위해 힘의 격차를 좁히며 쫓아오는 제2의 강대국이 도전을 하지 못하게 하기 위해 최선을 다할 것이다. 반면 후발주자인 신흥 강대국은 지배국의 저지를 뚫고 1위의 강대국이 됨으로써 지배권을 쟁취하려고 노력할 것이다. 이 같은 과정에서 패권국과 도전국 사이에 갈등이 야기될 것이며 갈등은 전쟁으로 비화된다고 보는 것이다.

오건스키 교수는 현존 강대국이 도전하는 강대국의 도전을 막을 수 있느냐에 대한 질문에 비관적인 답안을 제시한다. 현존 강대국은 3가지 대안이 있으나 모두 유효하지 않다고 본다.

1. 원조를 통해 혹은 강제적으로 도전국 산업구조를 농업 내지 경공업 위주로 전환시키는 방안. 도전국의 정부가 이에 순응하지 않을 경우 그 나라 정부를 전복시키거나, 그것도 안 될 경우 먼저 전쟁을 일으키는 것, 즉 예방전쟁preventive war이 있다. 오건스키 교수는 한때 미국의 강경파들이 소련, 중국에 대한 선제, 예방전쟁을 주장했던 것이 바로 이 같은 발상이었다고 분석한다.[18] 그러나 이 방안은 무모하고 비현실적이라고 말한다.

2. 도전국의 산업화를 지연시키는 방안. 도전국에 대한 물자공급 및 신기술 도입 방해 등의 수단이 동원된다. 미국은 오랫동안 소련 및 공

산권 국가들에 대해 전략 물자 및 기술 이전을 제한하는 조치를 취해왔다. 공산국가들에 대한 서방 진영의 하이테크 제품 수출 금지와 같은 조치가 이에 해당한다. 그러나 이 같은 방법이 얼마나 효율적인지 의문이며 단지 시간을 지연시키는 것 외에 큰 효과는 없다고 본다.

3. 도전국을 지원해 줌으로써 지배국의 지배권을 존중하게 하는 방안.[19]
오건스키 교수는 이 방법 역시 그다지 유용하지 않을 것이라고 본다. 현실주의 국제정치학적 관점에 의할 경우 당연한 분석이다. 많은 사람들의 중국의 경제발전은 미국에도 좋은 것이라고 말하고 있지만 현실주의적 분석에 의하면 중국의 지속적 경제발전은 궁극적으로 미국의 패권적 지위를 위협하고 빼앗는 결과를 초래할 것이다.

오건스키 교수는 도전국의 국력이 아직 기존의 패권국의 국력에 도달하기 이전에 먼저 선제공격을 했다는 것이 역사의 패턴이라고 주장한다. 기존의 패권국들은 도전국의 도전을 맞이하여 대규모의 전쟁을 치렀고 그 같은 전쟁들이 역사상 나타나는 세계대전 급의 대전쟁들이었다는 것이다. 나폴레옹의 프랑스가 일으켰던 대전쟁, 독일이 일으켰던 두 차례의 세계대전이 오건스키 교수가 주장하는 이론을 정당화하는 사례가 될 수 있다.

■ 국가들의 위계질서와 전쟁

오건스키 교수는 국제정치에서 국가들이 차지하고 있는 위계질서를 피라미드 구조를 원용해서 설명한다. 국제정치 위계질서 최상위에 있는 국가를 지배 국가dominant nation로 보고 그 다음 단계를 강대국great powers, 다음은 중급 국가middle powers, 그 아래는 약소국 small power, 맨 아래 계층을 종속 국가dependencies로 분류한다.[20] 지배국은 한 개이고 그 아래로 내려갈수록 국가의 숫자는 증가한다. 최상위에 있는 지배국은 국제질서를 지배하며 그 질서는 지배국이 최대의 이익을 얻도록 설정된다. 최상위 지배국가의 성격에 따라 국제질서의 성격도 달라진다. 그러나 지배국과 그 아래에 있는 나라들의 국력 격차가 크면 클수록 그 국제질서는 더욱더 안정을 유지할 수 있다. 국제체제의 구조를 강조하는 오건스키는 국가들이 현실 국제정치에 만족하는가 여부도 동시에 고려 대상으로 삼는다. 그는 현실 국제질서에 대한 국가들의 만족 여부에 따라 1. 만족해하는 강대국 2. 불만스런 강대국 3. 만족해하는 약소국 4. 불만스런 약소국 등 네 가지로 분류했다. 오건스키는 최강의 지배국은 항상 만족하는 것으로 보았다.[21]

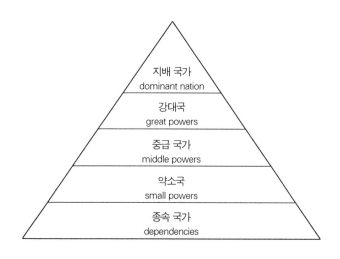

그림 2-1 **오건스키의 국제정치 위계질서 피라미드 구조**

오건스키 교수의 힘의 전이 이론은 차후 많은 학자들에 의해 검증되었고 강대국의 흥망성쇠를 설명하는 주요 국제정치 이론으로 자리 잡았다. 힘의 전이 이론은 그동안 국제정치 이론이 정태적이었다는 비판을 받았는데 반해 국제정치의 힘의 동태, 즉 변화하는 힘의 구조 및 동학dynamics에 초점을 맞추었다는 점에서 국제정치학에서 가장 중요한 이론인 세력균형 이론Balance of Power을 능가하는 이론으로 평가받고 있다.

세력균형 이론은 국가들이 힘의 균형을 유지하기 위해서 노력한다고 전제한다. 어느 나라의 힘이 자신보다 강해질 경우, 약한 나라는 강한 나라가 공격해 올 것을 두려워하게 되고, 결국 힘을 증진시키는 여러 가지 방법을 동원하여, 힘의 균형관계를 회복시키고자 한다는 것이다. 세력균형 이론은 국가 간의 힘이 균형을 이루는 상태가 가장 평화로운 상태라고 가정한다. 힘이 비슷한 두 나라는 서로 상대방을 공격할 엄두를 내지 못하기 때문이다. 세력균형 이론은 한 나라의 힘이 다른 나라보다 더 강해질 때, 즉 국가 간 힘의 균형 상태가 깨질 때 전쟁 발발 가능성이 높아진다고 주장한다. 반면 힘의 전이 이론은, 주로 강대국들 간의 관계에서 사례를 찾기는 하지만, 강대국들의 힘이 균형에 가까워질수록 전쟁 발발 가능성이 높아진다고 주장한다. 전쟁의 원인과 평화의 조건에 관한 오건스키의 주장을 다시 요약한다면 다음과 같다.

"평화는 현존질서에 만족해 하는 강대국들과 그 동맹국들의 힘이 도전세력의 힘보다 훨씬 강력할 때, 즉 현상유지를 지지하는 국가들의 힘이 너무 강대하여 어떠한 군사적 도전으로도 현실 개혁을 바랄 수 없게 될 때 유지될 가능성이 가장 높다. 불만을

가진 도전국과 그의 동맹국들의 힘이 현상유지를 지지하는 국
가들과 거의 균등해질 때 전쟁의 발발 가능성이 가장 높다"[22]

오건스키는 전쟁을 일으키는 요인을 더욱 구체화하기 위해 도전
국과 패권국의 국가 속성 및 힘의 전이가 이루어지는 환경들도 변
수로 제시했다.

도전국의 규모

유럽의 소국들의 산업화가 국제질서에 대한 도전을 야기하지 않
았던 것처럼, 산업화 속도가 아무리 빠르다해도 국가의 규모가 작
다면 지배권 쟁탈전을 벌일 가능성이 낮아진다. 패권 도전국이 되
기 위해서는 일정 규모의 이상의 크기를 보유하고 있어야 한다.

도전국의 국력 증강 속도

도전국의 국력 증강이 일정 속도 이하라면 지배국이 서서히 도전
국의 요구를 수용해 나갈 수 있다. 그러나 국력 증강 속도가 미처
손쓸 수 없을 정도로 빠른 것이라면 전쟁 가능성은 더 높아진다.

지배국가의 수용 태세

이 부분의 이론은 최근의 분석에 의해서 부정되고 있다. 과거 역
사를 보았을 때 지배국이 평화적으로 자신의 지위를 양보한 적은
없었다는 것이 예외가 없었던 진실이다.[23]

지배국가와 잠재적 도전국의 우호관계 여부

두 나라가 우호적이라면 패권 전쟁의 가능성은 줄어든다. 두 나

라가 구상하고 있는 국제질서가 같은 것일 때 지배권의 평화적 양도는 쉬워진다. 영국과 미국의 힘의 전이는 이 같은 경우에 해당되는 좋은 예이다. 다만 과연 미국의 행동이 영국의 패권을 빼앗기 위한 것이었는지에 대해서는 논란의 여지가 있을 수 있다.

현재 미국과 중국 사이에 나타나는 힘의 변화 현상은 오건스키 교수가 말하는 힘의 전이 현상에 해당되는 것일까? 즉 중국은 도전국이고 미국은 지배국인가? 미국이 지배국가라는 사실에는 별 의문이 없지만 중국을 도전국으로 보아야 할지에 대해서는 논란이 존재한다. 오건스키 교수가 말하는 패권 전쟁은 과연 미국과 중국 사이에서 궁극적으로 발생하고 말 것인가? 미국과 중국의 속성은 무엇이고 원하는 국제질서의 모습은 무엇인가? 이 같은 질문에 답하기 전에 패권국과 도전국사이의 갈등에 관한 다른 국제정치 이론들도 살펴보아야 할 필요가 있을 것이다.

패권 전쟁 이론

국제정치 위계 질서 상 최상위에 있는 지배국 혹은 패권국과 이 자리를 노리고 도전하는 신흥 강대국이 갈등을 벌이거나 전쟁을 일으키는 경우 그 갈등은 전 지구적 차원에 영향을 미칠 것이고, 만약 그 두 나라가 전쟁을 벌인다면 세계대전 급 전쟁이 되고 말 것이다. 미국과 중국이 본격적으로 갈등에 빠져들어 간다면 냉전 당시 미소 갈등만큼이나 전 세계 사람들의 생활을 심각하게 규제할 것이며, 만약 미국과 중국이 진짜 전쟁을 벌인다면 그 전쟁은 제3차 세계대전이 될 것이다. 국제정치학자들은 이처럼 강대국들이 패권 장악을 위해 벌이는 대전쟁Hegemonic War들을 집중적으로 연구했고, 그러한 전쟁의 원인과 결과에 관한 여러 가지 이론들을 만들어냈다.

■ 패권의 정의

패권에 대한 정의는 학자들 사이에서 그다지 명쾌하게 이루어지지는 않고 있다. 그래서 국제정치학 이론들은 과학적인 엄밀성은 없다. 미국을 패권국으로 부르는 것은 하나의 '관습' 혹은 상식적인 통용일 뿐이다. 어느 나라를 패권국이라고 말할 수 있느냐에 대해 모두가 동의하는 과학적, 계량적 기준도 사실은 없는 상태다. 그럼에도 불구하고 패권에 관한 학자들의 정의를 몇 가지 인용해 보기로 하자.

니콜 부스케Nicole Bousquet는 패권국이란 "생산, 상업, 금융에서의 압도적인 지위는 물론 정치적인 리더십도 갖추고 있는 나라"라고 주장했다.[24] 코헤인Robert Kohane의 패권국에 대한 정의도 이와 유사하다. 코헤인은 패권국을 "자원에 대한 통제력, 자본의 요소에 대한 통제력, 시장의 통제, 고부가가치의 상품 생산에 관한 경쟁우위를 모두 갖춘 나라"[25]라고 정의하면서, 힘을 투사할 수 있는 군사적인 능력뿐만 아니라 정신적인 동기motivation도 갖추고 있어야 한다고 말했다. 그는 패권국이 되려는 정신적인 동기는 국내적인 요인에 의해 크게 영향을 받는다고 보았다.[26] 1977년 조셉 나이 교수와 공저한 책에서, 코헤인은 패권체제hegemonic system란 "어떤 한 나라가 국가들 간의 관계를 지도하는 본질적인 규범을 유지할 만한 충분한 능력과 의지를 가지고 있는 국제체제"라고 정의했다.[27]

코헤인과 마찬가지로 패권국의 요소 중 군사적 능력을 특히 강조한 학자는 레이몽 아롱Roymond Aron이다. 아롱에 의하면 헤게모니란 "국가들이 자신의 자주성autonomy 혹은 자신들의 결정을 자유스럽게 내릴 수 있는 능력을 박탈당한 상황"으로 정의된다.[28] 아롱은 헤게모니 상황이 국제정치 역사상 희귀한, 그리고 길지 않았던 상황이었을 뿐이라고 말한다. 세계적 규모의 대전쟁이 끝난 직후 네덜란드, 영국, 미국 등이 잠깐 동안 패권국의 반열에 올랐을 뿐이었다.[29] 특이한 사실은 패권국은 모두 해양 제국들이었다는 사실이다.[30] 다만 패권국은 대륙 세력의 도전에 맞서기 위해 대륙 국가의 정책을 지향한 경우도 있었다.

이상의 사례에서 보듯 패권국 및 패권 체제에 대한 정의는 주관적인 부분이 많다. 대개 2차 대전 이후 또는 소련 붕괴 직후의 미국을 '패권국'이라고 말하지만, 과연 얼마만큼 힘이 센 나라라야 패권국이라고 말할 수 있는지에 관한 객관적이고 과학적인 기준을 가지고 있지는 않다. 미국의 힘은 2015년 기준 경제력으로는 세계의 약 1/4, 군사력으로는 군사비 지출기준 세계의 약 40%에 해당하는 국력을 보유하고 있다. 그러나 미국의 인구는 전 세계 인구의 4% 정도에 불과하다. 패권국이라고 불릴 수 있는 나라에 대한 계량적 기준을 설정해야 한다면 어떤 기준을 설정해야 할까?

■ 패권 전쟁

국제정치의 역사를 보면 30년 전쟁, 나폴레옹 전쟁, 1차 세계대전, 2차 세계대전 등 그 규모가 어마어마한 대전쟁들이 주기적으로 발발했다는 사실을 알 수 있다. 이러한 대규모 전쟁들을 연구주제로 삼은 일단의 국제정치학자들은 단지 대전쟁의 과정과 결과를 분석하는 데 그치지 않고, 국제질서를 본질적으로 바꾸어 놓은 전쟁들의 특이한 원인을 국제정치의 구조변동과 연계시켜 분석하고자 하였다. 이 학자들은 자신들이 연구하는 대규모의 전쟁들을 패권 전쟁hegemonic war, 지구 전쟁global war, 일반 전쟁general war 또는 세계 전쟁world war, 체제 전쟁systemic war 등 다양한 이름으로 지칭했다.[31] 이처럼 다양한 이름에서 나타나듯이 대전쟁에 대한 연구자들의 정의는 약간씩 상이하며 어떤 전쟁이 이러한 이름으로 불릴 수 있는지에 대해서도 학자들의 견해가 반드시 일치하지는 않는다.

패권 전쟁은 기존의 세계체제를 새로운 힘의 관계에 합당하게 바꾸려는 전쟁이다. 기존의 패권국의 힘이 쇠잔해지고, 도전국의 힘이 증강될 때 신흥 강대국은 기존의 국제질서가 자신에게 불리한 국제질서라고 인식하고 이를 수정하고자 한다. 즉 패권 전쟁의 목적은 새로운 힘의 구조에 적합한 새로운 패권국 또는 챔피언을 결정하기 위한 전쟁이다.

패권 전쟁 또는 세계대전에 관한 연구자 중에서 단연 그 효시라고 말할 수 있는 영국의 역사학자 토인비Arnold J. Toynbee는 "주도적 국가leading power에 의한 세계 지배권 장악 시도a bid for world dominion는 다른 국가들로 하여금 대항 연합을 형성하게 하여 세력균형 유지를 위한 세계대전general war을 불러오게 된다"[32]라고 말한다. 토인비는 대체로 전쟁 도발국aggressor이 패배했다는 사실을 발견했다. 전쟁 직후 '잠시 숨을 돌릴 수 있는' 평화의 시기가 도래하는데, 이 시기의 평화는 완전한 평화는 아니고, 전쟁에서 패한 도발국이 잠시 넋을 잃고 있는 상태이며, 패권 전쟁을 통해서도 문제가 아직 다 해결되지 못한 상태라고 설명한다. 이 전쟁 이후 몇몇 부수적인 전쟁들supplemental wars이 발생하게 되는데, 이 전쟁들을 통해 미처 해결되지 못했던 문제들이 정리되며, 그 이후 진정한 평화가 도래한다는 것이다. 그리고 그 평화는 상당기간 지속된다고 설명한다.[33] 즉 토인비에 의하면 "세계 지배권을 노리는 주도적 국가heading power와 이에 맞서는 대항 연합 간에 벌어지는 세계적 전쟁"이 '패권 전쟁'인 것이다.

레이몽 아롱은 패권 전쟁을 "기존 국제질서에서 변하고 있는 힘의 상대적인 위치를 결정하는 궁극적인 테스트"[34]라고 정의 내린다. 도전국이 기존의 국제질서에 불만을 가지고 있을 때 이를 궁극적으로 해결하기 위한 방법이 패권 전쟁이라는 것이다.

국제정치를 순수한 무정부상태가 아니라 모종의 통치체제governance가 작동하는 영역으로 보는 길핀Robert Gilpin은 국제정치에서 국가 간 힘의 성장 속도에는 차이가 날 수밖에 없고 이 같은 국력 성장 속도의 차이differential rates in the growth of power는 궁극적으로 국제체제 변화의 원인이 된다고 주장한다.[35]

패권 전쟁이란 바로 "국제체제의 구조와 힘의 새로운 분포 상황 사이에 나타나는 불균형disequilibrium을 해소하는 가장 중요한 수단"이다. 국제체제의 지도국가 역할을 수행할 수 있는 힘이 점차 줄어들고 있는 기존의 패권국과 힘이 증강된 신흥 강대국 중에서 누가 국제체제를 지배해야 옳은가, 즉 누가 국제정치에서의 지배권international governance을 행사하기에 적합한 나라인가를 결정하는 전쟁이 패권 전쟁인 것이다. 이 전쟁은 도전국과 지도국 단 두 나라 사이의 싸움은 아니다. 기존 질서에 편승한 엘리트 국가들과 이에 대항하는 신흥 강대국과 그 동맹국들 사이에서 야기되는 전쟁인 것이다.[36] 패권 전쟁은 누가 국제정치의 주도국이 될 것인가뿐만 아니라 어떤 이념과 가치에 의해 세계가 지배되어야 할 것인가를 결정하는 전쟁이기도 하다.

그래서 모델스키 교수는 지구 전쟁global war이란 "지구정치 체제의 헌법과 권위의 배치를 결정하기 위한 전쟁"이라고 정의한다.[37] 패권 전쟁 이론을 종합적으로 정리한 톰슨은 "지구 전쟁이란 누가 세계의 지도력을 제공하게 되고, 누구의 통치력이 지배하게 되고, 누구의 정책이 지구적인 분배과정을 형성하게 되고, 세계질서에 대한 누구의 사상과 비전이 세계를 장악하게 될 것인가를 결정하는 전쟁"[38]이라고 정의했다. 이러한 정의는 주로 전쟁의 국제 체제적 결과systemic consequence를 중심으로 내려진 것이다.

그러나 모든 패권 전쟁의 결과가 문제를 뚜렷하게 해결했던 것은 아니다. 예로서 17세기 중 3차례에 걸쳐 발발한 영국과 네덜란드의 전쟁, 18세기 동안 여러 차례 지속되었던 영국과 프랑스의 전쟁은 뚜렷한 승자를 가려내지 못했고 도전자가 원했던 새로운 국제질서를 창출하지도 못했다.

■ 패권 전쟁들의 역사적 사례

대전쟁을 연구하는 학자들은 역사 속에서의 패권 전쟁 사례들을 밝히고 있는데, 패권 전쟁의 데이터는 학자들마다 약간씩 상이하다. 우선 퀸시 라이트Quincy Wright는 15개의 전쟁을 대전쟁General War이라는 범주로 분류하고 있다. 그에 의하면, 대전쟁은 30년 전쟁(1618 – 1648), 프랑스 – 스페인 전쟁(1648 – 1659), 루이 14세에 대항한 1차 연합(1672 – 1679), 루이 14세에 대항한 2차 연합(1688 – 1697), 스페인 왕위 계승 전쟁(1701 – 1714), 4국 동맹 전쟁

(1718 - 1720), 폴란드 왕위 계승 전쟁(1733 - 1738), 오스트리아 왕위 계승 전쟁(1740 - 1748), 7년 전쟁(1756 - 1763), 미국독립 전쟁 (1778 - 1783), 프랑스 혁명 전쟁(1792 - 1802), 나폴레옹 전쟁 (1805 - 1815), 크리미아 전쟁(1854 - 1856), 1차 세계대전(1914 - 1919), 2차 세계대전(1939 - 1945)[39] 등이다.

길핀은 근대 이전의 전쟁 중에서는 아테네와 스파르타의 펠로폰네소스 전쟁, 카르타고와 로마의 제2차 포에니 전쟁Punic War, 근대 이후의 전쟁 중에서는 30년 전쟁(1618 - 1648), 루이 14세 전쟁wars of the Louis XIV, 프랑스 혁명 전쟁 및 나폴레옹 전쟁, 그리고 양차에 걸친 세계대전을 패권 전쟁으로 분류했다.[40]

토인비의 패권 전쟁 리스트에는 이태리를 둘러싼 합스부르크 - 발루아 왕가 간의 전쟁(1494 - 1525), 스페인 왕정에 대한 네덜란드의 반동에 영국이 개입함으로서 야기된 대전쟁(1568 - 1609), 루이 14세 전쟁(1672 - 1713), 프랑스 혁명 전쟁 및 나폴레옹 전쟁, 제1차 세계대전(1914 - 1918)이 포함되어 있다.[41]

패권 경쟁 이론과 미중 관계의 전망

앞에서 설명한 힘의 전이 이론과 패권 전쟁 이론은 미중 관계를 연구하는 학자들이 미중 관계를 설명하기 위한 이론적 분석틀로 사용하는 국제정치 이론이다. 그러나 과연 현재의 미중 관계가 힘의 전이 이론과 패권 전쟁 이론의 적용 대상이 될 수 있을지에 대해서는 보다 엄밀한 분석이 요구된다. 다만 많은 학자들과 일반인들이 오늘날 미국과 중국의 국력 변화를 힘의 전이 현상으로 생각하고 있으며[42] 일부 논자들은 미국과 중국 사이에 궁극적으로 패권 전쟁이 발발할 개연성이 대단히 높다고 주장하고 있다.[43]

그러나 미국과 중국 사이에 나타나는 힘의 변화 현상이 오건스키 교수나 패권 전쟁 이론가들이 제시한 이론에 합당한 사례인지에 대해서는 미중 관계를 분석하는 학자들마다 견해를 달리하고 있다. 예로서 스티브 찬 교수는 미국과 중국의 관계를 힘의 전이로 설명하는 것은 타당하지 못하다는 입장을 취하고 있다.[44]

미국과 중국 간에 패권 전쟁이 발발할 것인지 논하는 것은 아직 일어나지 않은 현상을 상상해 보는 데 불과하다. 2015년 특히 격화되기 시작한 남중국해에서의 중국 해군력 현시顯示와 미국의 반응도 아직은 전쟁이 아니며, 이 현상을 본격적인 갈등의 시작으로 볼 것이냐에 대해서도 다른 견해들이 존재한다. 중국의 국력이 앞으로도 오랫동안 급속도로 성장하여 언젠가 경제력과 군사력의 측면에서 미국을 능가할 상황이 온다면, 미국은 결코 가만히 있지는 않을 것이다. 2016년인 현재 시점에서 미국은 중국의 부상에 대해 본격적인 제동을 걸어야겠다고 생각한 것은 확실해 보인다.

물론 중국을 미국과 패권을 두고 경쟁을 벌이는 나라로 보기에는 아직 중국의 힘이 많이 부족하다고 보는 견해가 많다. 미국의 경제력은 2015년 기준 중국의 거의 2배 정도이고 미국의 군사력은 군사비 지출 기준으로 중국의 5배가 넘는다. 특히 지구 끝까지 도달할 수 있는 군사 능력을 갖춘 미국 해군력과 연안 방어 수준의 현재 중국 해군력을 비교할 때 두 나라를 지구 패권을 놓고 경쟁을 벌이고 전쟁도 일으킬지 모른다고 말하는 것은 상황에 대한 올바른 분석이 아닐 것이다. 그러나 최근 중국의 경제력이 급속히 성장했다는 사실, 그리고 군사력 역시 급속한 속도로 증강되고 있다는 사실, 특히 최근 중국 내부의 어려움이 중국인들의 민족주의로 나타나고 있는 상황에 대해서는 관심을 기울일 필요가 있을 것이다.

■ 중국의 부상을 보는 미국의 입장

투키디데스는 27년 동안이나 지속된 잔혹했던 펠로폰네소스 전쟁의 원인에 대해 날로 힘이 증강하는 아테네에게 패권을 빼앗길 것 같은 불안감에 빠진 스파르타가 전쟁을 일으키지 않을 수 없었다고 말했다. 이는 후세 학자들에 의해 예방전쟁 이론으로 더욱 정교화되었다.

이 유명한 투키디데스의 설명을 오늘의 국제정치에 적용한다면 '미국은 힘이 날로 증강하고 있는 중국의 부상을 두고만 보지 않을 것이다'라는 결론을 도출해낼 수 있을 것이다. 국제정치를 현실주의적 관점에서 보았을 때 미국이 중국의 부상에 대해 아무런 반응을 보이지 않는다는 것은 상상할 수 없는 일이다. 다음 장들에서 상세하게 설명할 것이지만 이미 미국은 중국의 부상에 대해 다양한 조치들을 취하기 시작했다. 미어셰이머 교수의 언급대로 "미국은 중국이 부상하여 미국을 앞지르게 되는 일을 결코 허락하지 않을 것"[45]이며, 럿왁 박사의 언급대로 "이 세상 어떤 패권국도 자신의 지위를 평화적으로 물려주지는 않을 것"[46]이다.

미국이 중국의 부상에 대해 신경을 쓰기 시작하고 본격적인 대책을 강구하기 시작했다는 것은 누구도 부정할 수 없는 현실이 되고 있다. 2011년 11월 힐러리 클린턴 미 국무장관은 "21세기 지정학은 아시아에서 결정될 것이다…. 미국은 그 결정의 현장에 있어야만 할 것이다"[47]라고 언급했다. 그리고 2012년 1월 5일 미국 국방

중국의 부상에 대한 미국의 견제가 시작되었다.

부는 힐러리 클린턴의 견해를 군사적으로 뒷받침 해주는 신국방전략을 발표하였다.[48] 이후 미국의 아시아 정책은 '아시아 중심정책 Pivot To Asia' 혹은 '아시아 재균형 정책Re-balancing Asia'으로 공식화되었다. 미국은 이를 위해 앞으로 미국 해군력의 60%를 아시아에 주둔시키기로 결정했으며 중국의 전략에 대항하기 위한 군사전략을 강구하기 시작했다.

2012년 가을부터 중국과 일본 사이에는 센카쿠열도, 중국명 다오위다오를 둘러싼 분쟁이 노골화되기 시작했다. 중국은 2013년 이래 남중국해의 영유권에 대해서도 보다 노골적으로 공세적인 입장을 취하고 있으며 필리핀, 베트남 등과 분쟁 관계에 빠져 들고 있다. 이들 분쟁에서 미국은 적극적으로 중국의 반대편에 서서 일본, 필리핀, 베트남을 지원하고 있다. 2014년 4월 오바마 대통령의 아시아 순방은 중국 주변국들과 미국과의 동맹 관계를 다시 확인, 강화하는 조치였다. 2015년 이후 남중국해에 대한 미국 해군의 개입은 보다 적극적으로 이루어지고 있다. 미국은 9,200톤급 대형 이지스 구축함 라센Lassen호를 중국이 영해라고 선언한 해역을 항진하도록 했으며[49] 미국의 B-52 폭격기들 역시 중국이 영해라고 선언한 지역을 날고 있는 중이다.[50]

아직 중국이 미국에 도전할 정도가 되었다고는 보지 않는 미국 사람들도 많지만, 대다수는 중국의 국력이 계속 증강되면 언젠가 미국에 대적할 수 있는 상황이 될 것이며 이 같은 상황을 사전에 막아야 한다고 생각하고 있다. 경제학자들과 달리 국제정치를 연구하는 학자들의 대부분은 미국과 중국의 관계가 패권 경쟁을 유발할 것이라고 본다. 오건스키 교수는 기존 패권국이 신흥 강대국의 도전을 막아낼 수 있느냐에 대한 질문에 비관적인 답안을 제시했지만 그외 패권 전쟁 이론가들은 모두 도전국의 도전이 성공한 예가 없다고 주장했다. 최근 상당수 전문가들이 중국에 대해 낙관적이고 미국에 대해 비관적인 관점을 가지는 것은 오건스키 교수의 힘의 전이 이론이 제시하는 설명과 유사하다.

그러나 미국은 중국의 도전에 평화적으로 자신의 지위를 넘겨주지 않을 것이다. 미국과 같은 전략적인 국가가 무대책으로 있다가 자신의 패권적 지위를 중국에 빼앗기는 일은 상상하기 어렵다. 물론 미국은 중국의 산업화가 중단되거나 중국 경제가 붕괴되는 것을 원하지는 않는다. 미국은 자신의 패권이 유지되는 가운데 중국이 자신이 규정한 국제정치 및 경제 질서에 순응하는 성공적인 국가로 남는 것을 선호한다. 그것이 미국에게도 좋기 때문이다. 지금 미국은 소비재를 싼 값에 공급하는 중국이라는 공장이 필요하다. 물론 중국이 영원히 싼 값으로 미국에 소비재를 공급할 수는 없을 것이며, 미국이 제조업을 완전히 포기하리라는 것도 비현실적이다. 미국은 패권적 지위를 유지하기 위해 21세기에 타당한 방법들을 채택할 것이다. 패권의 요소는 금융, 정보, 문화 등으로 다양해졌다. 미국은 압도적인 1위의 군사력을 유지하고자 할 것이며 세계경제를 장악할 수 있는 금융, 정보, 첨단과학기술 분야의 우위를 결코 포기하지 않을 것이다.

■ 중국은 패권 도전국인가?

국제체제의 위계 구조를 강조하는 오건스키는 국가들이 현실국제질서에 만족하느냐의 여부에 따라 만족해하는 강대국, 불만스런 강대국, 만족해하는 약소국, 불만스런 약소국 등 네 가지로 분류했다. 오건스키는 최강의 지배국은 항상 만족하는 나라로 분류했다. 그런데 오늘의 중국은 만족해하는 강대국일까, 불만스런 강대국일까? 이 질문에 어떤 대답을 제시하느냐에 따라 미중 간에 힘의 전이 현상, 패권 경쟁 현상이 나타나고 있는지 여부가 정해질 것이다. 이 질문에 대해서는 정말로 다양한 견해가 존재한다. 중국은 분노하는 강대국이라는 분석에서부터[51] 오늘의 중국은 유사 이래 가장 행복하고 잘사는 중국이며, 중국은 미국이 만들어 놓은 세계질서 속에서 안주하는 것이 제일 편하고 좋을 것이라는 견해에 이르기까지 극과 극의 견해들이 존재한다. 중국의 부상은 사실 미국이 규정한 국제질서에 잘 순응했기 때문에 이루어질 수 있었던 현상이다. 자유 무역질서로 인해 가장 큰 덕을 본 나라가 중국인데 중국이 이같은 자유무역질서를 지탱하는 견인차인 미국을 대체하고 자신이 세계의 정치 경제를 주도할 가능성은 물론 필요성도 없다는 견해는 중국 출신 학자들 사이에서도 쉽게 찾을 수 있다.[52]

2014년 12월 중순 미 시카고에서 열린 미·중 통상무역합동위원회JCCT에 참석한 왕양汪洋 부총리는 "세계를 주도하는 건 미국이다. 중국은 미국 주도의 세계질서를 존중한다"고 말했다. 그것도 모자랐는지 다시 "중국은 미국에 도전할 의지도 능력도 없다. 미국의 주도적 위치를 존중한다"고 천명했다. 2015년 1월 10일 진찬룽金燦榮 런민대 국제 관계학원 부원장은 중국은 계속 낮은 자세의 외교를 펼칠 것이라고 말했고 그 이틀 뒤엔 자칭궈賈慶國 베이징대 국제 관계학원 원장이 나서 중국은 기존 국제질서에 도전할 의사가 없다고 밝혔다. 친야칭秦亞靑 외교학원 원장은 중국의 외교가 강경하게 변했다는 말이 있지만 중국은 기존 외교 전략을 2050년까지 유지할 것이라고 밝혔을 정도다.[53]

그럼에도 불구하고 중국이 미국의 패권에 도전하고 있는 국가인지의 여부는 중국의 행태를 면밀히 파악한 후에야 말할 수 있다. 만약 중국의 급속한 부상이 멈추게 되면, 그때는 당연히 미중 패권 경쟁이 야기되지 않을 것이다. 그동안 중국의 힘이 급속히 증대되어 온 것이 사실이지만, 그 같은 힘의 증가가 중국이 말하는 대로 평화적인 것일지(화평굴기和平崛起) 혹은 패권 전쟁론, 힘의 전이 이론이 제시하듯 폭력적인 것으로 귀결될지는 현재로서는 알 수 없다. 다만 역사의 교훈을 살펴본다면, 국가 간 권력 관계의 속성을 본다면, 그리고 무엇보다도 중요한 지정학적인 관점과 중국이라는 국가의 전통적인 속성을 고려한다면, 중국의 부상이 평화적으로만 이루어질 수 없다고 보는 편이 훨씬 더 타당할 것이다. 국제정치는 결국 힘의 정치라는 범주를 벗어날 수 없는 것이기 때문이다.

중국과 같이 큰 나라가, 중국정부가 발표한 대로 혹은 많은 학자들이 인용하는 대로 1년에 수십 ％씩 경제성장을 이룩한 것이 사실이라면 이는 국제정치 구조에 심각한 변동을 초래할 일이 아닐 수 없다. 국제정치의 권력 구조가 급속한 속도로 변할 때 안정stability은 당연히 깨지기 마련이다. 안정이 깨질 때 국제정치는 불안해지고, 평화가 지속되기보다는 '긴장 혹은 전쟁 상태'가 도래할 가능성이 높아진다.

중국의 부상은 권력 정치적 측면에서 이웃 국가들이 쌍수를 들어 환영할 일은 아니다. 이웃에 막강한 나라가 생기는 것이 즐거운 일은 아니다. 힘이 넘치는 나라가 힘이 강해진 이후에도 점잖게 평화적으로 행동할 것이라는 가설 역시 비현실적이다. 이미 국력의 충만함을 느낀 중국은 주변 국가들에 대해 안하무인식 행태를 보이기 시작했다. 중국 사람들이 나빠서가 아니라 중국의 힘이 세졌기 때문에 나타나는 자연스런 현상이다. 미국이 세계에서 전쟁을 가장 많이 치르는 호전국가好戰國家로 취급 받고 있는데 이를 다른 말로 한다면 미국이 세계에서 제일 힘이 센 나라라는 말과 동의어일 것이다. 힘이 제일 센 나라가 평화를 사랑한 역사는 없다. 미국도 힘이 약했을 때는 평화를 사랑한 나라였다. 오늘 유럽 국가들이 평화를 사랑한다고 말하지만 그들이 힘이 강했을 때 그들은 전쟁을 제일 많이 치렀다.[54]

중국의 국력 증강은 중국인의 행태를 바꾸어 놓을 것이다. 중국이 더욱 강해진 후에도 점잖은 나라로 남아 있지는 않을 것이다. 중국은 증강된 국력에 걸 맞는 대우를 원하지만 기존의 국제절서는 미국에게 유리하게 되어 있다. 이것을 바꿔야 하는데 미국이 평화적으로 중국에 합당한 국제질서를 만드는 데 동의하지는 않을 것이다. 결국 막강해진 중국은 불만스러운 나라가 될 것이다. 막강한 나라가 불만스러울 경우 그 나라는 호전적이고 과격한 나라가 될 것이 분명하다. 이는 비단 중국의 경우뿐 아니라 국력이 급속히 증강되었던 나라들과 그 나라 국민들이 실제로 보여주었던 역사적 사실이다. 중국의 행태가 바뀌면 주변국의 행태도 바뀌고 기존의 패권국인 미국의 행태도 바뀔 것이다. 불행한 일이지만 중국의 부상이 지속되는 한 한반도가 자리 잡고 있는 동북아시아의 국제정치는 평화보다는 분쟁과 갈등, 안정보다는 불안정의 방향으로 진행될 것이다. 그렇게 보는 것은 세상을 비관적으로 보아서가 아니라 국제정치가 상정하는 세상이 원래 그렇기 때문이다. 그렇다면 중국의 국력은 앞으로도 계속 지난 수십 년과 같이 엄청난 속도로 증강할 것인가? 즉 중국의 미래는 어떻게 될 것인가? 이 문제가 바로 이제부터 설명하고자 하는 주제다.

03

미국과 중국의 세계관과 국가전략

미국과 중국의 국제 관계를 설명하는 대부분의 저술들이 의도적으로 혹은 실수로 생략하는 부분이 '미국인과 중국인이 보는 세계가 같지는 않다' 라는 사실에 대한 언급이다. 대부분의 저술들은 미국과 중국이 똑같은 관점에서 세상을 바라보고 있다고 가정한다. 국제정치학 이론들이 개별 국가들의 철학적 관념적 차이보다는 무정부상태라는 국제정치의 구조적 측면을 강조하다보니, 국가들의 개별적인 관념적 차이를 상대적으로 소홀히 다루고 있는 것이 현대 국제정치 연구의 일반적인 경향이기도 하다. 그러나 미중 관계를 보다 정확하게 분석하기 위해서 미국인들과 중국인들이 바라보는 세계는 현저하게 다르다는 사실을 이해하는 것이 중요하다.[1]

미국과 중국이 가까운 미래 본격적으로 패권 경쟁을 벌일 것이라고 상정할 경우 다가올 패권 경쟁은 역사상 나타났던 패권 경쟁과 본질적으로 다른 한 가지 측면을 갖게 된다. 과거의 패권 경쟁이 국제정치적 관점이 유사한 서양 국가들 간의 경쟁이었다면 다가올 미중 패권 경쟁은 세계관이 판이한, 동서양을 대표하는 강대국들 간의 충돌이 되는 것이다. 그동안 전통적 패권국인 영국과 미국이 대적했던 나라들은 프랑스, 독일, 소련 등 모두 서양국가들이었다.

중국사를 전공하는 마크 맨콜Marc Mancall 같은 미국 학자는 서양적 국제정치학 개념을 가지고 동양의 국제정치를 설명하려는 시도는 잘못된 것error이라고 말한다.[2] 우리가 중국인의 세계관 혹은 전쟁과 평화에 대한 관점을 이해하기 위해서는 먼저 중국의 전통적 국제정치 사상 혹은 관념에 대해 분석할 필요가 있다. 필자는 2011년 12월 하와이에서 열렸던 학술회의에서[3] 미국 학자가 "중국은 왜 가까이에 있는 이웃나라들을 괴롭혀서 그들이 미국편이 되도록 떠미는지 이해할 수 없다"고 말하는 것을 들었다. 중국이 베트남, 필리핀, 인도네시아, 한국 등과 해양영토 분쟁을 벌이는 모습과 중국이 이웃의 약소국을 대하는 태도를 그렇게 표현한 것이다.

　필자는 이처럼 질문하는 미국 학자에게 중국인의 세계관이 미국과 판이하게 다르기 때문에 그렇게 행동한다는 사실을 설명해 주었다. 미국과 중국은 모두 강대국으로 약소국을 능멸하는 공통적인 태도를 보이는 것이 사실이다. 그런데 미국은 약소국을 비록 형식적으로나마 자신과 대등한 나라처럼 대해줌으로써 양자 사이에 평화가 유지될 수 있다고 본다. 즉 강대국이나 약소국이나 형식적으로는 평등하다는 사실을 인정할 경우 국제질서와 평화의 유지가 가능하다고 인식한다. 반면 중국은 이웃의 약소국이 형식적으로나마 중국의 우월한 지위를 인정할 때, 즉 약소국과 강대국의 위계질서가 형식적으로 인정될 때, 국제질서와 평화가 유지된다고 믿는다. 이는 중국과 동아시아 국가들 사이의 오랜 국제 관계의 전통에서 추론된 중국적 국제정치 사상에 의거한 관점이다.

　21세기인 현대에도 중국이 전통적 국제정치 관점을 유지하고 있는가라고 반문할 수 있지만 국제정치에서 위계질서의 제도화, 형식화는 중국 국제정치사 2000년의 전통이었다. 중국인들은 아직도 대국과 소국 사이에는 지켜져야 할 규칙이 있다고 생각한다.[4] 중국과 미국은 평화, 전쟁, 안정, 동맹 등 중요한 국제 정치적 개념에 대해 다르게 생각한다. 동양과 서양은 정치적 관계는 물론 바람직한 인간 관계에 대한 전제도 다르다. 서구적 평등 개념은 동양에서는 무례함이 될 수 있다. 서양 사람들의 남녀 관계와 동양 사회의 남녀 관계가 다르다는 사실을 생각해보라. 서양 사람들의 남녀 관계는 아직도 동양 국가들에서 자연스러운 것으로 받아들여지지 않는다. 이 같은 차이는 물론 '좋다, 나쁘다' 혹은 '옳다, 그르다'의 관점에서 판단할 문제는 아니다. 다만 동서양을 대표하는 미국인들과 중국인들이 생각하는 방식이 다르다는 사실은 서로 간에 갈등과 오해를 불러오는 국제정치적 요인이 될 수 있다.

많은 한국인들이 "미국이나 중국이나 우리를 괴롭히기는 마찬가지"라고 말하며, 두 나라를 '똑같은 강대국일 뿐'이라고 생각하는 경향이 있다. 그렇지 않다. 중국이 보는 한국과 미국이 보는 한국은 전혀 같지 않다. 전략적으로 다르고, 지정학적으로 다르고, 관념적, 전통적으로 다르다. 본장은 미국과 중국이 관념적, 전통적으로 다른 세계관을 가지고 있다는 사실을 설명하려는 장이다. 중국은 5000년의 장구한 역사적 문화적 전통을 가진 나라며 자신의 전통과 관념을 소중하게 지키는 나라다. 중국인은 자기 나름대로 독특한 관점에서 세상을 바라보고 있으며, 자신이 바람직하다고 생각하는 세상에 대한 구상構想을 갖고 있다.

반면 미국은 서구에서 형성된 국제정치적 관점이 지배하는 세계체제global system가 형성된 후 건국된 신생국가로서 서양적 국제정치 질서를 대표하는 국제정치관을 갖고 있다. 또한 미국은 현재 패권적 지위를 차지하고 있는 나라라는 점에서 역시 특이한 국제정치적 관점과 전략을 가지고 있는 나라다. 두 나라가 세상을 어떻게 인식하고 있으며 상대방을 어떻게 바라보고 있는가에 대한 이해는 다가올지도 모를 미중 패권을 이해하는 데 중요한 변수가 아닐 수 없다.

중국인의 세계관

국제정치학의 주류 이론들은 주로 국가가 처한 주변 환경의 특징으로부터 국가의 행동을 설명하려는 경향이 있다.[5] 그러나 중국의 대외 관계를 설명하려는 경우, 특히 중국과 미국의 관계를 설명하려는 경우, 중국이라는 국가 및 중국인들의 마음속에 내재한 국제관계에 대한 고유한 사상과 관점을 이해하는 것은 대단히 중요하다. 중국인들의 국제정치 사상 및 세계관을 이해해야 하는 이유는 중국이라는 나라가 수천 년 동안 서양 국가들과는 독립된 상태에서 독특한 국제정치 체제를 형성해 왔고, 그 독특한 국제체제의 종주국 노릇을 해왔다는 사실에서 비롯하는 것이다. 즉 중국인이 생각하는 좋은 세상, 즉 평화와 질서가 있는 세상과 서양인들이 생각하는 좋은 세상은 개념적으로 차이가 대단히 크며, 좋은 세상을 만드는 방식에서도 현저한 차이가 있다.

서양 사람들은 인간관계, 사회관계에서 평등과 독립이 보장되는 경우라야 질서와 평화가 보장되는 것으로 생각했다. 아버지와 아들, 남편과 아내, 남과 여, 친구들 사이에서 인격이 존중되고, 비록 형식적인 것일지라도 개인들 사이의 대등한 관계가 전제되는 경우, 그들 사이에 평화와 안정이 가능하다는 것이 서양인들의 전통적 관점이었다.[6] 서양 고대 사회를 주제로 한 영화들을 보면 왕과 신하들이 서로 얼굴을 마주보고 대화하며, 시민들이나 병사들이 상급자들에게 머리를 조아리는 일이 별로 없다. 남녀 관계, 부모와 자식의 관계, 나이든 사람과 나이어린 사람의 관계에서도 엄격한 위계질서를 찾아보기 힘들다.

그러나 중국의 인간관, 사회관은 그렇지 않았다. 각 개인의 인격이 무시되면 안 될 것이지만 그럼에도 불구하고, 각 개인에게는 사회 속에서 자신에 맞는 합당한 지위라는 것이 있었다. 아버지와 아들, 아내와 남편, 왕과 신하, 나이 많은 사람과 나이 적은 사람, 남자와 여자 사이에는 엄연한 구분이 있었다. 상하 위계질서hierarchic order가 있었고 각 개인들은 사회 속에서 자신에게 주어진 임무, 자신에게 요구되는 역할을 충실히 담당할 때 인간 사회에는 평화와 질서가 가능하다고 생각했다. 서양이 인간관계의 수평적 면을 강조했다면 중국은 인간관계의 수직적인 측면을 강조했다. 물론 중국의 전통사상이 왕이 신하를 마음대로 다루고, 남편이 아내를 마음대로 학대하고, 형이 동생을 제멋대로 다루는 그런 위계질서를 찬양한 것은 아니다. 문자 그대로 아버지와 아들은 친근함이 있어야 했고 (父子有親), 왕과 신하 사이에는 의가 있어야 했고(君臣有義), 친구들 간에는 신뢰가 있어야 했다(朋友有信). 그럼에도 불구하고 중국 전통 사회의 인간관계에는 위계질서라는 것이 분명하게 확립되어 있었다. 우선 어른과 어린아이 사이에는 순서라는 것이 존재(長幼有序)했고 남편과 아내는 달랐던(夫婦有別) 것이다.

우리는 이 같은 중국사회의 전통적인 인간관, 사회관이 유교사상으로부터 나온 것임을 잘 알고 있다. 지금으로부터 약 2,500년 전 춘추시대春秋時代 말엽, 혼탁한 시대를 살았던 공자孔子는 사회질서를 확립하기 위한 방편으로 인간관계의 위계적 질서를 논했다. 공자의 가르침은 그들의 제자에 의해 널리 전파되었고 후세 중국의 지도자들에 의해서 국가통치의 기본 이데올로기로 받아지게 되었다. 이처럼 중국인의 사회철학으로 확고하게 자리 잡은 유교사상은 한나라(漢, BC 202 – AD 220) 시대 중국이 동아시아에서 패권적 지위를 확립할 무렵, 국제정치 영역으로 확대 적용되기 시작했다.

유교사상이 국내정치 및 국내사회의 인간관계에 대한 규율을 넘어 국가들 간의 관계에도 적용되기 시작한 것이다. 힘의 중심에 위치한 중국은 주변 국가를 마치 아버지가 아들을 대하듯, 또는 형님

이 아우를 대하듯 대했다. 그렇게 하는 것이 평화와 질서에 좋을 것이라 생각했기 때문이다. 결국 중국인들의 인간관계에 대한 믿음은 중국을 벗어나 온 세상 사람들의 삶을 규정하는 사상으로 확대되었다. 국제 관계가 큰 가족 관계처럼 인식되었다. 중국이 아버지고 주변의 약소국들은 아들 혹은 동생 나라라는 인식은 사해동포四海同胞 관점을 발전시켰다. 서양은 다른 나라를 '외국foreign'으로 인식했지만 중국은 다른 나라를 중국의 아들 혹은 동생이 될 수 있는 대상으로 인식했고, 또 그렇게 인식하고 그렇게 만드는 것이 중국과 세상을 위해 좋은 것이라고 생각했다.

이처럼 서양과 판이한 고대 중국의 국제정치관을 연구한 전문가들은 중국의 독특한 세계관을 중국의 세계질서Chinese World Order,[7] 혹은 천하질서天下秩序라는 용어로 표현한다. 필자는 미국 텍사스 주립대학에 제출한 박사학위 논문에서 중국인의 독특한 국제정치 질서에 대한 관점을 'Confucian International Order(유교적 국제질서)'라고 표현한 바 있다.[8] 필자의 연구에 의하면 중국인이 생각하는 전쟁과 평화의 원인 및 조건은 서양 사람들이 생각하는 것과 확실한 차이가 있다. 그렇다면 중국의 세계관, 중국인들의 국제정치 인식은 서양 사람들의 그것과 어떤 측면에서 차이가 나는 것일까?

■ 중국인의 평화와 전쟁에 대한 관점[9]

중국인의 전쟁과 평화 그리고 국제질서에 대한 관점은 서양과는 다르다. 미국이 서양 철학의 전통적 맥을 잇는 나라는 아니지만 미국인의 국제정치적 관점들은 서양의 전통사상으로부터 도출된 것들이다. 반면 중국은 동양철학사의 축을 이루는 나라이며 중국이 규정하는 국제질서는 아시아 국제정치를 2000년 이상 지배했다. 오늘날 중국의 국제행동 중에는 과거의 전통 사상에서 도출되는 것이라고 볼 수밖에 없는 '특이한 행동'이 자주 나타나고 있다. 즉 21세기인 오늘에도 중국인들이 인식하고 행동하는 모습은 과거 전통시대 중국의 세계관을 반영하는 부분이 적지 않다. 이 같은 현실이 우리가 과거 중국의 세계관을 이해해야 하는 이유다.

전쟁을 연구한 대부분의 학자들은 중국을 중심으로 한 동양문명에 대해 세계 어느 문명보다 평화스러운 문명이며 그 결과 가장 오랜 기간 동안 단일적인 문명이 지속될 수 있었다고 평가하고 있다.[10] 그러나 중국의 역사 및 국제정치사를 살펴보면 중국 국내에는 물론 이웃하고 있는 국가들과 엄청난 규모의 전쟁이 비일비재했다는 사실을 쉽게 발견할 수 있다.

중국의 역사에는 전쟁을 묘사하는 다양한 용어들이 존재하고 있으며 중국 고대역사의 한 시점은 아예 전국시대戰國時代(BC403 – 221)라고 불릴 정도로 전쟁이 끊임없이 지속되었던 시기도 있었다.[11] 당시 중국에 존재했던 모든 국가들은 전쟁으로 날을 지새우고 있었다. 전국시대의 경우 전쟁은 당시 모든 국가의 일상이었다. 전쟁의 결과를 묘사하는 멸滅, 취取, 항降, 천遷 등 4가지 용어가 춘추좌전春秋左傳에 나타나고 있다. 여기서 멸滅이란 상대방 국가를 아예 없애버리는 것, 취取란 상대국을 흡수 통합해 버리는 것, 항降이란 항복을 받는 것, 천遷이란 상대국의 국왕 및 수도를 다른 곳으로 옮겨버리는 것을 의미한다.[12] 전쟁의 결과를 표현하는 중국의 용어들이 서양보다 훨씬 더 다양하며, 이 용어들은 동양의 전쟁이 잔인함의 측면에서 서양의 전쟁보다 전혀 덜하지 않았음을 보여준다.

고대 중국에는 전쟁을 묘사하는 용어들뿐만 아니라 강대국을 상

그림 3-1 **중국의 춘추전국시대**

징하는 단어들도 많았다. 만승국萬乘國은 전차戰車가 10,000대나 있는 나라라는 의미이다. 중국인들이 과장법을 즐겨 사용하지만 실제 고대중국의 강대국들은 상상을 초월할 정도로 대규모 군사력을 보유했다는 것이 역사적 사실史實로 밝혀지고 있다. 예로서 수나라가 고구려를 공격할 때 동원한 병력은 113만 3,800명이라고 정확히 기술되어 있다.

이 같은 수치가 전혀 과장이 아니라는 사실은 다음의 간단한 계산으로 밝혀진다. 고대 중국 전차의 경우, 전차 한 대마다 장갑으로 무장한 10명의 장교와 20명의 보병이 할당되었는데[13] 춘추시대의 주周나라는 전차 2,000대를 장비한 군단을 여섯 개나 보유했다고 한다. 당시의 대국들은 보통 3개 정도의 전차 군단을 보유했고, 약소국 및 중간급 국가들조차 1~2개의 전차 군단을 보유했다고 하니 강대국이라면 200만의 군사력은 충분히 갖출 수 있었을 것이다.[14] 이처럼 동양의 문명에서도 전쟁은 일상적인 일이었으며 그 결과 동양의 중요한 정치사상의 대부분은 전쟁과 평화의 문제를 주요한 주제로 다루고 있다.

중국의 고대 역사가 전쟁으로 점철되었다는 사실은 역설적으로 중국의 고대 정치사상을 평화애호의 사상으로 만드는 데 기여하였다. 특히 한대漢代 이후 정치사상은 전쟁 그 자체를 혐오하는 염전/평화사상으로 특징지워진다. 20세기 초반 마오쩌둥毛澤東이 중국의 권력을 장악할 무렵 이전까지 지속된 중국의 대표적 사상은 '전쟁을 비하하고, 평화를 몹시 강조한 유교사상'이었다. 중국적 유교사회의 근간을 이루는 삼강오륜三綱五倫 도덕률을 달성하는 방법으로서 중국인들은 교육을 제일 강조했고, 그 다음이 소위 엿과 채찍이라는 포상과 처벌이었으며 마지막 방법이 무력에 의한 것이었다.

중국 사람들은 최고의 지위에 자리한 사람이(예로서 天子) 폭력적 방법에 호소한다면 그것은 바로 자신의 덕목에 의한 통치가 실패한 것을 스스로 인정하는 것이며, 전쟁에 호소한다는 것은 정책의 파산이라고 생각했다.[15] 이 같은 평화 사상은 중국인들로 하여금 싸운다는 사실에 명예와 영광을 돌리지 않도록 했으며 그 결과 중국의 어린이들에게는 그들이 흉내낼 수 있는 알렉산더, 시저, 나폴레옹 같은 전쟁 영웅이 주어지지 않았다. 삼국지에 나오는 관우關羽가 무신으로 추앙받고 있기는 하나, 관우보다 더 높게 추앙되는 사람은 군인이 아닌 지략가 제갈공명諸葛孔明이다. 순수 무장武將이라고 보기 힘든 제갈공명을 최고의 모범으로 생각하는[16] 중국인의 관념 속에는 성스러운 전쟁 즉, 성전Holy War의 논리도, 정의로운 전쟁의 논리Just War Theory도 존재하지 않았다.[17] 중국인의 대표적인 전쟁 철학은 평화애호 사상인데, 이는 중국 역사가 끊임없는 전쟁으로 점철되었다는 사실에 대한 반성적 성찰의 결과로 보아야 할 것이다.

물론 동양은 서양에 비해 전쟁의 빈도frequency가 낮았다. 그러나 동양에서 전쟁의 빈도가 낮았다는 사실은 중국 및 동양 사람들이 평화를 애호했던 결과라기보다는, 동양의 국제 체제가 오랫동안 중국 중심의 일극체제 혹은 중국적 패권체제Pax Sinica로 유지된 결과였다.[18] 동양의 경우에도 중국의 상대적인 힘이 주변 국가들에 비해 약화되는 경우, 즉 강대국들의 힘이 대체적인 균형을 이루게 되었을 경우, 국가 간 전쟁의 발발 빈도는 대폭 높아지곤 했다.

중국의 국제정치질서 관점에 가장 큰 영향을 미친 사상적 줄기는 유가儒家와 유교사상이다. 유교가 국가의 정치사상으로 채택된 한漢나라 이후 유교사상은 국제 관계에도 큰 영향을 미치기 시작했다. 유교의 경전 중 하나인 논어에는 전쟁에 관한 가르침은 별로 없다. 다만 자로子路 편에서 공자는 "선인이 백성을 7년간 가르치면 또한 가히 전쟁에 나가게 할 수 있을 것이니라", "가르치지 않은 백성으로 싸우게 하는 것은 바로 백성을 버리는 것이니라"라고 말하고 있다. 이는 백성을 잘 가르치면 백성은 군주를 따라 기꺼이 전쟁에 나갈 것임을 의미하는 것으로 덕치德治의 중요성을 강조한 것이다.[19]

맹자는 공자보다도 더욱 강하게 평화의 중요성을 강조했다. 맹자가 살았던 시대(BC 372 – 289)는 춘추시대가 저물고 전국시대가 시작되던 무렵으로, 열국들 간에 전쟁과 병합이 끊이지 않았던 시기였다. 맹자는 이러한 상황을 애통해 하며 이루장귀離婁長句 상편에서 이렇게 말했다.

"전쟁으로 땅을 다투니 들에는 시체가 가득하고, 성을 다투니 성에는 시체가 가득하다. 이것이 이른바 토지를 데려가 인육을 먹이는 것이니 그 죄가 죽어도 마땅하다. 그러므로 잘 싸우는 자는 극형을 받아야 하고, 제후들을 연합시킨 자는 그 다음의 형을, 황무지를 개간하여 토지를 억지로 떠맡기는 자는 또 그 다음의 형을 받아야 하느니라."[20]

맹자는 또한 "춘추에는 의로운 전쟁이란 기록은 없고 다만 이것이 저것보다 낫다는 기록이 있을 뿐이다. 정征이란 것은 上(天子)이 下(諸侯)를 벌하는 것이니 적국들은 서로 벌하지 못한다(盡心 下)"[21]라고 하여, 윗 나라(예로서 주周대의 주나라)가 아랫 나라(제후국)를 정벌하는 전쟁은 가능하지만, 아랫 나라인 제후국들끼리는 싸우면 안 된다는 사실을 강조하였다.

수년전 한국 전쟁에 중국이 참전했던 사실에 대해 질문을 받았던 시진핑(당시 부주석)이 중국의 참전을 "제국주의자들의 침략에 대항한 정의로운 전쟁"으로 묘사한 바 있는데 중국의 전통적 관념에 현대 서구식 전쟁관이 혼합된 것으로 해석할 수 있다.[22] 마오쩌둥은 중국의 핵실험을 축하하러 베이징을 방문했던 북한의 김일성에게 "중국은 인구도 많고 나라도 크다. 체면이 필요하다. 그래서 핵실험을 했다. 북한은 그럴 필요가 있나."라고 말했다 한다.[23] 여기서 우리는 오늘까지 면면히 이어지고 있는 중국식 국제정치 관점의 독특한 일면을 볼 수 있다. 대국의 권위를 인정받고 있던 주나라가 약소국을 공격하는 전쟁은 정당화될 수 있는 전쟁이지만 소국들끼리 싸우는 전쟁은 정당하지 못하다는 위계적 관점이 지금도 중국인들의 마음속에 이어지고 있는 것이다. 주나라는 춘추전국시대의 패권국이라고 할 수 있다. 최고 강대국의 행동에만 군사력 사용의 도덕적 권위를 부여한 것이 중국적 국제질서의 본질이었다.

맹자는 일반적인 인간관계는 물론 국제 관계에 있어서도 전쟁보다는 인仁이 가지는 중요성을 역설하였으며 양혜왕梁惠王 하편에 나오는 '인자무적仁者無敵'이란 말은 유교사상이 가지는 전쟁관을 상징적으로 말해주는 것이다.[24] 춘추시대 초기 주나라를 정점으로 하는 봉건적인 국제 관계가 유지되었을 때는 상당 기간 평화가 지속되었지만 전국시대에 들어서 주나라의 권위가 무너지고 각 제후국들이 상호 평등한 상태가 되자 피비린내 나는 패권쟁탈전이 벌어졌다. 이러한 중국의 역사적 경험은 국제 관계에서도 위계질서가 유지되어야만 평화가 가능하다는 유교적 국제질서관儒敎的 國際秩序觀의 형성을 가져왔다.

전국시대는 궁극적으로 진秦나라에 의해 통일되었고 진나라는 중국 역사상 최초로 황제가 다스리는 제국이 되었다. 그러나 법가사상을 국가통치의 근간으로 삼았던 진나라는 오래 지속되지 못하고 멸망하고 한漢나라가 들어섰다. 동양의 강대국인 한나라는 유교사상을 국가의 가르침으로 받아들이고 국제정치에도 동일하게 적용하였다. 한나라는 유교사상에 근거한 위계질서와 조공, 책봉의 관계를 중심으로 국제정치 체제를 조직하여 중국적 국제정치 질서를 만들어냈다. 한나라에 의해 구축된 이러한 중국식 국제질서는 1842년 중국이 아편전쟁에서 영국에 패배당할 때까지 지속되었다.[25]

유가사상은 전쟁을 완전히 부정하지는 않았다. 맹자에서 보았듯이 위에 있는 자가 아래 있는 자를 벌伐할 수 있다고 하였고 이러한 관념은 중국을 중심으로 하는 국제체제에서 중국이 행하는 전쟁의 정당성을 보장하기도 하였다. 요약하건대 유가사상은 전쟁 그 자체를 악으로 보지는 않았다. 전쟁은 하늘을 대신하여 불의不義를 벌하는 방법이며, 따라서 하늘을 대표하는 나라가 행할 경우 정의로운 일이 될 수 있다는 것이 유가의 전쟁관이었다.

■ 유교 이외의 중국의 평화와 전쟁 사상

유교사상처럼 1,000여 년 넘는 기간 동안 중국정치의 기본을 이루지는 못했지만 중국인들의 국제정치 및 전쟁, 평화관에 영향을 미친 중국의 사상은 여러 가지가 더 있고 전쟁을 우호적으로 본 사상가들도 그 수가 적기는 했지만 존재했다.

중국의 전통 사상가들 중에서 평화를 가장 강력하게 주장한 사람은 묵자墨子였다. 묵자는 겸애설兼愛說을 주장하였고 전쟁 그 자체를 악으로 간주하고 비공非攻, 비전非戰 즉, 공격하지도 말고 싸우지도 말라고 했다. 묵자는 비공편에서 전쟁의 불의를 규탄하고 겸애설에 입각한 전쟁 부정론을 설파하였다.

"한 사람을 죽이면 그것을 불의라 말하며 반드시 한 사람에 대한 죽을죄를 지게 된다. 만약 이렇게 말해 나간다면 열 사람을 죽이면 열 배의 불의가 되고 반드시 열 사람에 대한 죽을죄를 지게 된다. 백 사람을 죽이면 백배의 불의가 되고 반드시 백 사람에 대한 죽을죄를 지게 된다. 이러한 것을 천하의 군자들은 모두 알고서 그것을 비난하고 불의라고 말한다. 지금 크게 불의를 행하며 남의 나라를 공격하는데 이르러서는 오히려 비난할 줄 모르고 그를 칭송하며 의라고 한다. 진실로 그의 불의를 알지 못하는 것이다…. 사람들은 조그만 불의는 알면서도 오히려

큰 불의는 모른다. 한 사람을 죽여도 그 죄는 사형에 해당하는
데 전쟁을 일으켜 수많은 사람을 죽이는 것은 죄로 여기지 않는
다. 오히려 수천 명, 수만 명을 전쟁으로 몰아넣은 전쟁 도발자
는 어떤 경우에는 영웅으로서 존경을 받는다"[26]

전쟁을 부정하는 또 하나의 고대 중국사상은 노자老子와 장자莊子
로 대표되는 도가사상道家思想이다. 노자는 그의 도덕경道德經 제30장
에서 다음과 같이 무력과 전쟁을 부정하고 있다.

"도로서 임금을 보좌하는 사람은 군사력으로서 천하에 강함을
드러내지 않는다. 그러한 일은 근본으로 되돌아감이 좋을 것이
다. 군대가 주둔하는 곳에는 가시덤불이 자라게 되고 큰 전쟁을
치른 뒤에는 반드시 흉년이 든다."[27]

노자는 아무리 위대한 승리라 하더라도 흉사凶事임을 면할 수 없
다고 주장했다. 노자는 "날카로운 칼을 차고 있는 것은 뽐내는 도
둑의 하나(帶利劍 跨盜)"[28]라고 말했다. 유교사상과 마찬가지로 도
가사상도 전쟁이 부득이하게 일어날 경우를 상정하고 있다. 도가사
상은 부득이하게 무기를 쓸 경우 깨끗한 마음으로 써야 하며, 싸워
이기는 일, 사람을 죽이는 일을 즐겨서는 안 된다고 강조하였다.

■ 중국의 호전 사상

중국의 고대 정치사상가 모두가 평화만을 강변하지는 않았다. 부
국강병富國强兵의 법가法家도 있었고 세계 최초, 최고의 전략이론인

손자병법孫子兵法을 만든 병가兵家도 존재하였다.

법가 사상가인 상앙商鞅은 거국개병擧國皆兵의 병제를 주창하였는데, 전 국민을 3대군 즉 건장한 남자, 건장한 여자, 노약자로 나누고 전 국민을 군사화하였다. 상앙이 공포했던 법률들은 거의 대부분이 국민들로 하여금 죽음을 두려워하지 않도록 만들어 전투정신을 드높이는 것이었다. 적을 죽이거나 잡는 자에게 벼슬과 상을 주고 적을 무서워하거나 후퇴하는 자는 사형에 처하고 그 가족들도 처단하였다. 전쟁이 일어났다는 소식을 들으면 모든 국민이 서로 축하하게 만들었고, 일상생활에서 먹고 노래하는 것 역시 전쟁에 관한 것이 되게 하였다. 이러한 제도는 당시 진秦나라의 호전적 풍토를 더욱 강화했다.

상앙은 진나라 국민 모두가 무를 숭상하고, 군인으로서 용감하게 싸워 수훈을 세우도록 만들었는데, 이는 마치 고대 그리스의 스파르타를 방불케 하는 것이었다[29] 법가사상을 통치의 기본으로 삼은 진 나라는 전국시대를 평정하여 천하통일의 위업을 달성할 수 있었다. 하지만 제국의 지속기간은 15년에 불과했다. 법가의 부국강병책이 진나라 멸망의 가장 큰 원인이라고 하기에는 무리가 있지만 진나라가 오랫동안 제국으로서 존속하는 데 기여하지 못하였고, 역대 중국 제국 중 최단명의 국가가 되는 것을 막지도 못했다.[30]

법가사상의 이러한 실패를 반면교사로 삼은 병가사상은 평화 애호적인 입장을 견지하였고, 적어도 전쟁은 신중하게 행해져야 한다고 주장하였다. 약 2,400년 전에 저술되었다고 하는 손무孫武의 손자병법은 싸워서 이기는 것보다는 싸우지 않고 이기는 것이 최선임을 강조하였고[31] 전쟁에서 이기고 지는 것은 병력의 많고 적음보다는 도道에 달려 있다고 말했다. 이처럼 군사력 사용의 신중함을 강조하는 손자병법은 현실적 실용주의를 견지하는 유가사상의 큰 틀 안에 포괄될 수 있다.[32] 하지만 군대는 자신만의 독특한 행동규범을 갖고 있기에 기존의 도덕률에 의해 지도받을 수 없으며, 군사 전술의 기본은 기만欺瞞이라고 주장하는 등 유가와는 상반된 측면을 갖고 있다.

최근 중국의 행태를 보다 철학적으로 연구한 미국의 역사학자들은 중국의 전략문화strategic culture가 중국 병서들에 크게 영향 받아 공세적 측면이 많다는 사실을 강조하는 경향이 있다.[33] 특히 중국의 전략사상은 손자병법으로부터 마오쩌둥에 이르기까지 상대를 속이는 '기만전술'에 크게 의존하고 있음을 강조한다.[34] 중국 사람들이 화평굴기和平崛起(평화롭게 일어선다)와 함께 외교정책 용어로 자주 사용하는 도광양회韜光養晦는 한자 그대로 풀이할 경우 '칼날의 빛을 칼집에 감추고 어둠 속에서 힘을 기르는 것'을 뜻한다. 중국은 문자 그대로 기만전술을 공개된 외교정책으로 사용하고 있는 것이다. 미국 중앙 정보국에서 수십 년 근무하며 주로 중국의 강경파들의 견해를 분석해 온 필스베리는 최근 저술한 책에서 미국은 그동안 중국의 기만전술에 속고 있었다며 중국의 대전략이 미국에 미칠 충격을 경고하고 있다.[35]

중국인이 생각하는 국제 평화의 조건

중국의 정치사상은 주로 전쟁을 옹호하기보다 평화를 지향하는 모습을 보이고 있다. 이는 중국의 정치사상들 대부분이 춘추시대 말 이후 전국시대라는 처절한 전란의 시기 동안 형성되었다는 점을 생각할 때 당연한 결과다. 전국시대란 문자 그대로 전쟁이 끊임없이 지속된 시대다. 춘추시대는 전국시대에 비해 훨씬 평온한 시대였고 중국의 대 사상가 공자는 춘추시대의 사회 및 국제질서를 그리워했다. 주周나라를 정점으로 하고 다른 모든 나라들은 주나라의 '아래에 위치한 나라'로서 주나라가 정한 규율을 잘 받아들였다. 주나라의 지도자는 왕王이라고 불렀지만 주나라 이외의 다른 나라 지도자들은 감히 자신들을 왕이라고 칭하지 못했다. 그들은 위계에 따라 공公, 후侯, 백伯, 자子, 남男 등으로 불렀다. 국가의 지도자들 간에 서열이 있으니 이들의 관계는 노골적인 무정부 상태가 될 수 없었다. 이처럼 국가들 관계가 평등이 아니라 위계질서가 확립되고 유지될 때 국제 사회에 평화가 가능하다는 생각이 확립되었던 시대가 춘추시대였다.

국가들이 평등한 상태가 아니라 자신들에게 부여된 위계질서에 순응할 때 국가들의 관계가 보다 평화로울 것이라는 관점은 춘추시대가 붕괴되고 전국시대가 들어섬으로써 중국인들의 마음에 더욱 확실하게 자리 잡게 되었다. 전국시대 동안 중국에는 춘추시대의 주나라와 같이 세상을 다스릴 수 있는 '위에 있는 나라'가 존재하지 않았다. 모든 나라는 힘이 비슷한 평등한 상태에 있었다. 전국시대 동안 중국의 모든 나라들은 덕이 아니라 힘에 의한 게임을 벌였다. 합종연횡合從連衡의 책략이 국제 관계를 규정하는 법칙이 되었다. 국가들이 모두 자기 자신을 독립된 주체로 생각하고 평등을 부르짖으니 국제 관계는 늘 전쟁상태가 지속되었고 편할 날이 없었다. 전국시대를 현대 국제정치학적 용어로 말한다면 '강대국들에 의한 세력균형의 게임 법칙'이 지배하던 시대였다. 사실 중국의 전국시대는 서구적 세력균형체제balance of power system의 원형이었다.

국가들이 서로 주권적이고 독립적일 때 그들의 관계를 국제 관계라고 말할 수 있다. 어느 나라는 높은 지위에 있고, 다른 나라는 낮은 지위의 나라라면 그 두 나라 사이의 관계를 국제 관계라고 말할 수 없다. 일제 식민지 시대의 조선과 일본의 관계, 영국과 식민지 인도의 관계를 국제 관계라고 말할 수 없는 것처럼 말이다. 종주국과 속국 사이의 관계는 국제 관계가 아니며, 조공국과 조공을 받는 나라 사이의 관계 역시 정상적인 국제 관계는 아니다.

그러나 중국인들이 역사로부터 배운 교훈은 서양과는 달랐다. 국가들이 상호 평등과 주권을 외치던 시대에서는 전쟁이 끊임없이 발발했던 반면, 많은 제후국들이 주나라의 지배 하에 있던 시대는 평화와 안정이 지속되었던 것이다. 전국시대는 진나라가 모든 다른 강대국들을 제압하고 제국을 건설했을 때 비로소 종식되었다. 중국 사람들은 하나의 막강한 나라가 하늘의 뜻을 받들어 덕德에 의한 지배를 하고, 나머지 모든 나라들이 그 나라의 지배를 받아들이는 세계에서는 평화와 안정 그리고 질서가 유지될 수 있지만 국가들이 저마다 독립을 말하고 평등을 말할 때는 마치 금수의 세계처럼 전쟁이 그칠 날이 없을 것이라고 보게 되었다.

물론 중국 사람들은 국제정치의 최상위에 있는 국가가 자신의 이익만을 추구해서는 안 된다는 사실을 강조했다. 대국은 작은 나라를 보살피고 모범이 되며 소국은 대국을 공경하고 대국의 말을 잘 들을 때 국제사회에는 질서와 평화가 가능하다고 본 것이다. 소위 자소사대字小事大, 즉 '큰 나라는 작은 나라를 돌보고 작은 나라는 큰 나라에 사대하는 경우 국제 관계는 평화스러울 것'이라는 것이 중국인이 생각하는 바람직한 세계의 모형인 것이다.

문제는 중국이 스스로 국제사회의 제일 상급에 있는 나라가 될 때, 국제사회에 평화와 질서가 가능하다고 본다는 점이다. 중국인들은 다른 모든 국가들이 과거 중국의 천자에게 조공을 바치던 아시아 국가들처럼 행동하면 세계에 질서와 평화가 가능하다고 믿는 것이다.

그렇다면 중국이 패권적 지위를 차지하고 있는 세계야말로 평화와 질서 시대라는 중국의 세계관에 미국을 비롯한 다른 강대국, 그리고 중국의 이웃에 있는 나라들이 동의할까? 전혀 상상할 수 없는 일일 것이다. 왜냐하면 미국을 비롯한 세계 거의 모든 나라들은 비록 형식적인 것이라 할지라도 국가들의 독립과 자존을 인정받는 곳에서라야 국제 평화와 질서가 가능하다고 믿는 서양식 국제정치질서 관점이 이미 완벽하게 체화되어 있기 때문이다. 우리나라 사람들은 사대주의라는 용어에 익숙한 편이지만 근대 서구 국제질서에 '사대주의'의 개념은 없었다.

조선시대의 우리 선조들은 중국 사람들의 세계관을 따랐다. 우리는 중국 아래에 있는 나라라는 사실을 인정하고 중국에 머리를 조아릴 때 조선과 중국 사이에서는 평화와 안정이 가능하다고 믿었다. 그러니까 매년 우리는 조공을 바치러 중국으로 갔던 것이다. 우리들이 현명한 군주로 섬기고 존경하는 정조대왕은 명나라 신종이 죽은 날을 기념하여 제단에 공손히 절했다는 사실을 "나라를 다시 일으켜주신 은혜를 길이 기념하기 위해"[36]라고 기록하고 있는데, 이 같은 언급은 당시로서는 아무 이상할 것이 없는 조선의 국제정치 규범이었다. 그러나 조선은 1895년 중국적 국제질서로부터 완전히 벗어날 수 있었다. 중국의 청나라가 일본과의 전쟁에서 패배했고, 전쟁에 승리한 일본은 중국과의 강화 조약 제1조를 통해 "조선이 완전한 자주독립국을 인정하며, 조선에서 청나라에 대한 조공

헌상 전례 등은 영원히 폐지한다."고 선언했다. 즉 조선은 청일전쟁의 결과로 중국의 종속국 지위에서 벗어나게 된 것이다. 물론 일본의 목적은 중국의 종속국인 조선을 자신의 종속국으로 만드는 것이었다.

미국의 세계관과 패권국으로서 미국의 대전략[37]

미국은 자타가 공인하는 세계의 패권국이다. 미국 사람들은 패권覇權이란 용어가 무엇인가 강압적이고, 제국적인 의미, 즉 부정적 의미를 가진다고 보아 패권국보다는 세계의 지도국가Global Leader라고 불리기 원한다.[38] 패권은 강압적 의미가 있지만 지도력Global Leadership은 미국의 세계 지배가 자발적인 지지를 포함하고 있음을 의미한다. 미국의 패권은 전 세계를 자유롭게 하는 데 기여하고 있다는 의미에서 미국은 '자유주의 제국Empire of Liberty' 혹은 '자유주의를 위한 제국Empire for Liberty'이라고 불려야 한다고 주장하는 이들도 있다.[39] 패권국이란 경제력과 군사력이 1위가 되는 것만으로 이루어지지는 않는다. 2차 대전 이후 1990년 소련이 해체될 때까지 미국은 1위이기는 했지만 패권국은 아니었다. 전 세계가 미국이 제시하는 정치, 경제적 원칙에 의해 주도되지는 않았기 때문이다. 미국은 냉전 시대 동안 경제력 측면에서 1위의 지위를 유지하고 있었지만, 패권국의 결정적인 요인 중 하나인 군사력에서는 소련을 압도하기는커녕 오히려 소련에 뒤진 적도 있었다.[40]

냉전 당시 세계경제는 미국식 자본주의와 소련식 사회주의에 의해 양분되어 있었다. 중국, 인도 등이 사회주의를 추종한 결과 지구 인구의 거의 절반이 사회주의 경제체제 아래 살고 있었다. 미국은 소련과 중국은 물론이고, 친 사회주의적 성향을 보이는 제3세계도 지배하지 못했다. 미국이 주도하는 자본주의, 자유주의 정치 경제 체제가 소련의 사회주의 체제를 압도할 것이라는 확신도 강하지 않았다. 다수의 지식인들은 오히려 사회주의 체제가 승리하거나 적어도 장기간 존속할 것이라고 보았다. 공산주의, 사회주의 체제의 종언을 확신했던 레이건 대통령은 오히려 멍청하고 무식한 사람이라고 비난받았다.[41]

그러나 레이건 대통령의 신념대로 사회주의는 종말을 고했고, 1990년 이후 미국식 자유주의와 자본주의는 세계를 지배하는 이데올로기가 되었다. 프랜시스 후쿠야마Francis Fukuyama는 이 같은 상황을 보고 "역사는 끝났다"고 선언했다.[42] 자본주의와 공산주의의 이념 싸움은 끝나고 미국이 주도하는 자본주의 이데올로기가 전 세계를 석권하게 되었다. 자유주의 개방경제를 옹호하는 미국식 국제정치 경제가 세계를 지배하게 된 후 소위 세계화의 시대가 도래했다. 세계화의 시대는 미국의 힘이 패권적인 힘이 된 세상을 의미하며 1990년은 미국 패권이 기원이 되는 해가 되었다.[43]

최근 조셉 나이 교수도 냉전 시대의 미국은 유일 패권국이 아니었다고 본다. 냉전 시대(1945 – 1990)를 미국과 소련이 패권을 양분했던 시기라고 보는 것이다.[44] 미국은 1945년 2차 대전 승리 후 저절로 패권국이 된 것이 아니다. 진정한 패권국이 되기 위해 냉전이라는 치열한 전쟁 아닌 전쟁을 치러야 했다. 미국은 수십 년에 이르는 소련과의 치열한 경쟁을 통해서 패권적 지위를 쟁취한 것이다.

■ 패권국 미국의 속성

미국 이전의 어떤 패권국들도 패권을 쉽게 내놓지 않았고 미국 역시 그러할 것이다. 많은 사람들이 미국과 중국 간 힘의 전이를 너무나 쉽게 이야기하고 있지만, 그러한 전이는 다가올지도 모를 세계대전에 대해 말하는 것이나 같다. 미국이 평화적으로 자신의 지위를 내줄 것이라고 믿는 사람들은 미국의 속성, 미국의 본질에 대해 모르는 사람이다. 미국이 전쟁에 지지도 않았는데 중국에 패권을 내줄 가능성은 없다.

미국은 패권국으로 등극한 1990년대 초반 이후, 냉전 시대와는 완전히 다른 외교정책을 천명했다. 미국이 패권국이 된 후 첫 번째 대통령인 부시 대통령(1989 - 1992)은 전 세계를 향해 모든 국가는 민주주의 정치 제도를 실행해야 하며 경제적으로는 자본주의와 자유주의를 채택할 것을 요구했다. 아울러 미국은 세계 여러 나라들에게 미국에게 도전하지 말 것을 주문했다. 냉전 시대 동안 미국은 공산주의와 싸우는데 급급한 나머지 반공 국가라면 그 나라의 정치 체제가 독재정치라 할지라도 서슴지 않고 도와주었다. 어떤 나라가 미국 편이라면 미국은 그 나라에 대해 자유주의 무역의 원칙을 강요하지도 않았다. 그래서 미국은 한국의 반공적 독재정권들을 지지했고, 한국에 대해 엄밀한 자유무역 원칙의 적용을 강요하지 않았다. 미국은 자신의 냉전 정책에 도움이 된다면, 어떤 국가라도 지원을 아끼지 않았다. 미국은 수많은 독재국가들을 지원했었는데, 그 나라들이 반공국가였기 때문이었다.[45] 미국은 소련과 힘든 싸움을 하느라 도덕적 고려까지 할 여유가 없었다.

그러나 냉전이 종식된 이후, 비로소 패권국의 지위를 확보한 미국은 자신이 진정으로 원하는 세계를 만들고자 했다. 세계를 주도하는 패권국으로서 미국은 세계 모든 국가들이 따라올 수 있는 가치를 표명했다. 미국이 세계 나라들에게 제시한 가치는 민주주의Democracy, 자유Freedom, 평화Peace 세 가지였다. 1990년대의 미국은 자신이 주도하는 세계가 정치적으로는 민주주의, 경제적으로는 자유주의적 자본주의, 군사적으로는 누구도 미국의 패권에 도전하지 않는 평화Pax Americana이기를 원했다. 만델바움Mandelbaum 교수는 이 세 가지 가치를 '세계를 정복한 이념들Ideas that Conquered the World'이라고 말했다.[46]

역사적으로 패권국들은 자신들이 제시한 질서를 유지하기 위해 노력했다. 로마제국의 평화Pax Romana, 대영제국의 평화Pax Britannica가 바로 그런 것들이다. 지금 미국은 팍스 아메리카나Pax Americana를 건설했고, 미국식 세계질서와 평화를 유지하고자 애쓰고 있다. 애미 추아Amy Chua 박사는 역사상 성공했던 제국들은 모두 관대한 나라였다는 사실을 발견했다.[47] 로마제국은 전쟁에서 패한 적국의 사람들을 로마 시민으로 포용하는 관용을 베풀었고, 그 결과 대제국을 1,000년 동안이나 유지할 수 있었다.

미국은 애초에 영국, 프랑스, 네덜란드 등 다양한 유럽 국가들에서 건너온 이민자들에 의해 세워진 나라였으며, 인종 간의 관용을 기초로 건국되었다. 오늘날도 독일계, 일본계, 유태계, 라틴계, 아프리카계 등 온갖 다양한 인종의 미국인들이 팀을 이뤄 함께 일하고 전쟁도 수행하고 있다. 2003년 이라크 전쟁 당시, 럼스펠드Donald Rumsfeld 국방장관은 독일계였고, 월포위츠Paul Wolfowitz 국방차관은 유태계, 에릭 신세키Eric Sinseki 육군 참모총장은 일본계, 아비제이드John Abizaid 이라크 점령군 초대 사령관은 레바논계 미국인이었다. 아프간 사령관, 이라크 사령관을 거쳐 CIA 국장을 역임한 페트레이어스David Petraeus 대장은 네덜란드계 미국인이었다. 이들 중에 미국이 아닌 자신의 생물학적 할아버지의 나라에 충성을 바칠 사람은 없다. 이들은 미국을 위해서라면 기꺼이 목숨도 바칠 미국의 애국자들이고, 미국과 자기 할아버지의 나라가 전쟁을 벌일 경우 기꺼이 미국을 위해 목숨을 바칠 각오가 되어 있는 사람들이다.

한 나라의 구성원들을 국민이라고 부르는데, 이들이 진정한 국민이 되기 위해서는 서로를 뭉치게 하는 '우리 의식We Feeling'이 형성되어야 한다. 대부분의 나라에서 '우리 의식'은 그들의 선조가 같다는 사실에서 온다. 선조가 같다는 것은 곧 역사와 문화, 전통을 공유한다는 것을 의미한다.

그러나 미국은 예외였다. 미국 사람들은 할아버지 즉, 피가 전혀 같지 않다. 피로서 자신들이 하나라고 말할 수 있는 근거가 없다. 미국 사람들에게 이처럼 과거가 다 다른데도 불구하고 강력한 '우리 의식'이 나타나는 이유는 무엇일까? 이는 미국인들이 인위적으로 '우리 의식'을 만들어내는 데 성공했기 때문이다. 대부분의 다른 나라 국민들은 우리 의식의 기반을 '공통의 과거'에 두고 있지만 미국 국민은 '공통의 미래'에 두고 있다. 미국은 "우리는 과거는 다를지 몰라도 미래가 같다"라는 이념 아래 건설되었고, 그 같은 사상은 오늘날 최고 정점에 도달해 있다. 미국인들을 하나로 엮어주는 것은 바로 "우리는 할아버지가 같아"라는 공통의 과거가 아니라 우리는 "손자들이 같아"라는 공통의 미래다. 미국은 '같은 생각'에 기반을 둔 '국민' 혹은 '국가'라는 개념이 세계에서 제일 강력한 나라이다. 미국인들이 '나는 미국인이다!'라고 외치며 뭉칠 때, 그 위력에 맞설 수 있는 나라는 별로 없을 것이다.

■ 미국의 패권 쟁취와 유지

미국은 패권국이 되기 위한 좋은 조건들을 갖추고 있었지만 오늘과 같은 패권적 지위에 저절로 도달한 것은 아니다. 1990년대 이후 미국의 패권적 지위는 강대국 소련을 꺾고 쟁취한 것이다. 미국이 세계 최대의 경제력을 보유한 것은 1800년대 후반의 일이었다. 그러나 1900년이 시작되었을 당시 미국의 군사력은 보잘 것 없었다. '국제 문제에 개입하지 않는다' 라는 건국 이래의 전통을 유지하려는 미국에게 막강한 군사력은 필요 없었다. 무엇보다도 대서양을 사이에 두고 유럽이라는 힘의 중심에서 멀리 떨어져 있다는 지정학적 이점 때문이었다.

미국은 1차 대전이 발발한 후 3년이 지난 후에 뒤늦게 개입했지만 미국의 개입으로 연합국들은 독일을 꺾을 수 있었다. 그러나 1차 대전 이후 미국은 다시 고립주의로 되돌아갔고 세계 평화를 위해 국제문제에 개입하려던 윌슨 대통령의 원대한 꿈도 수포로 돌아갔다. 미국 의회는 윌슨 대통령이 만든 국제연맹에 미국이 가입하는 것을 부결했다. 조지 워싱턴 대통령이래 지속되어온 고립주의 원칙에 위배된다는 것이 미국 의회의 생각이었다. 아무리 힘이 강한 나라라도 세계 문제에 개입하지 않는다면 그 나라를 패권국이라고 부를 수는 없을 것이다.

1차 대전 이후 불과 20년 만에 또 다른 세계대전이 발발했다. 힘이 제일 강한 나라인 미국이 국제정치를 주도하지 않았던 결과, 1차 대전 직후의 평화체제는[48] 불과 20년밖에 지속되지 못했다. 1939년 다시 전쟁이 발생했고 이 전쟁은 토인비가 분석하듯 1차 세계대전에서 해결되지 못한 문제들을 결판내기 위한 전쟁이었다.

1914 – 1919년의 전쟁은 영국과 독일 중 누가 세계의 패권국이 되어야 하는가의 문제를 해결하지 못하고 끝났다. 결국 1939년 9월 1일 제2차 세계대전이 발발했지만 미국은 역시 이 전쟁에서도 최초 참전국은 아니었다. 미국은 1941년 12월 7일 일본으로부터 진주만을 기습 공격당한 후에야 본격적으로 참전했다. 2차 세계대전 역시 미국의 힘은 연합군 승리의 기관차였다. 1945년 9월 2일 일본이 미국에게 공식 항복함으로써 2차 대전이 종결되었다.

　2차 대전 직후 미국의 힘은 1차 대전과는 비교할 수 없을 만큼 막강해졌다. 1940년 당시 1000억 달러를 약간 상회했던 미국의 GNP는 1945년 1735억 달러로 늘어났다. 미국은 1941년 12월 7일부터 1945년 8월 15일까지 약 37개월 동안 참전했는데, 이 기간에 미국은 국가 경제력의 1/3이상을 전쟁비용으로 투입했음에도 불구하고 경제규모가 70% 가까이 커진 것이다.[49] 1945년 미국의 경제력은 지구 전체 경제력의 절반에 이르렀다.

　미국은 건국 이래 고수되어 왔던 고립주의를 버리고 전 세계 문제에 적극적으로 개입하기 시작했고, 또 그럴 수밖에 없는 상황이었다. 영국은 더 이상 자본주의 질서를 지탱해 나갈 패권국의 능력이 없었다. 영국이 주도하고 미국이 충실히 따르던 자유주의, 자본주의 경제제도를 본질적으로 부정하는 혁명국가 소련이 2차 대전 이후 막강한 강대국으로 국제무대에 등장했기 때문이다. 미국은 자신의 신념과 제도를 지키기 위해서도 세계정치에 개입하지 않을 수 없었다.

　1945년부터 1990년까지 45년 동안 미국은 열심히 싸웠다. 냉전 Cold War 시대 최초의 열전hot war이었던 한국 전쟁은 미국이 역사상 처음으로 승리하지 못한 전쟁이었으며, 베트남 전쟁은 미국이 처음으로 패배한 전쟁이었다. 아시아 지역에서 발생한 이 두 전쟁을 치르면서 미국은 인명과 재산의 측면에서 큰 희생을 치렀다. 한국 전쟁과 베트남 전쟁은 소련이 주도하는 국제공산 세력의 확장을 저지하기 위한 목적에서 미국이 직접 개입했던 패권 전쟁의 주요 전쟁터였다. 명분 없는 전쟁이라는 비난을 받았지만 이 두 전쟁은 오늘의 시점에서 다시 거시적으로 분석해 볼 때, 미국과 소련 중 누가 세계의 패권을 장악할 것인가를 두고 벌인 45년 전쟁의 일부였다고 볼 수 있다. 결국 미국은 소련을 붕괴시키는 데 성공했고 1990년 이후 유일 초강대국, 즉 패권국으로 군림할 수 있게 되었다.

소련이 없어진 세계에서 미국이 세계 전체에서 차지하는 국력비중은 다시 상대적으로 막강해졌다. 2000년대가 시작될 무렵 미국의 국방비는 세계의 절반이 넘었고, 1970년대 중반 이후 세계의 1/4 수준을 유지하고 있었던 미국의 경제력은 소련 붕괴 이후 다른 어떤 강대국보다 급속한 속도로 성장했다. 미국이 패권국으로 등극한 1990년대 10년 동안 일본, 독일, 프랑스 등이 10%대 성장을 이룬데 반해 미국은 무려 39.2%의 경제성장을 이룩했다.

1990년대 이후 미국의 문화, 미국의 기술력은 미국을 세계 패권국이라고 말하는 데 아무런 문제가 없을 정도로 다른 모든 나라들을 압도해 왔다. 미국은 패권국이며, 패권국이기 때문에 수많은 종류의 이득을 향유한다. 당연히 미국은 자신의 패권적 지위를 유지하고자 한다. 미국은 소련의 도전을 물리쳤고, 일본의 도전도 물리쳤고, 유럽의 도전도 물리쳤다. 지금 미국에 도전하는 나라를 중국으로 보고 있는데 미국은 물론 중국의 도전에 대해서도 적극적, 구체적으로 대응할 것이다. 제3세대 현실주의 국제정치 이론인 '공격적 현실주의의 이론'을 주창한 미어셰이머John J. Mearsheimer 교수는

"미국이 중국의 도전을 그대로 방치하지 않을 것"이라고 자신한다. 미어셰이머 교수는 다음과 같이 말한다.

> "그간의 놀라운 경제성장을 앞으로 수십 년간 지속하게 될 경우 중국은 막강한 군사력을 갖추게 될 것이며, 마치 미국이 서반구를 지배하는 것처럼 아시아 대륙에서 패권적 지위를 추구하게 될 것이다. 중국이 패권을 추구하는 것은 중국 문화가 본질적으로 공격적이라든가, 중국의 지도자들이 잘못된 길로 인도되기 때문이 아니다. 중국이 패권을 추구하는 것은 그것이 국가의 생존을 위해 가장 좋은 보장장치이기 때문이다…. 물론 미국은 중국이 아시아의 패권국이 되는 것을 저지하려 할 것이다. 미국은 세계무대에서 미국에 근접한 도전국의 존재를 용인하지 않기 때문이다. 결국 중국과 미국 사이에는 냉전 당시 미국과 소련의 관계와 유사한 심각한 안보경쟁이 야기될 것이다"[50]

1990년 이래 패권국의 지위를 확보한 미국은 지금 이 순간 중국과 이슬람의 도전에 어떻게 대처할 것이냐를 놓고 고민하고 있다. 2001년부터 약 10년 동안 미국은 이슬람의 도전에 대응하는 데 더 많은 시간과 노력을 기울였다. 그러나 2010년 이후 미국의 대전략은 분명하게 아시아 쪽으로 방향을 틀고 있다. 미국은 21세기 미국 패권 유지의 관건이 동아시아와 중국에 달려 있다고 보고 있다. 당연히 패권 유지를 위한 미국의 노력은 동아시아와 중국에 집중되고 있다. 오바마 행정부에 의한 미국의 아시아 재균형 전략Rebalancing Asia 혹은 아시아 축Pivot Asia 전략은 미국이 중국과 본격적으로 패권경쟁을 벌일 것임을 정책으로 표명한 것이다.

■ 미국 국가 대전략의 예외성

지구상 모든 나라들은 자국의 국제적인 지위 향상을 위해 노력한다. 그러나 미국의 대전략은 세계 모든 나라의 대전략과 전혀 다른 한 가지 측면이 있다. 이 측면을 이해하지 못하면 미국의 대전략은 물론 미국의 각종 대외 정책을 이해하기 어렵다. 미국의 대전략이 다른 모든 나라와 상이한 본질적인 측면은 미국은 자타가 공인하는 세계 최강의 패권국이라는 사실에서 유래한다. 미국은 이미 국제정치의 권력 서열에서 1등의 자리에 오른 지 두 세대 이상 지난 나라다. 물론 미국의 경제력이 세계 제1위가 된 것은 1800년대 말엽의 일이었지만[51] 군사력, 정치력 등 종합 국력은 물론 국제정치에 대한 적극적인 참여자로서 최고 강대국의 지위를 차지한 것은 2차 세계대전 이후부터다.

미국은 2차 대전 이후 세계 제1위의 초강대국이 되었지만 국제정치를 자신이 원하는 대로 이끌어갈 만큼 막강하지는 않았다. 1990년 소련이 몰락하기 이전에는 지구 인구의 약 1/3 정도는 소련이 이끄는 공산주의 진영에 포함되어 있었다. 미국은 경제력으로는 소련보다 많이 앞서고 있었지만 군사력에서는 오히려 뒤처지는 때도 있었고 종합 국력에서도 소련을 압도하지 못했다. 국력을 평가하는 데 심리적인 요인, 전략적인 요인을 포함시킴으로써 국력 계산법에 획기적인 전환을 이룩한 레이 클라인Ray S. Cline 교수는 1980년에 출간한 그의 저서 『세계 국력 트렌드와 1980년대 미국 외교정책World Power Trends and U.S. Foreign Policy for the 1980s』에서 당시 소련의 국력이 미국을 압도하고 있다고 평가했다.[52] 미국이 명실공히 세계의 패권국으로 등극한 것은 1990년 소련이 몰락한 이후의 일이다.

레이 클라인 교수는 1994년 출간된 개정판에서, 1994년의 미국의 종합 국력은 세계 1위의 자리를 확고히 차지하고 있다고 보았다.[53] 1990년대 미국은 자신이 원하는 국제정치 및 경제 질서의 원칙들을 전 세계에 적용 또는 강요할 수 있을 정도로 막강해졌다. 미국은 전 세계 국가들이 미국식 자유주의 경제질서와 민주주의를 따를 것을 종용하거나 강제했다.[54]

1990년대 이후의 세계가 '세계화의 시대Age of Globalization'로 진입하게 된 것은 미국의 패권Pax Americana을 상징하는 것이었다. 미국이 세계를 지배하게 되자 국제경제 거래는 더욱 활발해졌으며 경제적인 국경이 무의미해지는 세계화 시대가 도래했다. 미국은 자유민주주의와 자본주의를 지향하는 강대국으로서 자신이 원하는 질서를 국제정치에 적용시켰고, 그 결과가 세계화의 시대로 나타난 것이다. 1990년대 이후 미국의 패권적 지위는 가히 압도적이었다고 말할 수 있다. 미국은 단순한 1등의 지위를 넘어 국제체제를 자신이 원하는 방향으로 이끌어갈 수 있을 만큼 막강해졌다.[55]

소련의 도전을 물리치고 패권국으로 등극한 미국의 국가 대전략은 이제 자국의 패권적 지위를 '유지'하는 것이 되었다. 즉 미국은 현상 유지status quo를 지향하는 국가가 된 것이다. 1990년대 10년 동안 미국의 대전략은 경제적인 세계화를 통해 자신의 압도적인 우위를 유지하는 것이었다. 세계화 시대야말로 미국이 게임을 벌이기 가장 좋은 상황이었다. 일등의 지위를 차지한 국가로서 당연한 일이겠지만 미국은 자신의 전략적 우위 상황을 지속적으로 유지하는 것을 국가 목표로 삼고 있다.[56]

국제정치 서열 2위부터 그 아래 순위에 있는 모든 다른 나라들은 어떻게 해서라도 자신의 지위를 향상시키고 싶어 한다. 이러한 목적은 본질적으로 '현상의 파괴' 혹은 '현상의 타파'를 통해서만 이룩될 수 있다. 국제정치에서 한 나라의 서열 상승은 다른 나라의 서열 하락을 수반한다. 패권에 근접하고 있다고 느끼는 강대국들은 자신이 패권국이 되는 날을 앞당기기 위해 현재의 국제정치 질서를 더욱 빠르게 변화시키고자 노력할 것이다. 즉 패권국의 지위를 차지한 1등국을 제외한 모든 나라들의 국가전략 목표는 본질적으로 현상을 타파하는 데 있다.

지난 5세기 동안 네덜란드, 포르투갈, 스페인, 영국, 미국으로 패권이 전이되는 과정에서 패권국들은 모두 현상을 유지하기 위해 노력했고, 패권국의 아래 서열에 있던 도전국들은 현상을 타파하려 노력했다. 세계의 강대국들이 빠져든 큰 전쟁들은 대개 현상 타파를 원하는 도전국의 선제 공격으로 발발했다.[57]

패권국의 지위를 차지한 미국은 이제 더 이상 무엇을 '성취하려' 하지 않는다. 미국은 이미 원하는 바를 성취했기 때문에 그것을 유지하면 된다. 이제 미국의 대전략은 '남이 무엇을 하지 못하도록 하는 데' 초점이 맞추어져 있다. 미국이 무엇을 성취하겠다기보다는 미국을 향한 도전국들이 무엇을 하지 못하도록 하는 데 맞추어져 있는 것이다.[58] 많은 이들은 미국이 이라크 전쟁에서 목표를 달성하지 못했다고 말하는데, 미국이 이라크 전쟁을 시작한 진정한 목표는 이라크를 민주화하거나 이라크를 점령하는 데 있지 않았다. 미국의 목표는 이라크가 미국을 향해 테러 전쟁을 하지 못하도록 하는 데 있었다. 후세인의 몰락은 이라크의 혼란을 초래했고 국내적으로 혼란한 이라크는 미국을 상대로 테러를 행할 엄두를 낼 수 없게 되었다.

미국의 대전략이 현상유지적 성격을 가지는 이유는 미국이 이미 패권국이 되었다는 사실 이외에 특수한 지정학적 요인으로부터도 나온다. 미국은 대서양과 태평양을 사이에 두고 유럽 및 아시아와 멀리 떨어져 있다는 지정학적 특성상 유럽과 아시아 대륙에서 패권국이 출현하지 못하도록 하는 것을 국가 대전략으로 삼을 수밖에 없다. 유럽 혹은 아시아를 장악할 패권국은 궁극적으로 미국을 위협할 수 있는 막강한 국가가 될 것이기 때문이다.

지역적 패권의 출현을 저지하기 위한 미국의 전략은 전통적인 '세력균형 전략'이다. 즉, 유럽 또는 아시아에서 항상 두 개 혹은 그 이상의 국가 혹은 국가군이 상호 균형과 견제check and balance를 이루게 하는 것이다. 여기서 미국 국가 대전략의 예외적 유연성과 실용성이 나온다. 미국은 언제라도 유럽 및 아시아 국제정치에서 세력균형의 게임에서 밀리고 있는 나라, 즉 약한 나라를 지원해 왔다. 독일이 강할 때 미국은 반독일 전선에 섰다. 사실 미국이 영국으로부터 독립을 쟁취하던 전쟁에서 가장 많은 용병을 보낸 나라는 독일이었다. 2차 대전 이후 소련이 유럽의 압도적인 강자로 등장하자 미국은 패전국인 독일을 자기편으로 끌어안았고 북대서양 조약 기구를 만들어 소련에 대응했다.

아시아의 경우도 마찬가지였다. 일본이 아시아의 패권국으로 부상하는 것을 막기 위해 미국은 직접 일본과 태평양 전쟁을 치렀으며, 2차 대전 당시 일본과 싸우는 소련과 중국을 지원했다. 1945년 8월 15일 일본이 패배한 이후, 아시아에서 공산주의가 득세하게 되자 미국은 아시아 대륙의 공산주의 강대국인 소련과 중국에 대항할 수 있는 세력으로 일본을 다시 부흥시켰다.

1970년대 초반 중소 분쟁이 격화되는 상황에서 미국은 중국을 전략적 파트너로 끌어들이기 위해 대만을 유엔 안보리 상임이사국에서 축출하는 일도 서슴없이 단행했다. 중국과 사실상의 전략 동맹관계에 들어간 미국은 중국과 함께 소련을 붕괴시키는 작업을 도모했다. 소련이 몰락한 이후 중국이 부상하자, 미국은 다시 일본, 러시아를 이용하여 중국을 견제하기 시작한 것이다. 미국은 유럽과 아시아 대륙에서의 힘의 균형 관계를 관망하고 있다가 패권을 장악할 가능성이 있는 세력이 나타나면, 언제든 약한 편에 서서 개입했다. 미국의 대유럽 및 대아시아 전략에서 가장 먼저 고려되는 것은 적나라한 힘의 계산이지 도덕적 고려는 아니었다.

21세기 미국의 대전략은 미국의 패권적 지위를 유지하기 위해 중국과 이슬람의 도전에 어떻게 대처할 것이냐의 문제로 요약된다. 중국의 도전은 국제정치사에서 흔히 찾아볼 수 있는 전통적인 유형의 도전이다. 경제력이 급속히 증강하는 국가들은 예외없이 당대의 챔피언에게 도전장을 내밀었다. 포르투갈, 스페인, 영국, 프랑스, 독일, 소련과 미국 등 강대국들이 보여준 갈등의 역사는 전통적인 패권 갈등의 역사다. 그러나 테러리즘의 도전은 21세기에 독특하게 나타난 새로운 유형의 도전이다.

■ 전통적 패권 도전에 대한 미국의 대응

미국은 지리적으로 대서양과 태평양의 가운데에 놓인 아메리카 대륙에 위치한 나라다. 미국인들이 인식하는 세계는 미국이 세계의 한복판에 놓여있고 왼편에는 태평양과 아시아 대륙, 오른편으로는 대서양과 유럽 대륙이 존재하는 세계다. 미국은 태평양과 대서양을 양쪽에 두고 고립되어 있는 나라로 인식된다. 이러한 세계 지도로부터 미국인들의 전통적인 대전략이 나온다. 즉 유럽 혹은 아시아에서 막강한 지역 패권국의 출현을 막는 것이다. 유럽 전체를 장악할 정도로 막강한 지역 국가가 출현하는 경우 그 나라는 대서양을 건너 미국을 위협하게 될 것이기 때문이다. 마찬가지로 미국은 아시아 전체를 장악하는 아시아 지역 패권국의 출현도 막으려 한다. 아시아 전체를 장악한 패권국은 태평양을 넘어와서 미국을 위협할 것이기 때문이다. 유럽과 아시아에서 지역적 패권국Regional Hegemon의 출현을 막아야 한다는 미국의 대전략은 세계 지도가 변하지 않는 한 앞으로도 영원히 지속될 전략이다.

미국의 전통적인 대전략 목표는 유럽 및 아시아를 제패할 강대국의 부상을 사전에 견제하는 것이다. 역사적으로 유럽의 강대국이 더 막강한 도전자로 인식되었지만 아시아 국가들이 경제적으로 급부상한 20세기 후반 이후, 아시아에서도 패권 도전국이 나올 수 있

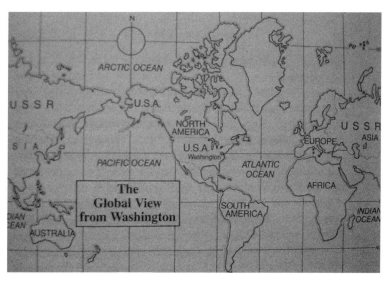

그림 3-2 미국인들이 인식하는 세계[59]

다고 생각되었다.

1990년대 초반, 소련을 물리치고 유일 초강대국이 된 미국은 자신의 패권에 대해 도전할 가능성이 있는 유력한 강대국으로 80년대 가장 급속한 성장을 이룩한 일본을 상정하였다. 이제는 누구나 다 알게 된 사실이지만 일본은 진정한 의미에서 미국의 패권 도전국이 되기에는 역부족한 나라였다. 그럼에도 불구하고 1980년대 후반 이래 다수의 지식인들이 일본의 부상을 논했고 미국과 일본은 패권을 놓고 제2차 태평양 전쟁을 벌일지도 모른다는 주장도 있었다.[60] 당시 미국은 패권 도전자를 일본이라고 상정하고 일본을 사전에 견제하는 전략을 취했다. 미국은 일본 경제력의 예봉을 꺾어 버리기 위해 일본에 플라자 합의를 강요함으로써 일본 엔화를 절상시켜 버렸고, 이후 일본은 이른바 '잃어버린 20년'을 맞이했다.[61] 일본은 지금 미국에 대한 도전자의 반열에서 탈락했다. 점차 쇠잔하는 국력으로 중국의 위협을 심하게 고민하고 있는 일본은 어떤 일이 있어도 미국과의 동맹을 유지할 수밖에 없는 나라가 되고 말았다.

1990년대 중반 이후 본격적으로 미국의 패권에 대한 도전자로 간주되기 시작한 나라는 중국이다. 요즘 중국을 미국의 패권에 대한 제1의 도전국으로 보는 것은 상식이 되었지만 20년 전만 해도 중국이 도전자가 될 것이라 예상한 사람은 거의 없었다. 1990년대 중반 무렵부터 중국의 급속한 성장과 이로 인한 중국의 위협을 경고하는 저서들이 마치 유행처럼 쏟아져 나오기 시작했다.[62] 미국이 경계해야 할 상대가 일본에서 중국으로 바뀐 것이다. 마치 80년대 후반 일본의 위협에 관한 책이 쏟아져 나왔던 것과 비슷한 상황이 벌어진 것이다.

중국의 인구, 영토 규모는 미국과 21세기 패권을 다투기에 충분하다. 더구나 지난 30년 동안 매년 거의 10%에 이르는 경이적인 경제성장은 미국 사람들은 물론 세계 대부분 사람들이 중국을 미국과 겨루는 차세대 패권 도전국hegemonic challenger이라고 인식하게 만들었다.[63] 미국은 이미 오래 전부터 중국으로부터 야기되는 도전을 심각하게 생각해 왔다. 일례로 미국 의회는 2000년 미국 국방부로 하여금 매년 중국의 군사력에 관한 보고서를 작성해서 의회에 보고하도록 했다.[64] 미국의 각종 연구소에서 간행되는 보고서들 역시 미국 패권에 대한 차세대 도전국을 중국이라고 간주하고 이에 대처하는 방안들을 제시하고 있다.

중국으로부터 연원하는 미국 패권에 대한 도전은 전통적인 유형의 도전이다. 패권 이론을 설명할 때 제시한 바처럼 1위의 강대국은 세계질서를 지키기 위해 다른 강대국들보다 훨씬 더 많은 군사비를 지출하게 되고, 그 결과 경제발전 속도가 뒤처지기 마련이었다. 도전국들은 일단 패권국이 제시한 국제질서에 순응하면서 더 빠른 속도의 경제발전을 이룩하게 되고 결국 어느 시점에 이르면 패권국의 자리를 넘보곤 했다.[65]

미국은 중국의 도전을 견제하기 위해 군사적, 경제적, 정치적인 전략을 다양하게 구사하고 있으며 앞으로도 그렇게 할 것이다. 미국은 세계적 차원에서는 물론, 아시아 대륙에서 중국이 패권적 지위를 차지하는 것도 허락하지 않을 것이다. 이 같은 목적을 실현하기 위해 미국은 중국을 직접 상대할 필요가 없을지도 모른다. 아시아의 국제 정치 구조상 미국은 아시아의 3대 강국이 한편으로 뭉치는 일만 저지할 수 있다면 세계에서는 물론 아시아 지역에서 패권적 지위를 유지하는 데 별 문제가 없기 때문이다.

아시아의 3대 강국은 중국, 일본, 인도 세 나라인데 미국은 이미 중국으로부터 인도와 일본을 떼어 놓는 데 성공했다. 일본은 적극적으로 미국의 힘을 빌려 중국의 위협에 대처하고 있다. 중국과 전통적 라이벌인 인도 역시 중국의 부상을 두려워하여 미국과의 전략적 동맹 관계를 강화시키기 시작했다. 아시아 3대 강국인 일본, 중국, 인도 중 이미 두 나라가 미국의 편에 서 있다고 보아도 되는 상황이다. 이것이 바로 중국이 미국의 패권적 지위를 능가한다는 것이 대단히 어려울 것임을 말해주는 지정학적 현실이다.[66]

　미국은 인도, 일본의 힘을 잘 이용함으로써 중국의 패권 도전을 효과적으로 막을 수 있을 것이다. 중국이 미국의 패권에 도전하기 위해서는 다른 아시아 강대국들이 매사에 적극적으로 중국과 보조를 맞춰 주어도 쉽지 않을 터인데 상황은 오히려 반대로 전개되고 있다. 2012년 9월 동지나해에서 일본과 중국간 센가쿠(댜오위다오) 군도를 놓고 심각한 영토분쟁이 벌어지기 시작한 이후, 중국은 남지나해에서도 필리핀, 베트남과 영유권 분쟁에 빠져들고 있다. 베트남과 필리핀은 상호 군사협력 관계를 긴밀히 함은 물론 미국과의 동맹 관계를 자발적으로 강화시키고 있다. 1993년 냉전이 끝난 후 미국의 군사기지를 철수시켰던 필리핀은 2016년 1월 15일 미국에게 필리핀 영토내의 8개 군사기지를 사용할 수 있도록 허락했다. 중국의 부상에 위험을 느낀 아시아 국가들이 중국을 견제하기 위해 자발적으로 미국의 지원을 요구하는 상황이 된 것이다.

04

미국과 중국의 미래에 관한 논쟁

중국 부상론은 2015년을 기점으로 그 기세가 한풀 꺾인 듯하지만, 한때 도가 지나치다는 느낌이 들 정도로 유행했었다. 최근에도 대한민국의 방송들에서는 중국의 미래를 장밋빛으로 그리는 다큐멘터리를 방영하는 등 한국에서의 중국 부상론은 여전히 기세가 등등하다. 다수의 일반인들은 중국이 머지않아 미국을 앞서서 강대국이 될 것이라고 믿고 있다.

그동안 중국이 부상하고 미국은 쇠퇴할 것이라는 수많은 저술들이 간행되었다. 이들 중 다수는 순수한 학술 서적이기보다는 대중을 상대하는 책들이 많았다. 물론 학술적인 책도 많이 저술되었는데 견해가 극과 극을 달리고 있다. 학자들 간에는 자기 자신의 견해와 다른 저술들을 극단적으로 비방하는 경우도 많았다. 중국이 21세기 세계 패권국이 될 것이 분명하다고 보는 견해로부터 중국은 패권국이 되기는커녕 붕괴될 수도 있다는 견해까지, 그야말로 중국의 미래에 대해서는 상상할 수 있는 모든 가능성이 다 제시되었다. 이 책은 중국과 미국의 미래가 어떻게 될 것인가를 '현실주의 국제정치학'의 관점에서 분석하고자 한다.

미중 관계의 미래를 분석하기 위한 이론적 고찰

한 나라의 미래를 예측하기도 어려운데 두 나라의 미래를 예측하고, 두 나라의 국제 관계가 어떻게 변할 것인가를 예측한다는 것은 보통 어려운 일이 아닐 것이다. 이 일이 더욱 어려운 것은, 정치현상을 관찰하는 경우, 같은 현상을 보면서도 정반대의 해석을 할 수 있는 경우가 있을 수 있기 때문이다. 예로서 오바마 대통령이 집권한 후 미중 관계를 분석한 책이 여러 권 출간되었는데 어떤 전문가는 오바마 대통령이 중국의 부상에 대해 아주 적절히 대응하고 있다며 긍정적으로 서술하는가 하면,[1] 또 다른 분석가는 오바마 때문에 미국이 몰락하게 될 것이라며 오바마의 대중국 정책을 강하게 비판한다.[2] 같은 현상을 놓고 저자의 관점에 따라 전혀 다른 분석이 가능한 것이다. 사회과학자들 특히 국제 정치학자들이 연구하는 현상이 그럴 수밖에 없는 측면을 갖고 있다.

필자 역시 완벽한 객관성을 유지한 채 논술한다는 것이 불가능하다는 사실을 인정하지 않을 수 없다. 필자는 국제정치학의 여러 가지 이론 및 사상적 계열 중에서 한 가지 특정 계열을 지지하는 학자이며 이 책도 그 같은 관점에서 쓰여진 것이다. 그래서 필자는 이 책에서 제시하는 주장과 분석만이 정확하고 타당한 것이라고 주장하지 않는다. 견해가 다른 학자들과 마찬가지로 필자 역시 국제정치를 분석하는 여러 가지 시각들 중에 가장 유용한 시각이 있을 수 있다고 믿고 있으며, 필자가 미중 관계를 분석하는 데 가장 유용하다고 생각하는 관점에 대해 미리 설명을 제시하고자 한다.

■ 현실주의적 관점에서 보는 미중 관계

우선 본 연구는 국제정치의 사상적 계열, 이상주의Idealism와 현실주의Realism 두 가지 중에서 후자 즉 현실주의적 관점을 택한다.[3] 이상주의자들은 국제정치에서 국가들의 협력 관계는 가능하며 훌륭한 국제법, 국제기구, 상호이해, 훌륭한 외교 등을 통해 국가들은 전쟁과 갈등을 회피할 수 있고, 평화와 번영을 공유할 수 있다고 본다. 미국의 월슨 대통령을 필두로 1차 대전 직후 국제정치학이 독립된 학문 분야로 태동, 발전하고 있을 무렵 대다수의 학자와 정치가들이 취했던 태도가 바로 이상주의적 관점이다.

현실주의 혹은 현실주의자들이란 국제정치를 '현실적'으로 보는 사람들이라는 의미는 아니다. 국제정치학에서 현실주의자란 '모든 국가들은 자국의 국가이익national interest을 위해서 노력한다'는 관점을 취하는 사람들을 의미한다. 현실주의자들은 국가들이 형성하고 있는 국제사회를 '국가보다 상위에 있는 어떤 권위 있는 조직도 존재하지 않는다'는 점에서 '무정부상태anarchy'라고 상정한다. 국제사회에서는 모든 국가는 독립적인 권리, 즉 주권을 갖는다.

국가를 통제할 수 있는, 국가보다 더 높은 곳에 위치한 상위의 조직은 국제정치에는 존재하지 않는다. 국가보다 상위에 있는 권위를 가진 조직이 없기 때문에 국가들 사이의 갈등을 해결하는 궁극적 방법은 각 국가들이 보유하고 있는 힘이다. 도덕이나 국제법이 없는 것은 아니지만 국가들의 궁극적인 행동을 규정하는 것은 힘power이지 도덕 혹은 국제법이 아닌 것이다. 국가들이 갈등을 해소하는 궁극적 방법이 힘이라는 사실은 언제라도 국가들 간에 전쟁이 발발할 수 있음을 의미한다. 현실주의 국제정치학은 이처럼 세계가 전쟁 상태인 무정부 상태에 있기 때문에 지구상의 모든 국가들은 궁극적으로 자국의 생존을 위해 노력할 수밖에 없다고 가정한다.

마치 개인들이 생명을 가장 소중한 가치로 여기는 것처럼 국가들에게 있어서도 가장 중요한 국가이익은 국가안보national security이다. 특히 국제정치는 개인들이 살고 있는 '법치사회'와는 판이한 곳이기 때문에 국가안보는 특히 중요하다. 전쟁 발발 가능성이 상존하는 국제정치 영역에서 국가들은 무장하지 않을 수 없다. 국가안보 문제가 해결된 후 국가들은 힘power, 번영prosperity, 영광prestige 등의 가치를 추구하는데, 이들 이익을 추구하는 과정에서 국가들 사이에 갈등이 야기될 수 있으며 심각한 갈등은 '궁극적'으로 전쟁을 통해 해결될 수밖에 없다.[4]

현실주의 국제정치학은 어떤 나라는 좋은 나라 어떤 나라는 나쁜 나라라는 감정적 태도를 지양한다. 현실주의자들은 어느 나라도 밉거나 예쁘다고 평가하지 않는다. 현실주의적 관점에 의하면 국가들이란 무정부상태의 험난한 국제정치 상황에서 자국의 생존과 번영을 위해 노심초사하는 정치적 단위들일 뿐이다. 이 같은 상황에서 국가이익을 확보하는 가장 확실하고 궁극적인 수단은 스스로 보유한 힘뿐이다. 결국 국제정치란 국가들의 힘이 충돌하는 힘의 정치 혹은 권력정치power politics의 영역이 될 수밖에 없다고 보는 것이다.

현실주의는 2차 대전 이후 오늘에 이르기까지 국제정치학의 패러다임이라고 말해도 될 정도로 국제정치학 영역에서 막강한 영향력을 행사하고 있는 이론 체계다. 국제정치 현상들 중에 현실주의 관점으로 완전히 설명되지 못하는 부분들이 많이 있는 것이 사실이다. 이 부분을 설명하기 위해 다양한 이론적 대안들이 제시되었지만 국가들이 사활 혹은 존망을 놓고 경쟁을 벌이는 경우를 설명할 때 현실주의를 능가하는 이론은 없다. 미국과 중국이 향후 패권 경쟁을 벌인다면 그것은 두 나라가 국가의 사활과 존망을 놓고 벌이는 경쟁일 수밖에 없으며 당연히 현실주의 시각에서 보아야 정확하게 분석할 수 있다.

현실주의 국제정치학 이론은 그동안 진화를 거듭해 왔다. 1948년 출간된 한스 모겐소Hans J. Morgenthau의 『국가 간의 정치Politics Among Nations』를 필두로 1978년 출간된 케네스 월츠Kenneth N. Waltz 의 『국제 정치 이론Theory of International Politics』, 그리고 2000년 출간

된 존 미어셰이머John J. Mearsheimer의 『강대국 국제정치의 비극The Tragedy of Great Power Politics』에 이르기까지 현실주의 국제정치학 이론은 크게 3단계에 걸친 변화를 보여왔다. 1950년대를 풍미한 모겐소 교수의 현실주의를 고전적 현실주의classical realism라고 말하며, 1970년대 후반 월츠 교수에 의해 제안된 새로운 현실주의 이론은 신현실주의neo-realism라 부른다. 2001년 미어셰이머 교수의 『강대국 국제정치의 비극』의 출간과 함께 공격적 현실주의offensive realism라 불리는 또 다른 현실주의 시각이 시대를 풍미했다.

모겐소 교수는 국가이익을 국가안보, 권력의 증진, 경제력의 향상, 자존심의 확대 등으로 설정하고, 이 같은 국가이익을 확보하기 위해 국가들은 권력(힘)을 필요로 한다고 보았다. 국가들이 힘을 증강시키는 행위는 사악한 행위가 아니라 당연한 행위다. 국가들이 존재하고 있는 세상은 힘을 증강시키지 않고서는 살아남기 힘든 곳이기 때문에 그러하다. 고전적 현실주의는 국가 및 국가를 구성하는 인간들에게서 국력 추구는 거의 '본능적인 것'이라고 본다. 즉 국가나 개인은 누구나 권력을 증강시키려고 노력하는데, 어느 수준에서 만족하지 못하고 가능한 한 최고, 최대의 권력을 확보하기 위해 노력하고 있으며, 이들 사이의 상호관계가 국제정치를 규정한다고 본다.

고전적 현실주의를 비판하는 다양한 학설이 제시되었지만 1978년에 발표된 케네스 월츠 교수의 신현실주의 이론이 모겐소 교수의 고전적 현실주의의 한계를 극복하는 대표적인 이론으로 평가된다. 월츠의 신현실주의는 구조적 현실주의structural realism혹은 네오리얼리즘neorealism 또는 2세대 현실주의라고 불린다. 구조적 현실주의란 문자 그대로 국가들의 행동의 원천이 되는 것은 국내적인 속성 혹은 본능이 아니라 국제구조international structure에서 유래하는 것이라고 본다. 즉 국가들은 무정부상태라는 '양호하지 못한 환경'에 처해져 있기 때문에 모두들 자신의 힘을 증강시키기 위해서 노력한다는 것이다. 모겐소 교수 등 고전적 현실주의자들이 국가가 힘을 추구하는 이유를 내재적 본능에서 찾고 있는 것과 다른 부분이다.

권력의 추구가 본능에서 유래하는 것이라면 국가들의 권력 추구에는 한계가 있을 수 없다. 본능에는 만족과 한계가 있을 수 없을 테니 말이다. 이와는 반대로 구조적 현실주의에 의하면 국가들의 권력 추구에는 한계가 있을 수 있다. 국가들이 권력을 추구하는 이유가 국제구조의 불리한 상황에서 연원하는 것이라면, 불리한 구조가 해소될 때, 즉 국가들 사이에 힘의 균형Balance of Power이 회복되어 상대방으로부터 위협을 덜 느끼게 될 때, 국가들은 힘의 추구 행위를 중지할 수 있다고 본다. 구조적 현실주의자들이 세력균형 이론Balance of Power Theory이야말로 국제정치의 유일한 이론이라고 여기는 이유가 여기 있다.

그러나 과연 적대적인 국가들이 힘의 균형 상태에 도달한 경우 그 상태에 만족하고 힘을 추구하는 행동을 그만두는 것일까? 그렇지 않을 것이라고 생각하는 사람들은 구조적 현실주의의 설명을 받아들일 수 없을 것이다. 국가들이 균형을 이룩한 후엔 더 이상 국력 추구를 위한 노력을 하지 않을 것이라는 구조적 현실주의의 주장을 거부하는 사람들이 제시한 이론이 바로 제3세대 현실주의 이론인 '공격적 현실주의'이다. 미어셰이머 교수는 『강대국 국제정치의 비극』5이란 책에서 자신의 이론을 "공격적 현실주의"라고 명명했다. 그는 특히 역사상 나타났던 모든 강대국들은 상대방과 균형을 이루는 수준에서 국력 증강 노력을 멈추기는커녕 거의 '무한한' 힘의 증가를 목표로 했다고 말한다. 국가들은 모두 힘을 증강시키려고 노력하며, 어느 정도 힘이 증강된 후 그 힘의 증강을 멈추려 하는 나라들은 없다는 것이다. 미어셰이머 교수는 결국 이 세상 어떤 강대국들도 그들의 궁극적 목표는 상대방보다 월등히 강한 힘을 갖춘 '패권국Hegemon'이 되는 것이라고 주장하고, 자신의 주장을 논증하기 위해 방대한 역사적 사실을 근거로서 제시했다.

우선 미어셰이머 교수는 자신의 현실주의 이론이 모겐소와 월츠의 제1세대, 제2세대 현실주의와 다르다는 사실을 명확하게 밝힌다. 미어셰이머 교수가 현실주의를 세대별로 분류하는 방법은 간단명료하다. 그의 기준은 두 가지다. 첫째는 국가들은 무슨 이유 때문에 권력을 추구하려고 하느냐의 문제이고, 둘째는 국가들은 얼마만큼의 큰 힘을 가지려고 하느냐의 문제다. 모든 현실주의 국제정치 이론의 기본 가정은 국가들이 모두 힘을 추구하려고 한다는 것이다. 그러나 국가들은 왜, 그리고 얼마만큼의 힘을 추구할 것인가에 대해 약간씩 상이한 대답을 제시하고 있다. 이 문제에 대해 어떻게 대답하느냐에 따라 현실주의 이론의 세대가 구분되는 것이다.

모겐소 교수 등 고전적 현실주의 학자들은 국가 권력의 추구를 본능적 동기로 설명한다. 권력추구를 국가의 본능으로 설명하는 고전적 현실주의자들은 국가들의 권력추구 욕망은 무한정하다고 생각한다. 결국 국가들 사이에 힘의 균형이 이루어질 때 평화가 오는데, 국가들이 무한히 권력을 추구하려 하니 균형은 언제나 위태롭고 잘 유지되기도 어렵다. 균형을 통한 평화를 유지하기 위해서는 국가들은 스스로 자제하려 노력해야 한다. 도덕과 외교 등이 이러한 노력을 가능하게 하는 요인이다. 마치 인간이 이성으로 본능을 억제할 수 있는 것처럼 말이다.[6]

1970년대 말엽 이후 국제정치학의 대표적 학설이 된 '구조적 현실주의'는 국가들로 하여금 힘을 추구하게 하는 원인이 국가들의 본능 때문이 아니라 국제정치 상황 혹은 구조가 무정부적이라는 데 있다고 본다. 무정부적 국제정치 구조는 국가들로 하여금 힘을 추구하지 않을 수 없도록 한다. 하지만 국가들이 추구하는 힘에는 자발적 한계가 있을 수 있다. 국가들은 자신을 위협하는 나라들과 '균형을 유지할 수 있을 정도가 되면' 더 이상 힘을 추구하지 않는다고 보는 것이다. 이처럼 국가들은 자신들의 힘이 어느 수준에 도달했을 때, 더 이상의 힘의 추구를 멈출 수 있다고 생각하기 때문에 구조적 현실주의는 '방어적 현실주의defensive realism'라고도 불린다.

그런데 국가들은 정말 상대방과 균형이 유지되는 한, 더 이상의 국력 증진을 위해 노력하지 않는 것일까? 그렇지 않다는 것이 공격적 현실주의자들의 주장이다. 사실 국가들이 상대방과 균형을 이루고 있다고 생각할 수 있는 객관적인 기준은 존재하지 않는다. 국가들은 대개 자신이 조금 약하다고 생각한다. 그리고 상대방보다 조금이라도 더 강해야 안전이 유지 될 수 있다고 생각하기 마련이다. 미어셰이머 교수는 국가들이 힘을 추구하려는 동인을 인간과 국가 속에 내재하는 본능으로 보지는 않는다. 본능이기보다는 국제체제의 속성에 국가들이 힘을 추구하는 동기가 있다고 본다. 권력추구의 동기라는 측면에서 공격적 현실주의와 방어적 현실주의는 같은 입장을 취한다. 그러나 공격적 현실주의는 국가들의 권력추구에 멈출 수 있는 상한선이 없다는 사실을 강조한다. 상대방과 균형을 이루는 것이 목적이 아니라 상대방을 완전히 압도하는 것이 국가들이 힘을 추구하는 궁극적 목표다. 권력추구에는 멈춤이 없다는 말은, 모든 나라는, 적어도 강대국들은 누구라도 지구의 패권국이 되는 것을 꿈꾼다는 것이 '공격적' 현실주의 학자들의 관점이다.

위의 3가지 중 어느 이론이 국가들, 특히 강대국들의 행동을 가장 잘 설명하는가? 필자는 제3세대 현실주의, 즉 공격적 현실주의가 강대국 국제 관계의 현상을 가장 잘 설명해 줄 수 있다고 믿는다. 미중 관계의 미래를 분석하기 위한 이론적 틀로서 필자가 택하려는 것이 바로 공격적 현실주의 시각이다. 강대국들이 끊임없이 힘을 추구하고 결국 상호 충돌할 것이라는 것은 미래에 대한 우울한 분석이기는 하지만 상대적으로 힘이 강하지 못한 대한민국으로서는 비관적인 상황을 가정하고 대책을 세우는 것이 가장 안전하고 올바른 전략이다. 우리 힘으로 국제정치를 주도할 수 없는 상황에서 강대국들이 평화롭게 지낼 수 있을 것이라고 가정하는 것은 위험한 전략이 아닐 수 없다.

■ 공격적 현실주의 시각에서 본 미중 관계의 미래

필자가 미중 패권 경쟁의 미래를 분석하기 위한 기본 이론으로 채택한 공격적 현실주의에서는 미국은 패권 유지, 중국은 패권 추구를 궁극적 목적으로 한다고 본다. 역사상 나타났던 강대국들 중에서 세계 최강의 패권이 되는 꿈을 꾸지 않는 나라는 없었다. 세계가 하나의 분석 단위로 인식되기 이전, 동양과 서양에는 각각 자신의 세계를 주도한 강대국들이 존재했다. 로마제국은 서양의 패권을 장악했던 강대국이며, 그 이후 오토만 제국, 합스부르크 왕가, 포르투갈, 스페인, 대영제국, 루이 14세 이후의 프랑스, 대혁명 이후 나폴레옹의 프랑스, 빌헬름 1세의 독일 제국, 히틀러의 제3제국, 소련, 미국 등은 모두 패권을 지향한 강대국들이었다. 이들이 패권을

지향하는 것은 강대국들의 정상적이고 보편적인 행동이었다.[7]

동양의 경우도 마찬가지였다. 중국이 가장 오랜 기간 동안 패권국의 지위를 유지해온 강대국이었지만 중국 역시 서양의 패권국들이 그러했던 것처럼 끊임없는 도전에 직면해야만 했다. 칭기즈칸의 몽골, 금金나라, 요遼나라, 도요토미 히데요시豐信秀吉의 왜倭 등은 모두 중국 패권 체제에 대한 도전세력들이었다. 중국은 1842년 아편전쟁에서 패함으로써 서구 열강의 반식민지로 전락하기 전까지, 아시아에서 유교적 패권 체제를 유지했던 대국이었다. 중국의 아시아의 패권은 서양의 어떤 패권국보다 지배력의 역사가 길다는 것이 특징이다. 중국은 아시아 역사의 대부분 기간 동안 패권국의 지위와 통치 질서(즉 Pax Sinica)를 유지할 수 있었다.

1842년 영국에 의해 국가 몰락의 수모를 당한 중국은 1949년 마오쩌둥에 의해 공산제국이 건설될 때까지 약 100년의 기간 동안 서구 열강 및 일본 제국주의에 의해 유린당했다. 중국은 이 시기를 '100년간의 치욕'이라고 부르며 그것을 만회할 날을 고대하고 있다.[8] 1978년 이후 급속한 경제발전을 거듭하여, 2010년 일본을 앞질러 아시아 1위 경제 대국의 지위를 차지한 중국은 아시아의 패권 장악을 위해 보다 분명한 행동을 하기 시작했다. 현재 수준의 경제력을 갖춘 중국이 아시아는 물론 세계 패권국의 지위를 꿈꾼다는 것은 하나도 이상한 일이 아니다. 종종 중국의 관리들 혹은 학자들이 중국은 그 같은 생각을 하고 있지 않다고 말하고 있는데, 그렇게 말하는 것이 오히려 이상한 일이다. 중국의 패권 추구는 강대국의 정상적인 행동이다. 중국이 패권을 추구하는 것은 그 중국의 지도자들이 못됐다거나 잘못 인도되고 있음을 의미하지 않는다.[9] 급속한 경제성장을 이룩한 중국이 정치적, 군사적으로도 막강한 국가가 되려는 것은 너무나도 정상적이며 당연한 일이다.

문제는 중국이 패권국이 되고 싶다고 해서 저절로 그 같은 꿈을 이룰 수 있는 것은 아니다. 우선 고도의 경제성장이 앞으로도 수십 년 이상 지속되어야 하며, 세계최고 수준의 군사력을 건설할 수 있어야 하고, 이를 성취할 수 있는 정치적 리더십이 있어야 한다. 중국의 패권 추구가 성공하기 위해서 결정적으로 중요한 것은 중국의 패권 추구가 '국제적'인 방해를 받지 않아야 하는데, 공격적 현실주의 이론에 의거할 경우 그것은 도저히 불가능한 일이다.

중국은 현재의 패권국이 아니다. 현재 세계의 패권국은 미국이다. 미국은 결코 패권적 지위를 내놓으려 하지 않을 것이다. 패권적 지위를 유지하는 것이야말로 미국에게 최선의 상황이기 때문이다. 비어드슨Beardson이 말하는 것처럼 "중국이 패권국이 되려면 우선 미국이 패권국의 지위를 양보해야만 한다."[10] 그런데 그게 가능할 수 있는 일일까?

럿왘 박사나 미어셰이머 교수의 분석처럼 이 세상 어떤 패권국도 도전국의 도전을 평화적으로 맞이한 적은 없었다. 중국이 패권에 도전하는 것이 옳지 않은 일이 아닌 것처럼 미국이 패권을 유지하기 위해 온갖 노력을 다하는 것도 지극히 정상적인 일이다. 특히 전쟁을 좋아하지도 않지만 결코 마다하지도 않는 미국과 같은 강대국이 전쟁에 패하지도 않았는데 패권국의 자리를 다른 나라에게 내준다는 것은 상상하기 어렵다. 이 같은 점에서 일반적인 한국인들의 미중 패권 경쟁에 관한 관점은 대단히 비현실적이다. 많은 한국인들은 중국의 경제력이 미국을 앞서게 되고, 그 결과 중국의 군사력이 미국을 압도하게 되면 중국이 패권국이 되는 세상이 올 것으로 생각하는데 그렇지 않다. 중국이 패권국이 되는 것을 궁극적으로 저지할 나라는 미국이겠지만 중국의 패권국화는 아시아 국가들이 먼저 나서서 막으려 할 것이라는 사실을 고려하지 않으면 안 된다. 최근 일본, 호주, 인도, 베트남, 필리핀의 행동은 그 개별적 동기는 다르겠지만 모두 중국의 아시아 패권을 저지하기 위한 행동으로 귀결되고 있다.

현실주의 국제정치학자들이 보는 세계는 힘의 세계다. 국제정치, 군사문제를 전문적으로 연구하지 않는 사람들은 미국과 중국의 발전이 조화롭게 이루어질 수 있다고 보지만 미국과 중국 규모의 강대국들이 평화적으로 상호발전을 이룩할 수 있다는 발상은 천진난만하며 사실상 불가능한 것이다. 브레진스키 교수는 1986년 출간된 '소련과 어떻게 경쟁할 것이냐'의 주제를 다룬 저서에서 소련이 어느 날 자본주의 국가가 된다 하더라도, 혹은 미국이 공산주의 국가가 된다 하더라도 미소 갈등과 경쟁은 해소되지 않을 것이라고 주장했다. 그 이유는 두 나라가 모두 궁극적으로 충돌할 수밖에 없는 제국colliding empire이기 때문이라는 것이다.[11]

지금 러시아가 미국에 대항하는 패권 도전국이 아닌 이유는[12] 러시아가 자본주의 국가가 되었기 때문이 아니라 미국에 도전할 수 있는 막강한 힘을 더 이상 갖고 있지 않기 때문이다. 지금 미국 패권 체제에 도전할 수 있는 힘을 갖춘 나라라고 자타가 공인하는 나라는 중국이다.[13] 중국이 미국 패권에 도전하기 위한 제1의 전제조건은 지난 수십 년에 버금가는 고도성장이 향후에도 수십 년 동안 지속되는 것이다.

미어셰이머 교수는 중국의 국력이 지속적으로 성장할 수도 있고, 그러지 못할 수도 있다고 본다. 만약 중국의 국력이 지속적으로 성장하지 못한다면 중국은 미국의 패권에 대한 도전국이 될 수 없을 것이다. 중국의 고도 경제성장이 더 이상 지속되지 못할 경우 미국은 중국을 도전국으로 간주할 필요가 없을 것이며 그에 상응하는 전략을 취하게 될 것이다. 미어셰이머 교수는 미국이 중국을 더 이상 패권 도전국으로 간주하지 않을 경우, 아시아에 주둔하고 있는 미군을 본국으로 철수시킬 수도 있다고 본다.

미어셰이머 교수는 만약 미군이 한국에서 철수할 경우 '한국은 스스로의 힘으로 국가안보를 꾸려나가야 하는 어려운 상황에 당면하게 될 것'이라고 충고한다. 미국에게 중국은 패권을 위협하는 도전자가 아닐지 몰라도, 한국이 독자적으로 감당하기에는 대단히 힘든 상대이기 때문이다. 중국이 지속적으로 부상하느냐의 여부는 한국의 경제는 물론 안보에도 심각한 도전이 될 수밖에 없을 것이다.

미중 관계의 미래에 대한 다양한 견해들

그렇다면 중국은 지속적으로 발전해서 막강한 강대국이 될 것인가? 궁극적으로 미국을 대체하는 패권국이 될 것인가? 이 주제에 대해 수많은 연구결과들이 쏟아져 나왔고, 연구결과들은 위의 질문에 대해 상상 가능한 모든 대답을 쏟아 놓은 상황이다. 연구결과들을 유형별로 정리한다면 다음과 같다.

중국 국력의 지속적 성장 여부
1. 중국의 국력은 지속적으로 증강될 것이다.
2. 중국의 성장에는 한계가 있다. 궁극적으로 미국을 앞서지는 못할 것이다.

3. 중국은 성장하기는커녕 오늘 일본이 겪고 있는 것과 같은 경제 침체에 당면할 수도 있다.
4. 중국은 (구 소련처럼) 붕괴되거나 분열할 수도 있다.

중국 국력이 성장한 후 미중 관계의 유형

1. 미국과 중국은 심각한 패권 경쟁을 벌이게 될 것이다.
2. 미중 패권 경쟁은 없을 것이다. 중국의 성장은 미국이 만들어 놓은 자유주의 경제 질서의 안에서 이루어진 것이기 때문에 미국의 패권 질서에 도전할 이유가 없다.

미중 패권 경쟁이 야기될 경우 최종적 승자는 누구일 것인가

1. 중국이 승리하여 중국은 21세기 세계의 패권국이 될 것이다.
2. 미국은 21세기에도 세계 패권국으로 남아 있을 것이다.

이상과 같이 중국 부상의 지속 가능성, 미국과 중국의 패권 경쟁 가능성 및 그 결과에 대해 많은 연구결과들이 제시되어 있는 상황이며 이들은 각각 자신들의 주장을 정당화시키기 위한 근거를 제시하고 있다. 다양한 답들이 나와 있기에 이 주제에 관심을 가지고 연구하는 사람들, 혹은 정확한 분석이 필요한 각 국가들의 정책 결정자들은 어떤 연구결과를 따라야 할지 번민해야 할 지경이다.

중국이 지속적으로 성장할 것이냐에 대해서도 학자들은 저마다 다른 견해를 제시하고 있으며 어떤 주장이 더욱 타당한지에 대해 끊임없는 논쟁이 이어지고 있다. 게다가 중국의 부상에 관한 분석은 미국의 국력 분석과 반드시 병행 연구되어야만 하는 주제다. 중국이 성장한다지만 미국의 국력도 빨리 성장할 수 있다. 중국의 경제성장이 둔화되는 경우라도 미국의 경제가 더 빨리 악화되면 중국이 부상할 수도 있을 것이다. 중국의 경제성장은 미국의 경제성장과 연관되어 분석되어야만 부상 여부를 정확히 판단할 수 있다.

또한 미국 경제가 파탄이 나게 되어 중국 경제에 뒤처지는 상황이 온다 해도 미국의 군사력은 앞으로도 상당 기간 동안 중국을 압도할 수 있으며 그 경우 오랫동안 패권전이 현상이 일어나지 않을 수도 있다. 패권국은 경제력은 물론 군사력에서도 압도적 지위를 차지하고 있어야 한다. 미중 패권 경쟁의 미래에 관한 이처럼 다양하고 복잡한 변수들을 모두 고려해야 하는 상황에서, 대한민국이 어떤 정책을 취해야 할 것인가를 결정한다는 것은 보통 어려운 일이 아닐 것이다. 그럼에도 불구하고 우리는 전략적 선택을 하지 않을 수 없다. 그러기 위해서는 기존의 이론과 설명들을 주의 깊게 살펴보는 작업이 선행되어야 한다.

중국은 21세기 패권국이 될 것이다

최근까지 압도적 다수의 지지를 받는 견해다. 특히 대한민국 사람들이 압도적으로 지지하는 견해다. 중국의 미래를 장밋빛으로 묘사하는 몇 가지 대표적인 주장들을 소개해 보자.

■ 2040년 중국은 전 세계 GDP의 40%를 차지할 것이다

로버트 포겔Robert Fogel은 노벨경제학상을 받은 권위있는 학자로서 2012년 86세를 일기로 사망했다. 그는 2040년 중국의 경제력은

중국은 21세기 슈퍼파워가 될 것인가?

세계의 40%에 이를 것이라고 주장하는 등 중국의 미래를 가장 낙
관적, 희망적으로 보는 학자 중 하나였다. 세계적 권위를 자랑하지
만 대중성이 가미된 국제정치 잡지인 〈포린 폴리시Foreign Policy〉
2010년 1-2월 호에 2040년 중국의 GDP는 123조 달러에 이를 것
이라는 놀라운 논문을 게재했다.[14] 123조 달러는 2000년 지구 전체
GDP의 3배에 이르는 놀라운 액수다. 그의 예상대로라면 개인소득
면에서도 중국인들은 85,000달러에 이를 것이다.

포겔은 2040년 미국의 GDP는 세계 14% 수준으로 위축될 것이
라 예측하는데, 그의 예측이 현실이 된다면 2040년이 되었을 때 미
국은 감히 중국과 자웅을 겨룰 엄두도 내지 못할 것이다. 중국의 경
제적 지위는 2차 대전이 끝난 직후 미국의 지위와 맞먹게 될 것이
다. 역사상 한 나라가 지구 전체 경제력의 40%를 차지한 것은 2차
세계대전 직후의 비정상적인 상황을 제외하고는 실현된 적이 없다.

소련을 붕괴시키고 유일 초강대국으로 남은 미국을 일부 전문가

들이 한때 극초강대국hyperpower이라고 부른 적이 있었다.[15] 2000년 무렵 미국의 경제력이 세계에서 차지하던 비중은 25%를 약간 상회하는 수준이었다. 만약 2040년 중국이 세계 GDP의 40%를 차지하고 개인 소득이 85,000달러에 이른다면 그런 중국이야말로 지구 역사 이래 최대, 최강의 초강대국이라고 불릴 수 있을 것이다. 그런 세계는 당연히 중국식 세계질서의 규칙에 의해 지배되는 곳이 될 수밖에 없을 것이다.

포겔은 2040년 유럽의 경제력은 세계의 약 5% 정도가 될 것이라고 예측했으니 미국, 유럽이 힘을 합쳐도 중국의 절반에도 미치지 못한다. 포겔의 예측이 맞는다면 2040년의 세계는 중국의 유일 패권 체제가 될 것이 확실하다. 포겔은 이것이 바로 미래 세계의 "경제적 패권이 보여줄 모습"이라고 자신있게 주장했다.

포겔의 주장이 터무니없는 과대평가 같아 보이지만 오히려 그는 기존의 중국의 미래에 대한 예측들은 "중국을 너무 과소평가했다"고 비판한다. 예로서 미국 카네기 국제평화 재단Carnegie Endowment for International Peace이 제시한 2050년이 되면 중국의 경제 규모가 미국보다 약 20% 정도 더 커질 것이라는 예측은 중국의 경제발전을 과소평가한 결과라고 주장했다.[16]

포겔이 예측한 대로 2040년 중국 경제가 123조 달러의 GDP를 달성하기 위해서는 2008년부터 2040년까지 중국이 매년 10.8% 수준의 경제성장을 지속할 수 있어야 한다. 1978년 중국이 개혁 개방을 이룩한 이후 2008년까지의 경제성장률(약 9.5%)도 세계 역사상 일찍이 그 사례를 찾아볼 수 없을 정도로 놀라운 것이고, 심지어 조작일지도 모른다는 의심을 받고 있는데,[17] 포겔의 예측은 향후 30년 동안 중국의 경제성장률이 과거 30년보다 오히려 더 높은

10.8%를 유지할 수 있다고 가정하고 있는 것이다.

포겔이 이처럼 놀라운 자료를 제시했던 근거는 다섯 가지다.

1. 중국인의 교육 수준 향상되고 있다. 대학 교육 이상을 받은 중국인
    의 숫자가 급증하고 있으며, 그 결과 중국의 노동 생산성은 대폭 향
    상될 것이다.
2. 중국의 경제발전이 향후 농촌 지역에서도 이루어질 것이다.
3. 일부 사람들이 주장하는 바와는 반대로 중국의 경제성장 통계는 과
   장된 것이 아니라 오히려 과소평가된 것이다. 이는 앞으로 수십 년
   동안 고도성장이 가능할 수 있다는 근거가 된다.
4. 중국의 정치제도는 앞으로도 수십 년 동안 중국의 지속적인 경제발
   전을 지속시킬 수 있는 능력을 가지고 있다.
5. 중국인들은 오랫동안 소비를 자제해왔지만 앞으로 중국인의 소비 수
   준이 높아질 것이다.

포겔은 중국의 미래를 비관적으로 보는 사람들의 견해에도 일리
가 있다는 점을 인정하지만 중국은 이 모든 것을 극복할 수 있을 것
이라고 주장한다. 그는 또한 중국은 지난 20세기 동안의 역사 중,
18세기 동안 세계 제1의 경제대국이었고 오늘 중국이 경제발전을
이룩하는 것은 과거의 수준을 회복하는 것일 뿐이라고 말한다. 중
국정부는 2040년 자국의 GDP가 45조 달러, 일인당 소득은 31,000
달러 정도가 될 것이라고 전망한 바 있는데, 사실 이 수치도 상당히
놀랍고 낙관적인 것이다. 포겔 교수가 제시한 예측은 이보다 더 놀
라운 것이 아닐 수 없지만 포겔 교수의 권위를 인정해서 그의 주장
을 길게 인용했다.

물론 포겔 주장에 비판이 없을 수 없다. 인도의 한 신문은 포겔의 수치를 "The Folly of Fogel's Numbers"라는 기사로 맹공격했다.[18] 〈인디언 익스프레스〉 지는 중국이 향후 30년 동안 매년 10.8% 경제성장을 유지한다는 것은 "단순히 어려운 일이 아니다. 도저히 불가능한 일이다."라고 못박고 있다. 사실 중국의 경제성장률은 2010년 이후 급격히 저하되고 있었으며 2011년부터 2015년 중국의 경제성장률은 중국정부 공식 발표에 의할 경우 7%대로 저하된 것이 사실이다. 특히 중국이 곧 당면하게 될 '인구통계학적 문제'는 앞으로 7%대 성장조차 불가능하게 할 것이 분명하다.

■ 중국의 GDP가 곧 미국을 추월할 것이다

중국의 경제발전을 논하는 많은 전문가들이 미중 패권전이의 분수령으로 제시하는 해는 2020년이다. 2020년 중국의 GDP가 미국을 제치고 세계 1위로 등극한다는 것인데, 2012년 1월 〈크리스천 사이언스 모니터〉 지는 중국이 미국경제를 추월하는 시간은 앞서 예측했던 것보다 오히려 더 빠를 수도 있다는 기사를 실었다. 2011년 중국의 공식 GDP는 47조1,569억 위안이었는데 1달러가 6.3183위안이었으니 이를 달러화로 환산하면 중국의 GDP는 7조 4,700억 달러가 된다.[19] 2020년이라는 해는, 중국의 경제발전과 미국의 경제발전 비율 격차를 6%로 상정할 경우 중국의 경제력이 미국의 경제력을 규모면에서 능가할 것으로 판단되는 해였다. 물론 중국의 인구가 미국의 4배가 넘기 때문에 2020년 중국의 경제력이 미국과 같아진다고 하더라도 국민 1인당 GDP는 미국이 중국보다 4배 높을 것이다.

〈크리스천 사이언스 모니터〉지의 기자인 칼슨Karlsson은 일인당 국민소득에서는 중국이 영원히 미국을 앞서지 못할 수 있다고 인정한다. 그렇다 하더라도 경제 총량에서 중국이 미국과 같아지거나 앞선다는 것은 국제정치 및 세계경제에 가히 충격적인 일이 아닐 수 없을 것이다. 2010년 중국 경제가 일본을 앞섬으로써 세계를 놀라게 한 것도 사실은 총량기준의 GDP다. 2010년 당시 일본의 인구는 중국의 9%에도 미치지 못한다. 결국 중국의 GDP가 일본을 앞서는 해에 일인당 명목 소득기준으로 일본인들은 중국인보다 10배이상 부유하게 살고 있었다. 그럼에도 불구하고 일본 및 세계가 느낀 충격은 대단했다. 2020년 중국의 GDP가 미국의 GDP를 앞선다면 그것은 1860년대 미국이 GDP상 세계 1위가 된 이후 160년 만에 미국이 1위의 자리를 다른 나라에게 내주는, 국제정치사의 한 획을 긋는 사건이 될 것이다.

중국의 경제발전과 관련, 2020년과 더불어 또 다른 유명한 해는 2030년이다. 세계은행World Bank이 그렇게 예측한 바 있고 2011년 3월 24일자 영국 〈BBC〉 방송 역시 2030년 중국이 미국을 GDP와 세계 무역액 측면에서 앞설 것이라고 보도한 바 있다.[20] 2030년은 한동안 중국의 고도 경제성장을 설명하는 많은 전문가들이 즐겨 인용하는, 중국이 미국을 앞서 경제력 1위가 되는 해였다. 〈BBC〉 뉴스는 프라이스워터하우스 쿠퍼스Pricewaterhouse Coopers의 수석 경제학자 저스틴 린Justin Lin의 말을 인용하여, "만약 중국이 연평균 8%의 경제성장을 지속한다면 중국의 경제력은 20년 내에 미국 경제력의 두 배가 될 것"이라고 전했다.[21] 어떤 경제체제라도 매년 8%씩 20년 성장할 경우 경제력은 약 4.7배로 늘어난다. 중국의 경제력은 지난 30년간 이보다 더 높은 비율의 경제성장을 보인 바 있다.

중국이 미국을 추월할 것이 분명하다고 주장하며 그 시기를 비교적 빠르게 예측하는 기관은 세계적 권위를 가진 영국의 국제문제 및 경제 주간지인 〈이코노미스트〉지였다. 2011년 12월 27일 〈이코노미스트〉지는 가장 최적의 예측이라며, 2018년 중국의 GDP가 미국의 GDP를 앞서게 될 것이라고 발표했다.[22] 이러한 예측은 향후 10년 동안 중국 경제가 연평균 7.75% 성장하고 미국 경제는 2.5% 성장한다고 상정하고 계산한 결과이다. 또한 매년 인플레이션율은 중국의 경우 4%, 미국의 경우 1.5%로 상정하였고, 1년마다 위안화 가치가 3%씩 절상되는 것으로 상정하였다. 중국의 실질 경제성장률을 5%로 상정할 경우에도 2021년이면 중국의 GDP가 미국을 앞서는 것으로 나왔다.

■ 미국 추월론의 오류

『중국이 세계를 지배할 때When China Rules the World』는 중국의 부상을 낙관적으로 보는 대표적인 책이다. 이 책의 저자 마틴 자끄는 2031년 중국의 1인당 국민소득이 지금의 미국 수준이 될 것이라고 주장한다.[23] 물론 매년 8% 경제성장을 유지한다는 가정하의 예측이다. 마틴 자끄는 중국의 고도 경제성장이 앞으로도 20년 이상 계속될 것이라고 보는데, 그 중요한 이유로 "농촌의 비숙련 노동자들이 일자리를 찾아 도시로 유입됨으로써 저임금 인력이 넘치고 있으며 이러한 현상은 앞으로 수십 년간 지속될 것"이기 때문이라고 주장한다.[24]

이 같은 주장에는 심각한 오류가 있다. 중국의 노동자 수는 인구통계학적 관점에서 더 이상 풍부하지도 않으며, 새로이 일자리를 구하는 신규 노동자들이 수십 년 전에 노동자들이 받았던 수준의 임금을 받고 일하지는 않을 것이라는 사실을 간과한 것이다.

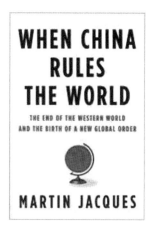

이처럼 다양한 전문가들이 중국이 미국을 추월하는 것은 시간문제인 것처럼 말하고 있다. 그러나 이들 대부분은 '중국이 향후 수십 년 이상 1978년 이래 약 30년 동안 보여준 놀라운 수준의 경제성장을 지속한다면'이라는 가정에서 출발한다. '중국이 만약 8% 경제성장을 지속한다면, '중국이 과거와 같은 성장 속도를 지속적으로 보인다면' 미국을 곧 앞서게 될 것이라는 말이다. 이들의 가정 혹은 전제가 맞는다면 결과는 당연히 맞다. 문제는 가정이 맞느냐다. 이들의 주장을 비판적으로 보는 사람들은 이들을 대입주의자extrapolationist라고 부른다. 즉 단순히 데이타를 대입하는 사람들이라는 의미다.

아무튼 1990년대 이후, 중국이 미국을 앞설 것이라는 견해가 쏟아져 나오기 시작한 이후 20여 년이 지난 지금, 중국이 미국을 앞설 것이라는 대중적 견해는 적어도 일반인들의 인식에서는 그럴 것이냐, 아니냐의 문제가 아니라, 시간의 문제일 뿐이다. 미국의 권위 있는 여론 조사는 다수의 미국인들이 중국이 이미 미국을 대체해서 세계 1위가 되었거나, 금명간 미국을 앞설 것이라고 대답했다.[25]

그러나 중국이 미국을 무엇에서, 어떤 측면에서 앞설 것이냐는 데 대해 종합적이고 과학적인 평가는 흔하지 않고, 이러한 평가는 일반인들에게 잘 소개되지도 않는다. 대세에 영합하지 않는 주장이기 때문이다. 우선 중국이 미국을 앞선다는 것은 중국의 GDP 총량이 미국의 GDP 총량을 앞설 것이라는 말과 동의어처럼 되었다. 중국의 국내총생산이 미국의 국내총생산을 앞서는 날을 중국이 미국을 앞서는 날이라고 일반적으로 통칭하는 것이다. 중국의 인구가 미국의 4.5배 정도에 이르니[26] 중국이 미국을 앞서는 날, 미국 사람들은 중국 사람들보다 아직도 4.5배 잘 산다고 말할 수 있을 것이다. 지금 중국이 일본을 앞서 세계 2위의 GDP를 자랑하는 것은 물론 맞는 일이다. 2010년 기준으로 중국의 GDP는 일본을 앞서기 시작했다. 그러나 2010년 당시 일본 인구는 1억 2,000만, 중국 인구는 13억 5,000만으로 중국인의 숫자가 일본인의 11배를 넘었다. 그래서 일본 국민들은 개인적으로 모두 중국 사람보다 11배 이상 부자였지만 GDP 기준으로 일본은 중국에 밀려 3위로 내려앉은 것이다. 이 같은 점에서 중국이 단순히 미국의 GDP를 앞서는 것이 중국이 세계 패권국이 된다는 것과 동의어가 아닐 수 있다는 점에 유의해야 한다.

중국은 미국을 앞서기 어렵다

필자는 동북아시아 국제정세, 한반도 안보 문제 등에 대한 강의를 자주하는 편이다. 강의를 듣는 수강생들에게 중국의 미래에 대한 질문을 오래전부터 해 왔는데 질문에 대한 답이 조금씩 변화하고 있다는 점을 느끼게 된다. 필자의 질문은 "중국은 궁극적으로 미국을 제치고 세계 제1의 경제대국, 군사대국 즉 패권국이 될 수 있다고 생각하는가"라는 것이었는데, 5~6년 전만 하더라도 이 대답에 대해 긍정적으로 대답하는 사람들이 압도적으로 다수였다. 필자의 미중 관계 강의를 듣는 사람들은 거의 모두가 대졸 이상의 학력을 가진 분들로서 군 장교, 공무원 혹은 대학생들이었다.

그러나 최근 중국이 패권국이 될 것이라고 대답하는 사람이 점차 줄어드는 것 같다고 느끼고 있다. 2012년 7월 20일 해군대학 강의에서 필자는 똑같은 질문을 다시 던졌고 놀라운 경험을 했다. 그날 내 강의를 들은 사람들은 총 67명으로 전원 해군 소령이었다. 이분들은 이미 국가안보와 국제정치 문제에 상당한 식견을 가진 사람들이었다. 이분들에게 "중국과 미국 중 누가 차세대의 패권국이 될 것이냐"는 필자의 질문에 단 1명을 제외한 전원이 미국일 것이라고 대답했던 것이다. 물론 이분들은 군사전문가들로서 군사력 위주로 미중 관계를 보았을 것이며, 특히 미국 해군의 막강함을 인식하고 있는 해군 장교들이기 때문에 이 같은 대답이 나왔을 수 있다.

2012년 무렵 중국에 대한 한국 국민들의 부정적 인식이 대폭 확산되었고, 그 영향으로 중국의 미래에 대해서도 부정적인 생각을 가지게 했을지도 모른다. 2010년 북한의 천안함, 연평도 도발에 대해 중국이 오히려 북한에게 보인 온정적인 태도는 많은 한국 국민들로 하여금 분노와 유감을 느끼게 한 것이 사실이다. 특히 천안함 문제가 진행되는 동안 중국 당국자들이 한국 외교관들에게 거만하고 방자한 행동을 보였던 것은 한국 국민들의 중국에 대한 인식을 더욱 나쁘게 했을 것이다.

박근혜 정부 출범이후 박근혜 대통령과 시진핑 주석의 수차례에 걸친 정상 외교 등으로 인해 한국인들의 중국에 대한 관점은 많이 달라졌고 또 다시 많은 사람들이 중국이 미국을 대체할 패권국이라 생각하기 시작했다. KBS는 2015년 중국을 대단히 미화한 다큐멘터리 프로그램인 '슈퍼 차이나'를 시리즈물로 방영했다. 필자는 이 사례를 한국인의 과장된 친중국 관점을 더욱 조장하는 계기가 되었을 것으로 생각한다. 물론 2015년 중반 이후 중국 경제의 이상조짐 및 북한의 4차 핵실험(2016년 1월 6일)에 대한 중국의 태도는 한국 국민들의 대중국 우호관점을 대폭 낮추고, 아울러 중국이 패권국이 될 것인가에 대해서도 부정적인 반응이 늘어나게 했을 것이다. 물론 한국 국민들의 이 같은 관점은 국제정치학적인 오류다. '어느 나라가 좋으냐, 싫으냐'와 '그 나라가 강하냐, 약하냐'는 전혀 별개의 문제이기 때문이다. 중국이 미국을 앞서는 강대국이 될 수 없을 것이라고 오랫동안 주장해 온 필자를 반중反中주의자라고 말하는 학자도 있을 정도니 일반 국민들이 이처럼 생각하는 것은 이상한 일도 아니다. 미국이 궁극적으로 패권국가로 남을 것이라 주장하는 학자들은 우리나라에서는 예외 없이 친미親美주의자로 분류된다. 다시 강조하지만 현실주의 국제정치학에서 '좋은 나라, 싫은 나라' 같은 관점은 없다. 마찬가지로 중국이 미국을 앞설 것이라고 주장하는 사람들을 친중주의자로 분류하는 것도 옳지 않다.

최근 중국의 어려운 경제 사정 및 중국의 북한 두둔에도 불구하고 한국에서는 여전히 중국이 궁극적으로 미국을 앞서는 패권국이 될 것이라는 분위기가 높은 것 같다.[27] 그동안, 적어도 지난 5년간 한국의 언론과 출판 시장은 중국에 대한 용비어천가가 주류였다.[28] 『정글만리』[29]를 지은 소설가는 "중국이 곧 G1이 될 것을 모르는 사람은 아무도 없다."고 단언하기도 했다. 특히 중국에서 유학한 중국전문가들의 압도적 다수가 그렇게 생각하는 것 같다.[30] 필자는 이미 6년 전인 2010년 가을 전직 장차관들로 구성된 전문가 그룹에 초대되어 미중 관계의 미래에 대한 강의를 한 적이 있었는데 그 강의에서도 필자는 중국은 미국을 앞지르기 어려울 것이라고 주장했었다. 당시 청중들의 반응은 정말 놀랍다는 것이었다. 미국의 몰락이 노골화되기 시작한 2008년 월스트리트 붕괴의 여파가 아직 가시지 않은 시점에서 필자의 강연은 정말 황당하다고 생각했던 분들이 많았으리라 생각된다. 물론 필자의 주장에 노골적으로 반박하시는 분들은 없었다. 필자는 중국이 미국을 앞서기 곤란한 이유들을 가능한 한 객관적인 자료를 동원하여 논리적으로 소개하려고 애썼다. 본서에서는 바로 중국의 미래는 다수가 예상하는 것처럼 낙관적이지 못할 것이라는 견해들을 제시하고자 한다. 얼마 전까지는 '당치 않은' 편파적 학설[31]이라고 생각되던, '중국의 미래는 밝지 않다'라는 주장이 점차 설득력을 얻고 있는 것 같다. 그렇다면 중국의 미래를 밝게 보지 않는 사람들은 어떤 이유와 근거들을 제시하고 있는 것일까?

■ 중국은 종이호랑이

중국의 미래에 대해 비관적인 학자들이 여럿 있지만 가장 결정적인 비관론을 제시하고 있는 학자는 미국의 조지 프리드먼George Friedman 박사가 아닐 수 없다. 지정학과 국제정치학 이론으로 무장하고 미국 CIA를 능가할 정도의 국제 정보를 축적한 연구소를 운영하고 있는 그는 미래를 예측한 베스트셀러들을 여러 권 출간했다. 한국도 자주 방문하고 한국 언론에도 자주 소개되는, 낯설지 않은 학자다. 『향후 100년: 21세기 예측』[32]이라는 2009년판 저서에서 프리드먼은 중국이 강대국으로 부상할 수 없는 몇 가지 결정적인 이유들을 설득력 있게 밝히고 있다. 위 책의 5장 제목이 바로 'China

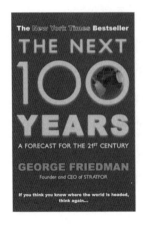

2020: A Paper Tiger(2020년의 중국은 종이호랑이)'이다. 중국의 부상에 대해 비관적인 견해를 가진 프리드먼은 미국이 패권국의 지위를 유지할 것이라는 사실에 의문을 제기하지 않는다. 그는 미국은 2100년에도 역시 현재와 같은 세계 제1의 강대국으로 남아 있을 것이라고 주장하며 중국이 미국을 대체한다는 것은 불가능한 일이라고 단정한다.

2020년은 많은 전문가들이 중국의 경제력이 미국을 앞설 해로 제시하는 유명한 해이다. 그렇다면 프리드먼은 무슨 근거로 이처럼 중국의 미래를 어둡게 보며 또한 결정적인 언급을 하는 것일까? 프리드먼은 경제학자나 경영학자가 아니다. 그는 군사, 안보, 정치, 특히 지정학Geopolitics적 변수를 대단히 강조하는 군사전략 학자다. 그가 중국의 미래를 비관적으로 보는 근거들은 중국의 부상을 주장하는 전문가들이 거의 관심을 가지지 않는 것들이지만, 국가의 국력분석Power Analysis에서 매우 중요한 변수들이다. 프리드먼이 "2020년의 중국은 종이호랑이"가 될 수밖에 없다고 보는 근거들은 다음과 같다.[33]

중국이 지난 30년 동안 급속한 경제성장을 했다는 사실이 중국의 지속적인 고속성장을 보장하는 것은 아니다

중국의 미래를 낙관적으로 보는 사람들이 치명적으로 범하는 가장 흔한 오류 중 하나가 바로 중국은 향후 수십 년 동안도 지난 수십 년 수준의 고도 경제성장을 지속할 것이라고 가정하는 것이다.

이러한 견해들은 1978년 이후 대략 2010년 무렵까지 30여 년 동안 나타났던 중국의 경제성장률을 미래에도 그대로 대입하는 우를 범하고 있다. 지난 30여 년 동안 중국의 경제성장률은 연평균 10%에 육박하는 것이었는데 이 같은 고도성장이 앞으로도 지속될 것이라고 가정한다면 중국이 미국을 앞서는 세계 최대의 경제대국이 될 것임은 너무나 당연하다.

문제는 경제성장률 10%가 60년 이상 지속된 사례가 세계 역사에 나타난 적이 있었는가이다. 그런 사례는 지구 역사에 없었다. 눈부신 경제성장을 이룩했던 영국, 미국, 독일, 일본, 대한민국, 대만, 싱가포르, 홍콩 등 그 어느 경제 체제도 10% 경제성장을 50년은커녕 30년을 지속하기도 힘들었다. 중국의 미래를 낙관적으로 보는 많은 연구결과들이 중국 경제는 앞으로도 수십 년 동안 연평균 10% 경제성장을 이룩할 수 있다는 정확한 근거를 대는 대신, 과거에 그러했으니 앞으로도 그럴 것이라고 가정하는 경향이 높다.[34]

2010년을 기점으로 중국의 경제성장 속도가 둔화되고 있다는 현상이 나타나기 시작했으며 2015년 가을 중국 상하이 주식시장의 붕괴는 이 같은 우려가 현실임을 나타내 보이고 있다. 2010년 이후 중국의 경제성장은 8% 미만으로 내려가기 시작했고 2015년 이후 7% 미만으로 내려갈 것이 분명하다. 물론 7~8%라는 경제성장률도 경이로운 것이기는 하지만 그동안 중국정부는 GDP 성장률 8%를 경제성장의 마지노선으로 간주해 왔다. 8% 성장을 유지하지 못할 경우 사회에 큰 변란이 야기될지도 모르기 때문에 중국정부가 기를 쓰고 유지하려는 경제성장률이었다.

그러나 중국이 지난 30년 동안 보였던 성장률이 수십 년 더 지속될 수 있다는 것이 오히려 비정상일 것이다. 이미 중국 현장의 분위기는 경기침체로 들어간 지 오래다. 2012년 중국에서 사업을 하는 한국 경제인들은 한결같이 2년 전보다 경기가 훨씬 못하다고 이구동성으로 말하고 있다. 광저우, 베이징, 창춘, 칭다오 등에 거주하는 한국인 숫자가 줄고 있으며 더 이상 중국에서 기업을 하기 어려운 상황이라는 것이 한국 기업인들의 공통적 견해였다. 칭다오는 특히 한국 기업이 많이 진출한 곳인데 한국인 숫자가 줄어드는 현상이 뚜렷해지고 있다. 분양이 되지 않아 공사가 중단되는 바람에 마치 유령도시처럼 변해 버린 만주 장춘시의 아파트 건설현장, 야적장에 끝없이 늘어선 팔리지 않는 자동차 등은 현지 한국 기업인들이 일찍이 느끼지 못했던 중국의 경제 현상을 말해주는 것들이었다.[35] 중국 경제의 성장세는 2010년 이후 지속적으로 둔화되기 시작했고 중국정부도 공식적으로 이를 인정하기 시작했다. 중국정부는 8%가 아니라 7% 성장을 유지하겠다고 발표했으며, 낮은 성장률을 '새로운 정상 상태新常態'라는 말로 정당화하고 있다.

중국은 고도성장이 멈추면 정치적으로 심각한 위기에 처할 수 있다

중국의 고도성장이 지속되지 못할 경우 나타날 가장 심각한 문제는 정치적 혼란 가능성이다. 중국은 공산당 일당 독재체제의 국가이지만 고도 경제성장을 통해 주민들의 불만을 잠재우고 공산당 정권을 유지할 수 있었다. 이미 1989년 천안문 광장에서 야기되었던 민주화 운동의 위험성을 잘 인식하고 있는 중국 공산당은 권력 유지를 위해서라도 고도성장을 멈출 수 없다. 그러나 경제발전은 정치적인 통제력에 의해 결정되지 않는다. 경제발전은 궁극적으로 '정치의 힘'이 아니라 '시장의 힘'에 달려있다는 사실을 믿는 사람이라면 중국이 50~60년 이상 고도 경제성장을 이룩할 수 있다고 가정할 수 없을 것이다.

중국식 모델이 한때 칭송 받았지만 공산주의 정치체제가 이끄는 자본주의적 경제발전이라는 부조화가 얼마나 오래 계속될 것인가는 시간의 문제였을 뿐이다. 중국 경제의 고도성장이 멈추는 날, 공산주의 독재정치 체계는 국민의 저항을 받게 될 것이며 그럴 경우 중국은 강대국이 될 가능성은 고사하고, 지금과 같이 통일된 국가를 유지하기도 어렵게 될지 모른다. 중국 정치가들이 즐겨 말하는 것처럼 중국은 진정 대국이다. 그러나 대국이 정치적 통일성을 유지한다는 사실이 얼마나 어려운 일인지는 분열과 통일이 끊임없이 반복되었던 중국 역사가 말해주고 있다. 고도성장이 멈추는 경우, 국가 및 사회가 흔들거릴 정도로 중국의 정치적 통일성, 민족적 단합성은 허약한 상태다.[36] 중국이 고도성장을 유지해야만 하는 이유는 중국공산당의 안정적 집권은 물론 국가의 통일성 유지 그 자체를 위한 것이다.

중국의 급속한 경제성장은 기존의 전통적 중국사회를 해체시켰다. 중국은 본시 개혁 개방 이전 농촌 인구가 전체 인구의 80%가 넘는 그야말로 농촌사회였다. 그러나 급속한 경제발전은 중국의 농촌 인구가 도시로 몰려드는 현상을 초래했다. 그러나 도시로 몰려든 농촌 인구가 모두 도시에 정착하는 데 성공한 것은 아니다. 수많은 농촌출신 도시 노동자들은 저임금으로 하루하루를 살아가면서, 아껴 쓴 여분의 돈을 고향으로 보내는, 중국 경제발전의 견인차 역할을 했던 저임금 노동력의 원천이었다. 중국에서는 이들을 농민공農民工이라고 부르는데, 이들의 숫자는 2010년 현재 약 2억 4,000만 명에 이르렀으며 매년 1,300만 명씩 증가되어 왔다.[37]

2억 4,000만 명의 농민공은 물에 떠 있는 식물처럼 뿌리를 내리

지 못하고 도시의 변두리에 거주하는 문자 그대로 부유浮游하는 유
랑세력이다. 이들의 자제들은 다닐 학교도 없고, 가족들이 안락하
게 살 수 있는 집도 별로 없다. 2012년의 중국 인구를 13억 5,000
만 정도로 추정하는데 2억이 넘는 인구가 대도시에서 뿌리를 내리
지 못한 채 떠 있다는 사실은 경제성장이 둔화될 경우 이 세력이 중
국사회의 안정에 치명타를 가할 수 있음을 말해준다. 이들은 고향
으로 돌아갈 수 없기에 도시에서 일을 해야 하는데 이들에게 지속
적으로 일자리를 제공하기 위해서는 연 8% 경제성장을 유지해야
한다고 보는 것이다. 호랑이의 등에 올라탄 사람이 내려올 수 없어
쉬지 않고 달려야만 하는 형국에 비유될 수도 있는 상황이다.

중국은 지정학적으로 섬과 같은 나라다. 세계로 뻗어나가기 어렵다

세계지도를 펼쳐놓고, 지정학적 관점에서 미국과 중국 두 나라를
살펴보면 중국이 미국과 대결을 벌일 나라라고는 도무지 생각할 수
없다. 최근 하버드 대학의 국제정치학자 스테픈 왈트Stephen Walt 교
수가 자신의 페이스북을 통해[38] "행복한 진실은 미국은 이미 대단
히 안전하며, 다른 나라들은 꿈에서나 그려볼 수 있는 지정학적 이
점을 향유하고 있다."고 말했듯이 미국의 지정학은 세계에서 유례
를 찾을 수 없을 정도로 유리한 것인 반면 중국의 지정학은 가히 최
악의 지정학이라고 말할 수 있다. 미국과 중국 두 나라의 지정학적
유불리는 두 나라의 힘의 격차를 더욱 벌이는 요인이 되고 있다.

우선 중국과 미국은 넓이가 거의 비슷한 나라다. 양국 영토의 넓
이는 미국은 9,826,675km², 중국은 약 9,596,961km²로 각각 세계
3위와 4위의 영토 대국이다. 영토의 규모는 거의 같지만 국경선의
길이는 중국이 22,117km, 미국은 12,034km로서 중국이 미국보다

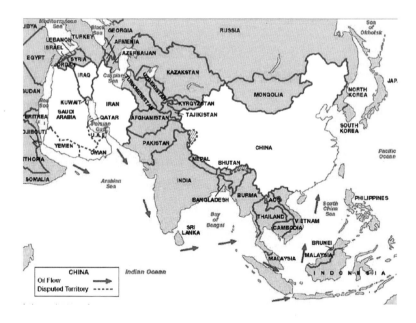

그림 4-1 **중국의 지정학**

약 1.84배 더 길다. 즉 중국은 미국보다 국경 방위에 적어도 1.84배

만큼 더 힘을 쏟아야 한다는 의미다. 국경의 실질적인 내용을 보면

중국의 불리함은 더욱 심각해진다. 1902년부터 1925년까지 장기간

미국 주재 프랑스 대사를 역임한 쥐스랑Jules Jusserand은 "미국 남북

양쪽에는 약한 이웃들이 있고 미국의 동쪽과 서쪽에는 물고기가 있

다."는 말로 미국의 지정학적 유리함을 부러워한 적이 있었다.[39]

　미국은 이웃의 국가들로부터 영토가 침범 당할 가능성이 전혀 없

는 나라다. 캐나다 혹은 멕시코가 미국 영토를 공격하는 것이 가능

한 일일까? 결국 미국군은 자국의 본토를 자국의 국경선에 서서 지

키지 않아도 되는 환상적인 안보 상황에 있다. 미국군은 해외에 나

가서 싸우면서도 본토의 안전을 걱정할 필요가 없는 군대다. 미국

군은 전원 해외원정군Expeditionary Forces이 될 수 있다. 해외에 나가서 싸우는 미국군은 본토의 안전을 걱정할 필요가 없다.

미국은 그 자체가 대륙국가이면서도 세계의 가장 중요한 바다 두 곳을 아우를 수 있는 지역에 자리 잡고 있다. 미국은 동으로는 대서양을 통해 유럽 및 아프리카와 연결되어 있고, 서쪽으로는 태평양을 통해 아시아와 연결되어 있다. 태평양과 대서양을 아우르는 미국은 그 자체 세력이 강할 경우, 세계를 제패하기 가장 좋은 지전략적地戰略的 위치에 있다.[40]

미국과는 정반대로 중국은 세계에서 가장 많은 나라들과 국경을 접하고 있다. 중국은 14개 국가와 육지로 연결되어 있고 바다를 사이에 두고 있는 경우까지 고려하면 무려 19개 국가와 국경을 접하고 있다. 중국과 국경을 접하고 있는 이웃나라들 중에서 정치적, 경제적으로 중국이 쉽게 다룰 수 있는 나라들은 별로 없다.

우선 중국은 군사적으로 중국보다 더 막강한 강대국 러시아와 3,645km나 되는 국경을 접하고 있으며, 중국의 말을 잘 듣는 것 같지 않은 북한과 1,416Km, 몽골과 4,677Km, 카자흐스탄과 1,533Km, 키르기스스탄과 858Km, 아프가니스탄과 92.45Km, 인도와 3,380Km, 파키스탄과 523Km, 네팔과 1,236Km, 부탄과 470Km, 버마(미얀마)와 2,185Km, 베트남과 1,281Km, 타지키스탄과 414Km, 라오스와 423Km 등 14개 국가들과 육지 국경을 접하고 있다.[41] 일본, 필리핀, 대만, 인도네시아, 한국과는 바다로 인접되어 있다. 중국처럼 많은 국가와 직접 국경을 접하고 있는 나라가 세계 패권국이 된다는 것은 지정학적으로 보아 대단히 어려운 일이다. 영토를 접하고 있는 국가들은 본질적으로 잠재적 적대국이 될 수밖에 없다는 역사적 사실을 고려해 볼 때, 중국이 안보적 관점에서 주변국들과 충돌 없이 세계로 뻗어나가는 상황을 상상하기 힘들다.『전쟁의 수수께끼』라는 저서에서 바스케즈 교수는 역사상 전쟁의 약 90% 정도가 국경을 공유하는 나라들 사이에서 발발했다는 사실을 밝혀냈다.[42]

실제로 중국의 역사는 주변국들과의 끊임없는 전쟁사라고 말해도 될 정도다. 중국은 자신의 힘이 강해지면 중화주의적中華主義的 혹은 유교적 국제질서를 형성하고 주변의 약한 민족과 국가들을 지배할 수 있었다. 그러나 중국은 국력의 부침, 그리고 주변 민족과 국가들의 힘의 흥망성쇠에 따라, 즉 주변국들과의 힘의 관계에 따라, 수많은 전쟁을 치르며 살았다. 전쟁의 결과에 따라 중국은 나라를 완전히 빼앗긴 적도 있고, 위축되어 먼 곳으로 도망치기도 했다.

중국은 한때 몽골족의 지배를 받았고, 여진족이 세운 금나라의 부상으로 송나라는 먼 남쪽으로 도망가야 했다. 19세기 중반이후 서구 열강들의 침략으로 반식민지로 전락했던 중국은 20세기 초반 일본으로부터 심하게 유린당하기도 했다. 중국이 이웃 민족들로부터 얼마나 시달렸는가를 보여주는 역사적 사례다. 중국이 세계의 패권국이 되기 위해서는 우선 이웃나라들에 대해 완벽한 우위를 확립해야 하는데 그게 과연 쉬운 일일지는 두고 볼 일이다.

이 같은 역사가 더 이상 지속되지 않도록 하겠다는 것이 오늘날 중국 지도자들의 염원일 것이다. 중국이 세계의 패권국이 된다면 이 꿈은 이루어질 수 있을 것이다. 패권국은 그 자체 안보문제가 해결된 나라를 의미하기도 한다. 그러나 현실 국제정치학은 그런 일이 결코 쉬운 일이 아닐 것임을 이미 말해주고 있다. 우선 중국의 부상은 이웃나라들의 경계심을 극도로 고조시키고 있다. 매우 빠른 속도의 경제력 증강에 도취한 중국은 화평굴기, 도광양회 등 기만에 기초한 '국가 대전략'을 공표했지만 미국은 물론 중국의 이웃나라들이 이 같은 기만전술에 넘어갈지는 중국의 마음대로 될 일이 아니다.

2012년 11월 출간된 책에서 에드워드 럿왁Edward N. Luttwak 박사는 중국이 경제성장과 더불어 군사력 증강도 함께 도모하고 있다는 사실 때문에 반드시 미국을 비롯한 주변국들의 반대에 봉착하게 될 것이고, 결국 중국 제국의 꿈은 무산될 것이라고 예측하고 있다.[43] 럿왁 박사는 중국의 급속한 군사력 강화는 인도, 베트남, 일본의 경계를 한층 강화시키고 있다고 말하면서, 이 세 나라의 인구와 경제력을 합치면 중국을 능가할 정도라며 주의를 환기시키고 있다.

인도, 일본, 베트남은 전통적으로 중국과는 앙숙 혹은 적어도 라이벌 관계에 놓여 있던 나라들이다. 인도(11억 8,917만 2,906명), 일본(1억 2,647만 5,664명), 베트남(9,054만 9,390명)으로, 세 나라의 인구는 14억 619만 7,960명으로 중국 인구 13억 3,671만 8,015명보다 더 많으며, 이들 세 나라의 GDP는 일본 5조 4,590억 달러, 인도 1조 5,380억 달러, 베트남 1,036억 달러로서 중국의 GDP(5조 8,780억 달러)를 상회한다.[44] 이처럼 중국이 대국이기는 하지만 중국 주변에 중국과 필적할 수 있는 나라들이 한둘이 아니라는 게 문제다. 인도, 일본, 러시아는 그 자체로 중국과 맞먹을 수 있는 강대국들이며 오늘날의 한국, 베트남, 인도네시아 등도 중국이 마음대로 다룰 수 있는 국가가 아니다.

특히 중국 주변에 있는 거의 모든 나라들이 미국과 동맹국이거나 혹은 최근 미국과 관계를 적극적으로 개선, 전략적 동맹 관계를 형성하고 있다. 인도는 미국, 일본과 군사 동맹이라고 말해도 될 정도로 양호한 관계를 형성하고 있는 중이며[45] 미국과 30년 전쟁을 벌였던 베트남은 자국의 주요 항구를 미국 군함에 제공할 정도로 미국과의 관계 개선에 적극적으로 나서고 있다.[46]

애슈턴 카터Ashton Carter 미국 국방장관은 2015년 6월 5일 하노이를 방문, 풍쾅탄Phung Quang Thanh 베트남 국방장관과 양국의 국방 협력 관계를 대폭 강화하는 '국방관계 비전 합동 선언Joint Vision Statement on Defense Relations'에 합의했다. 미국과 베트남 관계가 정상화된 지 20년 만에 양국은 군사 협력 관계에 진입하기로 한 것이다. 미국은 이번 합의를 통해 베트남 해양경찰과의 합동작전은 물론 베트남에 대한 무기 지원 및 베트남군과의 합동훈련까지 가능하게 되었다.[47] 1970년대 처절했던 전쟁을 치른 두 나라가 지금 상상할 수 없는 군사협력을 이루고 있는 것이다. 베트남은 현재 자국의 주요 항구에 미국, 인도의 군함들이 정박할 수 있도록 협조하고 있으며, 미국 해군 탐사선은 다낭항에 입항, 탐사활동을 벌이기도 했다.[48]

존 케리 미국 국무장관도 미국과 베트남처럼 "과거 역사와 미래를 변화시키기 위해 열정적으로 노력하고 협력하는 나라들은 없다."[49]고 말할 정도로 두 나라는 동맹 수준의 나라가 되고 있다. 2015년 연말 결성된 미국 주도의 환태평양경제동반자협정(TPP)은 사실상 중국을 견제하기 위한 수단이기도 한데 베트남은 TPP를 통해 미국의 적극적인 경제 지원을 기대할 수 있게 되었다. 이 모든 것들은 물론 중국의 부상이 미국 및 베트남 두 나라 모두에게 '위협'으로 인식된 결과다.

미국은 앞서 논한 지전략적Geostrategic 유리점 때문에 아주 단순한 전략만으로도 세계를 제패할 수 있다. 미국의 대전략은 유럽 대륙과 아시아 대륙에서 지역 패권국이 출현하는 것을 저지하는 것이다.[50] 이를 점잖은 말로 표현한다면 "미국의 대전략은 아시아와 유럽 대륙에서 힘의 균형을 유지하는 것maintaining the balance of power in Europe and Asia"이라고 할 수 있다.

오늘날 미국은 일본과 러시아는 물론 베트남, 인도, 호주 등을 전략적 동맹으로 삼아 중국의 아시아 패권 추구를 결단코 저지하려 할 것이다. 〈이코노미스트〉지 편집장 출신인 에모트는 아시아는 라이벌들의 집합체이며, 이들이 하나로 뭉친다는 것은 거의 불가능한 일임을 지적하고, 아시아에서 하나의 패권국 출현을 저지하기 위해, 미국은 언제라도 아시아의 3대 강국 중 적어도 하나를 미국의 동맹으로 엮어 놓으면 족하다고 조언한다.[51] 2010년대 중엽인 지금 미국은 인도, 일본, 두 나라를 긴밀한 안보 및 전략 동맹으로 거느리고 있다고 표현해도 과언이 아닐 정도로 양호한 협력관계를 구축해 놓은 상태다.

■ 중국의 분열

중국이 고도 경제성장을 이룩하여, 궁극적으로 미국보다 앞설 수 있을 것이라고 주장하는 최상의 낙관론과는 정반대의 견해가 중국은 분열될지도 모른다는 주장이다. 중국분열론은 중국의 미래에 대한 비관론 중에서도 최악의 시나리오로, 이 문제는 경제적인 것이기보다는 정치적, 종교적, 인종적 문제다. 중국이 분열될지도 모른다는 주장들은 중국의 급속한 경제성장이 시작되기 오래전부터 존재해 왔다.[52] 이처럼 오래된 중국 분열론이 최근 다시 관심을 끌고 있는 이유는 중국의 분열적인 요인이 경제성장으로 인해 오히려 더욱 심화되고 있기 때문이다. 중국으로부터 분리를 원하던 지역들은 중국의 급속한 경제성장으로부터도 거의 덕을 보지 못하고 있다.

중국 역사 그 자체가 분열과 통합이 반복되는 역사였고,[53] 중국 역사에서 분열과 통합이 반복되는 근본적 이유는 중국사회에 항상 만연한 정치, 경제적인 불평등에서 오는 문제들이었다.

조지 프리드먼 박사는 중국 경제의 극심한 불균형적 발전이 중국의 붕괴를 가져올 수 있다고 경고한다. 프리드먼 박사가 제시하는 중국 경제의 불평등은 중국에 대한 일반 상식적인 견해를 완전히 붕괴시킬 정도다. 〈조선일보〉와의 인터뷰에서 프리드먼 박사는 이렇게 말했다.

> 중국은 "부상rise이 아닌 붕괴collapse를 생각해야 한다. 중국은 잘해왔지만 동시에 많은 문제를 안게 됐다. 핵심은 가난이다. 6억 명이 가구당 하루 3달러 미만의 벌이로 산다. 4억 4,000만 명은 6달러 미만으로 산다. 13억 명 중 10억 명 이상이 아프리카처럼 가난 속에서 살고 있는 것이다. 물론 6,000만 명의 다른 중국이 있다. 이들은 연간 2만 달러를 벌지만 이것은 중국인의 5% 미만이다. 진정한 중국이 아니다."[54]

연소득 1,000달러(약 115만 원) 이하가 6억 명, 연소득 2,000달러 이하가 4억 4,000만 명이라는 사실은 우리가 일반적으로 소개받고 있는 중국의 모습을 완전히 왜곡하는 현실이다. 프리드먼 박사의 언급은 거의 5년(2012년 당시)이 되어가는 것이지만 당시 중국 시민 중 한국의 중산층에 해당하는 2만 달러 이상 소득은 중국인 전체의 5% 미만이었던 셈이다.

중국정부는 극빈자가 많이 줄어들었다고 발표하지만 국제사회의 인정을 받고 있지는 못하고 있으며, 빈부 격차로 인한 불균형 상황

	2009년 세계은행(인구수/비율)	2014년 IMF
하루 1.25달러 미만	1억 57백만 명(11.8 %)	2억 명
2.00달러 미만	3억 62백만 명(27.2%)	4억 68백만 명
2.50달러 미만	4억 86백만 명(36.5%)	
4.00달러 미만	7억 72백만 명 (58.0%)	
5.00달러 미만	9억 2백만 명(67.8%)	

표 4-1 중국의 빈곤 관련 통계자료

은 더욱 악화되고 있다. 중국정부의 발표에 의하면 2013년 중국의 극빈자는 4000만 명이 감소되었다 한다. 그러나 2014년 기준 8,200만 명이 하루 1달러 미만으로 살고 있으며, UN이 정한 극빈층인 하루 1달러 25센트 미만으로 사는 중국인은 2억 명이 넘었다.[55] 국제통화기금의 자료에 의하면 2014년 기준 미화 하루 2달러 미만으로 사는 중국인은 4억 6,800만 명이었다.[56] 2009년 세계은행 자료는 하루 1달러 25센트 미만으로 사는 중국인이 1억 5700만 명이라고 발표했는데 2014년 10월 〈월스트리트 저널〉은 오히려 수 천만 명이 늘어난 2억 명이라고 발표했다.[57]

제럴드 시걸 교수는 경제적으로 훨씬 부유한 지역에서도 오히려 중국으로부터 탈퇴하고자 하는 기운이 나타나고 있다고 주장했다.[58] 광동성廣東省은 제일 먼저 개혁 개방을 실시했던 성으로 경제적으로 중국에서 가장 부유한 지역 중 하나이지만 광동성 주민들의 중국에 대한 충성심이 다른 성보다 결코 높지 않다. 광동성에서 사업하는 한국 기업가들은 중국이 분열한다면 광동성이 가장 먼저 독립할 것이라고 말하기도 한다.[59] 광동성은 중국의 남단에 위치한 성으로 예로부터 중앙정부의 권위가 직접적으로 전달되기 어려운 지역이었다. 비단 광동성뿐 아니다. 상대적으로 경제가 양호한 지역의 주민들도 중국이라는 국가가 하나의 통일성을 이룬 국가로 남아야 한다는 데 대한 강력한 인식을 가지고 있는 것은 아니다.[60]

■ 소수민족 문제: 위구르와 티베트

경제보다 더욱 심각한 분열 요인은 민족적인 것이다. 중국의 경제가 지속적으로 발전한다고 해도 티베트 사람들이 중국의 일부로 남겠다고 결정할 것 같지는 않으며 위구르족이 독립하려는 이유도 경제적인 것은 아니다. 위구르족이 중국의 지배 하에 남아있는 것이 독립하는 것보다 경제적으로 훨씬 풍요로운 삶을 보장하는 것이라 할지라도 위구르족이 독립을 선택하리라는 사실은 의문의 여지가 없다. 이처럼 중국 경제가 지속적으로 발전하는 상황에서조차 국가 분열의 요인들이 적지 않은데, 만약 경제발전이 둔화된다면 중국은 국가 분열의 심각한 위기에 처할 수 있다.

티베트인이나 위구르인에게 '중국인Chinese' 이라는 말은 문화적, 민족적으로 부적절한 용어다.[61] 티베트는 지난 2000년 동안 고유한 문명을 가진 독립 국가였으며 1950년 중국군에 의해 합병당한 후 중국의 행정구역으로 편입되었을 뿐이다. 티베트의 독립을 추구하는 인사들은 망명정부를 가지고 있으며 독립을 향한 열망은 점령 65년이 지난 지금도 식지 않고 있다. 중국정부는 티베트를 중국에 동화시키기 위해 문화를 말살시키고, 종교를 파괴하는 행동을 하고 있다. 중국에 점령당하기 전 6,000곳에 이르던 티베트 사원은 중국의 점령과 1960년대 말 문화혁명을 거치면서 파괴되어 지금은 단 8개만이 남아 있다. 중국정부는 2007년 5월 티베트의 모든 불교 유적지 유물들을 국가에 귀속시키겠다고 선언했다.[62] 티베트의 독립을 탄원하는 티베트 승려들의 분신자살은 지금도 계속되고 있다.

중국으로부터 독립하기를 원하는 또 다른 지역은 신장웨이우얼 자치구이다. 중국의 서북쪽 끝에 위치한 이 지역은 중국 이름으로는 신장성新疆省인데 신장이란 문자 그대로 '새로운 영토'라는 말이다. 신장성에 거주하는 위구르족들 역시 그들의 삶이 한족에 의해 지배당하고 있다고 생각하며 독립을 위한 끊임없는 투쟁을 전개하고 있다. 중국정부가 공식적으로 발표하기를 꺼리지만 위구르족의 폭탄 테러는 그 규모와 빈도에서 가히 세계 최고라고 할 수 있다. 현재 신장성은 인구가 800만에 불과하지만 자원의 보고로 중국 석유와 석탄의 30% 이상이 매장되어 있다고 알려져 있다. 위구르와 티베트는 인구가 각각 830만, 540만 정도로 중국 인구의 극히 일부에 불과하지만[63] 이들 두 지역의 넓이는 중국 전체 면적의 1/3에 이른다.

티베트는 중국 수자원水資源의 보고로 중국에 물을 공급하는 광대한 영토를 포괄하고 있다. 중국은 1950년 티베트를 무력 점령한 후 티베트 강역에 속하던 영토의 상당 부분을 칭하이성靑海省으로 편입하고 티베트 자치구의 면적은 대폭 축소했다. 중국은 상기 두 민족 외에도 총 55개에 이르는 소수민족을 포괄하고 있는데 중국정부는 이들의 거주 지역을 자치구 명목으로 보존하고 있지만 동시에 소수민족의 문화를 철저히 통제, 관리하고 있다.

■ 중국 경제성장의 한계: 버블 붕괴론

어떤 나라든 자본주의에 입각한 경제발전이 지속되는 동안 버블 현상이 발생할 가능성이 대단히 높다. 경제학적 의미에서 버블경제 혹은 거품경제는 실물경제의 경제성장 이상의 속도로 자산 가격이 상승하고 있는 상태이며, 지속 불가능한 합작이 만들어낸 경제 상황이다. 한편, 자산가격이 소비자의 구매력을 크게 웃돌 때, 혹은 시장의 자산 공급량이 소비자의 실수요를 크게 상회할 때, 자산 구매자 수가 판매자 수를 밑돌 때, 자산 가격은 하락하기 시작한다. 투자 금융 기관은 손실을 피하기 위해 일제히 자산을 매각하고, 그 경우 자산 가격이 급락한다. 이는 또 다시 자산 수요의 급감을 초래하고 결국 자산 디플레이션 상태에 빠져들게 된다. 이것이 버블 붕괴이다.[64]

버블 붕괴는 부실 채권 문제를 수반한다. 이것은 버블기에 급등한 자산 가치를 바탕으로 상환 불가능한 대출이 진행되기 때문이다. 버블 붕괴로 자산 가격이 하락하면, 남은 부채 상환의 대차대조표 조정은 투자의 침체를 초래한다. 이렇게 거품 경제가 실물경제에 좋은 영향을 준 것과는 거꾸로, 버블 붕괴는 실물경제에 큰 타격을 주게 된다. 1929년 미국발 대공황과 1990년대 일본의 잃어버린 10년, 2008년 세계 금융 위기 등이 그 전형이다. 이처럼 경제에 큰 충격을 가할 수 있는 버블 붕괴 현상이 중국에서도 금명간 발생할 수 있다는 경고가 여러 권위 있는 학자들에 의해 제시되고 있다.[65] 피치 레이팅스 사는 2015년 봄 중국이 거품 붕괴가 치명적일수도 있다고 경고했으며, 빈 아파트가 8,000만 채나 된다는 보도도 나오고 있다.[66] 버블 붕괴 현상은 양호하지 못한 경제를 궁극적으로 파탄시킬 수도 있는 무서운 것이다. 개인은 물론 국가도 붕괴의 위기에 당면할 수 있는 것이 버블 붕괴다. '잘 나가는 중국'이라는 장밋빛 미래 전망 속에서 최근 갑자기 큰 경고음을 울리고 있는 분야가

'중국 버블 붕괴론'이다.

중국이 미국을 앞지르는 강대국이 될 수는 없을 것이라는 견해가 있기는 했지만 중국의 경제 그 자체가 실패할 것이라는 견해는 거의 존재하지 않았다. 중국의 경제는 문제가 없을 것이지만, 그럼에도 불구하고 중국이 패권국이 되지 못한다면, 그것은 경제 외적인 이유 때문일 것이라고 생각하는 것이 보통이었다. 그런데 중국 버블 붕괴론은 이 같은 중국 경제 낙관론을 완벽하게 정면으로 부정하고 있다. 중국의 버블이 붕괴할 수도 있다는 비관론은 대중적인 논객들이 아니라 노벨상을 수상한 최고급 경제학자들이라는 사실 역시 중국 버블 붕괴론에 대한 관심을 불러일으킨다. 2011년 10월 31일 자 〈TIME〉지는 겉표지에 중국의 버블이 붕괴되는 모습을 크게 그려 넣으며 중국 버블 붕괴를 특집으로 다루었다.[67]

권위를 자랑하는 〈포린 어페어즈Foreign Affairs〉지와 같은 저명한 잡지들, 크루그만Paul Krugman, 루비니Daniel Roubini 같은 저명한 경제학자들도 중국 경제의 버블 붕괴에 관한 주장을 보다 과감하게 내놓고 있다.[68] 중국 경제를 비관적으로 보는 사람들이 제일 먼저 말하는 것이 '버블'이며, 이들을 버블주의자라고 부른다. 그렇다면 중국 경제의 버블은 어떤 것인가?

2011년 12월 18일자 〈포린 어페어즈〉 인터넷 홈페이지에는 '중국의 부동산 버블은 이미 터지고 있는지도 모른다China's Real Estate Bubble May Have Just Popped'라는 제목의 글이 게재되었다. 〈TIME〉지도 특집으로 중국 부동산 버블 붕괴를 다루었고, 2012년 7월 18일 서울을 방문, '중국 경제 잘나가고 있는가?'라는 주제의 세미나에 참석한 〈블룸버그〉 중국 경제 전문가인 앤디 셰謝國忠도 "중국 부동산 버블이 붕괴 직전"이라고 진단했다.[69] '중국 경제 잘 나가고 있는가?'라는 주제에 대해 부정적인 견해를 표시한 셰 박사는 "올 들어(2012년) 중국의 부동산 거래 금액이 작년 같은 기간에 비해 35% 이상 줄어들었다"며 "과거 지방 정부들은 토지를 팔아 도로 등 인프라 건설 자금을 마련했는데 토지 매매가 이뤄지지 않아 인프라 건설사업도 중단되고 있다"고 말했다. 부동산 거래

가 막히면서 돈이 돌지 않는 악순환이 벌어지고 있다는 것이다. 셰 박사는 "중국 석탄 철강의 가격이 지난해보다 20% 떨어졌고 하반기에 더 떨어질 것으로 보인다. 전력 생산량도 작년 수준에 멈춰 있고 예전에는 연 6%의 성장률을 보이던 철도 수송도 슬럼프를 보이고 있다"고 주장했다. 중국 경제가 가파르게 침체하고 있다는 것이다. 문제는 중국정부가 이 같은 경제위기를 타개해나갈 만한 능력이 없다는 점이다. 셰 박사는 중국 경제가 위기에서 벗어나기 위해서는 구조적인 개혁이 필요하지만 정치적 요인 때문에 쉽지 않다고 말했다. 셰 박사는 "중국은 불투명한 대국大國이다. 시장이 정부 관리의 손에 달려있는데 중국정부는 과거보다 효율성이 현저히 떨어지고 있다. 중국정부 관료들은 자신의 힘을 과시하기 위해 큰 호수와 긴 다리, 높은 빌딩 같은 눈에 보이는 업적을 남기는 데 치중하고 있다. 관리들이 가지고 있는 힘이 줄어들지 않으면 중국 경제는 점점 침체할 것이다"[70]라고 결론내리고 있다.

셰 박사의 주장은 루비니 교수가 이미 2년 전에 "중국 경제는

2013년 무렵에 확실히 붕괴될 것"이라고 예측했던 것과 아주 흡사한 것이다. 필자도 중국에서 사업을 하는 한국 기업가들로부터 여러 차례 중국 부동산 거품 붕괴 이야기를 들은 적이 있고 건설이 중단되어 흉물스럽게 서있는 대규모 아파트 단지현장을 실제로 보기도 했었다.

중국 청화대학 경영대학원 교수인 패트릭 쇼반스Patrick Chovance는 〈포린 어페어즈〉에 게재한 논문에서 이미 수년 전부터 중국의 부동산 버블붕괴가 경고되었는데 적어도 2011년 중반 정도까지는 그런 현상이 노골적으로 나타나지 않았다고 말했다. 그러나 2011년 9월 이후부터 상하이의 부동산 업자들이 호화 콘도의 분양가격을 거의 1/3씩 깎아주는 일이 발생했다. 그러자 전액을 다 주고 콘도를 구입한 사람들이 분양 사무실로 몰려들어 환불을 해달라는 소동을 벌였다. 일부 입주자들은 이성을 잃은 나머지 모델하우스의 유리창, 기물 파괴 등 난동을 부리기까지 했다. 그러나 이 같은 상황에 처한 사람들이 상하이의 콘도 입주자들뿐만이 아니다. 중국 전역에서 이같은 현상이 발생하고 있다. 2011년 11월 한 달 동안 베이징의 집 값이 35%나 하락했으며 이 같은 하락 현상은 한동안 더 계속될 것으로 전망되었다. 상하이와 북경의 경우 팔리지 않는 집의 숫자가 각각 21개월, 22개월 동안 건설업자들이 건축한 집의 총량에 맞먹을 정도가 되었다. 만약 중국에서 버블 붕괴가 일어난다면 중국 경제는 물론 세계경제에도 좋지 않은 영향을 미칠 것이다.

결국 중국의 정부 관리들이 경제성장률 제고에 급급한 나머지 건설업 등 사회 간접자본 건설에 전력투구한 결과가 결국 버블 붕괴로 나타나게 된 것이다. 건설 경기가 급속히 냉각되면서 관련 산업들도 모두 영향을 받지 않을 수 없게 되었다. 건설업의 기본이 되는 철강 생산량이 2011년 하반기 동안 약 15% 감소되었고 중국 철강 생산업자들의 1/3 정도가 적자를 보는 상황이 되었다. 땅이 팔리지 않게 되고 땅이 팔리지 않으니 지방정부의 세입이 줄어들게 되고, 세입이 없어지니 그동안 진 빚을 갚을 길이 없게 되었다. 그동안 사회간접자본 건설을 위해, 그리고 고도의 GDP 성장률을 유지하기 위해, 중국의 각 지방정부들은 막대한 액수의 돈을 빌려 썼다.

그동안 중국의 주택 건설에 투입된 돈은 중국 GDP의 거의 10%에 달하는 액수였다. 미국의 주택 버블이 터진 2005년 당시 미국의 주택 건설이 최고조에 이르렀을 때 주택 건설비가 GDP에서 차지하는 비중은 4% 정도였다. 중국의 주택 경기를 부양해 온 사람들은 실질적으로 주택을 필요로 하는 사람들이 아니었다. 중국 사람들 중에는 주택을 서너 채, 심지어 한번에 12채씩 사두는 이들도 있었는데, 이들은 자신이 구입한 집이 팔리지 않자 빈 채로 놔두고 있다. 이렇게 비어 있는 집의 숫자가 적게는 1,000만 채, 많게는 6,500만 채에 이른다고 하며, 그 실제 숫자는 누구도 모른다 하니[71] 버블 붕괴의 여파가 얼마나 심각할 것일지 예상할 수 있을 것이다. 이미 중국 도시 곳곳에 고스트 타운ghost town들이 보이기 시작한지 몇 년 이상이 흘렀다.

중국의 건설 붐은 한때 미국 도시들의 맨홀 뚜껑, 구리 전선까지 훔쳐다 파는 사람들이 생길 정도로 대단한 것이었다. 사실 중국 사람들은 돈이 있어도 부동산 이외의 다른 곳에 투자하기 어려운 상황이었다. 해외투자는 정부에 의해 금지되었고 은행에 저금을 해봐야 소비자 물가 상승률도 따라갈 수 없는 낮은 이자를 받을 뿐이었다. 중국인들은 주식 시장을 돈을 따기 어려운 카지노 수준으로 인식하고 있었지만 2015년 가을 시작된 중국 주식시장의 급격한 붕괴는 수많은 소액 투자자를 울리고 있다.

중국의 부동산 가격은 1990년 중국정부가 사유를 허락한 이후 단 한번도 하락한 적이 없다고 한다. 돈 있는 중국인들의 최적의 투자처가 부동산이었던 것이다. 중국이 2008년 미국발 금융위기에 대처하는 방식도 부동산 버블을 조장하는 것이었다. 중국은 세계 경기 불황에도 불구하고 거의 10%대의 경제성장률을 지속시키기 위해 엄청난 자금을 풀었다. 중국사회에 기존의 화폐 유통액의 거의 2/3에 해당하는 돈이 불어난 것이다. 이미 중국 사람들이 부동산을 가장 선호하는 투자처로 삼고 있었던 상황에서, 돈이 풀리자 집값도 덩달아 올랐다. 일부 지역에서는 단 2년 사이에 집값이 두 배로 뛰어오른 곳도 있었다. 2008년 금융위기 이후 중국 당국의 조치는 마치 불이 난 곳에 기름을 가져다 부은 꼴이었다. 이런 상황에서 실제로 집이 필요한 사람은 도저히 집을 구할 수 없는 상황이 발생했다. 2011년 봄, 북경에서 살고 있는 보통 월급쟁이가 일반적인 집을 한 채 마련하기 위해서는 36년 치 월급을 한 푼도 쓰지 않고 모아야 했다.[72] 집값이 비싸기로 유명한 싱가포르 혹은 뉴욕의 경우 각각 18년, 12년이면 된다. 그러나 중국의 부동산 개발 업자들은 이익률이 좋은 호화 주택을 마구 지어대고 있었던 것이다. 중국의 지도자들은 2010년 봄 이래 이처럼 집값이 천정부지로 오르는 것이 사회 불안정의 요인이 될지도 모른다고 생각하기 시작했다. 결국 중국정부는 부동산 시장에 규제를 가하기 시작했다. 주택 구입 시 보증금 액수를 상향 조정했고, 주택 담보금에 엄격한 룰을 적용시켰으며, 실제로 살 사람에게만 집을 팔거나 혹은 한 가족이 구매할 수 있는 집의 숫자를 제한하는 등의 조치를 취했다.

그러나 부동산 개발업자들은 정부의 이 같은 조치가 이미 과거에

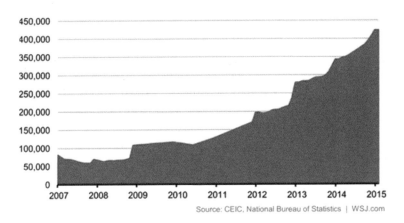

China's inventory of unsold housing continues to swell, in thousands of square meters.

Source: CEIC, National Bureau of Statistics | WSJ.com

그림 4-2 **중국의 미판매 주택 재고**

도 그런 적이 있었던 것처럼 불과 수개월이 지나면 흐지부지해질 것이라고 믿고 있었다. 중국의 경우 토지는 국가 소유이기 때문에 부동산 개발업자들에게 땅을 팔아서 세수稅收를 충당한다. 그러기 위해서는 부동산 시장이 활성화 되어야 한다. 지방정부는 오랫동안 이 같은 방식으로 세수를 충당해 왔으며 부동산 개발은 오랫동안 중국의 고도 경제성장의 견인차였다. 부동산 개발업자들은 바로 이 같은 이유 때문에 정부가 더 이상 부동산 규제 정책을 지속할 수 없을 것이라고 믿고 있다. 부동산 개발업자들은 정부의 부동산 과열 억제정책에 반하는 행동을 강행했다. 시장의 형편에 관계없이 돈을 빌려 집을 짓는 일을 계속했던 것이다. 적어도 2010년 봄 이전까지 개발업자들은 자신들이 지은 집을 파는 데 문제가 없었다. 집을 완성하기도 전에 팔리는 것이 상례였다. 그러나 2010년 늦은 봄 이후 상황이 달라지기 시작했다. 팔리지 않는 집이 쌓이기 시작했다. 그럼에도 불구하고 정부가 돈을 다시 빌려줄 것이며 다시 집들이 팔리기 시작할 것이라고 믿고 있었다. 집들이 계속 지어지고 있는 한 중국 GDP에 부정적인 영향은 없다. 중국의 부동산에 대한 투자는 매년 30% 정도씩 성장해왔다. 그러나 인플레가 시작되었다. 2010년 1월 1.5%였던 것이 2011년 7월에는 6.5%에 이르게 되었다. 중국의 당국자들은 과열된 시장을 냉각하는 조치를 강화하지 않을 수 없는 상황이 되었다. 중국의 중앙은행은 신용 대출credit expansion을 강하게 제약했다. 당연히 중국의 경제성장률은 저하되기 시작했다. 2011년 내내 부동산 개발업자들은 자신들의 과도한 부동산을 유지하기 위해 새로운 자금줄을 찾았다. 우선 은행으로부터 돈을 빌리려 했다. 그러다가 홍콩 채권을 발행했고, 마지막으로 개인 사체업자들에게 의존하려 했다. 마지막으로 그들이 의존하려 한 곳은 고리대금업자loan sharks들이었다. 2011년 여름, 중국의 개발업자들은 더 이상의 선택지가 없는 상황이 되었다. 결국 자신들이 보유하고 있는 부동산을 팔아서 청산하는 방법만이 남았다. 그들은 자신들이 지은 집을 30, 40, 50%씩 깎아주지 않을 수 없게 되었다. 여기서 제기되지 않은 문제는 여러 채의 집을 사 놓고, 그 빈 집들을 가지고 있는 투자자들이다. 이들도 집값을 대폭 하향 조정해서 내놓지 않을 수 없을 것이며, 그 경우 중국의 주택 시장은 붕괴되지 않을 수 없을 것이다.[73]

중국이 '버블 붕괴'라는 경제적 난국을 어떻게 헤쳐 나갈지는 두고 볼 일이지만 중국의 경제가 순항할 것이며 궁극적으로 미국의 경제력마저 앞서는 세계 제일의 경제 대국이 되리라는 낙관론적 전망은 그 근거가 충분하지 않은 가설임을 말해주는 결정적 근거가 될 것이다. 일본 경제도 결국 거품 때문에 몰락하고 말았다.

폴 크루그만도 역시 중국의 경제가 향후 지속적으로 발전하기 어려울 것이라고 전망했다. 그 이유로 중국이 그동안 유지하고 있던 "고도 경제성장은 대부분이 건설 붐에 의존하는 것이었는데, 지금 부동산 거품이 터지고 있으며, 재정 경제적 위기가 초래될지 모른다."는 점을 지적했다. 중국의 상황을 1980년대의 일본 혹은 2007년의 미국과 유사한 상황이라고 비유하는 크루그만은 "사실 중국에서 어떤 일이 일어나는지 잘 알 수 없다…. 중국이 발표하는 통계 수치들은 어느 나라보다도 더 허구적이기 때문이다"라고 말했다.[74]

2010년대 초반 예측되었던 부동산 버블들은 2015년 더욱 악화된 상태로 진전되었다. 미국의 CNN 방송은 세계적으로 돈을 절약하고 모아두는 중국 사람들이 모아둔 돈을 "부동산에도 그리고 주식에도 투자할 수 없게 된" 딱한 상황을 호소할 곳도 없게 되었다는 보도하고 있다.[75] 부동산이 신통치 않게 되자 돈이 주식 시장으로 몰렸고 그 결과 주식시장에 붐이 일어났다. 그러나 얼마 지나지 않아 부동산과 주식 두 가지 모두에 버블이 낀 상황이 초래되고 말았다. 2015년 여름 상하이 주식시장 규모는 1년 전에 비해 무려 150%라는 놀라울 정도로 규모가 비대해져 있었다. 선전深圳의 경우는 더욱 심각했다. 그러다가 마치 밑둥이 빠져버리는 것 같은 현상이 발생했다. 주식 가격이 사정없이 하락하기 시작한 것이다.

중국의 정치가들이 탁월하기 때문에, 그리고 독재체제의 속성상 이 문제를 잘 해결해 나갈 것이라는 주장도 있지만, 크루그만은 결국 중국의 경제가 부동산 거품 붕괴의 충격에서 벗어나기 어려울 것이라고 전망했다. 크루그만을 포함하여 중국의 미래에 대해 비관적 견해를 제시했던 사람들의 주장은 2016년인 현재 '현실화'되고 있다. 수년 전과는 달리 2015년 이후의 분위기는 중국의 고도성장이 더 이상 지속될 수 없을 것이라는 것이 압도적 다수설이다. 중국의 미래에 대해 상당히 낙관적인 전망을 해오던 한국의 방송조차 중국 경제가 경착륙할 것이냐 연착륙할 것이냐를 놓고 토론을 했을 정도다.[76]

중국의 경제성장률이 그토록 오래 고공행진을 할 수는 없으며 중국정부가 발표한 각종 경제 수치들도 믿을 것이 못 된다는 주장들이 입증되고 있다. 중국계 미국학자 헝호펑Hung Ho-fung 교수는 2015년 10월 20일 출간된 자신의 저서에서 그동안 중국의 경제발전에 관한 논의에 4가지 잘못된 오해misconception가 깔려 있었다고 말한다. 잘못된 오해란, 첫째, 중국의 경제발전 방식이 자본주의 발전의 정통적orthodox 방식을 대체할 수 있으며, 둘째, 중국의 발전이 아시아와 서구의 권력관계를 변화시킬 수 있고. 셋째, 중국이 미국을 대체할 패권국이 될 수 있으며, 마지막으로 2008년 미국의 경제위기 이후 중국이 세계 경제를 회복하는 견인차가 될 것이다라는 것이다.[77] 이 같은 오해 덕택에 중국이 그동안 대단한 나라로 인식되었다고 말한다.

2015년이 시작될 무렵 중국 경제의 몰락과 함께 국제정치 경제의 큰 이슈가 되었던 주제는 미국경제의 부활이었다. 2015년 1월 20일 연두 연설에서 오바마 대통령은 미국 경제가 완전히 회복의 길로 들어섰다고 선언했으며[78] 한국의 한 신문은 2015년 초 특집 제목을 "주저앉는 中 · 日 · 유럽… 美 나 홀로 회복"이라고 부칠 정도였다.[79] 중국의 비관적 미래는 2016년 초반인 현재, 적어도 식자들 사이에서는 완전한 다수설로 자리 잡고 있다.

■ 중국 비관론의 결정판: 인구통계학

중국의 미래를 비관적으로 보는 견해 중에 가장 과학적이고 설득력이 있으며, 타당한 것으로 판명될 확률이 가장 높은 것은 중국의 인구통계에 의거한 미래 분석이다. 미국의 유명한 북한문제 전문가 중에 니콜라스 에버슈타트Nicholas Eberstadt라는 학자가 있다. 인구통계학demography을 전공한 에버슈타트 박사는 북한의 인구에 대해 연구하던 중, 100만 명 정도가 행방을 알 수 없다는 사실을 발견하고 이 숫자가 혹시 북한의 군인 숫자일지 모른다고 추정했다. 북한 군사력을 이보다 훨씬 적게 추정하던 당시 에버슈타트 박사의 북한 군사력이 100만 이상이라는 추정은 놀라운 일이었다. 에버슈타트 박사의 추정은 차후 현실로 판명되었고 그는 북한연구에 있어서도 이름을 날리는 학자가 되었다.

에버슈타트 박사는 중국의 인구통계에 관한 아주 의미 있는 논문을 '중국은 (지속적으로) 부상할 것인가Will China (continue to) Rise?'라는 제목으로 발표했다.[80]

에버슈타트의 중국 인구통계학

국가의 흥망성쇠를 분석하기 위해서 대부분의 학자들은 경제력, 군사력을 중심으로 설명하는데 사실 경제력, 군사력의 가장 중요한 원천이 되는 것은 그 나라의 인구 상황이다. 양질의 인구를 보유하지 못한 국가는 결코 막강한 국가가 될 수 없다. 인구가 너무 많아도 문제, 너무 적어도 문제다. 최근 한국이 세계 7번째로 20 - 50 클럽, 즉 일인당 국민소득 2만 달러 이상, 총 인구 5,000만 명 이상의 국가에 올라섰다는 소식이 있었다.[81] 인구가 적당히 많고, 국민소득이 높은 나라, 즉 중견 강대국을 지칭하는 것이 20 - 50클럽이다. 호주, 캐나다 등은 국민소득이 2만 달러를 상회하고 영토도 대단히 넓은 나라이지만 그 나라들의 인구가 가까운 장래에 5,000만이 될 가능성은 거의 없다. 땅은 광대하지만 인구가 희박한 나라들이다. 룩셈부르크나 싱가포르는 국민소득은 각각 10만 달러, 5만 달러 수준의 정말 잘 사는 나라지만, 인구는 대한민국의 큰 도시에도 미치지 못하는 수준이다.

중국의 경우 2013년 개인소득이 6,000달러대였는데 만약 중국의 개인 소득이 2만 달러가 된다면 그때 중국의 GDP는 27조 달러가 될 것이며 현재 미국의 두 배가 되는 엄청난 규모가 될 것이다. 필자는 언제 그것이 가능할지 도무지 미지수라고 생각한다. 어느 나라가 향후 수십 년 동안 경제가 지속적으로 발전할 것인가 혹은 쇠퇴할 것인가, 군사력은 막강해질 것인가, 그렇지 못할 것인가를 예측한다는 것은 대단히 어려운 일이며 정확한 분석은 사실상 불가능한 일이다.

그러나 인구통계학적 국력분석은 정확한 예측이 가능하다는 점에서 정치, 경제, 군사적 분석에 근거한 미래 예측보다 훨씬 더 정확한 미래를 그려볼 수 있게 해준다. 인구의 패턴을 분석한다는 것은 상대적으로 쉬운 일이며, 정확한 예측도 가능하다. 에버슈타트 박사는 '중국은 (지속적으로) 부상할 것인가?'라는 논문에서 중국은 이미 '치명적인 체제위기lethal systemic crisis'에 빠져들어 갔다고 진단하고 있는데 그 가장 중요한 원인을 향후 중국의 인구 패턴에서 찾고 있다.

2009년 중국의 출산율은 1.7(즉 중국 여성 한 명이 평생 동안 출산하는 아동의 평균 숫자)인데 이처럼 적은 숫자는 중국 인구가 앞으로 지속적으로 감소하게 될 것임을 의미한다. 이 같은 저출산이 지속될 경우, 중국의 각 세대의 인구는 그 앞의 세대보다 약 20%씩 적어지게 될 것이다. 1980년 당시 중국인들의 연령 중앙가中央價[82]는 22세였는데 2005년 중국인들의 연령 중앙가는 32세, 현재와 같은 추세가 지속될 경우 2030년 중국인 연령 중앙가는 41세가 된다. 즉 2030년 중국 인구의 절반은 42세 이상, 나머지 절반이 40세 이하가 될 것이라는 의미다.

중국의 인구 고령화를 마치 쓰나미와 같은 충격이 될 것이라고 비유하는 에버슈타트 박사는 1980년 당시 중국에는 65세 이상의 노인 1명당 일을 하는 국민이 12명이 있었지만 2009년에는 1:9 그리고 2030년에는 1:4로 그 비율이 변하게 될 것이라고 전망한다. 즉 노인을 부양할 수 있는 인구의 숫자가 급격히 줄어들고 있다는 의미이다. 2030년에 이르면 중국 인구 중 65세 이상인 사람들이 2억 4,000만에 이르리라 추정된다. 15세부터 64세에 속하는 노동 가능 인력의 평균 연령도 지속적으로 높아지고 있는데 현재는 36세, 2030년에는 42세로 추정된다.

물론 인구 노령화 현상은 중국에만 고유한 것은 아니다. 많은 선진국들이 이 같은 과정을 겪고 있으며 일본의 경우 이미 노령화 시대의 국가라고 말할 수 있는 상황이다. 일본경제가 극도로 침체한 원인 중 가장 중요한 것이 바로 인구의 노령화 현상이라고 말해도 될 정도로 노령화 문제는 심각하다. 이미 2005년 당시 일본 인구 중 65세 이상 비율은 20.6%로 세계 최고 수준이었다. 중국이 경제력에서 일본을 앞섰다고 하지만 보다 자세한 내막을 보면 아직은 젊은 13억 4,000만 중국 인구가 늙은 1억 2,000만 일본 인구의 총소득을 앞선 것일 뿐이다. 중국이 일본 수준으로 노령화되는 것도 시간문제이다.

에버슈타트 박사는 2025년 흑룡강성 같은 지역은 인구 중 65세 이상의 비율이 21%가 될 것이라고 예측하며 현재 세계 최고 연령 중앙가가 일본의 43.2세인데, 2025년의 중국 31개 성 중 9곳이 현재 일본보다 오히려 연령 중앙가 평균이 더 높은 사회가 될 것이라고 예측한다. 앞으로 10년 정도 이후 중국 역시 일본이 현재 당하고 있는 인구노령화에서 연유하는 경제 침체 상황에 당면할 가능성은 거의 확실해 보인다. 2015년말 중국정부는 가정당 2자녀를 허용하겠다고 발표했지만 이미 시기를 놓쳤다는 게 정설이다.

에버슈타트 박사는 중국의 노령화는 일본이나 다른 선진국들과 비교할 때 한 가지 가장 중요한 측면에서 결정적으로 불리하다고

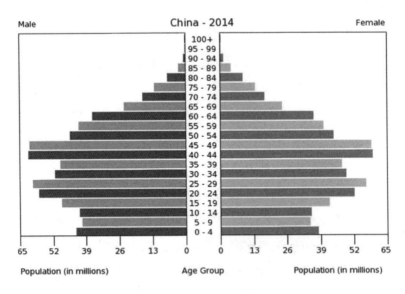

그림 4-3 **중국의 연령별 인구분포도 (2014)**

평가한다. 일본 등 선진국은 국가가 노령화되기 이전에 부자가 된 나라들이다. 65세 일본의 노인들은 보유한 평균 자산이 1인당 약 45만 달러에 이른다. 즉 일본의 노인들은 일인당 한국 돈 기준 최소 5억 원 이상의 자산을 보유하고 있다. 그런 일본도 정부 지출 중에 노인을 위한 비중이 너무 높아 허덕이고 있는 상황이다. 중국의 경우는 국민들이 부자가 되기 이전인데도 노령화가 빠르게 진행되고 있다는 사실이 문제다. 특히 중국 중에서도 경제가 낙후된 지역에서 노령화가 제일 빠르게 진행되고 있다는 것은 거의 재앙 수준의 문제다. 노령화가 급속히 진행되는 요녕성, 길림성 등은 연평균 소득이 겨우 1,000달러 정도(2001년 기준)에 불과했다. 이에 비해 미국, 일본, 유럽 등 선진국의 노인들은 이미 돈을 많이 벌어둔 사람들이라고 할 수 있다.[83]

반면 중국에는 가난한 채로 노령기를 맞이할 사람이 너무나도 많다. 이들의 노후를 누가 책임져줄 것인가? 에버슈타트 박사의 연구에 의하면, 1990년대 초반 회갑을 맞은 중국인들은 평균 5명의 자식을 두고 있었지만 2025년 회갑을 맞이할 중국인들의 평균 자식수는 2명에도 못 미친다. 1990년대 초반 회갑을 맞은 중국의 60대 여인 중, 아들을 낳지 못한 사람은 7%였지만, 현재 60세인 중국 여인 중, 아들이 없는 사람은 10%이며, 2025년 60세가 될 중국 여인들 중, 아들이 없는 사람은 30% 이상에 이를 것이다. 아들의 비율이 중요한 이유는 중국적 가족제도에서 아들이란 부모를 부양하는 공식적인 제도와 마찬가지이기 때문이다. 중국의 노년층을 부양해주었던 중요한 가족제도의 붕괴가 눈앞에서 진행되고 있는 것이다. 에버슈타트 박사는 이를 중국사회에서 이미 '서서히 진행되고 있는 인간적인 비극'이라고 묘사했다.

중국의 인구통계가 말해주는 또 다른 비극 혹은 재앙은 여자와 남자의 인구 비율에 관한 것이다. 인구 학자들은 남자와 여자의 비율이 107:100 이상이면 심각한 상황이라고 본다. 그러나 중국의 공식적 인구조사에 의하면 1982년생의 경우 남녀 비율이 108.5:100 이었다. 1990년의 경우 111:100, 1995년의 약식 조사에 의하면 115:100 이상이었다. 2000년 11월 조사 자료에 의하면 그해 남녀 출생 비율은 120:100 이었다. 이 같이 믿기 어려운 숫자가 사실이라면 중국은 앞으로 재앙 수준의 폭동 상태에 도달할 가능성도 배제할 수 없다. 보다 정확한 자료라고 볼 수 있는 2000년도 인구조사 당시 7세인 중국인의 남녀 비율이 117:100이었고, 2005년 당시 4세 이하 중국 어린이들의 성비는 여자 100명당 남자 123명이었다. 너무나 황당한 수치에 놀라 자료의 신빙성에 의심을 품었던 에버슈타트 박사는 이 같이 도저히 믿기지 않는 성비 불평등 비율이 사실이라고 평가한다. 앞으로 중국 남자들 중 거의 1/4은 여자가 없어서 결혼을 못할 것이다. 그래서 많은 중국 젊은 남성들이 단지 결혼을 하기 위해서라도 돈을 벌어야 한다는 절박한 처지로 몰리고 있다.

노령화의 급속한 진전과 '자녀 하나만 낳기'라는 인구억제정책의 결과 남녀 성비 불평등이라는 괴물을 만든 중국이 경제발전을 지속하고, 안정된 사회를 건설하고, 세계의 패권국으로 성장할 수 있을까? 에버슈타트의 인구통계학 분석이 제시하는 한 가지 측면만으로도 중국이 미국을 앞질러 세계 패권국이 된다는 것은 불가능한 이야기다.[84]

중국과 달리 이민정책이 완전 개방적인 미국은 인구통계학적 측면에서 중국은 물론 다른 모든 경쟁국들에 비해 훨씬 유리한 고지를 점하고 있다. 중국은 외국인이 중국에서 오래 살아도 그리고 돈을 잘 벌어도 시민권은 물론 영주권도 발급해 주지 않는 나라다. 반면 세계 각국으로부터 이민을 받아들이는 미국은 2050년, 인구 중앙가가 36세 정도의 젊은 나라로 남아 있을 것으로 기대되고 있다.

중국 경제가 부상하는 데 실패한다면?

이상에서 중국의 미래에 대한 비관적인 견해들을 소개했다.[85] 만약 중국의 경제가 지난 30년처럼 10%의 성장을 하지 못한다면, 중국이 2020년 혹은 2030년 미국의 경제력을 앞서는 일은 발생하지 않을 것이다. 이미 중국의 경제성장은 2015년을 기점으로 7% 미만으로 내려가고 있으며 이 수치가 정확한지에 대해 의심하는 학자들이 절대다수다. 중국정부가 공식 발표한 '2015년 중국 경제성장률은 7%'라는 사실을 곧이곧대로 믿는 미국 학자들은 거의 없다. 중국정부가 7%라고 발표한 직후 미국 〈월스트리트 저널〉은 미국 경제학자 64명에게 중국정부의 발표를 신뢰하느냐 물었다. 놀랍게도 단 1명도 그 사실을 믿는다고 대답하지 않았다.[86]

중국의 경제성장이 둔화되고 중국이 침체하게 된다면 미국과 중국 사이에 패권 경쟁은 야기되지 않을 것이다. 물론 중국의 경제 침체는 미국에도 별 이득이 되지 못할 것이다. 그럼에도 불구하고 중국의 성장률 저하는 미국으로 하여금 중국의 성장에 전략적으로 대응할 필요를 느끼게 하지 않을 것이다. 1980년대 후반 일본의 부상을 경계했던 미국은 일본 경제가 침체되기 시작한 후 일본을 경계할 필요가 없어졌다. 일본의 성장이 저하되자 미국은 중국에 초점을 맞추기 시작했듯이 중국의 성장이 저하되는 경우 미국은 다른 곳으로 눈을 돌리던지 혹은 고립주의의 길을 택할 것이다.

현재 수준에서 미국과 중국은 우리나라 사람들이 쉽게 말하듯 G2 관계라고 보기 힘들다. 중국은 아직은 미국의 맞수가 되지 못한다. 미국이 우려하는 것은 중국의 현재 국력이 아니라 앞으로 경제 발전이 지속될 경우 나타날 지도 모를 강한 중국이며 이에 대처하고자 하는 것이다. 2011년 가을 서울을 방문, 국립외교원에서 간담회를 개최했던 때 미어셰이머 교수는 필자가 질문한 "미국이 보기에 현재 중국은 무엇이냐?"는 질문에 대해 "Basically a Paper Tiger(종이호랑이)"라고 대답했다. 그러나 미국이 중국과 경쟁을 하지 못하는 상태가 된다는 것이 대한민국의 경제 및 국가안보를 위해 반드시 좋은 측면만 있는 것은 아니다. 미어셰이머 교수는 중국의 성장이 지금 수준에서 둔화되거나 멈출 경우 미국은 한국을 더 이상 전략적으로 중요하게 생각하지 않을 것이며, 한국에서 손을 뗄 수도 있다고 분석한 바 있다.[87]

만약 그 같은 상황이 온다면 우리는 우리 스스로의 능력으로 중국과 맞서야 하는데, 미어셰이머 교수는 그때 한국은 핵무장을 심각하게 고려할 수 있을 것이라고 말한다. 중국의 국력이 계속 증대되어 미국과 패권 경쟁을 벌이는 것도 우리에게는 어려운 일이고, 그렇지 않을 경우도 간단하지 않은 것이 한국이 앞으로 당면해야 할 21세기 국제정치 환경인 것이다.

■ 미중 관계의 미래에 대한 평가

앞에서 설명한 바처럼 미중 관계의 미래에 대해서는 가능한 모든 가설이 이미 다 제시되어 있다. 중국이 미국을 앞설 것이라고 보는 사람들은 대체로 중국의 과거 30년 동안 나타난 현상을 미래 30년에 그대로 대입하고자 한다. 반대로 중국의 미래를 비관적으로 보는 사람들은 곧 중국 경제의 버블이 터질 것이라고 보고 중국이 미국을 앞설 수 없을 것이라고 주장한다. 드레즈너 교수는 중국의 미래에 과거를 대입하는 사람들은 '대입주의자extrapolationist'라고 표현한다. 반대로 중국의 경제 버블이 터질 것이라는 사람들을 '거품론자bubbler'라고 지칭했다.

중국의 경제발전이 2012년 이후처럼 둔화된다면, 중국이 미국과 맞서는 강대국이 되기는 힘들 것이다. 그러나 중국의 경제가 지속적으로 발전하게 되고 중국의 군사력도 이에 걸맞게 성장하게 되는 경우, 미중 관계는 필히 심각한 패권 경쟁 관계가 될 것이다. 물론 중국이 지속적으로 성장하더라도 미국과 중국이 사이좋게 지낼 것이라고 보는 사람들이 있다. 중국이 성장한 후에 미국과 필히 갈등을 벌이게 될 것이라고 주장하는 사람들을 Dragons(용들)이라고 칭하고 중국이 평화적으로 성장할 것이라고 부르는 사람을 중국의 점잖은 동물인 팬다를 상징하여 Pandas 혹은 Panda Huggers(팬다와 껴안는 사람들)라고 부르기도 한다.

과연 중국은 미국을 앞설 것인가, 그렇지 못할 것인가? 그리고 힘이 막강해진 중국은 미국과 심각한 패권 경쟁을 벌일 것인가 혹은 중국의 국력 성장은 평화적으로 이루어질 것인가? 필자는 공격적 현실주의 이론가로서, 중국의 경제성장이 지속될 경우, 중국과 미국은 당연히 심각한 경쟁을 할 것이라고 예상한다. 중국과 미국이 심각한 경쟁을 벌이지 않는 상황이 온다면 그런 상황은 대한민국을 위해서 아주 좋은 상황이라고 말할 수 있을 것이다. 그러나 미국과 중국이 패권 경쟁을 벌일 경우 우리는 상당히 어려운 전략적 선택을 하지 않을 수 없는 상황에 직면할 것이다.

이처럼 비관적인 상황에 대처하는 것이 전략연구이며, 본 연구가 지향하는 바다. 탁자 위의 잔에 들어 있는 물을 마실 경우 죽을 확률이 1%라 한다면 우리들 중에 아무리 목이 말라도 그 물을 마시는 사람은 없을 것이다. 국가안보에 관한 연구도 마찬가지다. 우리에게 불리한 상황이 전개될 가능성이 단 1%에 불과한 경우라도 우리는 이를 결코 가벼이 지나칠 수 없는 일인 것이다.

필자는 중국이 경제적으로 고도성장을 지속할 가능성이 없다고 판단한다. 그래서 미국과 중국 사이에 역사상 나타난 패권 전쟁 수준의 갈등이 있을 것이라고 보지는 않는다. 그러나 중국이 미국과 맞먹는 강대국으로 성장하는 데 실패하는 것이 곧 동북아의 평화를 의미하는 것이라고 생각할 수는 없다. 중국은 독재국가로서 고도성장이 멈출 경우 끓어오르는 국내적 불만 요인을 밖으로 분출시킬 가능성이 대단히 높을 것이다. 세계적 차원의 패권 경쟁은 아닐지라도 동북아시아 지역에서 미중 간 갈등과 긴장의 가능성은 중국의 지속성장 여부와 관계없이 존재할 것이다. 특히 중국의 고도성장이 멈춘 직후 여러 해 동안 중국정부는 성장의 정체로 인한 내부의 불만을 돌리기 위해, 열심히 외부의 적을 찾을 것이다. 이 같은 점에서 대략 향후 5~10년, 동북아시아 지역에서의 미중 갈등 관계는 지속될 것이며, 대한민국의 안보 역시 이에 따라 요동칠 것이다. 적어도 대한민국은 그럴지도 모를 상황에 대비해야 한다.

05

미국과 중국의 국력 변동

필자는 국제정치학의 궁극적 목적이 국력을 정확하게 계산하는 것이라고 생각한다. 국가들이 자신과 상대방의 국력을 정확하게 계산할 수 있다면 상당수 전쟁은 회피될 수 있고 평화가 유지될 수 있을 것이기 때문이다. 블레이니 교수는 전쟁은 "국력의 측정에서 논란이 생겼을 때dispute in the measurement of power" 자주 발생한다고 보았다.[1] 즉 누가 힘이 더 센지 불분명 할 때, 그런데 평화적 수단만으로는 문제 해결이 힘들다고 생각할 때, 전쟁이 발생했다는 것이다. 자신이 분명히 진다는 것을 아는 편, 즉 자신이 약하다는 사실을 정확히 측정한 국가는 감히 전쟁을 도모하지 않을 것이다.

이처럼 미국과 중국의 국력에 대한 정확한 자료가 있을 경우 우리는 미국과 중국 국제 관계의 미래에 대해 정확한 분석을 행할 수 있을 것이다. 손자는 나를 알고 적을 알면 백 번 싸워도 위태롭지 않다고 말했다. 그래서 오늘날에도 모든 나라들은 상대방의 능력과 의도에 대한 정확한 정보를 얻기 위해 온갖 노력을 기울이고 있다. 언제라도 상대방의 정확한 실력을 안다는 것은 전쟁과 평화를 결정하는 데 있어 진정 중요한 일이 아닐 수 없다.

그러나 중국의 경우 과연 중국정부가 발표하는 통계자료를 그대로 믿을 수 있는가에 대해 의문을 제기하는 사람들이 적지 않다. 과장되고 형편없이 틀리는, 도무지 말이 되지 않는 자료도 중국을 연구할 때 흔히 마주하게 된다. 국력을 측정하기 위한 가장 중요한 두 가지 요소인 경제력과 군사력 자료가 정확하지 않다는 사실은 중국의 국력을 연구하는 데 있어 최대의 장애 요인이 아닐 수 없다.

특히 중국이 발표하는 군사비 자료는 거의 매년 미국 정부가 다시 수정해서 발표하는데 그 차이가 너무 커서 어느 것이 진실일지 도무지 판가름하기 어렵다. 2001년 중국정부는 중국의 국방비는

174억 8,000만 달러라고 발표했다. 미국의 국방정보국Defense Intelligence Agency은 같은 해 중국의 국방비를 최하 470억 달러, 최대 670억 달러라고 추정했다. 즉 미국 정부는 2001년 중국이 공식 발표한 국방비에 최저 2.7배, 최대 3.8배 정도를 곱해야 실제 국방비를 얻을 수 있다고 판단한 것이다. 2005년의 경우 중국정부가 발표한 국방비는 302억 7,000만 달러였는데 미국 DIA가 추정한 중국 국방비는 최소 660억, 최대 940억 달러였다.[2]

중국이 발표한 공식 자료를 그대로 믿는다면 중국은 2000년대 대부분 기간 동안 일본 국방비의 2/3 밖에 안 되는 적은 액수의 국방비를 쓴, 그래서 별로 우려하지 않아도 될 나라다. 그러나 미국 정부가 고쳐서 발표한 중국 국방비 자료가 맞는 것이라면 중국은 미국의 패권에 도전하기 위해 군사적 준비를 착착 진행하고 있는, 대단히 우려스러운 나라로 보아야 한다. 이 같은 자료의 신빙성 문제는 오늘날에도 별로 나아지지 않았다. 예로서 2012년 3월 4일 중국정부 당국은 2012년의 국방비를 앞선 해보다 11.2% 증액된 1,060억 달러라고 발표했다. 그러나 미국 정부는 중국의 공식 발표 자료가 투명성을 결여하고 있다고 보았다. 미국 국방부는 중국의 환율 및 물가들을 고려해서 중국 국방비를 다시 계산, 2012년 중국의 국방비 지출 총액은 대략 1,200억~1,800억 달러가 될 것이라고 추정했다.[3] 2012년은 중국정부가 자국 국방비가 1,000억 달러가 넘음을 인정한 첫 번째 해였다. 그런데 미국은 중국정부의 발표를 무려 20~80% 왜곡된 자료로 간주하고 있는 것이다. 이 같은 현실은 지금도 개선되지 못하고 있다. 그래서 이 장에서는 미국과 중국의 국력변화 추세를 분석하기에 앞서 중국 국력 관련 통계자료의 신뢰성에 관한 논의를 하고자 한다.

믿기 어려운 중국 국력 관련 통계자료

국제정치학은 국력의 정확한 측정을 목표로 하는 학문이라고 말할 정도로 국력 분석은 중요하다. 그러나 자료가 정확하지 않다면 국제정치학은 그 기본이 성립될 수 없다. 국제정치를 힘의 정치 power politics라 하는데 힘을 측정하지 못한다면 어떻게 국제정치 분석이 가능할 것인가? 중국이 발표하는 각종 통계 자료가 정확한 것이 아니라는 사실은 이미 오래된 문제다. 중국정부가 발표하는 군사자료는 물론 경제자료도 다분히 의도적으로 정확성을 결여하고 있다. 그러나 중국의 경우 정확한 국력 측정 그 자체가 어렵다는 측면도 있다.

매년 세계 각국의 GDP 자료를 발표하는 3대 주요기관이라고 말할 수 있는 세계은행World Bank, 국제통화기금IMF 그리고 미국의 중앙정보국CIA이 발표하는 미국, 일본의 GDP 자료는 거의 편차가 없다. 그러나 이 세 기관이 발표하는 중국 GDP의 경우 그 편차가 극심할 경우에는 120%나 된다. 위의 세 기관이 추정 발표한 2011년도 중국의 GDP는 세계은행의 경우 5조 9,266억 1,200만 달러, 국제통화기금의 경우 7조 2,981억 4,700만 달러, 미국 CIA의 경우 6조 9,890억 달러였다.[4] 같은 해 미국의 GDP는 세계은행의 경우 14조 5,867억 3,600만 달러, 국제통화기금은 15조 940억 2,500만 달러, CIA는 15조 600억 달러로 추정했다.

세 기관이 발표한 미국 GDP 추정치는 오차가 최대 3.5% 정도인데 반해 중국 GDP 추정치 오차는 최소치를 비교할 경우 오차가 무려 23.14%에 이르렀다. 자료의 신빙성 측면에서 중국의 자료는 그다지 믿을 것이 못된다는 사실을 말해주는 증거다.

중국의 경제력이 미국과 비교해서 어느 정도인가를 판단할 때 이상의 수치들은 대단히 혼란스러운 결과를 초래한다. 미국의 최소치와 중국의 최대치를 가지고 계산하면 2011년 중국의 GDP는 미국의 절반인 50.03%가 된다. 반대로 미국의 최대치와 중국의 최소치를 가지고 계산하면 2011년 중국 GDP는 미국의 39.265%에 불과하다. 그렇다면 중국의 GDP가 미국의 절반을 넘었다고 말해야 맞는 것인가 아니면 미국의 40%도 안 된다고 말해야 맞는 것인가?

국제적인 권위를 자랑하는 세 기관이 발표한 자료들을 어떻게 사용하느냐에 따라 2011년 미국의 경제력은 중국의 두 배가 채 되지 못하는 상황이 될 수도 있고 혹은 2.55배가 될 수도 있다. 미국과 중국의 국력 변동에서 힘의 전이 현상이 일어나고 있느냐 아니냐를 판단하려 할 경우 이 같은 차이는 결코 과소평가될 수 없다. 아무리 국제정치의 영역이 정확한 데이터를 구하기 어려운 영역이라고 하지만 한 나라의 GDP 평가가 23% 이상 차이가 나는 것을 간과할 수는 없다. 이처럼 불량한 자료는 힘의 전이power transition라는 동태적 현상을 파악하려는 경우 더 큰 혼란을 야기한다.

2012년 5월 서울 외교협회에서 열린 제2회 정책 대토론회에서 중국의 국력 관련 논문이 발표되었는데, 그 논문에는 미국과 중국의 경제규모를 비교한 표(〈표 5-1〉)가 실려 있었다. 이정남 박사[5]가 제시한 이 자료를 자세히 살펴보면 진실이라고 믿기 어려운 놀라운 점들이 발견된다.

이 자료에 의하면 2006년 2조 6,578억 달러였던 중국의 GDP는 2007년에는 3조 3,825억 달러로, 그 다음해인 2008년에는 4조 4,016억 달러로 늘어나고 있다. 미국 발 금융위기 때문에 세계경제가 위축되었던 2009년 중국의 GDP는 4조 7,000억 달러로 추정되

	미국	중국	중국/미국(%)
1990	58,031	3,903	6.7
2000	98,170	11,985	12.2
2001	101,280	13,258	13.1
2002	104,696	14,538	13.9
2003	109,608	16,410	15.0
2004	116,859	19,316	16.5
2005	124,219	22,358	18.0
2006	131,784	26,758	20.2
2007	138,076	33,825	24.5
2008	142,646	44,016	30.9
2009	138,600	(약)47,000	33.9
2010	145,265	58,782	40.47

이정남 박사의 발표 논문에 실린 자료. 단위: 억 달러

표 5-1 믿기 어려운 미국과 중국의 경제규모 비교

었다. 2010년 중국의 GDP는 5조 8,782억 달러가 되었다. 이정남 박사가 인용한 중국의 경제성장률을 계산해 본다면 중국의 경제성장에 관해 다음과 같은 표(〈표 5-2〉)를 얻을 수 있다.

	2005	2006	2007	2008	2009	2010
중국 GDP	22,358	26,578	33,825	44,016	47,000	58,782
성장률	15.75	18.88	27.27	30.13	6.78	25.07

성장률은 바로 앞 해의 GDP를 기준으로 계산한 것이다. 단위: 억 달러

표 5-2 중국의 경제성장률 (2005-2010)

중국이 공식 발표한 중국의 경제성장률은 2000년대 10년간 연평균 약 10% 정도로 알려져 있다. 그러나 위의 자료에 의하면 2000년대 후반 5년 동안 중국의 경제성장률은 연평균 20%가 넘는 것으로 나타난다. 2007년은 27.3%, 2008년은 30.13%, 2010년은 25.07%나 경제성장을 이룩한 것으로 계산되기 때문이다. 조영남 교수가 쓴 책에서도 중국의 경제력 증강에 관한 자료가 인용되어 있다. 조영남 교수가 자료 출처를 중국 청화대학이라고 밝힌 자료를 재인용하면 아래 〈표 5-3〉과 같다.[6]

학문적 권위를 자랑하는 학자들이 중국 경제력의 급속한 증강을 증명해 보이기 위해서 인용한 자료가 상식적으로 이해하기 힘든 숫자들을 포함하고 있다는 사실은 놀라운 일이다. 위의 자료 역시 앞에서 인용한 자료와 대동소이하다. 위의 자료를 가지고 계산하면 중국 경제는 2006~2007년에 24.5%, 2007~2008년에는 30.9% 성장한 것이 된다. 적어도 중국 경제가 1년에 25%~30%씩 증가한 것으로 나올 수밖에 없는 이유가 설명되어야 할 것이다. 중국처럼 인구가 13억이 넘는 나라가 1년 동안 어떤 이유든 외형상 30% 경제성장을 했다는 사실을 믿기는 대단히 어렵다. 위의 자료들에는 어떤 특정한 해의 화폐가치를 기준으로 표를 작성했는지 혹은 인플

	미국	중국	미중 차액	중국/미국(%)
2006	131,784	26,578	105,206	20.2
2007	138,076	33,825	104,201	24.5

단위: 억 달러

표 5-3 **미국과 중국의 GDP 변화**

레, 환율 등을 고려한 자료인지에 대해서 별다른 설명이 제시되어 있지 않다.[7]

물론 인플레이션, 환율 변동 등으로 인해 화폐가치가 매년 같은 것은 아니다. 그래서 학자들은 여러 해의 자료를 함께 표시할 때 어느 특정 해의 화폐가치를 기준으로 삼아 다른 해의 화폐가치를 다시 계산해서 표를 만든다.[8] 위의 자료는 아예 표준화하지 않은 자료를 그대로 사용한 것일까? 표준화되지 않은 경우라 하더라도 상기 자료가 제시하는 중국 경제의 성장 규모는 과장이 너무 심하다는 느낌이 들지 않을 수 없다. 인플레가 고려되지 않고, 표준화되지 않은 수치라 해도 중국과 같은 거대 국가의 경제성장률이 30%에 이르는 해가 있을 수 있다는 것은 놀라운 일이다. 더구나 국가들이 국력의 성장, 쇠퇴를 표기할 때 표준적으로 사용되는 것이 달러화인데 환율과 인플레이션 등을 고려하더라도 30% 성장이 가능할 수 있을지 의문이 들지 않을 수 없다. 그리고 인플레이션율이 높았다면 이 자료는 중국의 경제가 발전하고 있다는 사실을 말해주기보다는 중국 경제에 심각한 문제가 야기되고 있다는 사실을 보여주는 것일 수도 있다.

조영남 교수는 중국 경제의 놀라운 성장을 자신의 저서에서 다음과 같이 기술했다.

"2010년말 중국의 국내총생산 규모는 약 5조 8,000억 달러로, 약 5조 6,000억 달러를 기록한 일본을 추월한 것이다. 참고로 잠정적인 통계이지만 2011년에도 중국은 9.2%의 경제성장률을 기록하여 경상 GDP가 7조 3,000억 달러를 돌파했다"[9]

조 교수의 주장이 타당하기 위해서는 2011년 중국의 GDP는 6조 3,336억이 되어야 맞다. 5조 8,000억에서 9.2% 증가된 액수를 얻으려면 곱하기 1.092를 하면 되고 그렇게 2011년 중국의 GDP를 계산할 수 있다. 통계자료가 모두 달러로 표시되어 있기 때문에 환율문제 등 복잡한 경우가 있을 수는 있다. 7조 3000억 달러는 그 전해보다 25.8% 많은 액수인데 9.2% 성장으로 달성한 것이라면 고려되어야 할 다른 변수들은 무엇인가?

필자는 중국 경제성장 통계의 정확성을 알아보기 위해 다방면으로 자료를 정리하고자 노력했다. 그러다가 중국 국가통계국이 2012년 8월 15일 인터넷 홈페이지에 게재한 '제 사회발전 성취보고'를 찾을 수 있었다. 중국 통계국은 2011년 중국의 1인당 GDP가 3만 583위안이라고 발표했다. 이를 달러 평균환율로 환산하면 5,432달러가 된다. 중국의 1인당 GDP는 2007년 2만 169위안으로 2만 위안을 처음 돌파했고 2008년에는 2만 3,708위안, 2009년에는 2만 5,608위안이 되었다. 2010년 중국의 개인소득은 3만 15위안이었다. 중국의 GDP는 2011년 47조 1,564억 위안이었고, 2010년 40조 1,513억 위안에서 9.2% 성장한 것이었다.[10]

〈표 5-4〉는 중국 국가통계국의 자료를 기초로 필자가 만들어 본 중국 GDP 성장표이다. 해당 연도별 위안화로 계산된 중국의 GDP와 일인당 GDP 및 경제성장률 그리고 한국 학자들의 논문 등에서 인용된 달러로 표시된 중국 GDP와 달러화로 표시된 중국의 경제성장률을 취합하여 작성하였다.

표를 보면 중국화폐로 표시한 중국의 GDP성장률은 2003년 이후 연평균 10.74%라는 경이적인 성장을 보인 것으로 나타난다. 그러나 달러화로 표시할 경우 같은 기간 중국의 GDP 성장률은 연평균

	2003	2004	2005	2006	2007	2008	2009	2010	2011
GDP(元)	135,823	159,878	184,937	216,314	265,810	314,045	340,903	401,513	471,564
성장률		10.1	11.3	12.7	14.2	9.6	9.2	10.4	9.2
GDP($)	16,410	19,316	22,358	26,578	33,825	44,016	47,000	58,782	72,895
성장률		17.7	15.7	18.9	27.3	30.1	6.8	25.1	24.1

위안화 자료는 중국 통계국 2012년 8월 15일 발표 자료. 달러화 자료는 이정남 박사의 논문에서 인용된 자료. 달러화 2010~2011 자료는 조영남 교수가 인용한 자료 및 IMF 참조. 위안화 성장률은 중국 공식자료에 의거했음. 위안화 단위: 억, 달러화 단위: 억

표 5-4 달러화 및 위안화로 표시한 중국의 GDP 성장률(2003-2001)

약 20.7%가 된다. 이 같은 차이를 설명하는 방법이 하나 있을 것이다. 즉 위안화의 달러화에 대비한 가치가 상승했다면 달러화로 표시된 성장률이 훨씬 높게 나타난 사실을 설명할 수 있을 것이다. 즉 환율 변동을 고려해 보면 중국이 발표한 자료의 신빙성을 확인할 수 있다는 것이다.

중국의 경제성장이 달러화로 계산했을 때 유난히 높게 나타난 몇 해만을 살펴보기로 하자. 2006~2008년 달러화로 계산한 중국의 경제성장률은 각각 27.3%, 30.1%였다. 위의 표로 환율을 계산을 해보면 2006년은 1달러가 8.13위안, 2007년은 1달러가 7.858위안, 2008년은 1달러가 7.13위안으로 계산된다. 같은 방식으로 계산할 경우 2010년 1달러는 6.83위안, 2011년 1달러는 6.46위안이 된다. 중국 위안화와 달러화의 최근 수년간 환율을 보여주는 자료에서 나타난 수치들과 별 차이가 없다. 중국의 화폐가 가치가 높아졌으니 위안화로 표시된 경제성장률이 9.2%(2010~2011년 중국 당국이 공식 발표한 중국의 경제성장률)라도 달러로 표시될 경우 9.2%보다 높

은 것은 당연한 일이다. 그러나 달러화로 계산된 2010~2011년 중국의 GDP 성장률은 무려 24.1%에 이르는 것이었다. 아무리 환율이 올랐다 해도 이 같은 수치가 나올 수는 없는 일이다.

중국 당국이 발표한 2011년 공식 환율은 1달러가 6.36위안이었고, 위의 표에서 2010년 자료를 가지고 계산하면 2010년 중국 위안화와 달러의 교환 비율은 1달러 당 6.83위안이었다. 6.83위안이 6.36위안으로 변한 것은 중국 화폐가치가 약 5.7% 정도 가치가 상승한 것이다. 중국정부가 발표한 자료를 환율을 고려해서 계산하면 한국 학자들이 인용하는 중국 GDP를 달러화로 표시한 바로 그 자료를 얻을 수 있을 것이다.

그렇다면 정말로 한국 학자들이 즐겨 인용하는 달러화로 표시된 중국의 경제성장이 맞는 것일까? 그렇다면 중국의 경제력은 지난 9년간 달러화 기준 년 평균 20%씩 증가된 것이다. 지난 9년 동안 중국의 경제성장률은 달러 기준으로 25%가 넘는 해가 3년이나 있었다는 것이 믿을 수 있는 일인가? 2010년과 2011년을 다시 분석해보자. 위안화 기준으로 9.2%의 경제성장이 이루어졌고 그 위안화는 1년 동안 5.7%의 가치 상승이 있었다고 해도 2011년 중국의 GDP가 7조 3000억 달러가 도저히 될 수 없다. 간단한 수치로 비유해보자. 2010년 1,000을 벌었던 중국 경제가 1년 동안 9.2% 성장했다면 2011년 중국의 경제는 $1,000 \times 1.092 = 1,092$가 될 것이다. 중국의 화폐가치가 5.7% 가치 상승이 된 것을 고려하면 대략 계산해서 $1,092 \times 1.057 = 1,154.24$가 되어야 한다. 달러화로 계산할 경우 GDP 성장률은 15.4%에 이를 것이다. 그러나 보다시피 24.1% 증가된 것으로 나와 있다.

달러의 가치가 변하기 때문에 작년의 1달러가 금년의 1달러와 그

가치가 같을 수는 없을 것이다. 특히 중국처럼 고도성장을 구가하던 나라의 화폐가치는 매년 그 가치가 높아지는 것이 일반적인 일이며 인플레가 심할 확률 역시 높을 것이다. 그래서 수십 년에 걸치는 기간 동안의 경제력을 표시하는 자료들은 어떤 특정 연도의 달러 가치를 기준으로 삼아 조정해서 발표하는 것이 일반적이다. 예로서 1980년부터 2010년까지 30년 동안을 기록하고, 2010년의 화폐가치를 기준으로 전년도의 숫자들을 재조정해서 표시하는 것이다. 이런 방법을 쓰면 전년도 GDP의 액수가 훨씬 더 큰 수치로 변하게 되는 것이 일반적인 현상이다. 2010년의 화폐가치가 1980년보다 낮아진 것이 전세계적으로 보편적인 일이기 때문이다.

다시 말해 1980년의 1,000달러는 2012년의 화폐가치를 기준으로 조정해서 표시할 경우 1,000보다 훨씬 큰 숫자로 표시될 것이 분명하다는 말이다. 1980년의 1,000달러는 2012년의 1,500달러와 값어치가 같을 수 있으며 그 경우 1980년의 자료를 1,000달러가 아니라 1,500달러라고 다시 계산해서 써넣을 수 있다. 이런 방식으로 생각해볼 때 위에 인용한 중국 자료는 더욱 더 터무니없는 것으로 보인다.

필자는 중국 국가통계국의 자료(〈그림 5-1〉)를 곰곰이 살피다가 중국정부가 발표한 경제성장률에 문제가 있다는 사실을 발견했다. 〈표 5-5〉는 중국정부가 발표한 2004년 이후 위안화로 표시된 GDP와 경제성장률을 나타낸 것이다.

단순 계산을 할 경우 중국정부가 발표한 경제성장률은 맞지 않는다. 2010년 40조 1,513억 위안이었던 중국 GDP가 9.2% 성장했다면 2011년 47조 1,564억 원이 될 수 없다. 17.4% 성장했어야 가능한 수치다. 앞의 해들도 마찬가지다. 앞의 해와 그 다음해의 수치를

	2004	2005	2006	2007	2008	2009	2010	2011
GDP元 (억)	159,878	184,937	216,314	265,810	314,045	340,903	401,513	471,564
GDP 성장률 (%)	10.1	11.3	12.7	14.2	9.6	9.2	10.4	9.2

표 5-5 중국정부가 발표한 중국 GDP와 경제성장률

단순 계산했을 경우 중국의 GDP 성장률은 2009년 8.6%, 2005년 15.7%를 제외하면 매년 17%가 넘는다. 2004년 이후 중국의 GDP 증가율은 2004년 17.7%, 2005년 15.7%, 2006년 17.0%, 2007년 에는 무려 22.9%, 2008년 18.1%, 2009년 8.6%, 2010년 17.8%, 2011년에는 17.4%였다. 중국정부가 발표하는 공식적인 자료를 믿

그림 5-1 중국정부의 GDP와 경제성장률 발표자료(2003-2011)

기 어렵게 만드는 수치다.

〈그림 5-1〉에서 물론 꺾은선 그래프의 성장률이 실질 성장률을 표시하는 것이고 막대 그래프의 액수는 명목 GDP를 표시하는 것일 수 있다. 이 같은 방식으로 말한다는 것은 오늘의 통계자료에서 알래스카의 땅값을 150년 전 구입 가격인 720만 달러라고 표시해도 괜찮다는 의미가 될 수도 있다. 기준년도에 가치를 표준화해 표시해야 올바른 통계자료가 되지 않을까?

아래 표(〈표 5-6〉)는 한국경제연구원 최원락 박사가 필자에게 제

	중국					
	위안화 기준			환율	달러 기준	
	성장률	GDP 디플레이터 상승률	명목 성장률	환율 절상률	성장률	명목 성장률
2001	8.3	2.1	10.5	0.0	8.3	10.5
2002	9.1	0.6	9.7	0.0	9.1	9.7
2003	10.0	2.6	12.9	0.0	10.0	12.9
2004	10.1	6.9	17.7	0.0	10.1	17.7
2005	11.3	3.9	15.7	1.0	11.3	16.8
2006	12.7	3.8	17.0	2.7	12.7	20.2
2007	14.2	7.6	22.9	4.6	14.2	28.8
2008	9.6	7.8	18.1	8.7	9.6	29.4
2009	9.2	-0.6	8.6	1.7	9.2	10.4
2010	10.4	6.7	17.8	0.9	10.4	18.8
2011	9.3	7.8	17.8	4.6	9.3	23.4

출처: 세계은행(World Bank)

표 5-6 **중국 경제성장 관련 지표**

공해준 중국 경제성장 관련 자료다. 중국의 GDP 관련 통계 자료가 서로 다를 수 있음을 참고하라고 전해준 것이다. 이 자료도 역시 중국 관련 자료들이 정확하게 일치하지 않는다는 사실을 보여준다.

중국정부가 공식적으로 발표하는 자료의 신빙성에 대한 가장 극적인 비판은 2005년 일본의 주간지 〈사피오〉 지가 발표한 '중국 해체: 25가지의 균열'이라는 글일 것이다.[11] 〈사피오〉 지에 이 글을 기고한 하청련何清漣은 『중국현대화의 함정』이라는 책을 쓴 이유로 당국의 탄압을 받다가 2001년 미국으로 망명한 경제학자다. 하청련은 자신의 최근 저서 『中國의 거짓, 가공할만한 미디어 통제의 실태』에서 중국의 통계 자료가 믿을 수 없다는 사실을 노골적으로 공격하였다. 이미 '눈부신 경제발전의 그늘에 만연되고 있는 부패와 빈부 격차의 확대, 지역경제의 불균형 등 심각한 문제를 안고 있는 중국의 현상'을 비판한 적이 있는 그는 중국정부에 의한 미디어 통제와 정보의 날조 등을 폭로하였다.

하청련은 다음과 같이 중국의 공식적인 자료가 신빙성이 떨어지는 것임을 증언한다.

"일반 대중은 미디어가 보도하는 좋은 뉴스밖에 볼 수 없습니다. 물론, 돈만 내면, 통계국이 발행하는 통계 연보統計年報를 구할 수 있지만, 이것 역시 경제활동의 부정적인 측면은 모두 덮고 있기 때문에 진실과는 훨씬 먼 숫자라 할 수 있습니다. 당 간부와 정부 관리는 정부 부처 내에서 회람되고 있는 통계국의 간행물을 대충 훑어볼 수가 있습니다. 여기에는 두 종류가 있습니다. 하나는 하급관료나 인민일보, 경제일보, 신화사新華社 등의 일부 선정된 미디어의 기자들이 읽을 수 있는 통계와 정보입니다. 중국 미디어 경제 뉴스가 거의 이 통계와 정보를 바탕으로 쓰여집니다. 통계와 정보를 작성하고 편집하는 관리자는 어떻게 하면 통계를 이용하여 효과적인 선전을 할 수 있는 지에 대하여 훈련받은 사람들입니다. 즉 부정적인 인상을 줄 만한 데이터를 삭제하기도 하고, 경제성장률 제로라는 사실을 '착실한 발전'으로 표현하는 등, 긍정적으로 기술하는 데 숙달된 사람들입니다. 통계국의 역할은 중국정부 프로파간다 머신(선전책)의 중요한 '마우스피스(대변자)'라고 말할 수 있습니다.

다른 하나는, 당 최고 간부들 밖에 읽을 수 없는 '통계보고統計報告'라는 것입니다. 이것은 통계의 실태에 대하여, 긍정적인 측면도 부정적인 측면도 포함하여 기술하고 있습니다. 또한 통계국이 부정기적으로, 당 최고 간부 중 정치국원에게만 배포하는 '통계보고' 특별호에는 극비 라벨이 붙어 있으며, 위험신호와 경고 등을 포함한 중국 경제의 실태가 숨김없이 기술되어 있습니다."[12]

중국 자료의 신빙성에 대해 더욱 비판적인 전문가인 프랑스 학자 기 소르망Guy Sorman은 자신의 중국 관련 저서 제목을 아예 '거짓말의 제국Empires of Lies'이라고 부쳤다.[13] 이 책에서 기 소르망은 중국 경제학자 마오유시를 인용하여, 중국의 경제성장률이 도저히 10%를 넘을 수 없다고 주장했다.[14] 또한 미국 MIT 경영대학원의 레스터 써로우 교수는 중국의 경우 "산술적으로 보아 인구의 80%를 차지하는 계층의 소득이 증가하지 않은 상태에서 경제성장률이 10%가 되려면 나머지 20% 계층의 소득이 1년에 50%씩 증가해야 한다. 그런 일은 불가능하다"[15]라고 단언한다. 써로우 교수는 중국이 발표한 통계를 자세히 분석하고 GDP 성장과 밀접하게 관련된 변수들과의 상관관계를 계산해 보면 중국의 성장률은 4~5%로 보는 것이 적정할 것이라고 주장했다.[16]

한국의 〈조선일보〉 역시 중국이 발표하는 자료의 신빙성에 의문을 제기하는 기사를 게재한 바 있다. 〈조선일보〉는 '중국 공무원도 믿지 않는 중국의 통계 자료'라는 헤드라인의 기사에서[17] 중국 당국이 발표하는 통계는 믿기 어렵다면서 중국의 각 성이나 시들이 발표하는 GDP를 모두 합치면 중앙정부 발표보다 10%나 많다는 사실을 지적한다.

중국의 보건 관련 정보도 정치적인 고려에 의해 왜곡된다. 중국 위생부는 2009년 10월 28일 중국에서 발생한 신종플루 환자는 모두 4만 2,009명으로 집계되었으며, 이 가운데 3만 854명이 완치됐고 중증 환자는 66명이라고 발표했다.[18] 그런데 누가 이 통계를 믿을 수 있을까? 중국의 실업률 발표도 의문투성이다. 세계 금융위기로 중국 동부 연안에서 2008년 4분기(10~12월)에만 2,000만 명 이상의 농민공農民工이 일자리를 잃은 적이 있었는데 중국정부가 발표한 실업률은 4.0%에서 4.2%로 겨우 0.2%가 늘어났을 뿐이다. 2,000만 명의 실직이 실업률을 0.2% 증가시킨 것으로 계산된다면 중국의 노동 인구는 100억 명이어야 한다는 황당한 일이 벌어진다. 중국 공산당 중앙당교 저우톈융周天勇 교수는 2009년 4월 언론 인터뷰에서 "현재의 실업률 통계는 학자나 해외 연구기관의 연구자는 물론, 일반 군중들도 믿지 않는다. 심지어 통계를 내는 공무원들도 믿지 않을 것"[19]이라고 말했다.

미국의 저명한 외교 잡지 〈포린 폴리시〉는 〈제인스 디펜스 위클리Jane's Defense Weekly〉의 기자인 트레포 모스Treffor Moss가 쓴 '중국의 거짓말, 새빨간 거짓말, 그리고 비밀의 통계학China's Lies, Damn Lies, and Secret Statistics'이라는 글을 게재함으로 중국이 발표하는 공식 자료들의 신빙성이 얼마나 의심되는가를 폭로한 바 있다.[20] 중국 언론은 정부에 의해 지배당하기 때문에 정부의 비위를 상하게 하는 내용은 보도하지 못한다. 트위터도 허용되지 않는다. 트레포 모스 기자는 중국의 경제발전 관련 자료, 범죄 관련 자료, 중국사회 내부의 불안정에 관한 자료, 중국 정치가들의 사생활에 관한 자료, 중국 정부가 진행하는 대규모 프로젝트에 관한 자료, 비참한 역사에 관한 자료들이 모두 제대로 보도될 수 없는 것들이라고 말한다.

특히 중국정부가 숨기고 싶어 하는 보도는 범죄에 관한 보도이다. 자본주의가 진행되면 될수록 범죄도 많아지는 것이 정상인데, 중국정부는 2000년~ 2009년 기간 동안 경범죄는 증가했지만 살인사건 등은 감소했다고 발표함으로써 일반인들을 의아하게 만들었다.[21] 중국정부는 사회적 불안을 야기할 수도 있는 자료의 발표에 대해 지극히 소극적이며 자료를 왜곡하기도 한다. 심지어 반체제 서적을 팔았다고 홍콩의 서점 주인들을 체포하는 경우도 있었다.[22] 본토의 서점에서 어떤 일이 일어나고 있을지 능히 상상 가능하다.

중국정부의 발표에 의하면 도시와 농촌의 평균수입 비율이 2009년에 3.33:1이었는데, 2011년에는 3.13:1로 도농간 빈부 격차가 줄어든 것으로 나타났다. 이 같은 자료는 중국정부 당국자조차도 의문을 제기하지 않을 수 없는 것이다. 중국의 고민 중 하나가 빈부 격차의 확대이며, 빈부 격차는 수많은 시민 폭동의 원인이 된다. 중국 도처에서 얼마나 많은 폭동이 발발하는지도 그 정확한 수치를 알 수 없다. 중국정부는 매년 9만 건의 소요가 발생한다고 발표하다가 2012년 그 수치를 약 두 배로 늘여 18만 건의 폭동이 발생했다고 정정 발표했다. 미국 기업연구소의 마이클 마자Michael Mazza 연구원은 필자와의 대담에서 자신들은 중국에서 매년 약 30만 건의 민중 소요가 일어나고 있는 것으로 추정한다고 말했다.[23] 폭동을 어떻게 정의하느냐에 따라 발발한 폭동의 횟수는 달라질 것이다. 모스 기자도 중국에 매년 10만 건 이상의 폭동이 발발한다고 추정되지만 정확한 수치는 중국 당국자들만이 알고 있으며, 이들은 결코 그 정확한 수치를 밝히지 않을 것이라고 말했다.[24]

중국 지도자들의 사생활은 일반 중국 시민들에게는 거의 알려지지 않는 비밀이다. 후진타오 주석이 당뇨병이 있다는 사실을 보도한 기자가 해고당하는 일도 있었다.[25] 이 같은 사실은 국가기밀에 해당되는 사안이었기 때문이다. 중국정부는 한때 자신들이 세계에서 제일 빠른 기차를 보유했다는 사실을 부풀려 선전했다. 그러다가 철도사고로 40명의 인명피해가 발생한 후 중국 당국은 철도 건설 프로젝트에 대해 거의 언급도 하지 않는 상황이 상당기간 지속되었다. 2012년 9월 1일부터 14일까지 약 2주일간 시진핑의 행방이 묘연하자 갖가지 억측이 나돈 적이 있었다. 시진핑은 15일 공개 석상에 다시 나타났지만 지난 2주일 동안 어디서 무엇을 했는지 전혀 알 길이 없었다. 차기 주석의 행방이 거의 2주일씩 베일에 싸여져 있다는 것은 정상이 아니다.

미국도 중국의 통계를 편리한 대로 활용한다

중국의 통계가 믿을 것이 못 된다는 사실을 보며 발견하게 되는 재미있는 현상이 있다. 미국도 자료를 편리한 대로 활용한다는 사

실이다. 앞에서 지적했듯이 미국 국방정보국Defense Intelligence Agency
이 계산한 중국의 군사비 추정치는 중국정부가 발표하는 것의 두
배가 넘는다. 통계자료는 그 통계자료를 사용하는 사람들의 의도에
따라 얼마든지 다른 모습으로 보여질 수 있고, 조작될 수도 있다.

　냉전이 끝난 후 미국은 사실상 미국에 대한 도전자가 없는 세상
을 맞이했다. 미국은 문자 그대로 유일 패권국이 되었다. 그럼에도
불구하고 미국은 소련이 붕괴하자마자 일본이야말로 미국의 패권
에 도전하는 세력이라고 간주하기 시작했다. 일본의 국력 성장을
보여주는 각종 통계자료들이 제시되었고『일본은 일등Japan as No. 1』
이라는 책도 나왔다. 1980년대 후반 출간되어 미국 시민들로 하여
금 미국 몰락의 신화를 불러일으킨 폴 케네디 교수의 책도 역시 일
본을 미국의 패권 도전국으로 상정하고 있었다. 그러다가 일본의
성장이 급격히 둔화되기 시작한 1990년대 이후 미국이 도전자라고
내세운 상대는 유럽연합이었다. 단일한 경제 통제 시스템조차 갖추
지 못한 유럽연합 회원국 전부가 생산한 GDP를 다 합쳐 놓고 미국
인들은 미국의 GDP가 유럽연합 전체의 GDP보다 작다는 사실을
강조했다. 이어 유럽이 미국을 뒤이을 초강대국이라고 주장하는 책
도 출간되었다.[26] 유럽연합의 지속적 경제발전 가능성이 불투명해
지자 미국은 본격적으로 중국을 미국에 도전하는 진짜 도전자로 상
정하고, 이를 정당화하기 위해 중국의 급속한 경제발전, 중국의 군
사력 등을 숫자로 보여주기 시작했다.

　미국 CIA가 발표한 중국의 경제력에 관한 자료를 추적하던 중 필
자는 중국의 경제력 평가와 관련하여 황당한 일을 경험한 적이 있
었다. 2000년대 초반 미국은 구매력purchasing power parity 기준으로
계산된 GDP 자료를 가지고 중국의 경제력을 평가하는 방식을 선

	2003	2009	6년간 성장률(%)
미국	10,990	13,840	25.9
중국	6,449	6,991	8.4

단위: 10억 달러

표 5-7 **구매력 기준 2003년과 2009년 미국과 중국의 경제력**[27]

호했다. 2000년대 초반 중국의 경제력을 명목가격으로 표시할 경우 중국의 경제력은 미국의 1/8 정도에 불과했다. 인구는 미국의 4배가 넘지만 GDP가 미국의 1/8에 불과한 중국을 미국을 위협하는 도전자로 보기는 어려운 일이었다.

그런데 중국의 GDP를 구매력 기준으로 계산하면 중국의 경제력은 미국과 거의 맞먹는 수준에 육박한 것처럼 보일 수 있다. 2003년 미국의 GDP는 10조 9,900억 달러였다. 같은 해 중국의 GDP는 구매력 기준으로 할 경우 6조 4,490억 달러 정도였다. 2003년 중국의 경제력은 이미 미국의 58.7%에 도달한 것이었다. 당시 이 자료를 본 미국인들은 간담이 서늘했을 것이다. '중국의 경제력이 미국의 거의 60% 수준에 육박했다니!' 라며 놀랐을 것이다.

구매력이란 문자 그대로 물건을 구입할 수 있는 능력으로 환산된 화폐가치를 말한다. 만약 미국 사람들이 점심을 5달러 내고 사 먹는데 그것과 거의 비슷한 양과 질의 점심을 중국에서는 2달러에 사 먹을 수 있다면, 그 경우 중국의 2달러와 미국의 5달러를 같은 구매력을 가지고 있는 돈으로 평가할 수 있을 것이다. 이처럼 구매력을 가지고 분석하니 2003년도 중국의 GDP는 미국 GDP의 거의 60%에 도달한 것으로 나타난 것이다. ppp를 기준으로 할 경우 이미 중국은 2000년대 초반, 미국을 경제적으로도 위협할 수 있는 수준에 도달한 것처럼 보였다.

중국은 2003년부터 2009년까지 6년 동안 눈부신 경제성장을 이룩했다. 그러나 물가도 많이 올랐다. 그래서 2003년 중국의 경제력이 위협적이라는 사실을 나타내기 위해 사용한 ppp 기준 중국의 GDP는 2009년에는 오히려 쓸모없는 자료가 되고 말았다. ppp로 표시된 GDP를 기준으로 할 경우 미국은 2003년부터 2009년까지 25.9%의 경제성장률을 보였지만 같은 기간 중국의 경제성장률은 8.4%에 불과한 것으로 나타났다. 2003년 미국의 58.7%에 도달했던 중국의 경제력은 2009년에는 미국의 50.5%로 오히려 그 비율이 줄어들고 만 것이다. 2003년부터 2009년까지 6년 동안 주요 국가들의 GDP/ppp 증가율은 일본 19.8%, 인도 1.5%, 독일 23.7%, 영국 28.3% 등이었다. 미국이 한때 중국의 경제력이 대단하다는 사실을 보여주기 위해 사용했던 ppp 자료를 그대로 사용하면 2003년부터 2009년까지 중국의 경제성장률은 미국은 물론 독일, 영국, 일본에도 한참 뒤지는 결과가 된다.

2011년도 중국의 GDP를 ppp로 계산하면 중국의 GDP는 11조 4,400억 달러로 미국 GDP 15조 2,900억 달러의 74.8%에 이른다.[28] 그러나 과연 이 수치가 타당한지에 대해서는 의심이 든다. 최근 중국은 극심한 인플레이션과 버블 붕괴의 위기에 놓여 있다는 것이 일반적인 관측이기 때문이다.

중국의 화폐가치는 2016년 1월 말 현재 1달러당 6.5777위안에 거래되고 있다. 중국이 본격적으로 경제발전에 돌입하기는 했지만 아직도 경제력이 별 볼일 없었던 1993년 미화 1달러는 중국의 5.22위안과 같았다.[29] 그렇다면 2016년 1월 현재 중국 돈의 값어치는

1993년보다 오히려 못하다는 말이 된다. 지는 나라인 미국 돈과 지난 수십 년간 고도 경제성장을 이룩한 중국 돈의 교환 비율로서는 이해되기 어려운 점이 한 두 가지가 아니다.[30] 즉 중국의 경제성장을 숫자만 가지고 말하는 것은 무의미한 일일 수도 있다. 2년 전 100원이 금년에는 250원으로 계산되어 GDP가 2.5배가 되어 봤자 중국인의 생활이 달라진 것은 아무것도 없을 테니 말이다.

과거 사회주의의 흔적이 아직 많이 남아있던 중국은 생활비가 저렴하다는 것이 자랑이었다. 개인 소득이 적어도 문제가 될 것이 없었고 한국 사람들은 중국을 여행할 때 한국에 비해 훨씬 값싼 물건들을 쇼핑하는 즐거움이 있었다. 그러나 지금 중국에서 물건을 사거나 음식을 사 먹는 일이 한국에서보다 별로 싸 보이지 않는다. 한국인들의 국민소득은 현재 중국의 거의 3배에 이르지만, 베이징의 물가는 서울보다 별로 낮지 않다.[31]

중국 경제력을 평가할 때 고려해야 할 사항

중국의 경제력에 관한 통계자료는 일반인은 물론 전문가들이 판단하기도 어려운 부분이 많이 있다. 일례로 우리는 2011년 중국의 자동차 생산량이 1,800만 대를 넘어 세계 제1의 자동차 생산국이 되었다는 보도자료를 접한 적이 있었다. 맞는 말이다. 중국에서 생산되는 자동차, 컴퓨터, 핸드폰, 냉장고 등 많은 전기전자 및 기계 제품이 양적인 측면에서 세계 1위를 차지하고 있는 것이 사실이다. 그러나 2011년 중국에서 생산된 자동차 중 56% 정도가 아우디 audi, 폭스바겐Volkswagen, GM, 도요타, 혼다, 현대차 등 외국기업들이 만든 자동차들이었다. 중국에서 생산되는 미국기업 자동차를 순수하게 중국산으로만 보아야 할까?

　미국의 애플은 자사의 대표적인 상품인 아이폰을 중국에서 생산한다. 미국에서 약 600달러 정도하는 아이폰은 모두 중국이 미국에 수출하는 수출액으로 잡힌다. 만약 중국이 아이폰을 어떤 해 1년 동안 대당 450달러에 어떤 나라에 100만대 수출했다면 4억 5,000만 달러라는 돈은 그 해 중국의 수출액으로 계산될 것이다.[32] 그렇다면 중국은 4억 5,000만 달러를 팔아서 얼마나 벌었을까? 아이폰이 중국기업의 제품이라면 중국은 수억 달러를 벌었을 것이다. 그런데 현실은 그렇지 않다. 다음은 이런 현실을 지적하는 신문기사 내용이다.[33]

　　"애플 제품은 중국에서 만들어 수출합니다. 중국이 돈을 버는
　　것처럼 보이죠. 하지만 그렇지 않습니다. 혁신의 엄청난 가치는
　　모두 미국으로 돌아옵니다. 그게 바로 지식 재산권의 힘이죠."

　중국은 아이폰을 생산하지만, 중국이 버는 돈은 애플이 그것을 팔아서 번 돈의 1/10도 되지 않는 것이 현실이다.[34]

　이처럼 중국의 실제 경제력을 분석하기 위해선 고려되어야 할 사항이 너무나 많다. 정확한 통계가 있어야 하고, 객관적 기준을 일관성 있게 사용해야 올바른 분석을 할 수 있다. 이미 지적한 바처럼 중국이 공식적으로 공개하는 통계 자료의 신뢰성도 별로다.[35] 그런 자료의 엄밀성에 의문을 제기하지 않은 채 중국의 경이로운 경제발전을 입증하는 자료로 사용하는 것은 무책임하고 무의미한 일이다.

　본장 서두에 인용했던 것처럼 누가 국력이 더 강한가에 대한 논

란은 전쟁의 중요한 원인이 된다. 그런데 미국과 중국이 앞으로 어떻게 행동할 것인지를 연구하려는 우리들은 지금 중국의 국력에 대한 정확한 자료를 가지고 있지 못한 상태다. 신빙성이 의심되는 자료들을 가지고 미국과 중국의 패권 경쟁의 미래를 논하는 것은 어려운 일이 아닐 수 없다.

미국과 중국의 국력 변동 비교 분석

중국의 국력 증강은 경이롭고 미국의 국력은 쇠퇴하고 있다고들 말한다. 그러나 어느 나라의 국력이 증강한다거나 쇠퇴한다고 말하기 위해선 모든 사람이 공통으로 인정할 수 있는 기준이 있어야 한다. 미국의 국력은 '절대적'인 측면에서는 쇠퇴한 적이 거의 없다. 2008년 월스트리트발 경제위기로 인해 2009년 한해 미국의 GDP가 줄어든 적이 있지만, 2016년 현재 미국은 미국 역사 이래 가장 돈이 많고, 군사력 역시 가장 막강한 상태라고 말할 수 있다. 2016년 1월 13일 밤 행한 임기 마지막 연두연설State of the Union Address에서 오바마 대통령은 "미국은 지구에서 가장 강한 나라입니다. 마침표! 가까이 근접한 나라도 없습니다."라며 강한 어조로 선언하듯 말했다.[36]

2015년 연두연설에서도 오바마 대통령은 미국의 경기가 회복되었음을 자신 있게 이야기했다. 그럼에도 불구하고 많은 사람들은 아직도 미국의 쇠퇴를 말하면서, 그 이유로 현재의 미국이 과거 잘나갈 때처럼 경제발전을 이룩하지 못하고 있기 때문이라고 한다. 그러나 최근 미국과 세계의 역사를 살펴 볼 때 미국이 상대적으로 잘하지 못한 기간도 있었지만 성적이 좋은 시기도 있었다는 점을 간과해서는 안 된다. 미국의 경제성장이 2000년 이후 주춤했던 것은 사실이지만 1990년대의 미국은 어떤 강대국보다 잘 나가고 있었다. 얼마나 긴 기간을 고려하느냐에 따라 어느 시대 어느 나라의 역사는 성공한 역사라고 평가될 수도 있고, 그와 정반대로 실패한 역사라고 평가될 수도 있다.

인간 및 사회를 분석한다는 것은 항상 자의적인 해석이 따르기 마련이며 미국의 최근 역사를 분석하는 데서도 예외는 없다. 우리 주변의 일상생활에 나타나는 하나의 예를 들어보자. 어떤 사람이 10년 전에 아파트를 8,000만 원을 주고 구입했다고 하자. 그 아파트 값이 대폭 올라 2년 전에 7억 원이 되었다. 그런데 그 이후로 부동산 경기가 나빠져서 아파트 값이 5억 5,000만 원으로 내려갔다. 이 사람은 부동산으로 돈을 번 것일까 혹은 망한 것일까? 지난 2년을 관찰하면, 그는 분명히 망한 것이다. 그러나 10년의 기간을 보면 이 사람은 아파트 때문에 상당한 재산을 증식시킬 수 있었다고 말해야 할 것이다.

미국의 국력을 위의 사례에 비유할 수 있다. 미국은 1990년대 10년 동안 정말 호황을 이룩했다. 그런 호황은 2000년대에도 지속되지는 못했다. 2001년 9월 11일, 미국은 사상 최악의 테러 공격을 당했고 그 이후 미국은 아프가니스탄, 이라크는 물론 전 세계 방방곡곡에서 전쟁을 치르고 있다. 미국은 지금 몰락하고 있는 중인가? 지난 10년 만을 보면 확실히 우울한 측면이 많이 보인다. 그러나 1990년부터 본다면 미국은 지금 유일 초강대국의 지위를 향유하고 있다. 냉전 시대 소련처럼 군사력으로 미국을 위협하는 나라도 없고, 과거 일본이 미국경제를 위협했던 정도로 미국과 맞먹는 경제대국도 아직은 없다.

미국은 역사상 그 어느 때보다 상대적으로 강하다. 미국의 군사력은 2위인 나라보다 10배 강하며(국방비 지출 및 군사력을 종합해서 계산할 경우) 미국의 경제력은 2위인 중국의 1.7배가량 된다. 미국의 군사력이 세계 2위보다 10배 강하다는 계산은 미국의 동맹국들의 군사력을 제외하고 계산할 경우에 그렇다는 말이다.

아래 표는 냉전이 끝난 직후인 1992년부터 유일 강대국으로서의 미국이 패권적 지위를 과시했던 10년 동안 미국의 놀라운 경제력 증가를 보여준다. 미국은 냉전 당시 연평균 3,500억 달러를 국방비로 사용했지만 2000년대 10년 동안 미국의 국방비는 대략 2,500억 달러 수준으로 떨어졌다. 미국에 대한 도전자가 없는 세상에서 미국은 국방비를 대폭 감축시키고 경제발전에 매진할 수 있었다. 10년 동안 대략 1조 달러의 국방비를 절약할 수 있었던 미국은 다른

	1992	2001	경제력 증가율(%)
미국	67,493	93,950	39.2
프랑스	15,122	18,123	19.8
영국	12,850	13,349	29.8
독일	23,871	27,109	13.6
일본	51,314	56,515	10.1
이탈리아	15,230	12,256	-19.5
러시아	4,418	3,669	-17
중국	4,959	11,136	124.6

ppp 기준, 단위: 억 달러

표 5-8 1990년대 주요 국가의 GDP 변화

강대국들보다 훨씬 빠른 경제성장률을 보였다. 미국과 유럽 국가들 간의 격차는 1990년대 10년 동안 더욱 벌어졌다. 미국이 2008년 이후 몇 년 동안 경제적인 슬럼프 상태에 있는 것처럼 보이는 이유는 1990년대 10년 동안 미국 경제가 선진 강대국 중에서는 제일 빠른 속도로 성장했다는 상대적인 기억 때문이다.

중국도 1990년대 10년 동안 그 어느 나라보다도 빠른 속도로 경제력이 증대되었다. 그러나 이 시기 및 그 이후 중국의 고속 경제성장은 후진국의 경제발전에서 나타나는 전형적인 패턴을 보인 것이었다. 출발점이 매우 낮았기 때문에 높은 경제성장을 기록할 수 있었던 것이다. 그래서 1990년대 중국의 경제성장률이 높았지만 그 시기 미국과 중국의 경제력 격차는 오히려 더 벌어졌다. 1992년 미국의 GDP는 중국보다 6조 2,534억 더 많았는데, 2002년 미국의 GDP는 중국보다 7조 9,259억 달러가 더 많았다. 10년 동안 미국과 중국의 GDP 격차는 오히려 1조 6,725억 달러나 더 벌어진 것이었다. 미국과 중국의 GDP 격차가 줄어들기 시작한 것은, 중국정부의 발표자료가 '맞는 것'으로 인정할 경우라도 2011년이 되어서야 비로소 이루어진 일이다. 2010년까지는 미국과 중국의 경제력 격차가 절대 액수상으로 더욱 커지고 있었다.

미국과 중국의 경제력을 재미있게 비교한 자료가 있다. 부시 대통령이 취임한 2001년부터 2008년까지 미국의 경제력은 약 20% 성장했다. 2008년 중국의 GDP는 미국의 17%였으니까, 이 7년 동안 미국의 GDP는 2008년도 중국 전체 GDP보다 더 많은 액수가 증가한 것이다.[37] 이 같은 수치를 제시하며 미국과 중국의 GDP 격차가 오히려 늘어나고 있다는 사실을 지적한 키건과 웨스트는 중국은 매년 7% 경제성장을 하고 미국은 매년 2% 경제성장을 한다고 가정할 경우, 2008년 기준으로 중국의 GDP가 미국의 GDP와 같아지기 위해서는 38년(2046년)이 걸리고, 개인 소득이 같아지기 위해서는 62년(2070년)이 더 걸릴 것이라고 예측했다.[38] 중국이 1979년부터 2046년까지 무려 67년 동안, 또는 1979년부터 2070년까지 무려 91년 동안 매년 7~10% 경제성장을 지속할 것이라고 가정하는 경우 가능한 일이다.

수천년 인류 역사에서, 더구나 중국과 같이 세계 인구의 1/5를 가진 나라에서 이 정도의 경제발전이 이루어진다는 것은 기적이나 다름없는 일일 것이다. 과연 그 같은 일이 일어날지는 두고 볼 일이지만 2016년 현재 이 같은 미래 예측이 실현 불가능해 보이는 여러 정황들이 나타나고 있다. 정황들은 크게 두 가지로 요약될 수 있는데, 하나는 이미 중국의 지속적 고도성장은 불가능해 보인다는 것이고, 다른 하나는 미국의 경제성장이 예상보다 훨씬 높게 나타나고 있다는 것이다.

미국은 1945년 이래 소련의 도전과 일본의 경제적 도전을 받았고 지금은 중국의 도전을 받고 있다. 소련은 군사력 면에서는 1970년대 한때 미국을 앞질렀고 경제력 면에서는 미국의 80%에 육박한 적이 있었다.[39] 일본은 적어도 2차 대전 이후에는 미국에 군사적으로 도전한 적은 없었지만 명목 GDP에서 미국의 2/3 수준에 육박한 적이 있었다. 일본의 경제력은 1992년 당시 ppp 기준으로 미국의 76.03%에 이르렀다.

중국의 GDP는 2011년 현재 미국의 39~50%(자료에 따라)에 이르고 있으며 구매력(ppp) 기준, 2011년 중국의 경제력은 미국의 74.8%로 계산되었다. 2012년 미국과 중국의 경제력 경쟁 양상은 1992년 당시 미국과 일본의 경쟁 양상과 비슷하다. 중국의 부상이

꺾이고 미국이 다시 재기하는 것 같이 보이던 해인 2015년 중국의 GDP는 대략 미국의 60% 수준에 도달했다.

미국 농무부의 경제연구자료 서비스Economic Research Service, United States Department of Agriculture는 2015년 9월 18일자로 수정된 세계경제 자료를 발표했다. 이 자료는 주요 국가들이 세계 경제에서 차지하는 비중을 표시하고 있는데 그중 중요한 국가들 몇 나라의 자료를 인용하면 아래와 같은 표를 얻을 수 있다.[40]

〈표 5-9〉는 지난 40년 동안 미국 경제가 지구 전체에서 차지하는 비중에 거의 변화가 없었다는 사실을 보여준다. 1970년 이후 미국의 경제가 세계경제에서 가장 큰 비중을 차지한 해는 2000년으로 세계 전체의 25.72%를 차지하고 있었으며 세계 다른 나라들, 특히

	1970	1975	1980	1985	1990	1995	2000	2005	2010	2014
미국	25.01	23.76	23.57	24.32	24.10	24.66	25.72	25.08	22.91	22.43
EU28	35.36	34.65	33.61	32.06	31.58	30.55	29.79	28.17	27.62	25.56
프랑스	5.47	5.51	5.39	5.11	5.07	4.87	4.75	4.43	4.05	3.76
독일	8.02	7.53	7.36	6.91	6.83	6.80	6.31	5.59	5.22	4.97
영국	5.13	4.71	4.36	4.26	4.26	4.14	4.17	4.08	3.69	3.54
소련*	5.74	5.57	5.38	5.49	4.91	2.65	2.43	2.88	3.09	3.10
일본	9.79	10.18	10.45	11.29	12.10	11.70	10.30	9.41	8.41	11.35
중국	0.97	1.07	1.22	1.78	2.19	3.52	4.50	6.17	9.25	2.79
한국	0.33	0.44	0.54	0.73	1.00	1.32	1.44	1.56	1.68	1.70

소련의 경우 1990년부터는 러시아와 우크라이나를 합친 비율. EU28은 현재 유럽연합 가입국 28국을 모두 합쳐서 계산한 수치. 이 자료는 고정환율 기준으로 만들었기 때문에 다른 자료들과 차이가 있을 수 있다. 단위: %

표 5-9 국가들이 세계에서 차지하는 경제력 비율

아시아의 비중이 늘어난 2010년 이후에도 미국의 경제력은 세계 전체의 22% 이상 수준을 유지하고 있다.[41]

중국의 경제력이 피크에 이른 2015년 중국과 미국의 경제력 비율은 일본이 피크에 올랐던 1990년 미국과 일본 경제력 비율과 비슷하다. 위의 자료에 의거할 경우, 1990년 일본 경제력은 미국 경제력의 50.2%에 도달했었는데 2014년 중국의 경제력은 미국의 50.6%에 이르고 있다. 1990년이 일본경제의 몰락이 시작된 시점이라는 사실과 2014년을 기점으로 중국의 성장이 급격히 둔화되고 있다는 점에서 기묘한 역사의 우연을 발견할 수 있다.

06

미국과 중국은 패권 경쟁을 벌일 것인가

이제까지 미국과 중국의 경제발전의 과거와 현재 그리고 미래를 분석하는 각종 학설과 자료를 살펴보았다. 만약 중국의 경제성장이 대입주의자들의 예상과는 달리 앞으로 수십 년 동안 지속되지 못한다면, 그리고 버블론자들의 견해처럼 가까운 장래에 중국의 경제 버블이 폭발하게 된다면, 향후 미중 패권 경쟁은 없다고 볼 수 있다. 중국이 미국과 다툴 필요도 없고 능력도 없을 것이기 때문이다. 이럴 경우 미중 관계는 현재의 협력 수준 혹은 현재보다 낮은 긴장 수준에서 지속될 것이라고 예측할 수 있다.

이처럼 중국의 부상이 멈추는 경우는 한국의 국가 대전략을 고민해야 할 정치가, 학자, 군인들에게는 퍽이나 다행한 상황이라고 말할 수 있다. 우리는 현재 수준의 한미동맹 관계, 한중 전략적 동반자 관계를 유지하면 될 것이다. 물론 중국의 부상이 멈춘다는 것은 우리에게는 '양날의 칼'이기 때문에 이익이 되는 것만은 아니다. 중국의 부상이 멈추는 경우 우리나라는 안보 문제에서 일정 부분 근심을 덜게 될지 모르지만 경제적인 측면에서는 파탄의 상황이 닥칠 수도 있기 때문이다.

그러나 만약 중국이 정말로 경제성장을 지속, 미국과 맞먹는 국력을 보유하게 될 경우 미중 관계는 어떻게 변할 것인가? 이 책은 '중국의 국력이 급속한 성장을 지속할 경우, 미국과 중국 두 나라는 운명적으로 경쟁 관계에 빠져들어 갈 것'이라는 입장을 취한다. 이 같은 입장은 역사적으로 증명된 일이고 국제체제의 권력 정치적 속성상 그렇게 될 수밖에 없다고 보이기 때문이다.

그러나 중국의 경제 및 국력 성장이 곧바로 미국과의 패권 경쟁을 불러일으키는 것은 아니라는 학설들이 존재하고 있으며, 이 같은 관점들은 그 나름 논리와 자료들에 의해 뒷받침되고 있다.

미중 경제 융합론: 미중 패권 경쟁은 없을 것이다

미중 경제 융합론은 미국과 중국의 미래에 관한 희망적, 낙관적 예측 중 하나로 경제적 변수를 특히 강조하는 경제학자들에 의해 주로 제기되고 있다. 융합론을 주장하는 학자들은 미국과 중국 두 나라는 경제적으로 이미 하나의 단위가 되었다고 볼 수 있을 정도로 융합된 상태라고 분석한다. 미중 관계에 대한 이러한 경제학적인 분석은 중국이 미국을 궁극적으로 앞설 것이라는 견해의 원류이기도 하다. 전략문제, 국가안보, 군사문제를 연구하는 학자들 중에서 중국이 미국을 대체하는 패권국이 될 가능성이 있다고 보는 사람은 거의 없다.

2008년 미국발 경제위기 직후인 2009년 출간된『슈퍼퓨전 Superfusion』이라는 저서에서 경제학자 재커리 캐러벨Zachary Karabel 박사는 "미국과 중국은 지난 20년 동안 하나로 얽히고설켜 통합된 초경제체제를 이룩했다"고 주장한다.[1] 그리고 통합된 미국과 중국의 초경제체제를 '차이메리카Chimerica'라 부르고 있다. '차이메리카'는 2007년 니얼 퍼거슨Niall Ferguson 교수가 미국과 중국의 상호 협력적 의존 관계를 표현하기 위해 처음으로 사용한 용어이다.[2] 캐러벨은 미국과 중국은 경제적으로 상호보완의 정도를 넘어, 이미 하나와 마찬가지이기 때문에 서로 갈등한다는 것은 상상도 할 수 없는 일이라고 말한다. 미국과 중국의 경제는 마치 하나의 나라, 하나의 경제처럼 되어 버렸다는 것이다.

캐러벨은 2008년 미국발 금융위기도 일반 전문가들과는 전혀 다른 방식으로 분석한다. 2008년의 사건으로 인해 미국과 중국의 경쟁이 본격화된 것이 아니라 오히려 "금융위기의 여파로 중국과 미국의 독특한 관계가 세계경제의 축으로 등장했다"[3]고 본다. 미국은 신용경색과 부동산 거품의 손해를 만회할 자금이 절실히 필요했고, 중국은 그런 미국의 가장 큰 채권자가 되었다는 것이다. 캐러벨은 미국과 중국 관계는 일반 채권자 채무자 관계보다 훨씬 복잡한 것으로 마치 직소 퍼즐 같다고 표현한다. 이 직소 퍼즐 덕분에 미국 기업들은 중국 소비자를 고객으로 삼아 새롭게 변신했고, 중국 고객의 수요 증가에 힘입어 미국 공장들도 번창하고 있다는 것이다.

미국과 중국의 경제 관계를 초융합superfusion 상태로 파악하는 캐러벨은 이 같은 국가 간 경제 통합은 역사상 유래가 없었던 현상이라고 주장한다. 유럽연합을 차이메리카와 유사하다고 볼 수 있지만 유럽연합은 수십 년의 노력으로 얻어진 산물인데 반해 차이메리카는 누가 의도한 것이 아니라 저절로 생겨난 것이라는 점에서 다르다고 본다. 미국과 중국이라는 판이하게 다른 성격을 지닌 두 나라가 1990년 이후 하나의 그물 속으로 들어왔고, 21세기 초반 10년 동안 융합이라고 말할 수 있는 상태로 변했다는 것이다. 캐러벨 박사는 '우리' 대 '그들'이라는 이분법적 사고로 세계를 읽는 것은 시대착오라고 주장한다. 그들의 이익은 우리의 손해라고 믿는 이분법적 사고를 버리고 미국과 유럽이 중국과 협력하여 새로이 재편되는 세계경제를 더 다듬고 발전시켜 나가야 할 것이라고 주장한다.[4]

대부분 미중 관계 전문가들이 2008년 미국발 위기를 중국의 경제가 미국을 앞지르거나 중국이 미국으로부터 모종의 경제적 독립을 하려는 계기로 보고 있는 것과는 판이한 분석이다. 2008년 미국

금융회사들의 파산으로 촉발된 경제위기는 많은 사람들에 의해 미국 패권 시대의 종언을 고하는 계기로 인식되곤 했다. 그러나 미중 경제가 융합되었다면 이 같은 발상은 애초에 나올 수 없는 것이다.

■ 미중 경제 융합의 역사

경제 통합이라는 용어보다 훨씬 의미가 강한 '융합fusion'이라는 말로 표현된 미국과 중국의 경제 관계의 시작은 캐러벨에 의하면 1989년 천안문 사태 직후 시작되었다. 당시 덩샤오핑鄧小平은 정치적인 격변에 의해 중국의 미래가 파탄나는 것을 방지하기 위해 대폭적인 경제 자유화 조치를 취한다. 경제적 풍요는 정치적 불안정 문제를 해결한다는 전통적인 이론을 따른 것이다. 자신의 개방적 경제 정책에 대해 공산주의 이념을 무시한 것이라며 반대하는 중국 관료들에게 덩샤오핑은 "검은 고양이던 흰 고양이던 색깔이 무슨 상관인가. 쥐만 잘 잡으면 되는 것 아닌가"라는 흑묘백묘론黑猫白猫論을 내세웠다. 덩샤오핑이 중시한 것은 결과였다. 천안문 사건 이전에도 그 이후에도 덩샤오핑의 목표는 중국 전체의 변화를 위해 당이 계속 나라를 이끌어 가는 것이었다. 이 같은 목표가 성공하려면 대중에게 먼저 물질적 번영을 안겨주어야 했다.

덩샤오핑은 1992년 다시 중국 개혁의 속도를 높였다. 대중의 지지를 얻기 위해 중국 남부를 방문南巡한 덩샤오핑은 "인민이 유복해지는 것은 공산당과 중국정부의 목표와 일치한다"며 경제성장과 부를 찬양했다. 덩샤오핑에게 시장경제와 계획경제는 모순되는 것이 아니었다. 사실 사회주의 중국에서 '누구든 먼저 부자가 될 수 있는 사람은 부자가 되라'는 발상은 혁명적인 것이었다.

이후 중국에는 외국의 기업진출이 문자 그대로 봇물을 이루었다. 1990년대에 들어서면서 외국 및 중국 기업을 옭아매던 제한들이 철폐되었다. 중국 사람들이 회피했던 용어인 '자본가'라는 개념도 더 이상 나쁜 것이 아니게 되었다. 우선 중국의 국영기업들이 해체되기 시작했으며 국영기업체에 정리해고가 허용되었다. 이런 과정에서 5,000만 명에 달하는 노동자가 직장을 잃었다. 먹는 것은 국가가 죽을 때까지 보장한다는 '철 밥통'이 깨져나갔다. 직장을 잃은 노동자들은 과거의 산업 지대와 농촌을 떠나 도시로 들어갔다. 1990년 중국의 도시인구 비율은 25%였는데 10년도 되지 않아 중국의 도시인구는 40%로 급증했다. 도시화는 19세기의 영국, 20세기의 미국에서도 산업화와 고속성장의 핵심이었다. 도시화는 재산소유에 관한 개념을 변화시킨다. 사람들은 자신만의 아파트를 가지고 싶어 했고 중국정부는 개인의 주택 소유도 허락했다. 구시대 공산당식 사고로는 불가능한 일이 벌어지기 시작한 것이다.

캐러벨은 미중 경제 융합은 중국의 변화만으로 이루어진 것은 아니라고 주장한다. 1990년대 미국의 경제 상황이 미중 경제융합의 또 다른 조건이 되었다는 것이다. 1992년부터 회복세를 보이기 시작한 미국경제는 1992년부터 2000년까지 8년 동안 국내총생산 증가율이 매년 3~4%에 이르렀다. 같은 기간 미국에서 월드와이드 웹이 개발되었고, 웹의 도입과 더불어 실리콘 밸리의 벤처 투자자들과 월스트리트 은행가들이 경제 전면에 나서는 상황이 발생했다. 융자와 투자, 주식 상장의 물결, 웹 관련 경제 활동이 거대한 규모로 팽창한 것이다. 미국 시장경제에 정보혁명이라고 말할 수 있는 시대가 열렸다. 이 시대의 미국경제를 '신경제'라고도 한다.

캐러벨은 1990년대 미국의 경제 상황이 미중 경제 융합을 야기한 요인이라고 주장하는데, 이 모든 것은 "떼어내려야 떼어낼 수 없는 것"이며, "경제적 현상이자 과학 기술 현상인 신경제는 차이메리카를 가능하게 한 중요한 조건이었다"라고 말한다.[5] 캐러벨은 미국에서 이루어진 정보혁명에 미중 융합의 초점을 맞추고 있다.

그는 "신경제 아래 다양한 혁신이 이루어졌는데, 그중 차이메리카와 관련하여 가장 중요한 혁신은 공급사슬의 혁신이다. 신경제의 정보 기술력은 공급사슬의 분권화, 즉 공급사슬을 수천 킬로미터의 거리를 두고 여러 부분으로 분리하여 운영하는 것을 가능하게 했다"[6]라고 설명한다. 1990년대 신기술 덕택으로 기업의 운영 방식과 제품 생산 방식에 근본적인 변화가 일어났다. 예로서, 미국에 거주하는 관리자가 중국에 있는 공장에서 일어나는 일을 마치 현지에서 공장 현장을 감독하는 것처럼 알 수 있게 된 것이다.[7] 컴퓨터 소프트웨어의 발달로 재고가 언제 어디에 얼마나 있는지 등을 세계 어디에서나 실시간으로 알 수 있게 되었다. 웹의 탄생으로 개인 투자자들이 온라인으로 주식을 거래할 수 있었고, 주식 거래량도 크게 증가했다. 이 같은 현상을 세계화globalization라고 말하는데 미국은 1990년대 중반 국가 정책으로 세계화를 시도했다.

이 무렵 미국의 정책을 신자유주의라며 비판하는 세력들이 나왔고 또한 한국의 김영삼 대통령처럼 '세계화'의 구호를 들고 나온 세계 각국의 지도자들도 많았다. 클린턴 행정부는 일반 시민들과 정치가들의 기대와 달리 미국은 세계경제에 지속적으로 참여해야 한다고 믿고 이에 따른 정책을 수립했다. 1996년 12월 작성된 문서는 "미국이 세계경제에 효과적으로 참여하고 지도자적 위치를 고수하는 데 국가의 번영이 달려 있다…. 중국을 세계경제에 편입시켜야 하며, 그것을 위해 미국이 세계경제의 방향성을 잡는 데 계속 초

점을 맞추어야 한다"라고 주장했다.[8]

그러나 90년대 동안 이루어진 세계화의 이득이 골고루 배분된 것은 아니었다. 세계화를 통해 억만장자가 우후죽순처럼 생겨나고, 과거에는 존재도 하지 않았던 아메리카 온라인, 아마존 닷컴, 야후 같은 닷컴 회사들이 캐터필러나 3M 같은 기존 회사들을 앞서는 상황이 벌어졌다. 신기업과 구기업의 운명이 분명하게 갈리게 된 것이다. 그러나 구시대의 기업들은 앉아서 죽을 수는 없었다. 이들은 새로운 시장을 모색했다. 아직 소비자들이 소비자 대접을 받지 못하고 있는 중국이 바로 이들이 눈을 돌린 새로운 시장이었다. 중국은 망할지도 모를 미국의 구식 회사들을 살려줄 새로운 시장이었다. 많은 미국 기업들이 '다른 선택의 여지가 없어서' 중국으로 갔다. 구경제의 과제가 신경제의 압력과 충돌하면서 새로운 길이 열렸고, 그 길은 누구도 의도하지 않은 방향으로 뻗어나간 것이다.

캐러벨은 "중국에서 부를 거머쥐고 차이메리카의 토대를 닦은 기업 중 일부가 미국에서는 패배자였으며, 시대와 보조를 맞추지 못한 2류 브랜드였다는 사실은 아이러니하다"[9]고 말하고 있다. 90년대 미국에서 나타난 정보통신 혁명과 그 결과 야기된 경제구조의 재편은 차이메리카, 즉 미중 경제융합의 원인이 되었다는 것이다.

■ 미국 다국적 기업들의 중국 진출

캐러벨은 미국과 중국 경제의 융합 사례로 중국에 진출한 미국 기업 몇 곳의 성공 사례를 자세히 소개한다. 미국의 패스트푸드 레스토랑인 KFC는 중국 북경에서 놀라운 성공을 거두고 1994년 5월에는 상하이의 와이탄 호텔 내에 또 다른 대규모 KFC를 오픈했다.

216

마침 개점식 날 미국 클린턴 대통령은 중국의 인권 문제와 무역 최혜국 대우의 분리를 발표했다. KFC의 CEO 존 크래머는 개점식에서 "클린턴 대통령은 인권 문제와 미국의 경제투자를 완전히 분리함으로써 중국 사업에 존재하던 불확실성을 없앴습니다."라며 클린턴 대통령의 결정을 환영했다.[10] 아무튼 이러한 클린턴의 결정은 미중 관계의 새로운 분수령이 되었다.

자신들의 1주일분 급여에 해당하는 치킨 두 조각을 먹기 위해 KFC를 방문한 중국 고객들에게 KFC는 단지 식사를 하기 위한 곳이 아니었다. 중국의 젊은이들은 친구들과 어울리며 데이트 상대에게 좋은 인상을 남기기 위해 와이탄의 값비싼 KFC를 찾았다. KFC는 중국인들에게는 새롭고 현대적인 문화의 상징이었다.

중국의 경제가 미국과 융합을 이루는 과정에서 미국의 중저가 화장품인 에이본Avon 역시 혁혁한 공을 세웠다. 판매원들의 직접 판매 방식으로 유명한 에이본 화장품은 미국에서는 사양길에 접어들었으나 중국에서는 새로운 활로를 개척했다. 에이본 화장품을 직접 판매하는 중국 여성들은 많은 돈을 벌었을 뿐만 아니라 일을 해서 돈을 벌 수 있다는 자신감을 갖게 되었다. 결국 중국정부는 에이본 화장품의 직접 판매 방식이 중국의 정치 체제마저 불안정하게 만들지도 모른다는 공포심을 느낄 정도였다. 중국정부가 에이본 화장품의 직접 방문 판매 방식을 불허하자 에이본은 미국에서와는 달리 중국에 소매상점들을 개설했고 의외의 성공을 거두었다. 미국에서는 중저가 상품인 에이본이 중국 여성들의 선망이 된 것이다.

캐러벨은 "에이본의 성공은 새로운 시장에 진출해서 자리를 잡으려 애쓰는 미국 기업의 전형적인 이야기이지만, 차이메리카의 거시적 렌즈를 통해서 보았을 때 이는 중국에서 새로운 삶을 모색하던 다국적 기업이 계획경제에서 벗어나 자본주의와 대량소비의 독특한 합병체제를 일궈가는 중국의 진화과정에 일조한 이야기"라며 그 의미를 평가했다.[11]

캐러벨에 의하면, 미중 경제 융합에 기여한 또 하나의 미국기업은 페덱스Federal Express라는 물류 회사다. 1990년대 초반 인구 10억이 넘었던 중국에는 자동차가 900만 대 정도 밖에 없었고, 철도망은 엉성했으며 포장도로도 턱없이 모자랐다. 1990년대 말엽 페덱스는 중국내 100개 도시에서 서비스를 제공하고 있었는데, 페덱스의 배송 능력 덕분에 많은 외국 기업들이 중국에 보다 쉽게 뿌리를 내릴 수 있었다. 또한 페덱스의 간단한 경영 방식은 중국 사람들도 쉽게 배웠고 결국 중국의 진화에 큰 동력을 제공했다.

중국의 공산주의 체제에 또 다른 결정타를 가한 것은 중국에 주식시장이 개장되었다는 사실이다. 1990년대 상하이와 선전에 증권거래소가 각각 하나씩 생긴 것이다. 물론 자본시장이 중국의 변화와 차이메리카 부상에 중대한 요소로 자리 잡은 것은 이보다 약 10년 후의 일이었다.

■ 중국의 WTO 가입

1997년 덩샤오핑이 사망한 이후, 그를 이어받은 장쩌민과 주룽지는 중국을 세계경제에 편입시키고자 노력했다. 이들은 중국의 문을 열어 외국 자본과 기업이 중국시장에 참여하도록 하는 데 그치지 않고 중국을 세계경제의 게임에 적극 참여시키려 한 것이다. 중국 경제의 세계 참여라는 목적을 위해 중국은 세계 무역 기구(WTO)에 가입하게 된다.[12] 주룽지는 중국의 경제는 구조 개혁 없이 더 이상 발전할 수 없다고 믿고, 중국은 중앙 정부의 직접 관리를 벗어나 시장경제를 향해 나가야 한다며 밀어붙였다. 중국은 세계 시장에서 경쟁하는 열린 나라로 변신한 것이다. 1999년 중국의 WTO 가입 합의가 이루어졌고, 9·11 이후인 2001년 12월 중국의 WTO 정식 가입이 이루어졌다.

미국과 중국 사이에는 중국의 WTO 가입을 두고 여러 가지 해결해야 할 문제가 존재했다. 반중 성향이 강한 의회는 중국의 WTO 가입에 대해 불만이었다. 결국 공산 국가에 미국의 기술이 유출될 것이라는 부정적 태도였다. 미국의 우파계열 지식인들은 클린턴 정권이 미국의 국가안보를 중국에 팔아먹는다며 분노했다.[13] 중국 내에서도 민족주의적 조류가 흐르고 있어, 결국 미국이 중국의 모든 것을 간섭하는 꼴이 될 것이라며 우려했다. 중국과 미국의 정치 지도자들은 중국의 WTO 가입을 긍정적으로 생각했지만 쉽게 이루어질 수 있는 일은 아니었다. 일반인들과 정부 관리 또는 기업가들이 자유무역에 대해 같은 생각을 가지고 있지 않았기 때문이다.

중국의 WTO 가입 논쟁이 지속되는 동안인 1999년 5월, 미국의 전투기가 유고슬라비아 베오그라드의 중국 대사관을 오폭하는 사건이 발생했다. 미국은 실수였다고 발표하고 사과했지만 중국은 미국이 실수할 리 없다며 반발했다. 중국정부는 이 기회를 WTO에 유리한 조건으로 가입할 수 있는 기회로 활용하고자 했다. 미국은 중국인들의 반미 데모를 중국정부의 관제 데모라며 비난했다. 재미있는 사실은 중국인들이 미국 대사관에 투석을 하며 반미 감정을 노출했지만 수많은 시위 참여자들이 나이키 모자와 디즈니 티셔츠를 입고 있었다는 점이다.[14] 중국 대학생들의 민족주의적 수사rhetoric 그리고 미국 일반 시민들의 반세계화 감정과는 달리 미국과 중국의 고위 관리들은 협상을 계속했고 1999년 11월 중국의 WTO 가입을 위한 협상이 마무리되었다.

캐러벨은 중국의 WTO 가입을 둘러싼 미중 협상을 구체제가 새로운 체제로 변화하는 과정의 한 단계라고 본다. 새로운 패러다임이 탄생했다는 것이다.[15] 결국 21세기인 현재, 중국과 미국의 경제는 공생의 관계로 접어들었고 중국의 도시들은 미국 브랜드와 시장 원칙이라는 홍수에 완전히 잠겼으며, 미국 기업들은 선진 세계에 부족한 생기를 찾아 중국으로 눈을 돌렸다는 것이다.[16] 캐러벨은 미국이 금융위기에 처한 이후에도 중국이 미국 채권을 계속 구매하지 않을 수 없었다는 사실을 예로 들며, 월스트리트에서 일어난 일은 워싱턴 정계의 부담이었을 뿐 아니라 중국의 문제이기도 했다고 지적한다. 마지막으로 그는 미국의 장래가 베이징과 단단히 연결되어 있다고 결론 내린다.[17] 미국과 중국의 경제는 불가분적인 하나가 되었다는 말이다.

미중 경제 융합론의 오류

■ 상황의 극심한 과장

미국과 중국의 경제가 융합되어 있다는 주장은 과격하다. 미국과 중국 경제의 상호의존적인 측면이 있다는 사실을 극도로 과장하고 있는 것이다. 유럽과 같이 각국이 주권을 어느 정도 양보한 경제 공동체가 구성된 경우에도 경제가 통합integrate되고 있다는 용어를 쓰는데, 주권이 상호 배타적인 상태에 있는 미국과 중국의 경제가 상호 융합fuse되어 있다는 말은 쉽게 받아들이기 힘들다. 캐러벨은 심지어 "중국과 미국이 지난 20년 동안 한 몸이 되어가고 있다"[18]라고 말했을 뿐만 아니라 "차이메리카는 경제의 융합에 그치지 않는다. 문화의 융합이기도 하다. 중국은 미국의 쌍둥이가 되었다. 미국보다는 젊지만 부러움과 존경, 두려움, 희망을 일으키는 점에서 중국은 미국과 많이 닮아 있다"[19]고 단언했다. 미국과 중국의 경제가 상호의존 관계로 진화되고 있는 것은 사실이다. 그러나 상호의존과 융합이라는 말은 그 의미가 완전히 다르다. 상호의존이란 두 개의 주체가 각각 독립적으로 존재하는 상황을 가정하는 것이지만 융합은 두 개가 하나가 되어버린 상황을 말한다.

캐러벨은 다음의 질문에 어떻게 대답할 것인가? 플로리다의 오렌지를 뉴욕의 소비자가 생각하듯, 중국 소비자들은 미국의 쇠고기를 인식하고 있는가? 중국 사람들이 인식하는 애플의 아이폰과 샤오미 스마트폰이 미국 사람이 인식하는 GM 자동차와 포드 자동차와 유사한 것일까? 중국 사람들이 미국을 보는 눈은 텍사스 사람들이 캘리포니아를 보는 눈과 같은 것인가? 미국과 중국의 경제가 융합된 것으로 분석할 수 있다면 미국과 캐나다 혹은 미국과 멕시코의 관계는 어떻게 말해야 하는가?

2011년 미국은 캐나다에 2,808억 달러를 수출하고 3,165억 달러를 수입했다.[20] 같은 해 미국은 중국으로부터 3,993억 달러를 수입하고 1,039억 달러를 수출했다. 미국과 캐나다 사이의 무역 총액은 5,973억 달러였고 미국과 중국 사이의 무역 거래는 5,032억 달러였다. 미국과 캐나다의 무역거래량은 미국과 중국의 무역거래량보다 약 19%정도 규모가 더 크다. 캐나다의 경제는 중국보다 훨씬 규모가 작다. 미국과 중국을 융합이라 말한다면 미국과 캐나다의 관계는 무엇이라고 말해야 할까? 미국은 2014년 캐나다에 3,124억 2,000만 달러어치를 수출했고, 3,477억 9,800만 달러어치를 수입했다.[21] 반면 같은 해 미국은 중국과 수출 1,236억 7500만 달러, 수입 4,667억 4,500만달러의 무역 거래를 했다.[22] 무역 총액상으로 미국과 캐나다의 경제 관계(6,620억 1,800만 달러)는 미국과 중국의 경제 관계(5,904억 2,500만 달러)보다 더 중요하다. 대부분의 사람들은 미중 경제 관계가 세계에서 가장 크고 밀접한 양국 간 경제 관계로 알고 있지만 그렇지 않다. 미국이 인식하는 수출시장으로서의 중국은 캐나다, 멕시코와 비교가 되지 않을 정도로 작다. 미국의 2014년도 대 멕시코 수출액은 2,402억 4,870만 달러로서[23] 대중국 수출액의 거의 2배에 이르는 것이었다. 미국은 중국을 자신들의 물건을 값싸게 만들어주는 공장 정도로 인식하고 있는지도 모른다.

미국 공화당의 유력 대선후보인 트럼프Donald J. Trump는 자신이 대통령이 되면 애플의 아이폰 제조 공장을 미국으로 옮겨다 놓겠다고 말했다.[24] 이 말이 전혀 허언이 아닌 것은 중국의 지속적인 인건비 상승으로 인해 더 이상 중국이 세계의 공장으로 인식되기는 어려운 상황이 되었기 때문이다. 2016년이 되면 중국과 미국의 인건비 비율이 1:5로 줄어드는데, 미국 노동자의 생산성을 중국 노동자의 약 5배 정도로 보기 때문에 결국 2016년 이후 중국은 더 이상 매력 있는 값싼 공장이 아니라는 것이다.[25]

캐러벨은 중국이 지속적으로 미국이 개발한 상품들을 싼값에 만들어주는 공장 역할을 할 것으로 가정했다. 중국은 미국과 경제적으로 경쟁하는 주체라고 보는 것이 더 타당하다. 중국이 영원토록 노동자로 남아있을 리 만무하다. 중국 사람들의 꿈은 미래 어느 날 미국과 중국의 역할을 바꾸는 데 있을 것이다.

■ 몰정치적(沒政治的)인 상황분석

캐러벨의 분석에는 정치학 혹은 국제정치학적 관점이 거의 고려되지 않고 있다. 미국과 중국의 관계를 규정하는 것은 경제뿐만이 아니다. 두 나라 사이에 정치적 간극이 존재하고 있다는 점, 두 나라는 세계의 패권을 두고 자웅을 겨루는 관계에 들어갈 수 있는 대국이라는 사실 등이 거의 고려되지 않았다. 정치적으로 판이하게 다른 두 나라인 미국과 중국의 경제가 융합이라는 말로 표현될 수 있을 정도까지 진전될 가능성도 없다. 트럼프 공화당 후보의 "애플 공장을 미국으로 가져와야 한다"는 언급은 트럼프가 중국을 결코 미국의 한 부분으로 취급하지 않는다는 의미다. 중국에 있는 미국 회사의 공장과 텍사스에 있는 미국 회사의 공장은 그 개념이 아직도 판이한 것이다. 오늘 유럽의 문제는 경제 통합이 정치 통합에 우선한다고 생각하고 접근했던 결과가 야기된 문제다.[26] 먼저 정치적으로 통합된 나라 사이에서나 경제 융합은 가능할 것이다.

많은 경제학자들이 경제적 상호의존이 궁극적으로 국가 간의 평화를 초래하는 것으로 설명하고 있고, 케러벨도 그러한 견해를 추종하지만, 국가 간의 전쟁에 관한 역사의 경험은 전혀 그렇지 않았다. 국가 간 경제 의존도가 가장 높아졌던 시점에 제1차 세계대전이 발발했고,[27] 경제적 의존도가 높은 나라들 간에 전쟁이 더 흔히 발발했다는 것이 역사의 현실이다.[28] 특히 경제적 의존관계가 높은 강대국들이 시장과 자원을 두고 갈등을 벌일 수밖에 없을 때에는 경제적 의존관계가 오히려 전쟁의 원인이 되곤 했다.

국가들은 경제적으로 상호의존적이냐 아니냐에 의해 전쟁과 평화를 택하지 않았다. 국가들은 이익이 갈등할 때, 특히 심각한 이익이 갈등할 때 전쟁을 벌였다. 불행한 사실은 경제적으로 상호의존도가 높아지고 있는 국가들 사이에서는 이익 충돌할 가능성도 함께 높아진다는 점이다. 경제적으로 상호의존 관계가 없는 나라들은 전쟁할 이유도 없다. 이익이 충돌할 일이 없을 테니 말이다.[29]

많은 경제학자들이 2008년 미국발 경제위기를 미국이 쇠퇴하고 중국이 부상하는 결정적 계기로 간주하고 있는데, 만약 미국과 중국의 경제가 융합된 상태라면 원천적으로 이 같은 발상을 할 수 없을 것이다. 미국과 중국은 하나의 경제체제라기보다는 상호의존적인 동시에 상호경쟁하는 무정부적 국제체제에 속해 있다. 두 나라는 이익이 충돌할 경우 언제라도 상대방을 적대국 취급할 것이다.

■ 증명할 자료가 부족한 주장

캐러벨 스스로 미중 경제가 융합되고 있다는 사실을 증명해 줄 통계자료가 없다는 점을 인정하고 있는데[30] 그렇다면 그의 주장은 단지 무의미한 말의 성찬에 불과하다. 학자의 주장은 논리적으로 경험적으로 증명되어야 하는데, 캐러벨의 주장에는 그것을 뒷받침해 줄 수 있는 근거가 부족하다.

캐러벨은 기존 경제 통계학, 거시경제학이 국민국가를 중요한 경제 단위로 보며 각 국가를 독립된 폐쇄 시스템으로 분석하고 있다고 비판하며, 국가가 경제의 주요 단위라는 개념은 20세기에나 타당한 것이었다고 주장한다.[31] 그러나 21세기인 지금은 그렇지 않다는 것이다. 과연 그런가? 그러면 국가들은 왜 매년 GDP를 발표하여 세계 속에서 자신의 등수를 따지고, 성장률에 목매고 있는가?

캐러벨은 자신의 주장을 증명할 수 있는 자료가 부족하다는 사실을 인정하면서 전문가들이 미중 경제 융합 현상을 알아차리지 못한 결과 경제 융합을 입증할 수 있는 자료를 축적하지 못했다고 말한다. 하지만 이러한 핑계는 학자로서 온당한 태도가 아니다.

■ 미중 경제 융합론은 미국 몰락론과 궤를 같이할 수 없다

융합이라 함은 두 나라가 모두 같은 수준으로 합쳐지는 것을 말한다. 그렇지 않을 경우 융합이 아니라 합병annexation이며 혹은 종속dependency이라고 말해야 할 것이다. 문제는 캐러벨이 자신의 책 곳곳에서 미국 몰락론자들의 주장을 따라한다는 점이다. 미국이 몰락한다고 이야기하는 순간 미국과 중국의 경제가 융합되고 있다는 자신의 주장을 스스로 배반하는 것이 된다. 저자는 융합을 바람직한 개념으로 보고 있기에 특히 그러하다. 미국과 중국이 경제가 융합되고 있다고 주장하기 위해서는 미국과 중국 두 나라 중 어느 한 나라가 상대방과 비교해서 몰락하고 있다고 말하면 안 된다. 융합이란 상호 호혜적인 관계를 말하는 것이지 한편이 손해 보는 구조를 말하는 것은 아니다. 한편이 손해를 보는 구조라면 1980년대 유행했던 종속dependency이라는 용어를 사용하는 편이 옳을 것이다.

미중 경제가 초융합되고 있으며 이는 역사적 사례가 없는 일이라고 주장하는 캐러벨은 스스로 자신의 논리를 무너뜨리는 언급들을 하고 있다. 예로서 그는 "미국이 지금의 낡은 구조가 가지는 문제점을 자각하지 않고, 중국의 성장을 매일 매일 부정하다가는 비참한 최후를 맞을지 모른다", "중국은 미국이 없어도 살 수 있다", "중국이 강대국의 지위에 오르는 것을 막으려 한다면 미국은 오히려 자기의 자리를 잃게 될 것이다."라는 등 자신의 전제를 부정하는 언급을 수도 없이 되뇌고 있다.[32] 미중 경제의 융합을 미국, 중국 어느 나라도 의도하지 않았던 자연적인 것이라고 보는 저자가 할 수 있는 말이 아니다.

미국과 중국의 경제가 융합되었다면 '미국과 중국은 상대방이 없으면 살 수 없다'고 말해야지 '중국은 미국이 없이도 살 수 있다'고 말하면 안 된다. 중국이 '미국 없이도 살 수 있다'면 미국과 중국의 경제는 융합된 것이 아니라 '미국 경제가 중국에 종속된 것'이라고 말해야 옳다. 미국을 비판하면서, 중국은 미국이 없어도 된다는 말까지 한 저자는 중국 역시 "낡은 사고방식에서 벗어나지 못하고 있다. 중국은 민족주의적 관점에서 경제발전을 접근하고 있고, 국가경제를 여전히 다른 나라와 구분되는 경제로 생각한다."고 말한다.

저자의 이 같은 비판은 자신이 말하는 미중 경제의 융합이 '자연적'일 수 없다는 것을 의미한다. 의도한 결과도 아니라던 미중 경제의 융합 현상이 어떻게 미국과 중국 지도자들의 잘못된 생각으로 인해 달라질 수 있다는 말인가? 미국과 중국 지도자들의 입장에 따라 미중 경제 관계가 달라질 수 있다면 어떻게 두 나라의 경제가 자연스레 융합되었다고 말할 수 있겠는가? 미국과 중국의 경제가 융합한다는 주장은 이상에서 비판한 것처럼 심각한 논리적, 경험적 하자가 있는 주장이다.

물론 현재 미국과 중국의 경제가 상호의존이 심화되다보니 미국과 중국의 게임이 제로섬 게임은 아니게 되었다고 말할 수 있을 것이다. 2008년 미국발 금융위기 당시 중국은 미국의 몰락을 즐거워하기보다는 오히려 걱정해야 하는 처지였다. 미국이 경제적으로 파탄 상태에 이를 경우 중국은 생산한 물건을 팔 수 있는 가장 큰 시장을 잃어버리게 되어 자신도 결국 경제난에 처하게 될 것이기 때문이다. 중국의 이익이 미국의 손해가 아니고 미국의 이익이 중국의 손해가 아닌 세상이 된 것은 사실이다. 그러나 이 같은 상황을 '융합'이라고 말하는 것은 심한 과장이다.

중국 체제 변화론:
중국은 미국이 규정한 게임의 규칙을 따르고 있다

중국의 부상이 미국에는 심각한 전략적 도전이 된다는 주장을 부정하는 또 하나의 견해로서, 중국이 벌이는 게임이 미국이 규정한 게임의 규칙을 벗어나지 않을 것이라는 주장이 있다. 이 주장은 국제정치학 혹은 외교 정책적 관점이 포함되어 있다는 점에서 캐러벨의 미중 경제 융합론에 비해 진일보한 것이라고 말할 수 있겠다. 이 주장은 미국과 중국은 경제적으로 상호의존 관계에 들어가는 동시에 같은 종류의 정치 게임을 벌일 수밖에 없기 때문에, 중국의 부상 그 자체가 서구를 위협하는 것이 아닐 뿐만 아니라, 중국의 성장은 오히려 미국의 경제력 우위를 강화시켜 주고 있다고 본다.

MIT 대학 정치학과 교수겸 MIT 중국 프로그램 총책임자인 에드워드 스타인펠드Edward S. Steinfeld 박사의 이러한 주장은[33] 중국의 성장이 미국과의 패권 갈등을 초래하지 않을 것이라는 점에서 캐러벨의 융합론과 궤를 같이하지만 그 내용은 전혀 다르다.

■ 자본주의 체제로 변한 중국은 미국에 도전하지 않을 것이다

스타인펠드의 중국 체제 변화론은 중국의 성장이 경제 상황만 변화시킨 것은 아니라는 데 초점을 맞춘다. 스타인펠드는 우선 지난 20년 동안 중국사회를 구성하는 가장 근본적인 관계인 국민과 국가의 관계, 국민과 경제관계, 국민들 사이의 관계에 혁명이라고 불러도 될 정도의 큰 변화가 일어났다고 본다. 1989년 1년 동안 중국 대학에서 교환교수로 있으면서 스타인펠드 교수가 관찰했던 당시 중국 도시들의 특징은 어두움과 무기력함으로 특징지을 수 있었다. 그러던 중국의 도시들이 그토록 바쁘고 활기찬 모습을 보이게 되었다는 사실은 근본적인 사회 변화가 없이 불가능한 일이라는 것이다. 스타인펠드 교수는 "결국 자유화의 물결이 침투하여 중국사회 전체에 넘쳐 흐르게 되었다", "사회자체의 기본 구조가 가장 기초적인 단계부터 완전히 탈바꿈한 것이다."라고 주장하고 있다. 중국은 더 이상 전체주의 체제가 아니라는 것이다.[34]

중국이 현재 보이고 있는 정도의 경제성장을 이룩하기 위해서는 기업이 존재해야 하는데, 기업이 존재하기 위해서는 우선 직원들이 고용되어야 한다. 직원을 고용하려면 근로자들이 어느 정도 자유롭게 움직일 수 있어야 한다. 과거 중국의 경우처럼 강제적인 직업 배정, 국영기업에서의 평생근무라는 관행은 더 이상 작동될 수 없는 것이다. 한마디로 노동시장이 발달해야 하며 이는 주택 시장의 발달을 필요로 하고 의료시설의 발달 등등 온 사회가 변해야 가능한 것들이다. 경제적 변화란 정치적, 사회적 변화를 의미하는 것이며 정치와 사회가 변하지 않고서는 경제 변화가 일어날 수 없다는 주장이다.[35]

스타인펠드는 중국 사람들의 생활에서 야기된 변화를 중국사회가 "마오쩌둥주의로부터 레이건주의"로 중국 시민이 "포로에서 시민으로" 변했다고 말할 정도로, 과격한 표현방식을 사용해서 설명하고 있다. 물론 중국 국민들은 아직 미국 국민보다 훨씬 가난하고 미국 국민정도 수준의 정치적 경제적 자유를 가지고 있는 것은 아니지만 그 외의 모든 분야에서 자유롭게 활동할 수 있게 되었다고 분석한다. 스타인펠드가 보기에 중국에서 일어난 변화는 문자 그대로 사회혁명이다.[36] 1990년대 이후 중국에서 일어난 혁명은 인류역사에서 찾아 볼 수 있는 다른 모든 혁명들과 마찬가지로 정치, 경제, 사회의 종합적 변화를 야기했다. 혁명의 범위와 폭이 1789년의 프랑스 혁명, 1917년의 러시아 혁명, 심지어 1949년 중국의 공산혁명보다 더 크고 심오하다고 보는 것이다. 1978년 덩샤오핑에 의해 중국에서 시작된 혁명을 '경제적인 면에 한정된 것'으로 보는 것만큼 잘못된 것도 없다고 주장하는 스타인펠드는 중국의 정치 변화를 초래한 원인을 세계화에서 찾는다.

중국은 세계화에 적극적으로 동참하고 편승함으로써 성장을 이룩할 수 있었다. 많은 사람들이 주장하듯 시대에 역행하는 이단자(중국)가 자국의 독특한 역량을 활용하여 세계 다른 나라들을 희생시켜가며 경제성장을 추진한 것은 아니라는 것이다.[37] 기본적으로 오늘의 중국은 자기 나름의 규칙을 정해 가면서 성장하는 것이 아니라 서구 선진 산업국가들의 규칙을 수용하면서 발전하고 있는 중이라고 본다. 중국은 자국의 독특한 정치경제 제도를 기반으로 하기보다는 점점 더 서구 선진국들의 정치경제 제도와 조화를 이루며 성장하고 있다는 것이다.[38] 오늘날 혁명이 최고조에 이른 중국은 역사적으로 한 번도 시도해보지 않은 일을 하고 있다. 중국은 지금 우리(서구)가 정한 규칙에 따라 게임을 하고 있는 것이다.[39]

중국이 서구가 만든 규칙에 따라 게임을 한다고 말할 때 그 게임이란 2차 대전 이후 미국이 규정하고 시행한 자유주의와 자본주의 게임을 말한다. 스타인펠드 교수는 이 같은 상황을 미국의 제국주의가 중국을 이긴 것이라고 생각해서는 안 된다고 경고한다. 중국이 미국의 자본주의 제도에 백기투항한 것이기보다는 스스로 상대방의 규칙에 따라 게임을 하겠다는 선택을 한 것이며, 그렇게 하는 과정에서 자국의 발전 궤도, 나아가 서구의 발전 궤도도 새롭게 정의했다고 본다.[40]

중국은 세계적인 분업 체계에 적극 참여함으로써 자신의 경제발전을 도모했고, 이를 바탕으로 세계의 부유한 국가들, 특히 미국은 기술 혁신을 추진하고 상업적인 창의력을 발휘할 수 있었다고 본다. 세계 수천만 시민이 사용하는 애플의 아이폰 뒷면에는 아이폰이 '미국 캘리포니아의 애플에서 디자인되었고 중국에서 제조되었다Designed by Apple in California, Made in China' 라는 작은 글자가 인쇄되어 있는데[41] 바로 스타인펠드의 주장을 웅변적으로 설명해주는 사례다. 중국이 제조업으로 특화하는 동안 미국과 서유럽 국가 및 일본은 훨씬 어려운 분야인 지식산업과 신기술 개발에 집중할 수 있었다는 것이다.

중국은 제조업에서 상당히 뛰어난 성과를 거두었고, 중국보다 잘사는 서구 선진국들 역시 중국과 비슷하거나 더욱 눈부신 경제적 성과를 이룩했다. 세계화된 세상에서 경제활동은 분산되었을지 몰라도 경제 권력은 분산되지 않았다. 사실 중국은 뚜렷한 비전이나, 산업을 발전시키고 경쟁자를 따돌린다는 원대한 목표를 가지고 세계경제에 참여한 것이 아니었다. 오히려 중국은 최대한 경제를 빨리 살리고 일자리를 많이 창출하기 위해 지푸라기라도 잡는 심정으로 세계경제에 뛰어든 것이나 마찬가지다.[42] 중국의 선택이었다기보다는 글로벌 경제의 의도였던 것이다.

결국 중국의 경제성장은 경제발전의 규칙을 새로 쓰면서 이루어진 것이 아니다. 중국이 자신의 비전에 따라 세계를 재편한 것도 아니다. 독자적인 규칙에 따라 만든 게임에 참여한 것도 아니다. 그보다는 중국이 세계의 선진국들, 특히 미국 주도로 생성되고 정의된 규칙에 따라 운영되는 세계경제의 게임에 스스로 통합된 결과라고 보아야 한다는 것이다.[43] 즉 중국이 자기만의 독특한 발전 방식으로 성공을 거둔 것이 아니라 미국이 규정한 세계경제의 규칙 속에서 미국이 규정한 게임을 성실히 이행함으로써 성공을 거둔 것이라는 해석이다.

스타인펠드의 해석이 설득력을 가지는 이유는 현 세계경제 구조는 중국이 미국과 적대적인 경쟁 관계에 빠져든다는 것이 원천적으로 힘들게 되어 있다는 사실에 있다. 즉 중국의 경제발전은 미국의 경제 상황과 직결되어 있다는 것이다. 미국의 경제가 불황 상황에 빠질 경우 중국이 제조한 상품을 팔아야 할 시장이 소멸하는 것과 같은 상태가 되는데 어떻게 중국이 미국의 불황 혹은 몰락을 바랄 수 있겠는가? 스타인펠드는 세계화가 이루어지는 과정에서 중국은 아웃소싱outsourcing의 대상이었지만 실제로는 중국이 세계를 제도적으로 아웃소싱한 것이라고 주장한다. 즉 중국은 국내 산업의 구조조정을 아예 외국의 회사들에게 맡기는 방식을 취했고, 국제적인 거래를 위한 규칙을 통째로 외국으로부터 아웃소싱했으며, 중국의 대표적인 국가기업의 지배권마저도 외부로부터 아웃소싱했다. 중국은 새로운 무역체제로 전환하는 과정에서 중국이 정한 제도를 마련하는 대신 협상을 통해 WTO가 정한 표준을 순순히 받아들였으며, 모든 아웃소싱 중 가장 근원적인 것이라고 말할 수 있는 '누가 이끌 것인가'라는 문제에 대해서도 그 해답을 외국으로부터, 사실

상 미국으로부터 구하기 시작했다고 보는 것이다.[44]

일반적으로 알려져 있기에는 중국의 국영 기업들에 대한 국제적인 아웃소싱의 영향력이 크지 않다고 되어 있지만 이 분야에서도 중국의 국영 기업들은 변하고 있다. 비록 국가가 대주주라는 사실에 큰 변화가 있는 것은 아니지만 기업 경영의 전반적인 측면에서 가히 혁명적인 변화가 야기되고 있는 것이 사실이다. 스타인펠드 교수가 말하는 중국이 미국이 정한 게임을 벌이고 있다는 주장의 클라이맥스는 중국이 정치마저 아웃소싱하고 있다는 부분이다.[45] 중국은 처음에는 경제 분야를 아웃소싱했지만 시간이 지나면서 점점 중국식 사회주의의 정치적 기반도 조금씩 잠식당하기 시작했다는 것이다. 일당 독재국가라는 사실은 아직 변하지 않았지만 국가의 본질, 국민과 국가의 관계, 정당성의 원천 등에서 모두 근본적인 변화가 나타나기 시작했다는 것이다.

스타인펠드는 중국이라는 국가가 국민의 일상을 통제하는 제도적인 장치를 잃어버렸다고 주장할 정도다.[46] 그는 이 같은 주장의 근거로서 글로벌 생산체제에 맞도록 국내 산업을 재편하는 과정에서 국가가 통제하던 전통적인 작업 단위가 사라졌다고 말한다. 이와 더불어 지난 수십 년간 공산당과 국가가 국민들의 운명을 결정해 온 체제 자체가 무너졌다는 것이다. 중국을 연구하는 다수의 학자들은 중국의 급속한 경제발전과 중국 공산당이 아직도 독재 권력을 행사하고 있는 현상, 즉 중국의 급속한 경제발전과 뒤늦은 정치발전 사이의 부조화에 연구의 초점을 맞춘다. 경제발전과 달리 정치발전을 이루지 못하고 있는 중국의 미래는 최종적으로 어떻게 될 것이냐가 중국을 연구하는 학자들 최대의 관심사 중 하나다.

민주주의는 경제발전의 산물이라는 견해는 정치학의 정통 이론이다. 독재국가가 경제발전을 이룩한 경우 민주주의를 향한 정치발전도 동시에 이루어지지 않을 수 없다는 말이다. 립셋Seymour Martin Lipset같은 정치학자는 "민주주의는 경제발전의 산물"이라고 말했다.[47] 스타인펠드 교수는 중국이 이미 상당 수준 민주화를 진행하고 있다고 주장함으로써 이 같은 논쟁을 원천적으로 일축해 버렸다. 중국은 경제만 발전했고 정치발전은 이룩되지 않았다고 보는 것이 오히려 잘못된 분석이라는 것이다.

스타인펠드 교수의 약점은 중국의 민주화 혹은 정치발전이 경제발전과 걸 맞는 수준으로 진전되었느냐에 대해서 객관적 혹은 구체적인 자료를 제시하지 못하고 있다는 점이다. 중국이 정치적으로 얼마나 변하고 있느냐에 대해 아무런 구체적인 자료도 제시하지 않은 채 스타인펠드는 자신 저서 마지막 장에서 중국의 독재정치는 스스로 퇴화해가고 있다고 주장한다. 물론 스타인펠드는 중국의 민주화 과정을 정확하게 측정할 수 있는 방법은 없으며 본질적으로 할 수 있는 일이란 추측 밖에 없다고 말함으로써 스스로 자신 주장의 한계를 정하고 있다.[48] 스타인펠드는 대만의 민주주의를 설명하면서, 20여 년전 만해도 도저히 상상할 수 없었던 현상이라고 주장하는데 중국도 결국 대만과 비슷한 정치발전의 경로를 따르게 될 것이라고 추론한다. 스타인펠드는 "1980년대만 하더라도 과연 누가 대만이 민주화되리라고 생각했겠는가? 중국의 독재정치는 20여 년 전 대만에서 일어났던 현상과 비슷한 방식으로 스스로 쇠퇴해 가고 있다"[49]고 말한다.

결론적으로 스타인펠드는 "중국은 현재의 경제발전 경로 때문에 수많은 내부적인 문제, 모순, 도전이 발생하고 있다. 그러나 이 길은 중국 스스로 선택한 것이다. 오늘날 중국이 서구의 규칙에 따라 게임을 하고 있으며 이 과정에서 기존의 정치 사회질서가 점점 더 압력을 받고 있다"고 말한다. 더 나아가 그는 "중국 공산당이 가까운 장래에 사라질 것으로 보이는 근거는 어디에도 없다. 또한 조직적인 반대 세력의 공격으로 커다란 도전을 받을 것이라고 생각할 이유도 전혀 없다"고 주장하며[50] 중국이 당면한 현재의 정치 상황을 대단히 안정적인 것으로 묘사하고 있다.

스타인펠드는 중국의 현대정치가 안정적이라고 주장하지만 이를 입증할 논리적인 근거는 제시하지 않고 있다. 스타인펠드는 "서구의 모습에 가까워지려고 노력하는 길을 선택한 중국의 결정은 상당히 주목할 만하다…. 이 책에서 주장하고자 하는 것 가운데 하나는 현재 중국이 따르고 있는 경제발전 경로 때문에 실존적인 의미에서 중국이 미국의 적대적 역할을 하던 시대는 이제 막을 내리고 있다는 것이다."라는 문장으로 자신이 쓴 책의 총결론을 내렸다.[51]

이러한 스타인펠드 교수의 주장이 현실적으로 타당한 분석이라면 지금 독자들이 읽고 있는 이 책은 전혀 불필요한 책이 되고 말 것이다. 중국이 미국과 적대국이 될 가능성이 없다면, 이 책 서두에서 제시한 미중 관계가 악화되거나 적대적 경쟁관계가 될 경우, 한국은 어떤 전략적 선택해야 할 것인가의 고통스런 문제는 아예 대두될 가능성이 없기 때문이다. 스타인펠드 교수의 주장이 타당하다면 필자의 가정들은 그 전제가 잘못된 것이라고 할 수 있다.

그러나 과연 중국이 미국 혹은 서구가 만들어 놓은 규칙대로 게임을 벌일 것인가? 중국은 과연 자신들의 경제발전이 서구의 방식을 잘 추종한 결과 때문이라고 생각하고 있을까? 더 중요한 질문은 중국이 경제적으로 풍요한 국가가 되더라도, 더 나아가 어느 날 미국보다 더 경제력이 큰 나라가 될 경우라도 오늘날 미국 및 서구가 만들어 놓은 국제 관계의 규칙을 그대로 따르고자 할 것인가에 관한 것이다. 이상의 질문들과 더불어 스타인펠드의 주장을 비판적으로 평가해보기로 하자.

최근 미국 예일대학의 경제학자 스테픈 로치 교수는 국가 간 경제의존이 양국 모두에 긍정적인 결과를 가져다준다는 데이비드 리카도의 비교우위론이 적용되던 시대는 지났다고 말하면서, 미국과 중국 간 경제의존의 심화로 갈등의 가능성도 높아졌다고 주장한다.[52] 두 나라의 관계를 긍정적인 의미의 상호의존interdependency라는 용어 대신 부정적 의미의 상호의존codependency으로 표현한다.

그는 미국과 중국이 위태로운 경제 불균형에 오랫동안 노출되어 있었고 이제 두 나라는 자국의 경제운명을 좌우할 중대한 시점에 도달했다고 말한다. 그는 국제경제 문제는 다자적인 측면에서 접근해야 할 문제이기 때문에 미국과 중국 사이의 불균형 문제는 미국과 중국 두 나라의 노력만으로는 해결될 수 없다고 주장한다. 세계경제의 통합이 가속화되는 상황에서 양자 간의 차원에 초점을 맞추는 것은 위험한 일이라며, 이런 접근법은 미국과 중국의 경제관계를 위태롭게 할 것이라는 말이다. 미국과 중국의 경제 의존 관계가 결국 양국 간의 불균형과 갈등을 초래하고 갈등요인이 될 수 있다는 로치의 분석은 스타인벨드의 주장을 무색하게 만들고 있다.

중국이 추구하는 게임의 규칙은 다르다

정치현상을 분석하는 학자들은 한 국가의 행태를 분석하는 데 있어서 문화가 중요하다는 사실을 잘 인식하고 있다. 국내 정치의 경우에도, 국제 정치의 경우에도 한 국가의 문화적 특징이 미치는 영향력은 점점 더 중요한 변수로 인식되고 있다. 새뮤얼 헌팅턴 교수는 정치 현상에서 문화의 중요성을 특히 강조해서 분석하고 있으며 국제정치에서 야기되는 국가 혹은 국가군들 사이의 경쟁과 갈등을 '문명의 충돌'이라는 개념으로 설명한 바 있다.[53] 중국이 급속한 경제발전을 이룩해서 서구의 자본주의적 경제발전 방식을 따른 것은 사실이다. 중국이 개방과 교역을 특징으로 하는 미국식 자본주의를 받아들였고 이를 통해 경제대국으로 성장했다는 사실은 누구도 부인하지 못할 현실이다.

그러나 문제는 중국이 서구식 경제발전 방식을 채택했기 때문에 행동도 서구식으로 할 것인지의 여부다. 과거 동양 국가들인 한국, 중국, 일본 등은 국가경제의 발전을 추구하는 방안으로 모두 서구식 제도를 따르려고 노력한 적이 있었다. 19세기 중반 이후 서양의 발달된 문명이 막강한 군사력과 더불어 아시아를 향해 다가오던 소위 서세동점西勢東漸의 시대에 동양 3국이 서구의 압력에 대처했던 방안에서 보이는 특이한 공통점이 하나 있다. 동양 3국은 모두 서구의 발전된 문물을 재빨리 도입하지 않을 수 없다는 사실에 동의했다. 그러나 더욱 놀라운 사실은 동양 3국 모두가 서구문물을 받아들이는 방식이 동일했다는 점이다. 중국, 일본, 한국은 각각 중체서용中體西用, 화혼양재和魂洋才, 동도서기東道西器라는 구호 아래 서양의 문물을 적극적으로 받아들이기 시작했는데 각국이 채택한 구호가 바로 스타인펠드 같은 서양의 정치학자가 이해하기 대단히 어려운 개념이었다.

중국은 서양의 발전된 물자를 이용할 것이지만 중국이라는 몸을 유지하겠다고 말하고 있으며, 일본은 서양의 재능을 받아들이되 일본인의 혼을 유지하겠다고 결의하고 있다. 조선도 서양의 도구를 받아들이되 동양의 도리를 잃지 않겠다고 결의한 것이다. 오늘 한 중일 3개 국가들이 경제발전의 측면에서 모두 서구화되었지만 그렇다고 이들의 행동 방식이 서구가 정한 규칙에 잘 맞게 된 것은 아니다. 더구나 중국은 경제발전에도 불구하고 민주화의 진행 속도는 대단히 느리다. 오히려 경제발전의 결과 야기된 빈부격차, 그리고 빈부격차가 야기하는 정치적 불안정은 중국의 독재정치를 더욱 강화시키는 방향으로 나아가고 있다. 중국정부는 집회 결사의 자유를 더욱 제한하는 조치들을 취하고 있다.

동양 국가들의 경우 서구화를 이룬 후에도 동양적인 특색을 유지하고 있으며 특히 서구적 경제발전이 가장 늦은 중국의 경우 국력의 회복을 과거 중국이 당했던 모욕을 만회하는 계기로 삼으려는 의도가 더욱 분명하게 나타나고 있다. 2004년 창립된 공자학원 Confucius Institute은 중국정부가 의도적으로 중국의 전통적 영향력을 더욱 확대, 강화하려는 국제적 시도다. 많은 중국인들이 경제발전을 이룩, 가난에서 벗어났지만 그럴수록 오히려 더욱 화가 난 모습을 보이고 있다.[54] 중국은 서구식 발전 경로를 택한 후에도 중국식 사회주의를 고수하고 있으며 공산당의 영구집권을 목표로 삼고 있다. 2008년 국제 금융위기 이후 국제 기축통화마저 달러로부터 위안화로 바꾸겠다는 의도를 숨기지 않고 있는데[55] 이 같은 현상을 보면서 중국이 미국이 만든 게임의 규칙을 앞으로도 오랫동안 성실히 따를 것이라고 보는 것은 무리가 있다.

중국 위안화가 국제 기축통화가 될 가능성은 현실적으로 매우 낮지만, 스타인펠드 교수의 분석처럼 중국이 미국이 정해놓은 게임의 규칙을 파기할 '의도'가 없다고 주장하는 것은 오류다. 중국이 지향하는 목표가 미국이 지배하는 세상에서 제2위의 국가로 남아있는 사실에 만족하는 것이 아닌 한, 중국은 미국이 정해놓은 규칙을 언젠가는 파기하고 자기 고유의 규칙으로 세계를 제패하고자 할 것이다. 어떤 나라가 세계 1위의 패권 국가가 된다는 것은 그 나라의 사상과 행동방식이 세계를 지배하는 상황을 만드는 일이다.

물론 중국의 자본주의도 그 발전 정도가 높아졌기 때문에 중국이 세계의 패권국이 되더라도 기존 규칙에는 큰 변화가 없을 것이라고 보는 학자들이 없는 것은 아니다. 이들은 중국이 세계의 패권국이 되더라도 미국이 구축했던 세상과 본질적으로 차이가 없는 '자유주의적 국제질서Liberal International Order'가 지속될 것이라고 보는 것이다. 미국의 저명한 국제정치학자 아이켄베리John C. Ikenberry 교수도 이처럼 주장한다.[56]

그러나 중국이 아무리 자유무역, 개방 경제를 강조하는 국가라 하더라도 중국이 세계 패권을 장악한 후 세계의 모습이 미국이 패권을 유지하고 있는 시대와 유사할 것이라고 기대할 수는 없다. 경제 행위의 규칙은 동일할지 몰라도 문화가 다르고 정치 규범이 다른 중국과 미국이 세계를 지배하는 방식이 동일할 것이라고 볼 수는 없다. 미국이 만든 세계는 미국적 속성이 배어 있을 수밖에 없다.[57] 패권에 도전했던 나폴레옹의 프랑스, 나치스의 독일, 소련 공산주의가 궁극적으로 패권국이 되었다면 그 세계가 영국 패권시대 혹은 미국 패권시대와 같을 것이라고 보기 어렵다.

독일, 프랑스, 소련이 서구 국가임에도 그러할진대 아예 양(동양과 서양)이 다르며, 평화와 전쟁, 국제질서에 대한 관점이 상이한 중국이 미국을 대체하는 세계 패권국이 된다면 중국이 지배하는 세계는 미국이 지배하는 세계와 전혀 같지 않을 것이다. 이미 중국은 서구식 국제질서 관점과 판이하게 다른 자기만의 고유한 국제정치관을 가지고 있는 나라라는 사실을 설명한 바 있다. 이미 중국은 경제적인 면에서도 자신만의 독자적 발전 방식에 대해 이야기하고 있고 서구 자본주의를 받아들이면서도 애써서 '중국적 특색'을 강조해 온 나라다.

세계 자본주의를 촉진하는 이미지로서의 중국,[58] 세계화의 중심이라는 이미지로서의 중국,[59] 중국 주식회사, 떠오르는 위협 중국, 현대적 중상주의 국가 중국 등 여러 가지 모습으로 논해지고 있지만 한 가지 분명한 것은 중국은 아직 '분노에 찬 국가'처럼 행동하고 있으며 패권국이 되어 지난 100년의 불명예를 회복하겠다는 현상 타파적 행동을 하고 있다는 점이다. 2012년 9월 일본의 센가쿠(다오위다오) 제도 국유화 조치로 촉발된 중국인들의 민족주의적 행동, 2015년 중국의 남지나해에 대한 공세적 정책들, 2016년 1월 한국정부가 북한 4차 핵실험 이후 중국의 미적지근한 태도에 실망, 사드 미사일 배치를 추진하자 한국정부를 위협하고[60] 공군기들을 사전 통보 없이 동해바다로 진입시킨 조치[61] 등은 중국과 미국은 전혀 다르게 행동하는 강대국임을 보여주는 소수 사례들일 뿐이다. 중국 언론들이 한국에 대해 "대가를 치를 것"이라는 등 외교적으로 할 수 없는 언급들을 상습적으로 하고 있다는 사실도 중국의 전략문화에서 유래하는 것이다.

중국은 결코 현상에 만족하는 나라가 아니다. 중국의 해군력이 충분했다면 2012년 가을의 센가쿠(다오위다오) 충돌이 무력분쟁으로 비화했을 가능성도 분명 있었으며[62] 중국의 해군이 충분히 막강하다면 미국 군함들이 중국이 선포한 영해를 침범하는 것을 말로만 항의하지는 않을 것이다.

미국과 중국은 어떤 식으로 격돌할 것인가

'미국과 중국 사이에 전쟁이 발발할 것인가'라는 질문은 중국의 부상과 함께 제기된 세기의 질문이다. 그러나 이 질문에 대한 정확한 대답을 하기란 쉽지 않다. 이 질문에 올바르게 대답하기 위해서는 우선 중국의 부상이 어떤 모습으로 진행될 것인가, 미국의 힘은 어떻게 전개될 것인가를 정확히 예측해야 한다. 필자는 앞장들에서 미국과 중국의 힘의 변화 추세를 군사력, 경제력을 중심으로 분석했고, 두 나라가 인식하는 전쟁과 평화에 대한 관점 등을 분석했다.

필자는 중국의 부상이 앞으로도 오랫동안 지속될 것인가, 그리고 중국이 곧 미국을 앞질러 세계 1위의 강대국이 될 것인가의 질문에 대해 '그렇게 되기 어려울 것'이라고 분석했다. 중국의 경제력이 미국을 앞서기는 어려울 것이고, 군사력은 더욱더 어려울 것이라고 보았다. 중국의 경제력과 군사력이 미국을 앞서지 못한다면 미국과 중국 사이에 패권 전쟁은 발발하지 않을 것이다.

그러나 중국이 미국에 맞먹는 패권국이 되지 못한다 할지라도 중국은 아시아에서 제1위의 경제력과 군사력을 갖춘 강대국이 될 수는 있을 것이다. 그 경우 미중 패권 전쟁은 아닐지라도 중국은 주변 아시아 국가들에 대해 강압적 정책을 전개할 가능성이 있으며 긴장과 분쟁이 발발할 소지가 충분히 있다. 이 경우 중국 주변 아시아 국가들과 다양한 동맹 및 전략적 협력 관계를 맺고 있는 미국이 개입하지 않을 수 없을 것이며, 그 결과 중국과 주변국의 분쟁은 미국도 포함되는 심각한 수준으로 확대될 수 있을 것이다.

브뤼셀 자유대학 교수인 홀스락Jonathan Holslag은 중국과 미국 사이에 발발 가능한 전쟁을 3가지 형태로 분류한다. 홀스락은 첫 번째 경우를 미중 패권 전쟁Hegemonic War, 두 번째 경우를 아시아 지역전쟁Regional War이라고 명명했는데, 이 두 가지는 앞에서 제시한 것과 같은 것이다.

홀스락이 제시하는 3번째 전쟁 형태인 주변국과의 군사적 분쟁은 중국의 부상이 아니라, 거꾸로 중국이 몰락함으로써 야기될 수 있는 분쟁이다.[63] 중국의 성장이 멈추게 될 경우 중국은 내부의 불안정을 감당하기 어려울 것이다. 중국 국민들의 정치 불만을 잠재울 수 있는 경제성장률을 7~8% 이상으로 본 학자들이 많은데, 이 정도로 높은 경제성장 기간에도 중국 내부는 매년 수십만 건 이상의 폭동이 일어나고 있음을 이미 지적한 바 있다. 그런데 2015년 중국의 경제성장률은 중국정부 발표를 통해 볼 경우 지난 수십 년 만에 처음으로 7% 이하로 내려갔다. 미국의 경제학자들 상당 부분은 중국정부의 성장률 발표를 믿지도 않는다. 이처럼 경제성장의 둔화는 중국의 국내정치를 혼란하게 만들 수 있으며, 이 같은 위험에 당면한 중국정부가 내부의 불만을 외부로 돌리려 할 경우 아시아 지역에서 군사적 분쟁과 갈등이 야기될 가능성이 있다.

이상 세 가지 전쟁 발발 가능성은 어느 경우도 다 비관적이다. 강대국의 부상이 결코 평화롭게 이루어진 적이 없었다는 역사의 교훈이 아시아에서 다시 반복되고 있다.

■ 미중 패권 전쟁

21세기는 20세기와 같은 전쟁을 상상하기 어려운 시대다. 독일의 빌헬름 황제와 히틀러의 나치 독일이 야기한 세계대전 규모의 전쟁이 또 다시 강대국들 사이에서 발생할 것이라고 상상하기는 어렵다. 미국과 중국만이 아니라 국가들 간 전쟁의 발발 가능성은 21세기가 시작된 이후 대폭 줄어든 것이 현실이다.[64] 필자는 중국이 지속적으로 부상하는 경우라도 미국과 중국 사이에 1차 대전, 2차 대전과 같은 전쟁이 발발할 가능성은 별로 없다고 본다. 다만 미국과 중국은 긴장이 대단히 높은, 그러나 두 나라 사이의 직접적인 전쟁으로 비화되지는 않는 수준에서, 마치 미국과 소련이 1945년부터 1990년에 이르기까지 벌였던 '냉전'과 같은 형태의 경쟁을 벌일 가능성이 높다고 본다. 냉전 당시 미국과 소련은 직접 전쟁을 벌이지는 않았지만 세계 방방곡곡에서 수많은 작은 전쟁을 벌였다. 그 중 비교적 규모가 큰 것이 한국 전쟁과 베트남 전쟁이었다는 사실은 미중 냉전이 발발할 경우 한반도는 결코 평화 지대로 남아 있을 수 없다는 것을 시사한다.

중국의 경제발전이 지속적으로 이루어질 경우, 미국과 중국은 비록 직접적인 충돌은 회피하려 할지라도 군사력을 동원한 모든 긴장상태 혹은 군사적 충돌사태를 다 피하려 하지는 않을 것이다. 특히 21세기에도 20세기와 같은 국제 전쟁이 발발할 가능성이 있다고 주장하는 학자들은 적지 않다. 특히 콜린 그레이Colin S. Gray 같은 전략학자는 전쟁의 본질이 변한 바 없기 때문에 21세기에도 대규모 전쟁이 발발하지 않을 것이라고 믿을 수 없다고 주장한다.[65]

투키디데스가 2,400년 전 전쟁의 원인 세 가지를 말한 이후, 그 이유들 때문에 지난 2,000년 동안 세계 도처에서 수천 건 이상의 전쟁이 발발했다. 투키디데스가 말하는 전쟁의 원인 세 가지란 두려움Fear, 이익Interest, 명예Honor인데, 이 세 가지 요소는 오늘날의 국제 정치에도 그대로 남아 있는 전쟁 원인임이 분명하다. 미국은 중국의 부상을 두려워하고 있으며, 중국은 미국의 견제를 두려워하고 있다. 미국과 중국은 각각 패권을 유지하는 데, 혹은 패권을 장악하는 데 심각한 국가이익이 걸려 있다고 생각한다. 미국은 어떤 일이 있어도 패권국의 지위를 유지하고 싶어 하며, 중국은 가능한 한 미국의 자리를 대체할 패권국이 되고 싶어 한다.

'투키디데스의 함정Thucydides Trap'[66]은 몇몇 개인적인 정치가들의 의도대로 쉽게 피해질 수 있는 일이 아니다. 투키디데스 함정이란 용어를 유명하게 만든 논문의 저자인 하버드 대학의 그래함 앨리슨 교수는 과거 16회의 패권 경쟁 사례 중 전쟁으로 비화하지 않은 경우는 단 4차례밖에 없었으며 나머지는 모두 전쟁으로 비화했다고 주장한다.[67] 그는 미국과 중국과의 관계가 지금처럼 진행된다

	시기	패권국	도전국	전쟁/평화
1	16세기 전반	프랑스	합스부르그	전쟁
2	16세기 – 17세기	합스부르그	오토만제국	전쟁
3	17세기	합스부르그	스웨덴	전쟁
4	17세기	네덜란드 공화국	영국	전쟁
5	17세기 후 – 18세기 초	프랑스	영국	전쟁
6	18세기 후 – 19세기 초	영국	프랑스	전쟁
7	19세기 중반	영국, 프랑스	러시아	전쟁
8	19세기	프랑스	독일	전쟁
9	19세기 – 20세기 초	러시아, 중국	일본	전쟁
10	20세기 초	영국	미국	평화
11	20세기 초	러시아, 영국, 프랑스	독일	전쟁
12	20세기 중	소련, 영국, 프랑스	독일	전쟁
13	20세기 중	미국	일본	전쟁
14	1970 – 1980년대	소련	일본	평화
15	1940 – 1960년대	미국	소련	평화
16	1990년대 – 현재	영국, 프랑스	독일	평화

표 6-1 16회의 패권 경쟁

면 십여 년 후 미국과 중국의 전쟁은 그 가능성이 대단히 높을 것이라고 전망한다.[68]

이상 16개의 패권 경쟁 사례를 분석한 앨리슨 교수는 16회 중 12회는 전쟁으로 귀결되었다고 말하며 미국과 중국의 패권 경쟁이 전쟁으로 빠져들 가능성은 예상보다 훨씬 높을 것이라고 말하고 있다. 필자는 앞에서 모든 패권 경쟁은 필연적으로 전쟁을 초래했다고 주장했는데 앨리슨 교수의 사례 중에는 과연 패권 경쟁이라고 말할 수 있을지 의심스러운 사례들이 포함되어 있기 때문에 분석상 차이가 있을 수 있다.

앨리슨 교수가 평화적으로 결론이 난 패권 경쟁의 사례로 제시한 4가지 경우는 20세기 초반 미국 대 영국, 1970년대 일본 대 소련, 미소 냉전, 그리고 1990년대 이래 독일 대 영국 및 프랑스 등인데 미소 냉전을 제외하면 이들 나라들이 '패권 경쟁'을 벌였다고 말하기 애매한 사례들이다. 미국이 주도하는 자본주의 진영에 포함되어 전쟁을 할 수 있는 헌법과 군사력도 없는 일본이 1970년대~1980년대 동안 평화적으로 소련과의 패권 경쟁에 이겼다고 말하기 어렵고, 1990년대 독일이 프랑스와 영국과의 패권 경쟁에서 평화적으로 이기고 있다고 말하기도 애매하다. 20세기 초반 미국이 영국의 패권을 빼앗기 위해 노력했다는 것도 국제정치의 올바른 분석일지 의심스럽다.

미국과 중국은 두 나라 모두 명예를 특히 강조하는 전통이 있는 나라들이다. 중국은 지난 수천 년간 향유해 왔던 패권국의 지위를 다시 찾으려 하며, 미국 역시 자신만이 세계를 지도해 나갈 수 있는 예외적인 나라라는 자부심으로 가득 차 있는 나라다. 이상과 같은 점을 고려할 때, 중국의 부상이 지속된다면 미국과 중국은 마치 소련과 미국이 벌였던 수준의 냉전을 벌일 가능성이 대단히 높다. 냉전은 부분적인 열전(제한전쟁)을 야기했지만 미국과 소련이 직접 싸우지는 않았던 것처럼 미중 패권 경쟁도 1, 2차 세계대전과 같은 모습의 패권 전쟁이 되기보다는 미소 냉전과 같은 전쟁 아닌 전쟁이 될 가능성이 높다. 이미 언론인들과 학자들은 '동북아시아의 신냉전'이라는 말로 현재 진행되고 있는 미중 관계와 동북아시아 국제정치를 묘사하고 있다.

■ 아시아 지역 전쟁

중국의 고도 경제성장이 앞으로 수십 년간 지속되기 어렵다면 중국은 세계의 패권을 추구할 수는 없을 것이다. 그럼에도 불구하고 중국은 아시아의 1인자 지위를 확보하기 원하며 그동안의 불만을 완화시키는 조치들을 취할 수 있을 것이다. 중국은 적어도 아시아 국가들의 잠정적인 복속을 원할 것이고 중국에 유리한 입장에서 각종 분쟁들을 해소하고자 할 것이다. 영토 문제, 경제 문제에서 중국이 지배력을 과시할 수 있는 아시아를 추구할 것이다.

2010년대에 들어서면서 동아시아 전 지역, 특히 동지나해와 남지나해 수역이 일방을 중국으로 하고 다른 편을 중국 주변의 작은 나라들로 하는 영토분쟁에 본격적으로 빠져들기 시작했다. 일본과 중국, 대만이 센가쿠(다오위다오) 섬을 둘러싸고 영토분쟁을 벌이고 있으며 중국과 필리핀 사이에도 영토분쟁이 벌어졌고 중국과 베트남, 중국과 말레이시아, 중국과 인도네시아 등이 모두 동지나해, 남지나해의 군도들을 놓고 영유권 분쟁을 벌이고 있다. 대한민국과 중국 사이에도 이어도를 둘러싼 영토분쟁이 발발할 가능성이 상존하고 있다. 특기할 상황은 아시아에서 현재 진행 중인 영토문제들의 대부분은 힘이 부쩍 늘어난 중국의 공격적인 태도로 인해 야기되고 있다는 점이다.

영토문제가 개입된 국제분쟁은 다른 분쟁 원인에 비해 군사화될 가능성이 훨씬 크다는 점을 고려한다면 동아시아에서 최근 야기되고 있는 영토분쟁들은 모두 잠재적인 전쟁 가능성을 내포하고 있는 것들이라 보아야 한다. 물론 작은 영토를 둘러싼 분쟁이 즉각 대규모 전쟁으로 비화한다는 것은 아니지만 작은 불씨로 인해 대전쟁도 발생할 수 있다는 것이 전쟁사의 교훈이다.[69] 1차 세계대전은 사라예보에서 발발한 작은 암살사건이 걷잡을 수 없이 확대되어 결국 세계대전으로 비화했음을 보여주는 사례다. 1차 대전 당시 유럽은 대전쟁도 발발할 수 있는 잠재적인 화약고였다. 마침 세르비아의 민족주의자에 의한 페르디난드 황태자 암살 사건은 그 화약고에 성냥불을 던진 것과 같았다.

오늘의 동북아시아, 특히 동북아시아의 바다는 분쟁이 발생할 가능성이 대단히 높은 불안정한 지역이다. 키신저 박사는 21세기 세계 각 지역들이 과거에 비해 전쟁이 발발할 가능성은 대폭 감소되었지만 아시아는 예외가 될 수 있는 지역이라고 분석한 바 있다.[70] 미국은 현재 중국과 직접 분쟁 당사국은 아니지만 미국이 중국과의 군사 분쟁에 말려 들어갈 가능성을 전혀 배제할 수 없는 상황이다. 대부분의 학자들은 미국이 중국과의 분쟁에 말려들어갈 가능성이 아주 높은 사례 중의 하나로 대만 문제를 지적하고 있다.

대만이 어느 날 독립을 선언한다면 중국은 무력으로 개입할 가능성이 대단히 높고, 미국 역시 개입할 가능성이 높다고 생각한다.[71] 앞으로 다가올 수 있는 북한의 급변사태는 미국과 중국의 무력 분쟁을 초래할 수도 있다.[72] 종합적으로 볼 때, 미국과 중국이 세계대전 급의 대전쟁을 벌일 가능성은 거의 없지만, 중국은 적어도 아시아 패권을 놓고 주변국들과 분쟁을 일으킬 가능성이 대단히 높고, 이 같은 지역 분쟁이라 할지라도 아시아 국가임을 자임하는 미국이 개입할 가능성은 결코 적지 않다. 미중 관계의 미래를 여러 가지 측면에서 종합한 크리스토퍼 코커는 앞으로 10년 이내에 미국과 중국 사이에 전쟁이 발발할지도 모른다고 예측하고 있다.[73]

■ 중국의 불안정과 주변국과의 군사적 분쟁

홀스락은 중국과 주변국가 간 군사적 분쟁 발발 가능성을 제기했는데, 국제정치 이론적으로 상당히 타당한 분석이다. 급속히 성장하던 중국 경제가 성장을 멈추게 될 경우 중국이 국내정치적으로 당면할 문제는 대단히 심각할 것이다. 중국 공산당은 국민들에게 고도성장의 경제적 이득을 제공함으로써 독재정권을 유지해 올 수 있었는데 그것이 영원히 지속될 수 없다는 사실은 중국의 정치가들은 물론 세계가 다 알고 있다.

중국은 그동안 고도성장을 이룩하기는 했지만 그 과정에서 수많은 문제들을 양산했다. 심각한 부의 불균형 문제, 인구의 급격한 노령화에 따른 인구통계학적 문제, 최악의 환경과 공해 문제, 정부 주도의 공공시설 투자와 이로 인한 거품발생, 일자리를 찾아 농촌에서 도시로 이주해 온 2억 명도 넘는 농민공 문제는 중국의 경제발전이 둔화될 경우 즉각 터져 나올 수 있는 정치불안 요소들이다.

독재자들은 자신의 정치적 불찰로 인해 국내정치가 혼란스러워지는 경우 자신의 책임을 인정하려 하지 않는다. 그들은 항상 다른 데서 평계를 찾고자 하며, 힘이 강한 국가들일 경우 문제의 원인이 외부에 있다고 주장하며 국민의 관심을 밖으로 돌린다. 최근 중국처럼 민족주의적 정서가 고양되고 있는 경우 외부의 적을 찾아 내부의 문제를 해결하려는 유혹은 더 클 수밖에 없다. 특히 외부의 적들이 자신보다 약한 나라들일 경우 그러할 것이다.

시진핑 주석이 취임하기 전 영국의 〈이코노미스트〉지는 "새로운 황제로 책봉 받은 시진핑은 자신이 통치하게 될 거대한 왕국인 중국보다 더 거대한 문제에 당면해 있다"는 특집 기사를 실은 적이 있다.[74] 이미 중국은 상대적으로 약한 이웃나라들에게 마치 동네 불량배처럼 행동하기 시작했다. 베트남 석유 탐사선 케이블을 끊는가 하면, 인도네시아 어선의 출입을 금지하기도 하고, 필리핀 등과 영유권을 다투는 난사군도에 일방적으로 인공섬을 조성하고 있다. 물론 영유권 분쟁 중에 있는 지역에서 일어난 일들이지만 미국의 예비역 4성 장군인 윌리엄 클라크 대장은 "자신들이 분쟁의 원인 제공자라는 사실을 중국은 잘 모르고 있다"[75]며 꼬집고 있다.

2016년 1월 6일 북한이 4차 핵실험을 단행하고, 2월 7일 장거리 미사일 발사 실험을 한 직후 한국 정부는 미국과 사드 미사일 배치를 논하기 시작했다. 북한의 핵실험과 공격 무기 개발에 대해 겨우 유감을 표명하고 강력한 국제제제를 반대해 온 중국은, 대한민국의 '방어적' 조치에 대해서는 유감보다 훨씬 강력한 외교 수사인 "우려"를 표명하고 있다. 최근 우리가 보아온 주변국들에 대한 중국의 거친 행동들은 중국의 국제정치적 전통뿐만 아니라, 현재 중국의 경제성장 둔화와 이로 인한 국내정치 불안을 우려하는 중국 공산당 지도부의 조급한 마음에서 기인한 것이라고 볼 수 있다.

07

중국의 군사력과 군사전략

군사력 증강을 동반하는 중국의 경제성장

중국의 부상이 오직 경제력에만 한정되어 있는 것이라면 문제는 전혀 심각하지 않다. 2차 대전 이후 일본과 독일의 경제력의 급속한 성장을 보고 향후 국제정치 구조를 위험하게 만들 일이라고 우려했던 식자들이나 전략가들은 별로 없었다. 물론 1800년대 말엽과 1900년대 초반 나타났던 독일의 급속한 경제력 성장은 군사력의 증강, 특히 해군력의 급속한 증강을 포함하고 있었기 때문에 기존의 패권국 영국은 즉각적으로 독일에 대응하려 하였고, 이는 결국 1차 세계대전 발발의 원인이 되었다. 1차 대전 패망 이후 히틀러의 독일은 또다시 급속도로 경제력 증강과 무력 증강을 동시에 추진했고, 이는 2차 세계대전이라는 대전쟁으로 귀결되고 말았다. 아시아에서 일본 경제력의 급속한 증강 또한 무력 증강을 동반했고 이는 태평양 전쟁으로 귀결되었다.

그러나 2차 대전 이후인 1950년대에서부터 1990년 무렵까지 나타난 일본과 독일의 급격한 경제력 증강은 군사력 증강을 동반하는 것이 아니었고, 미국은 이에 대해 특별히 경계하거나 대응할 필요가 없었다. 물론 1980년대 후반, 일본의 급속한 경제성장이 궁극적으로 일본의 재무장을 초래할 것이며 일본과 미국이 패권 전쟁을 일으킬지도 모른다는 견해가 제기되었던 적이 있었다. 일본과 미국 사이에 패권 갈등이 야기될 것이라고 보는 학자들이 있었고, 비록 소수이기는 하지만 미국과 일본 사이에 전쟁의 가능성을 배제할 수 없다고 주장하는 학자들도 있었다.[1] 일본인 지식인들 중에서도 일본이 더 이상 미국에게 고분고분할 필요가 없다고 주장하는 사람들도 나타났다.[2]

그러나 1990년 소련이 붕괴된 이후 미국이 유일 초강대국으로 등장하게 된 이후 미국 패권시대의 도래는 일본 위협론을 잠재웠다. 일본의 도전이 무산된 것으로 판명된 이후 새로운 도전자로 인식되기 시작한 나라는 중국이었다. 1990년대 이후 중국과 미국이 패권 경쟁을 벌일 나라라는 주장이 팽배하기 시작했고 이러한 주장의 근거는 중국의 경제발전이 경제성장률을 훨씬 능가하는 군사비 지출 증가를 동반하고 있다는 사실 때문이다. 즉 중국의 발전은 단순한 경제력의 성장뿐 아니라 군사력의 대대적인 양적, 질적 증강과 함께 일어나는 것으로 관찰되었다.

미국의 저명한 평론가인 조지 윌George Will이 "중국의 성장을 보면 마치 19세기 독일의 성장을 보는 것 같은 느낌이 든다."고 표현했을 정도로 중국의 부상은 군사적인 측면이 포함된 것으로 인식되고 있다. 윌은 "독일의 성장이 제기했던 문제는 두 번의 참담한 전쟁을 통해 해결되었는데 중국의 성장이 제기하는 문제는 그렇게 되지 않도록 사전에 조치를 취해야만 할 것"이라고 경고했다.[3]

■ 중국의 의도와 능력

중국은 그동안 군사력을 다른 나라들이 말하는 것처럼 급속하게 증강시키고 있는 것은 아니라고 해명하고 있으며, 실제 중국 군사력은 양적인 측면에서 오히려 감축이 이루어지고 있다. 냉전 당시 거의 500만에 육박했던 중국의 군사력은 2015년 현재 230만 이하로 감축되었다. 냉전시대와 비교할 때 중국의 군사력은 규모상 거의 절반이나 줄어들었다. 그러나 문제는 중국의 국방비가 1990년 이래 현재에 이르기까지 거의 매년 경제성장률의 거의 두 배 가까

운 속도로 증액되고 있다는 사실이다. 버코위츠Bruce Berkowitz 교수
는 중국의 군사력 증강 비율이 1994년부터 2003년까지 10년 동안
매년 17%에 이르고 있다고 말한다.4 중국정부가 발표한 자료에 의
거할 경우 중국 국방비는 지난 20여 년간 매년 연평균 16% 정도씩
상승했다. 지난 수십 년간 중국의 경제성장률을 연평균 9~10% 정
도로 보는데 군사비 성장률은 경제성장률을 훨씬 상회하고 있는 것
이다.

2015년 3월 4일, 중국정부는 전년(2014년)의 증가율 12.2%에는
못 미치지만 두 자리 숫자 증가율인 10% 국방비 증액을 발표했다.
이로써 중국은 2010년 이후 5년 동안 매년 두 자리 숫자의 국방비
증강을 이룩한 것이다. 2015년 중국 국방예산은 달러화로 환산할
경우 1,450억 달러에 이른다.5

중국의 군사력은 양적인 측면에서는 줄어들고 있지만 질적인 측
면에서는 대폭 강화되고 있는데, 이런 현실을 미국의 국제정치학자
들은 'Leaner But Meaner'라고 표현한다. 즉 규모는 줄어들었지만
매서운 정도가 훨씬 더 강화되고 있다는 말이다.

전략가들은 상대방의 의도보다는 상대방의 능력을 더 중요하게
평가한다. 상대방의 군사적 능력이 부족하다면 상대방이 어떤 생각
을 하고 있어도 별로 두려울 것이 없다. 상대방이 공격적인 의도를
가지고 있다고 할지라도 실질적으로 이를 행동으로 옮길 수 있는
군사력이 없다면 우려할 일이 아니다. 그러나 상대방이 공격을 할
수 있는 능력을 가지고 있는 경우라면 상대방의 의도가 지금 현재
평화적이라 할지라도 우려스런 일이 아닐 수 없다. 의도는 언제든
바뀔 수 있는 것이기 때문에 막강한 이웃이 있을 경우 언제라도 안
보정책의 대상으로 삼아야 하는 것이다.

최근 수년간의 한중 관계는 밀월 관계라고 표현하는 사람조차 있을 정도이지만 중국의 막강한 군사력은 언제라도 한국에 적대적인 군사력으로 돌변할 수 있다.[6] 바로 이 같은 이유 때문에 전략가들은 상대방의 의도보다는 상대방의 실력을 분석하는 데 초점을 맞춘다. 올바른 전략분석은 적의 능력을 정확하게 분석하는 것이다. 국제정치 체제는 국가들 사이에 언제라도 전쟁이 발발될 수 있는 무정부 상태라는 사실 때문에 이처럼 생각할 수밖에 없고, 또한 그렇게 생각하고 대처하는 것이 안전하고 타당한 일이다.

그렇다면 중국의 군사력은 어떻게 증강되고 있는가? 특히 1978년 중국이 개혁개방을 통해 급속한 경제발전을 이룩하기 시작한 이래 중국의 군사력 증강은 어떤 모습으로 나타나고 있는가? 그리고 현재 중국의 군사력은 어느 수준에 도달해 있으며, 향후 중국 군사력의 건설 방향은 무엇인가? 그리고 중국은 미국의 일부 학자들이 주장하는 대로 궁극적으로 미국보다도 막강한 군사력을 보유하게 될 것이며 동북아시아는 물론 세계의 패권국으로 도약할 것인가?

이 같은 질문에 답하기 위해서는 우선 중국 군사력 증강의 현황에 대한 자료를 살펴보는 일이 선행되어야 할 것이다. 본 장에서는 중국 군사력의 변동 현황을 권위 있는 자료들을 근거로 해서 분석한 후 중국 군사력의 미래에 대해 설명하고자 한다.

중국 군사력 변동의 특징

미국의 국방 담당 고위 관리들은 이미 오래전부터 중국의 군사력 증강에 대해 경고성 목소리를 내기 시작했다. 특히 2012년 시진핑 주석 취임 이후, 중국은 공개적으로 군사력을 과시하기 시작했다. 새로운 무기 개발을 공개적으로 발표하고, 그 무기들을 군사퍼레이드 혹은 다른 방법들을 통해 전 세계에 알렸다. 중국이 2015년 9월 3일, 전쟁승리 70주년을 기념하는 대규모 군사 퍼레이드는 사실상 미국에 대한 힘의 과시 성격이 짙은 행사였다. 수년 전인 2011년 1월 8일, 아시아 순방길에 올랐던 당시 미국 국방장관 로버트 게이츠Robert Gates는 "중국의 군사력 향상 속도가 미국 정보기관의 예측보다 빠르다"고 주장했다.[7] 게이츠 장관의 발언을 보도한 한국 기자는 중국이 군사력을 증강하는 이유를 다음과 같이 요약, 정리하였다.

"중국이 군사력 증강에 나서는 이유는 '부민강국' 이라는 단어로 요약된다. 백성을 부유하게 하고 강한 나라를 만들자는 것이다. 아편전쟁 이후 외세에 처참하게 당한 치욕을 잊지 않겠다는 뜻이기도 하다. 물론 해상수송로의 안전 확보 등도 주요 이유로 꼽고 있다. 이런 이유 아래 중국은 1989년 이후 2009년까지 21년 연속 방위비 예산을 두 자리 수로 늘려왔다. 이 사이 방위비는 18배로 늘었다. 2010년에는 공식적으로 9.8% 늘려 한 자리수에 불과했지만 다른 나라에 비해 여전히 높은 증가율이다. 2010년 중국의 방위 예산은 5,191억 위안(약 89조 원)이다. 이 정도로도 이미 미국에 이어 세계 2위의 군사비 지출이다. 문제는 이것이 겉으로 드러난 금액이라는 점이다. 미국, 일본 등은 중국의 국방비는 드러나지 않은 액수가 더욱 크다고 보고 있다. 미국은 실제 공개된 액수보다 2~3배 정도가 더 많을 것으로 추정한다."[8]

길지 않은 문장 속에 중국 군사력이 대대적으로 증강되고 있는 현상과 원인이 잘 정리되어 있다. 중국은 경제력의 증가에만 그치지 않고 군사 강대국을 지향하고 있다는 사실, 그리고 강대국을 지향하는 배경에는 중국의 민족주의가 깔려 있다는 사실에 유념해야 한다. 중국의 군사력 증강은 경제성장의 부산물이라는 측면 외에도 과거 중국의 영광을 재현하겠다는 대국주의 성향이 적극적으로 포함된 것이라는 사실을 간과할 수 없다.

위 기사가 작성된 2011년 이후에도 중국은 매년 10% 이상 국방비를 증액시켜 오고 있으며, 2015년 중국의 국방비는 8,900억 위안(1450억 달러)에 이르고 있다. 최근 5년 동안 중국 경제력이 하강하고 있는 것과 달리 국방비 지출은 전혀 감소세를 보이지 않고 있다.

중국은 현재 총병력 수 약 230만의 세계 최대 병력을 보유하고 있다.[9] 6.25전쟁을 경험한 한국 사람들은 '중국 인민해방군' 하면 인해전술을 떠올리는데, 이제는 잘못된 생각이다. 중국 인민해방군은 천문학적인 군사비 덕에 점차 첨단 장비를 갖춘 현대식 군대로 변신하고 있다. 이미 다수의 핵미사일과 핵잠수함을 보유하고 있으며, 군사위성을 운용하고 있다. 스텔스 전투기를 독자 개발하고 있으며, 러시아에서 항공모함을 도입한데 이어 자국 기술로 만든 제2의 항공모함을 계획하고 있다. 중국은 항공모함 타격용 '둥펑21東風-21' 전략 핵미사일도 개발했다고 발표했다. 항모를 공격하기 위한 미사일이란 사실상 미국해군을 겨냥하는 무기라고 할 수밖에 없다. 이밖에 중국은 사이버전cyber warfare 능력 등에서도 상당한 실력을 갖추고 있으며 점차 공격적인 태세를 취하고 있다.[10]

■ 중국군의 병력 감축과 현대화

중국의 군사력 변동을 연구하는 사람들에게 가장 뚜렷하게 보이
는 현상은 중국의 군인 숫자가 대폭 감소되고 있다는 사실이다. 중
국의 군사력이 막강하다는 사실을 강조하기 위해 "중국의 군인 숫
자가 230만이나 된다."라고 말하지만 13억 4,000만 중국 인구의
0.17%에 불과하다. 북한의 경우 현역 군인이 인구의 거의 5.2%에
이른다는 사실과 비교하면 중국은 양적인 측면에서 군사력이 막강
하다고 말하기 어렵다.[11] 물론 중국은 우리나라의 경찰에 해당하는
공안公安의 숫자가 무려 800만 명이나 되고 공안의 예산이 국방예
산보다 더 많다는 사실도 지적되어야 할 것이다.[12] 경찰력은 국가위
기 시 군사력에 준하는 행동을 할 수 있기 때문이다.

중국이 군사력의 규모를 감축하는 대신 국방비는 대폭 증액시키
고 있는 현상은 아래의 표에서 잘 보여진다.

육군은 대폭 감축되고 있지만 해군과 공군의 군사력은 전혀 줄어

	1980	1985	1990	1995	2000	2005	2010	2014
총병력	475.0	390.0	303.0	293.0	247.0	225.5	228.5	233.3
육군	390.0	297.3	230.0	220.0	170.0	160.0	160.0	160.0
해군	36.0	35.0	26.0	26.0	22.0	21.5	25.5	23.5
공군	40.0	49.0	47.0	47.0	42.0	21.0	33.0	39.8

출처: The Military Balance 각 해당 연도 자료를 필자가 정리한 것임. 2015년 자료는 Military Balance 2015년 판에 게재된 수치로 2014년 자료임. 2010년: 전략미사일군 10만.

표 7-1 **중국의 병력 수**

들지 않고 있다. 오히려 약간씩 증가되는 추세를 보이고 있다. 중국의 군사력은 육군 위주의 대병력大兵力주의로부터 해·공군을 강조하는 현대식 군사력, 즉 '힘의 투사power projection'가 가능한 군사력으로 탈바꿈하고 있다. 전반적인 중국의 병력은 감축되고 있지만 중국의 군사비는 오히려 대폭적인 증액을 보이고 있다. 특히 중국의 군사비는 1990년대 세계 주요 강대국들의 군사비 감축 경향과는 반대로 대폭 증가해 왔다.

미국 국제정치학자 버커비츠 박사는 '21세기를 이해하기 위한 5가지 숫자'라는 재미있는 설명을 제시했는데, 그중 하나가 17%라는 숫자다. 중국이 1994년 이래 2003년에 이르는 10년 동안 국방비를 매년 17%씩 증강시켰다는 사실을 의미하는데, 버커비츠 박사는 이것을 21세기 국제정치를 설명해 주는 5가지 요소 중 하나라고 보았다. 버커비츠 박사가 제시한 5가지 숫자는 다음과 같다.

1. 7500억 달러(2004년 지구 전체 국방비)
2. 3,800억 달러(2004년 미국 국방비)
3. 3.2%(미국 국방비가 미국 GDP에서 차지하는 비율, 세계평균 3.5% 보다 작다)
4. 17%(지난 10년간 즉 1994~2003 중국 국방비 연평균 증가율)
5. 3,025명(2001년 9월 11일 미국에서 테러 공격으로 인한 인명 피해)

이 5가지 숫자들은 21세기는 미국의 패권시대이며, 미국에 대한 도전이 중국과 이슬람에 의해 야기되고 있다는 것을 의미한다. 21세기 국제정치는 패권을 유지하고자 하는 미국이 중국과 테러리즘의 도전에 어떻게 대응할 것인가에 의해 설명될 수 있을 것이다.[13]

미국은 2001년 이후 약 10년간은 테러리즘의 도전에 대응하는 데 집중했다. 물론 '중국의 도전'은 이미 2000년대 이전부터 국제 정치학을 연구하는 사람들의 가장 큰 연구 주제였다. 다만 지난 10년 동안 국제 테러리즘이 미국 안보 담당자들의 주요 관심 대상이었다. 2011년 5월 2일 오사마 빈라덴을 사살한 이후 미국은 본격적으로 '중국의 도전'이라는 보다 전통적이고 중요한 문제에 대처하기 시작했다.[14]

■ 중국과 미국의 국방비 증감

아래 자료는 중국 군사력 증강의 특이한 측면을 잘 보여준다. 1990년 무렵부터 중국은 본격적인 군사비 증액을 하고 있었는데 1990년대 10년 동안 증가율은 186.7%였지만 2000년대 10년 동안 중국의 국방비 증가율은 무려 358.7%에 이른다.

물론 통계자료를 잘 읽어야 할 필요가 있지만 단순 수치로 비교할 때 1990년도 미국 국방비의 3.5%에 불과했던 중국의 국방비가

	1990	1995	2000	2005	2010	2011	2013
미국	510,998	399,043	382,061	562,039	698,281	711,421	600,400
중국	17,943	20,875	33,496	64,729	121,064	142,859	112,173
중국/미국(%)	3.5	5.2	8.8	11.5	17.3	20.1	18.68

2010년 달러 가격 기준, 단위 100만 달러.
2011년 수치는 2011년 달러 가치로 표시한 액수. 출처: Military expenditure by country, in constant(2010) US$ m., 1988~2011의 자료 중에서 필자가 해당 년도를 발췌하여 정리한 것임. 상기 인터넷 자료는 스웨덴의 스톡홀름 평화연구소(SIPRI)의 자료를 기준으로 정리한 것임.

표 7-2 중국과 미국의 국방비 증강 비교

2011년에는 미국 국방비의 20.1% 수준까지 올라선 것이다. 미국의 국방비는 2011년을 정점으로 점차 감축되는 모습을 보이기 시작한 반면 중국의 국방비 지출은 2011년 이후 현재까지 매년 10% 이상 증강되고 있다.

중국의 국방비는 자료마다 금액상 차이가 나는 경우가 대단히 많은데, 이는 중국정부가 발표하는 국방비의 투명성에 문제가 있기 때문이다. 상기 자료들은 스톡홀름 평화연구소와 영국 전략문제 연구소가 추정한 것이며 중국정부가 발표한 액수를 그대로 달러화로 환산한 것은 아니다.

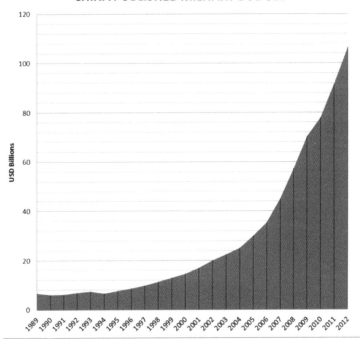

출처: Wikipedia/www.globalsecurity.org

그림 7-1 **중국의 국방비 증가**

위의 자료들을 보면 두 가지 정반대의 해석이 가능하다. 하나는 중국이 무서운 속도로 군사비를 증강하고 있어서 미국의 패권에 도전할 수 있는 위치에 다가가고 있다는 것이다. 또 다른 하나는 미국의 군사 패권은 너무나도 압도적이어서 중국이 아직은 미국의 패권에 도전할 만한 위치에 도달하지 못했다는 것이다.

중국의 군사력 증강이 대단한 것은 사실이지만 2001년 9.11 테러 이후 미국의 국방비 역시 그 증강 속도가 만만치 않았다. 특히 미국이 '아시아 재균형 정책Re-balancing Asia'을 본격화하기 시작한 2012년 이후 미국의 국방비가 오히려 감축되고 있다는 사실은 미국이 중국에 대처하기 위해 군사비를 따로 더 지출할 필요가 없다는 사실을 반영한다. 이라크 및 아프가니스탄 전쟁에 투입되었던 군사비와 군사력을 아시아로 돌리면 되기 때문이다.

미국은 냉전이 끝난 1990년대 10년 동안 국방비를 대폭 감축했다. 표준화된 달러 가치를 사용해서 계산할 경우, 1980년대 미국의 국방비는 연평균 3,500억 달러 수준이었던 반면 1990년대 10년 동안은 매년 약 2,500억 달러를 국방비로 지출했다. 소련이 몰락한 후, 10년 동안 미국은 국방비를 대폭 줄일 수 있는 여유가 있었다. 그러나 2001년 테러 공격을 당한 직후 미국의 국방비는 문자 그대로 거의 수직 상승했다. 2005년 미국의 국방비는 2000년에 비해 무려 1,799억 7,800만 달러가 증액되었는데 이는 47.1%나 늘어난 것이었다. 미국의 국방비는 2005년 이후에도 지속적으로 증가되어 2010년의 미국 국방비는 5년 전보다 1,362억 4,200만 달러, 즉 24.2%가 증가되었다. 다만 미국의 국방비는 2011년을 정점으로 2015년에 이르기까지 지속적인 하락세를 보이고 있다.

많은 사람들이 미국의 경제력이 약해져서 군사비를 줄일 수밖에 없었다고 말하지만 미국은 경제력 때문에 군사비를 줄이거나 늘이는 나라가 아니다. 군사비 증강이 필요하다고 느끼면 미국은 언제라도 군사비 증강이 가능한 나라다. 미국의 국방비 지출이 정점에 도달했던 2011년, 미국의 국방비는 GDP 대비 4.7%였는데 과거 역사에 비추어 볼 때, 결코 과다한 지출이 아니었다. 미국은 냉전이 종료될 무렵인 1980년대 대략 GDP 대비 6% 정도의 국방비를 지출했다. 한국 전쟁 당시 미국의 국방비 지출은 GDP 대비 12%에 도달한 적이 있었고, 베트남 전쟁 당시는 약 9% 정도였다. 2차 대전 당시 미국의 국방비는 미국 GDP의 40%를 넘기도 했다.

2015년 현재 미국의 군사비는 5,810억 달러로 세계 전체 군사비 1조 6,290억 달러의 35.7%이며, 이는 국방비를 많이 쓰는 2위부터 10위 국가들의 국방비를 모두 합친 것보다 더 많은 액수다.[15]

군사력 측면에서 중국은 아직 미국의 패권에 대한 도전국이 아니라 할 수 있다. 하지만 중국 해군력의 급속한 증강은 제한적 측면에서 의미 있는 변수가 되고 있다. 세계 제패를 꿈꾸는 중국 해군은 중국의 앞바다인 동지나해 및 남지나해에서 미국의 접근을 거부한다는 전략을 구사하고 있다.

해양국가로 변신하는 중국[16]

마오쩌둥이 사망한 이후, 주자파capitalist로 몰려 6번씩이나 죽음의 고비를 넘겼던 덩샤오핑이 중국의 권력을 장악한 후, 중국은 개혁 개방의 길을 걷게 되었다. 덩샤오핑의 개혁개방 이후 중국의 경제는 연평균 9~10%에 이르는 발전을 거듭, 2010년 중국의 GDP

는 일본의 GDP를 넘어 세계 2위가 되었다. 이 같은 급속한 경제발전은 중국의 국가속성national attributes을 변화시켰고 국가속성의 변화는 국방정책의 변화를 가져왔다. 경제발전을 이룩하기 이전, 중국은 어느 면으로 보아도 대륙국가였지만 오늘날 중국은 해로sea lane를 통한 국제무역에 의존하는 해양국가로 변했다. 해양국가는 바다를 중시하고 바다의 안보를 지키려고 노력하지 않을 수 없다. 과거에 중국의 국가안보 정책은 대륙의 적과 싸울 것을 상정했지만 17 지금은 바다에서의 적을 물리치는 것이 가장 중요해졌다. 중국이 상정하는 바다에서의 적이란 당연히 일본과 미국이다.

중국은 서태평양에 접하고 있는 국가로서 해안선의 길이가 1만 8,400km에 이르는 나라다. 중국은 15세기에 이를 때까지는 세계 최강의 해양력을 보유했던 나라였다. 그러나 16세기 초반 정화함대鄭和艦隊의 급작스런 몰락과 해금정책海禁政策 이후 중국의 해군력과 해양력은 급격히 몰락해 버렸고 중국은 결국 16세기 이후 바다를 제패한 유럽 국가들의 반식민지半植民地 신세로 전락하기에 이르렀다.18 영국과 치른 아편 전쟁(1839-42)에서의 패배는 중국이 주도했던 중화주의적, 아시아적 국제질서가 붕괴되었음을 의미했다.

1949년 중화인민공화국이 수립된 이후에도 중국은 고립주의적, 대륙 지향적 정책을 펼쳤다. 그 결과 1985년 이전까지 중국의 해양 전략은 소련군이 바다로부터 중국을 침투하지 못하게 하는 연안 방위 전략Coastal Defense이었으며, 중국 해군은 연안 방위나 담당하는 보잘 것 없는 군사력에 불과했다.

중국의 군사 전략은 1985년 중앙 군사 위원회가 보다 적극적인 해양 방어 전략인 근해방위近海防衛, Offshore Defense 전략을 발표한 것을 계기로 대륙 지향적인 전략에서 해양 지향적인 전략으로 바뀌게 되었다. 1985년 당시 중국은 그동안 주적으로 간주해왔던 소련이 중국을 공격할 가능성이 상당히 줄어들었다고 판단했으며 이후 중국의 군사전략은 보다 적극적으로 바다로 나가는 것이 되었다. 즉 과거 중국의 방위전략은 '해안선'을 지키는 데 집중했지만 1980년대 중반 이후 중국의 방위전략은 근해를 지키는 것으로 확대되었다. 물론 중국이 의미하는 근해의 범위가 어디까지인지에 대해서 명확하게 규정된 바는 없다. 해양법이 정한 배타적 경제수역인 200해리로 보는 사람도 있고 유화칭 제독이 창안한 개념인 제1, 제2도련선까지라는 사람들도 있다.[19]

중국의 해양전략: 도련선과 반접근 전략

중국의 해양전략은 제1도련선과 제2도련선 개념을 창안한 류화칭 해군사령원(재임기간 1982~1988)에 의해 주도적으로 발전되기 시작했다. 류화칭 제독은 중국 해군은 21세기 중 3단계에 걸쳐 '전 지구에 도달할 수 있는global reach' 능력을 보유한 해군을 갖추어야 한다고 주장했다. 우선 2000년부터 2010년까지 중국은 제1도련선 내에서 작전 가능한 해군을 건설해야 하며, 2010년부터 2020년 사이에는 제2도련선까지 힘을 투사할 수 있는 해군을 보유해야 한다고 주장했다.[20] 3단계는 2040년까지 이루어져야 할 목표로서 중국 해군은 항공모함을 갖춘 대양Blue Water으로 뻗어 나갈 수 있는 해군으로 발전해야 한다는 것이었다.[21] 류화칭 제독은 육군 출신이었지만 바다의 중요성을 인식하고 해군력 건설을 강조했으며 바다에서 중국의 국가이익을 어떻게 수호해야 할 것인가에 관한 개념을 제시했던 인물로 근대 중국 해군의 아버지로 인식되고 있다.

최근 중국 해군력의 급격한 증강은 류화칭 제독의 전략에 의거한 것으로, 후진타오 전 주석에 의해 국가전략으로 채택되었다. 2012년 11월 8일 후진타오는 제18차 당 대회 개막식 연설에서 중국은 해군력을 바탕으로 하는 강한 중국을 건설해야 한다며 21세기 중국의 '해양굴기海洋崛起'를 이렇게 언급했다.

> "해양자원 개발을 위해 우리의 능력을 강화해야 한다…. 중국의
> 해양권리와 이익을 보존하고, 중국을 해양국가로 키워야 한다.[22]

이 같이 국가 대전략 차원의 지원을 받게 된 중국 해군은 강화된 해군력을 통해 중국 근해에서 미국 해군의 활동을 방해하거나 차단하려고 하고 있다. 중국은 이미 미국 해군이 중국 근해에 진입하지 못하게 하는 전략을 구상했으며 이 수역에서 미국의 해군을 격퇴하기 위한 구체적인 계획을 수립하고 이를 위한 해군력 건설에 매진하고 있다. 미국의 전략가들은 중국의 이 같은 해양전략을 반접근·지역적 거부 전략Anti access Strategy, Area-denial strategy or Access denial strategy 혹은 요약해서 A2/AD 전략이라고 부르고 있다.

최근 중국의 해양전략을 논할 때 가장 많이 사용되는 개념이 도련선 개념이다. 제1도련선은 중국이 해양국가로 변신하고 있다는 모습을 보여주는 것이며, 최근 중국 해군력이 급속히 증강되는 이론적 기초가 되었다. 제2도련선은 사이판 – 괌 – 인도네시아를 잇는 선으로서 사실상 태평양을 동서로 양분하는 선이다. 중국은 궁극적으로 두 개의 도련선 안쪽의 지역을 자신들의 '영해'처럼 지배하고 싶어 한다. 이 도련선을 지키기 위해 중국은 국제 해양법에서 인정

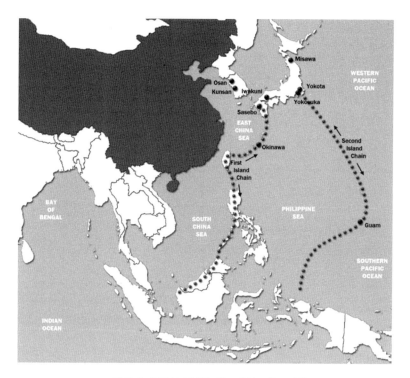

그림 7-2 **중국이 상정한 제1도련선, 제2도련선**

하는 배타적 경제수역(EEZ)조차 무시한다. 중국은 미국의 군함들
이 이 지역에서 활동하는 것을 물리적으로 방해하기도 하고 미국
해군에게 군사 공격 위협을 가하기도 했다.[23]

특히 2010년에 이르러 중국은 더욱 공세적으로 남지나해 영유권
을 주장하기 시작했으며 미국의 대응 역시 더욱 강한 군사 행동으
로 바뀌고 있다. 중국이 비행장을 건설하고 있는 인공섬 주위에 12
해리 영해를 선포하자, 미국은 이를 항행의 자유를 심각하게 위협
하는 것으로 인식하고 중국이 영해라고 선포한 지역에 군함을 진입
시키거나 폭격기를 날게 하는 등 강력하게 대응하고 있다. 중국은

미국의 자유 항행 작전: 남지나해

2013년 11월 23일 동지나해 수역의 상공까지 영향력을 높이고자 이어도가 포함된 방공식별구역을 선포했다. 그러자 미국은 자국의 B-52 폭격기로 하여금 중국이 선언한 방공식별구역을 비행하게 했고, 2014년 4월 한국 순방을 마치고 동남아 국가들을 향하던 오바마 대통령의 미 공군 1호기 역시 중국이 선포한 방공식별구역을 통과해 날아갔다.

중국의 공세적 해양전략에 대한 미국의 대응은 점차 강도가 높아지고 있다. 2015년 10월 27일 미국은 9,200톤급 이지스 구축함 라센USS Lassen호를 중국이 스프래틀리 군도 인공섬 주위에 선포한 영해[24]에 투입, 항진하는 무력시위를 벌였다. 이러한 무력시위는 '자

266

유항행작전freedom of navigation operation'으로 명명되었으며 미국은 앞으로도 이 같은 작전을 지속할 것이라고 선언했다.[25] 미국은 중국의 영해를 인정할 수 없다는 의미에서 이처럼 행동한 것이다. 곧이어 12월 18일에는 미국의 B-52 전략폭격기 2대가 인공섬 주변 상공을 비행하기도 했다. 2016년에도 이 같은 미국의 군사작전은 지속되고 있다. 2016년 1월 30일에는 이지스구축함 커티스 윌버USS Curtis Wilber호가 중국이 선포한 파라셀 군도Paracel Islands, 西沙群島 내 인공섬의 영해에 진입하여 항진했다.

이 같은 미국의 군사행동에 대해 중국 측은 강력하게 반발하고 있다. 중국 중앙군사위원회 위원인 우성리吳勝利 해군사령원은 2015년 11월 19일 중국을 방문 중인 스콧 스위프트Scott Swift 태평양함대 사령관에게 강력한 항의의 뜻을 전했다.

> "최근 미국이 항행의 자유를 구실로 남중국해 난사군도에 함정을 파견한 것은 중국의 주권 권익에 대한 심각한 도발이며 난사군도의 안전에 대한 엄중한 위협이다. 중국 해군은 미국의 도발을 엄중 감시하고 있으며 여러 차례 경고도 보냈다. 양국관계를 유지 보호하기 위해 대국적 견지에서 극도로 자제하고 있지만 만약 미국이 중국의 반대를 고려하지 않고 다시 도발한다면 우리는 국가의 주권과 안전을 보위할 능력을 갖고 있다."[26]

아직 양국 군대 간에 실탄 사격이 오간 일은 없었지만 두 나라 군사력이 기동하는 모습은 냉전 당시 미국과 소련 군사력 간의 치킨게임을 닮아가는 듯하며, 이는 언제라도 군사 분쟁으로 비화될 가능성을 내포하고 있다.

■ 중국의 영토 개념과 남해 9단선

중국은 영토개념이 서양국가와 다르다. 중국의 역사를 보면 국경선이 서구식 개념처럼 분명한 선으로 존재하기보다는 오히려 '변방邊方'이라는 모호한 개념으로 존재했다. 천자 즉 중국 황제의 권위가 영향을 미치는 곳까지가 중국의 영토였고 중국의 영토는 중국의 국력 변화에 따라 아메바처럼 늘어나기도 하고 줄어들기도 했다. 중국이 주변 국가들 대부분과 모종의 영토 분쟁을 벌이고 있는 이유가 바로 이처럼 전통적인 중국인의 영토 관념에서 유래하는 것이다. 물론 중국이 서구식 국제질서를 받아들인 이후 전통적인 중국식 국경개념에 변화가 생긴 것은 사실이지만 중국인들의 행태 속에는 아직도 서구와 다른 영토 개념이 남아있다.

앞에서 설명한 바처럼 중국은 바다에도 영역을 표시하는 행동을 하고 있다. 사실 바다를 선으로 그어서 자신의 영역이라고 표시하는 일은 대단히 이상한 일이다. 바다에 경계선을 긋는다는 것 자체가 국제적으로 통용되는 일은 아니기 때문이다. 그러나 중국은 바다에 선을 그어 놓고 중국의 해안으로부터 중국이 설정한 선까지의 지역을 방어해야 할 지역, 혹은 지배해야 할 지역으로 정의하고 있다. 그럼으로써 중국은 바다의 일부분을 마치 육지의 영토와 같은 개념으로 생각하는 것이다.

중국이 바다를 마치 대륙의 영토처럼 생각한다는 것은 서구적인 해양 개념과 어긋난다. 서양 사람들은 바다를 어떤 특정 세력 혹은 국가가 소유할 수 있는 물건으로 인식하지 않는다. 서양인들 특히 미국 사람들에게 바다는 인류의 공유지Commons이며, 모든 나라가 함께 사용해야 하는 것이다. 바다를 자유로운 공유지로 인식하는

그림 7-3 **중국이 상정한 남해 9단선**

사람들에게 바다는 면面이기보다는 선線이다. 장소를 구분하는 개
념으로서의 면이 아니라 장소와 장소를 연결한다는 개념으로서의
선이다. 서구인의 인식 속에 있는 바다는 나라와 나라, 사람과 사람
들을 이어주는 가장 양호한 통로다.

바다 영토에 대한 중국인의 관점을 가장 극명하게 표현한 것은
중국이 남지나해 전체를 마치 자신의 영토처럼 표시한 소위 남해 9
단선이라는 선이다.[27] 중국은 9개의 선으로 이어진, 국경선인지 무

엇인지 알 수 없는, 이 선이 국제법적으로 무엇을 의미하는지를 구체적으로 밝히지 않고 있다.[28] 중국이 바다에 그은 선은 오늘 남지나해에 연한 모든 나라들과 미국이 중국과 분쟁을 벌이고 있는 핵심적인 원인이 되고 있다.

물론 중국은 1970년대 말까지는 노골적으로 바다를 영토라는 개념으로 치부하지 않았다. 1980년대 이후 중국은 바다의 특정 지역을 마치 중국이 소유하고 있는 영토 개념처럼 인식하며 국제사회와 갈등을 벌이기 시작했다. 우리는 중국이 바다를 영토처럼 인식하기 시작했다는 사실이 가지는 특이한 의미를 파악할 수 있어야 한다. 바다를 영토로 본다는 것은 중국이 자기 것이라고 상정한 바다를 자신의 지배 아래 두기를 원한다는 의미다. 중국은 단순히 적국이 바다를 통해 침략해 오는 것을 방어한다는 목적을 넘어, 자신의 영토라고 생각하는 바다를 마치 육지를 지배하는 것처럼 완전하게 지배하고 싶은 것이다.

■ 새로운 방어 개념으로서 방위층

미국 해군정보국은 2015년에 발표한 중국의 해양전략과 해군력에 관한 새로운 보고서[29]에서 중국 해군이 근해와 원해에서 동시에 작전을 수행할 수 있는 전략이 필요하다는 것을 인식하고 '도련선' 방어 개념에서 '방위층Defensive Layer' 개념으로 전략 개념을 바꾸었다고 분석했다. 방위층層 개념은 중국이 과거 육지국경을 선線이 아닌 대신 층(변방, 변경)으로 인식했던 것과 유사한 것이다.

제1방위층은 연안으로부터 540~1,000해리 떨어진 해역으로, 동해바다 전체, 일본 열도 전체, 필리핀 열도 전체, 인도네시아의 보

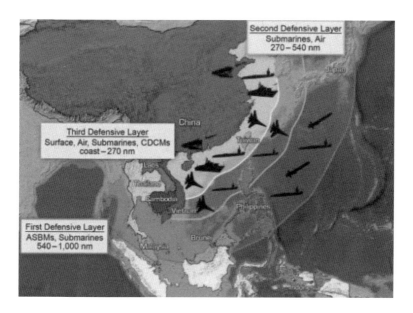

그림 7-4 **중국의 3방위층(China's Defensive Layers)**[30]

르네오 섬 북부 지역 및 말레이시아, 태국에 연해있는 바다를 포함
한다. 대함 탄도미사일과 잠수함이 제1방위층을 지키는 주된 방어
수단이라 할 수 있다.

 제2방위층은 연안으로부터 270~540해리 떨어진 해역으로, 한
국 동해의 일부, 일본의 큐슈, 오키나와를 모두 포함하는 바다이며,
필리핀의 루존 섬, 베트남 남부까지 여기에 들어간다. 잠수함과 항
공기가 제2방위층을 지키는 주된 방어수단이다.

 제3방위층은 중국이 상정하는 최종 방위층으로 중국의 해안선으
로부터 270해리 떨어진 해역이다. 서해바다 전체, 제주도, 이어도,
센카쿠 열도(중국명 다오위다오), 대만, 베트남의 중부 지역에 이르
는 바다를 모두 포함한다. 수상함과 잠수함, 항공기, 해안방어 순항

미사일CDCMs 등이 제3방위층을 방어하는 주된 수단이다.

중국의 새로운 방위층 개념은 제1도련선과 제2도련선 개념을 보다 구체화시킨 개념이라고 볼 수 있다. 제1방위선의 외연은 제2도련선과 거의 비슷하지만 말래카 해협 및 인도양 일부까지 포함하고 있다는 점에서 더욱 확대된 방어개념으로 보인다. 중국의 방위층 개념은 방위를 강조한 이름과는 달리 동남아시아 국가들에게는 공세적이고 위협적인 개념이 아닐 수 없다. 서해바다와 동해바다 전체가 중국의 해양 방위층에 포함되어 있다.

2016년 1월 30일 중국 군용기 2대가 사상 처음으로 대한해협을 지나 동해까지 왕복 비행한 사건이 발생했다. 이 과정에서 중국 군용기는 한국방공식별구역(KADIZ)과 일본방공식별구역(JADIZ)을 사전 통보 없이 침범해 통과했다. 한국의 언론은 "아시아 패권을 둘러싼 미·중·일 군사력 경쟁의 불꽃이 한반도까지 튀는 양상"이라고 보도했지만[31] 중국은 자신이 인식하는 방어개념에 따른 훈련을 단행한 것이라고 보아야 할 것이다.

한국의 한 해군 제독은 "현재 중국 해군의 방어선 개념은 미국 해군의 다층방어 개념과 유사하나, 현 중국 해군의 능력을 고려하면 모든 방어선 내에서 동시에 작전을 수행하기에는 무리가 있다. 그러나 현재 중국의 해군력 현대화 계획이 어느 정도 마무리되는 2020년 이후가 되면 미국 해군정보국에서 제시한 제1~3방어선을 동시에 방어한다는 전략이 현실화될 수 있다."[32]고 전망한다. 중국은 미국과 대결할 수 있는 해군력을 건설하기 위해 최대의 노력을 경주할 것이 분명하다.

중국 해군력 증강 추세와 현황

중국이 1980년대 중반 연안 방어로부터 근해 방어로 해양전략을 변화시킨 이후 중국의 해군력은 급속히 성장하기 시작했다. 앞에서 논한 해상방위에 관한 중국의 전략 개념들은 중국 해군력 증강의 논리적 기초를 제공했다. 중국은 제1도련선을 방어하는 것은 물론 제2도련선을 방어할 수 있는 해군력 건설에 몰두하고 있다. 중국 해군은 적어도 근해지역을 장악할 수 있는 충분한 능력을 갖추고 있는 것으로 평가된다. 더 나아가 2012년 9월 취역한 중국 항공모함은 중국이 본격적으로 대양해군 시대로 들어가고 있다는 상징이 되고 있다.

중국 해군은 유화칭 제독이 '적극적 근해 방위전략'을 도입한 1980년대 초반에는, 적어도 질적인 측면에서 보잘 것 없는 수준이었다. 당시 미국과 일본의 해군력은 중국의 해군력을 완전히 압도할 수 있는 수준이었다. 류화칭 제독에 의해 중국의 군사전략에 해양전략이 본격적으로 추가되던 무렵인 1983년 중국 해군의 군사력[33]은 총병력이 36만 명이고, 이중 해군항공대 병력이 3만 8,000명, 연안경비대가 3만 8,000명이었다.

해군의 상징인 구축함과 프리깃함 등 주요 수상함surface ship은 총 34척이 있었다. 이중 구축함은 13척이었는데, 루다급 9척, 안산급이 4척이었다. 프리깃함 21척은 지앙후급 9척, 지앙동급 3척, 쳰두급 4척, 지앙난급 5척으로 구성되어 있었다. 잠수함은 핵 추진 잠수함인 한漢급 잠수함이 2척, 중소형 잠수함이 101척 있었다. 연안방위를 담당하는 고속 공격함 209척, 초계정 44척, 350척의 미사일 고속정 FAC(G), 270척의 고속정 FAC(T)을 보유하고 있었다. 수뢰

제거를 위한 소해정 23척, 상륙작전을 수행하기 위한 상륙정 19척, 연안방어를 위해 85mm, 100mm, 130mm 구경의 해안포 및 SS-N-2 지대함 미사일이 해안지역에 설치되어 있었다. 중국 해군 항공대는 약 800대의 항공기를 보유하고 있었다.

이처럼 1980년대 초반 중국의 해군력은 중국의 해안을 방어할 수 있는 수준이었다. 소규모 경비정을 수백 척 이상 보유하고 있었지만 원해遠海 작전이 가능한 구축함과 프리깃함은 총 34척에 불과했다. 850척 정도의 소형 경비정과 101척의 구형 잠수함은 양적으로는 많아 보이지만 중국의 해안선 길이가 1만 8,000Km에 이른다는 사실을 고려할 때 이정도 해군력은 연안을 방어하기에도 벅찬 수준이었다.

그러나 중국은 지속적인 경제발전에 힘입어 엄청난 예산이 필요한 해군력을 지속적으로 증강시킬 수 있게 되었다. 중국은 실제로 1985년 이후 놀라운 속도로 해군력을 증강시켜 왔다. 중국의 해군은 구형 잠수함은 숫자상으로 감소시켰지만 훨씬 강력한 신형 핵잠수함을 갖추기 시작했다. 특히 상대국에 힘을 과시할 수 있는 수상함들인 구축함destroyers과 프리깃함frigates을 대폭 늘렸다. 1983년 34척에 불과했던 주요 수상함(구축함, 프리깃함, 코르벳함)이 2014년에는 무려 95척으로 늘어난 것이다. 30년 동안 61척의 대형 군함이 늘어났으니 매년 2척씩의 신형 군함이 건조된 것이다.

■ 현재의 중국 해군

중국의 해군력은 지난 20여 년간 급속한 증강을 이룩해 왔다. 현재 중국 해군은 칭다오에 사령부를 둔 북해함대, 닝보에 사령부를

	1985	1990	1995	2000	2008	2011	2014
잠수함	핵잠수함 2척 기타 100척	핵잠수함 1척 기타 93척	핵잠수함 1척 기타 52척	핵잠수함 1척 기타 64척	핵잠수함 3척 기타 62척	전략핵 잠수함 3척 기타 68척 (공격핵잠수함 6척)	전략핵 잠수함 4척 공격핵잠수함 5척, 기타 59척
구축함	14	18	18	20	28	13*	26
순양함							
프리깃함	22	37	32	40	40	65	52

*The Military Balance 2011년 판은 중국 구축함 15척을 2011년부터 프리깃함으로 재분류했다.
출처: Office of Naval Intelligence (ONI), The PLA NAVY: New Capabilities and Missions for the 21st Century (Washington DC: ONI, 2015), p. 45. 표에서 인용.

표 7-3 중국 해군력 증강 현황[34]

둔 동해함대, 하이난도 부근 잔지앙에 사령부를 둔 남해함대 등 3개 함대로 편성되어 있고, 주요 전력은 다음과 같다.[35]

북해함대	동해함대	남해함대
공격 핵잠수함 3척	디젤 공격 잠수함 18척	전략핵잠수함 4척
디젤 공격 잠수함 25척	구축함 9척	공격핵잠수함 2척
구축함 8척	프리깃함 22척	디젤공격잠수함 16척
프리깃함 10척	상륙함 20척	구축함 9척
상륙함 11척	미사일초계함 30척	프리깃함 20척
미사일 초계함 18척	코르벳함 6척	상륙함 25척
코르벳함 6척		미사일초계함 38척
		코르벳함 8척

중국 해군은 양적인 증가는 물론이지만 질적인 증가를 눈여겨 보아야 한다. 잠수함들은 명급으로부터 송급, 유안급으로 성능이 향상 되었으며 미사일 구축함도 루다급으로부터 루양 1급, 루양 2급, 루양 3급으로 발전해 왔다. 해군 항공기는 J-7E로부터 J-8, 그리고 현재는 J-10으로 성능이 향상되어 왔다. 수상함에 장착된 대함 크루즈 미사일Anti-ship Cruise Missile도 사정거리 70해리 이내였던 C-802에서 150해리까지 공격 가능한 C-602로 바뀌었다.

중국인민해방군 해군의 잠수함도 빠른 속도로 핵전력화하고 있다. 2005년 당시 8척이었던 핵잠수함이 2014년에는 9척으로 늘었는데 이중 4척은 대륙간 탄도미사일을 발사할 수 있는 전략핵 잠수함이다. 2005년 당시 대함 크루즈(순항) 미사일을 장착한 중국 잠수함의 비율은 34%였었는데, 2014년 59%가 대함 크루즈 미사일을 장착하고 있으며 2020년에는 64%로 그 비율을 올릴 전망이다.

중국 해군 역시 세계 각국 해군의 꿈이라고 할 수 있는 항공모함을 장비하기 위해 노력하고 있다. 2012년 9월 중국은 1호 항공모함 랴오닝遼寧호를 중국 해군에 배치한 후 2012년 11월 J-15 전투기를 이착륙시키는 데 성공함으로서 중국은 항공모함에 비행기를 이착륙시킨 세계 5번째 나라가 되었다.[36] 그러나 중국이 작전 가능한 항모 탑재기 연대regiment를 운용하기까지는 여러 해가 더 소요될 것이라고 예상된다. 중국의 항공모함은 아직 미국의 니미츠 클래스 항공모함과 비교할 수는 없다. 현재 중국이 항모 탑재기로 사용하고 있는 J-15 플라잉 샤크기Flying Shark는 소련의 Su-33 플랭커Flanker를 모델로 삼아 항공모함용으로 개량한 것이다.

중국과 주변국의 해양 갈등

　미국은 냉전이 종식된 이후 새로운 해양전략에 입각해서 서태평양지역에 미국 해군을 출현시켜 작전을 전개하고 있다. 이러한 미국 해군의 활동은 중국이 설정한 제1도련선 안쪽 지역에서 활발하게 이루어지고 있다. 중국은 미국 해군의 이러한 움직임에 대해 심각하게 반발하고 있다.

　냉전 종식 이후부터 최근까지 중국이 설정한 제1도련선 내부에서의 미국의 활동을 둘러싸고 중국과 충돌이 여러 차례 있었고, 중국과 주변국들 사이에도 수많은 충돌이 일어났다. 물론 2011～2015년은 과거 어느 때보다 서태평양 지역의 정세가 불안정했던 시기이기도 했지만 서태평양 지역에서 미국과 중국, 그리고 중국과 주변국들의 갈등 역사는 상당히 오래된 것이다.

■ 서해사건

　미국 해군 및 서양 학자들에게 '서해사건Yellow Sea Incident'으로 알려진 사건이 1994년 가을에 발발했다. 1994년 10월 28일, 미국 항공모함 키티호크Kitty Hawk호가 서해로 진입해서 서해 깊숙이 북상한 것이다. 냉전이 종식되고 미국의 새로운 해양전략인 'From the Sea'가 발표된 직후인 1994년 미국 항공모함이 서해로 진입한 것은 냉전 이후 미국의 해양전략이 변화되었음을 단적으로 상징하는 사건이었다.

　마한 제독의 해양전략이 발표된 이후 약 100년 동안 미국의 해양전략 사상을 지배한 이론은 미국 해군은 '바다 위에서On the Sea' 적국의 해군을 파괴하는 것을 목적으로 한다는 것이었다. 냉전 시대에도 미국의 해군 전략은 바다 위에서 적의 해군력을 격멸하는 것이었다. 그러나 냉전이 끝난 후, 바다 한복판에서 상대할 적이 없게 된 미국 해군은 '바다로부터From the Sea' 라는 전략으로 미국의 해양 전략을 바꾸게 되었다. 냉전이 끝난 이후 미국 해군은 적의 해안선 가까운 곳에서 작전할 수 있는 해군을 지향하기 시작했던 것이다. 더 나아가 미국 해군은 해병대와 함께 바다로부터 육지로 진격한다는 해양전략을 발전시켰다.[37]

미국의 항모전단이 최초로 서해에 진입했던 1994년 10월, 중국은 대단히 분노했으며, 미국 해군의 진입에 대응하여 대규모 해군을 출동시켰다. 물론 당시 중국은 미국 해군을 저지하기 위한 효과적인 대응을 하지는 못했다. 다만 중국은 앞으로 또 다시 미국 해군이 서해로 진입할 경우 중국은 실탄 사격을 할 것이라고 위협했다.[38] 물론 그 이후 미국 항공모함은 여러 차례 서해로 진입했고 중국은 미국해군에게 실탄을 발사하지는 않았다.

미국은 2010년 11월 하순 다시 북한의 연평도 도발 책임을 물어 서해 바다에 항공모함 조지 워싱턴George Washington호 전단을 투입시킨 바 있었다. 2012년 6월 23일부터 25일까지 조지 워싱턴호는 다시 서해에서 한미 해군 훈련을 전개했으며, 중국은 이에 대해 강력히 반발했다. 이후에도 미국과 중국 군사력은 서해에서 지속적으로 충돌하고 있다. 2015년 9월 15일 중국 공군 전투기는 서해상에서 정찰비행을 하고 있던 미국의 RC-135기를 추적하는 차단 기동비행을 벌이기도 했다.[39]

2010년 3월 26일 천안함 사건은 북한의 소형 잠수함이 백령도 부근을 정찰하고 있던 대한민국 호위함corvette 천안함을 어뢰로 기

278

습 공격, 격침했던 사건으로, 동북아시아의 긴장 상태가 언제라도 무력 충돌로 번질 수 있음을 보여주었다. 특히 천안함 사건은 중국과 미국이 개입하는 더 큰 분쟁으로 확대될 수도 있었다. 2010년 7월 24일 미국 항모 조지 워싱턴호와 다수의 미국 해군 함정들이 북한의 천안함 공격에 대한 대응 조치로 동해에서 한국 해군과 함께 훈련을 벌였다. 당시 중국은 미국의 항공모함을 공격하기 위한 무기인 東風 21 지대함 미사일의 개발을 발표했다. 미국 항공모함 조지 워싱턴호는 원래 서해에서 훈련을 벌이기로 예정되어 있었지만 중국 측의 강력한 항의 때문에 훈련 장소를 동해로 바꾸었다.

2011년 7월 5일에는 중국 함정 3척이 이어도 인근에서 침몰 선박 인양작업을 하던 한국 배에 접근해 "허가 없이 중국 EEZ에서 작업 중"이라고 주장하면서 작업을 중단하라고 경고하기도 했다.

■ 동지나해 및 한반도 수역에서의 해양갈등

2010년 9월 7일 중국의 어선이 분쟁중인 센가쿠Senkaku Islands(중국명 다오위다오Daoyudao Islands)를 초계중이던 일본 순시선을 고의로 들이받는 사건이 발생했다. 일본 순시선은 중국의 어선을 나포했고 중국의 어부들을 감금했다. 중국은 일본에 대해 격렬하게 항의하며 일본의 전자산업에 없어서는 안 되는 희토류 수출을 금지하겠다고 위협했다. 결국 일본은 체포된 중국 어부를 석방했고 중국은 그 어부를 영웅이라며 환영했다.

일본은 이 사건에서 중국에 굴복했으며 중국의 위협적인 태도가 전 세계에 노출되었다. 이에 일본 여당 정치인 45명은 미국에게 이 지역에서 합동 훈련을 벌이자고 요청하기도 했다.[40] 일본의 요구에 부응, 미국 해군은 2010년 12월 1일부터 일본 해상자위대와 함께 센가쿠 인근 해역에서 합동 군사훈련을 벌였다. 이후 미국과 일본은 적극적인 협력 관계를 확대 발전시켜 오고 있으며, 미국군과 일본군은 상륙작전 훈련을 여러 차례 함께 진행할 정도가 되었다.[41]

2010년 10월에는 부산 앞바다에선 한-미-일 오스트레일리아가 참가한 해상 봉쇄훈련이 있었고 2010년 11월 23일에는 북한이 연평도에 대한 무차별 포격을 단행했다. 이 사건으로 한국 민간인 2명이 사망했고 해병대 병사 2명이 전사했으며 10명이 부상당했다. 연평도 포격사건 직후인 2010년 11월 25일~28일, 미국 해군 7함대 소속 항공모함 전단이 서해에서 북한의 연평도 포격 사건에 대한 응징 차원에서 한국 해군과 함께 대규모 해상 훈련을 벌였다. 이에 대해 중국은 격렬하게 미국을 비난하며 반발했다. 이 같은 일이 있은 직후인 2010년 12월, 중국이 항공모함을 건조 중이라는 사실이 처음으로 공식 확인되었다.

2010년 12월 미일 양국 해군의 해상훈련이 대만 부근해역에서 실시되었으며 한국 해군은 옵서버로 참가했다. 중국 해군은 2010년 한 해 동안만도 서해를 포함한 주변 해역에서 100여 차례가 넘는 군사훈련을 공개적으로 실시했다. 이 중에는 미사일 등의 실탄 발사 훈련도 다수 포함돼 있었다. 2011년 1월 11일 게이츠 미 국방장관이 중국을 친선 방문하던 기간에 중국은 자체 개발한 스텔스 전투기인 젠-20을 공개하고 시험 비행을 단행했다. 차후 게이츠 장관은 회고록에서 "중국 인민해방군은 자신의 방문을 거의 파탄 wreck에 이르게 했다"고 썼다.[42] 중국은 미국과 일본이 중국의 군사위협에 대항하여 미사일방어(MD) 체제를 도입하는 것을 젠-20 개발의 핑계로 제시하며 자신들의 정당성을 주장했다. 2012년 9월,

일본 정부가 센카쿠 섬을 개인소유주로부터 구입하자 센가쿠(다오 위다오) 분쟁은 한 단계 더 고조되었다.

■ 남지나해의 해양 갈등

2011년 7월 21일 중국과 주변 아세안 국가들 사이에 남지나해 및 동지나해에서 해양갈등을 방지하자는 데 합의했다. 무려 9년 동안 지속되었던 논의가 합의를 본 것이었다. 그 내용은 다음과 같은 8개 가이드라인으로 발표되었다.[43]

1. 행동 선언Declaration Of Conduct이 밝힌 바에 따라 동남아 각국의 행동 선언은 단계적으로 이루어져야 한다.
2. 행동 선언에 동의한 국가들은 행동 선언의 정신에 입각해서 지속적으로 대화로 진전시켜 나가야 한다.
3. 행동 선언에 의거한 행동과 계획은 분명하게 알려져야 한다.
4. 국가들은 자발적으로 참여하고 행동해야 한다.
5. 행동 선언에 의거한 일차적인 행동은 신뢰를 구축하기 위한 조치이어야 한다.
6. 행동 선언을 이행하기 위한 구체적인 조치와 행위들은 국가들의 합의에 의거한 것이어야 하며 궁극적으로 효과를 얻을 수 있는 것이어야 한다.
7. 공동 행동 선언을 이행하기 위한 프로젝트를 위해 필요하다면 전문가들의 노력을 동원해야 한다.
8. 행동 선언을 이행하기 위해 합의된 행동과 프로젝트는 매년 아세안 - 중국 장관급 회의ASEAN-China Ministerial Meeting에 보고되어야 한다.

그러나 중국과 아세안 국가들은 2011년 이후에도 지속적인 갈등 행태를 노정했고, 이들 사이의 갈등은 그 정도가 더욱 노골적이고 무력분쟁적인 양상으로 치닫고 있다. 2011년 이후 중국과 아세안 국가들 그리고 중국과 미국 간에 야기된 해양 분쟁들은 다음과 같이 정리될 수 있다.

2011년

2월 25일: 중국의 프리깃함 동관호가 잭슨 산호초 근해에서 필리핀 어선에 발포함.

5월 26일: 베트남 중부 지방 동편 120Km, 중국 남방 600Km 수역에서 베트남의 석유 탐사선 빈민 2호와 3척의 중국 순시선 사이에 야기된 충돌사건. 중국 어선들이 베트남 선박의 케이블을 절단하였으나 중국은 이를 부인함. 하노이와 호치민시에서 대대적인 반중 데모가 발발했다. 당시 중국 어선 뒤에는 중국의 군함들이 있었다. 베트남은 이후 국민동원령까지 내려가며 중국과 한판 전쟁을 벌일 수 있다고 경고함.

6월 9일: 베트남 석유회사가 고용한 노르웨이 선적 지진 탐사선이 중국 어선 감시선들과 베트남 배타적 경제수역 내에서 충돌함. 베트남은 중국 감시선이 케이블을 절단했다고 주장함.

8월 5일: 베트남 정부는 남지나해를 마주보고 있는 베트남 동남 지역의 군항 냐짱Nha Trang에 인도 해군 군함의 진주를 요청했고 인도는 이에 적극적으로 호응하고 나섬.

8월 10일: 중국 항공모함의 건조가 완료됨. 중국 항모가 진수된 후 시험 운항에 들어가자 미국을 비롯한 세계 각국은 '항공모함의 용도를 밝히라'는 압력을 넣었다. 중국은 항공모함의 이름을 대만을 정복했

던 중국의 장군 이름을 따라 스랑施琅이라고 명명함.[44]

10월: 중국은 중국과 영토 분쟁을 벌이고 있는 동남아시아 국가들에게 곧 대포 소리를 듣게 될 것이라고 위협함.

10월 10일: 베트남과 중국 간에 해양 분쟁 해결을 위한 원칙들에 대한 합의가 이루어짐.

11월 17일: 오바마 대통령이 호주 의회에서 미국의 대아시아 태평양 재균형 정책을 천명함.

11월 18일: 오바마 미국 대통령이 인도네시아 발리에서 열린 동아시아 정상회의(EAS)에 역사상 처음으로 참석함. 중국의 공격적 행태에 대해 미국이 적극적으로 대응할 것이라는 의지의 표명임.

2012년

4월: 필리핀 군함 그레고리오 델 필라르Gregorio del Pilar호가 스카보로 모래톱shoal에서 중국 감시선과 대치함.

4월 14일: 미국과 필리핀이 팔라오나 섬에서 연례 군사훈련 실시함.

4월 16일: 중국 외무부가 필리핀에게 스카보로에서 나가라고 요구함.

5월 16일: 중국정부가 필리핀 스카보로 모래톱 해역에서의 어로행위 금지를 선포함.

6월: 인도 해군이 남지나해를 항해하고, 중국 해군은 인도 군함을 호위하는 조치를 취함.

7월 12일: 중국정부가 스카보로 모래 톱 출입을 차단하는 장치 설치함.

7월 22일: 중국 중앙군사위원회가 샨사 개리슨Shansha Garrison 설치를 결의함. 베트남과 필리핀이 강력히 항의함.

9월 5일: 필리핀 아키노 대통령이 필리핀 서해에 대한 영유권 강화를 위한 행정법안 발표.

9월 23일: 중국 스카보로 모래톱, 파라셀 군도, 스프래틀리 군도 해역에 대한 무인 비행기 작전 강화.

12월: 필리핀 부통령이 인도의 남지나해 해역에서의 군사작전에 대해 환영을 표명함.

2013년

3월: 중국 제임스 모래톱 부근에서 해군 작전 연습.

8월: 말레이시아, 남지나해 분쟁에서 중국과 협력할 것임을 발표.

2014년

1월 10일: 중국 남지나 해역에서 "어업에 관한 허가" 제도 강요. 미국, 필리핀, 베트남 강력 반발함.

3월 11일: 스프래틀리 군도에서 두 척의 필리핀 함정이 중국 군함에 의해 축출당함.

3월 30일: 필리핀 정부가 국제중재재판소에 중국의 남지나해 영유권 선언을 제소함.

5월 2일: 베트남 해군과 중국 해군이 남지나해에서 석유시추선 관련하여 충돌함.

5월 26일: 베트남 어선이 베트남 석유시추선 부근에서 중국 선박과 충돌 후 침몰함.

8월 19일: 중국 공군기 센양 J-11이 남지나해 공해상을 비행중인 미국 해군 P-8 포세이돈 정찰기를 추격함.

12월 7일: 미국 국무부는 중국의 남해 9단선이 해양국제법에 배치되는 것이라는 보고서를 공개함.

2015년

4월 8일: 중국이 미스치프 암초Mischief Reef를 인공섬으로 건설함.

6월 8일: 중국 해양경찰 소속 선박 루코니아 모래톱에 정박하자 말레이시아가 항의함.

8월 15일: 중국이 말레이시아의 요구를 들어주지 않자 밀레이시아는 지속적으로 항의함.

10월 27일: 미국 구축함 라센호가 스프래틀리 해역 내 중국이 건설한 인공섬의 12해리 이내 수역에서 "항해 자유 작전" 실시함.

11월 14일: 인도네시아가 나투나 섬에 대한 중국의 영유권 주장 관련 국제중재재판소 회부 계획을 발표.

　이상은 필자가 스크랩해 두었던 자료들에서 중요하다고 생각되는 남중국해의 해양관련 분쟁들을 발췌한 것이다. 특기할 사실은 남지나해 수역에서 야기되는 '모든' 해양 분쟁에서 중국은 일방의 당사자라는 현실이다. 최근 브뤼셀 자유대학 교수 홀스락Jonathan Holslag이 쓴 『다가오는 중국과 아시아의 전쟁China's Coming War With Asia』[45]이라는 책의 제목이 보여주듯 중국은 마치 아시아 모든 나라들과 전쟁이라도 벌일 것 같은 행태를 보이고 있다.

　중국은 필리핀, 베트남, 인도, 말레이시아 등과 갈등을 벌이고 있으며 2010년에는 인도네시아와도 심각한 갈등을 벌인 바 있다. 2010년 6월 22일, 남지나해의 인도네시아령 나투나Natuna 제도 해상에서 인도네시아 해양경비정과 중국어선 16척이 대치하는 사건이 발생했다. 당시 인도네시아 해경은 EEZ를 침범해 불법조업을 하던 중국 어선 한 척을 나포했다. 잠시 후 대구경 기관총으로 무장한 중국 함정 두 척이 현장에 접근했다. 중국 함정은 "인도네시아

EEZ는 인정할 수 없다. 중국 어선을 풀어주지 않으면 발포하겠다"
고 경고했고 10시간의 대치 끝에 인도네시아 해경은 결국 중국 어
선을 풀어줬다.[46] 나투나 제도 해상에서의 충돌 사건은 중국이 주변
국들과 분쟁에 임하는 전형적인 모습이다. 힘이 약한 아시아 국가
들은 당연히 미국의 지원을 추구하지 않을 수 없는 상황이 되었다.

중국의 해양 패권 도전

중국이 제1도련선을 설정한 의도는 태평양 서부 지역을 중국이
장악하겠다는 의도를 분명히 한 것이며, 중국은 서태평양은 물론
궁극적으로 태평양에서의 패권hegemony over the Pacific Ocean을 꿈꾸고
있다. 중국은 남중국해 영토 분쟁과 관련, "티베트, 대만처럼 주권
문제이며, 사활을 건 문제로 양보나 타협은 없다"고 선언했다. 이
는 중국이 이 해역에서 배타적 권리도 주장할 것임을 보여준다. 중
국의 주장은 미국에 대해 '제1도련선을 인정하고 개입을 말라'는
것이다. 사실 중국은 미 태평양 사령관 티모시 키팅Timothy J. Keating
제독이 중국을 방문했을 때 "하와이를 기점으로 태평양을 동서로
나눠 서쪽은 중국이 관리하고 동쪽은 미국이 관리하자"는 제안을
한 적도 있었다.[47] 당시 폴 V. 헤스터 공군 대장은 "미국은 누구에
게도 공간을 양보하지 않는다"라고 응수했다.

21세기에 들어 급격한 경제성장을 이룬 중국은 아시아 태평양을
지배하려는 '욕망'을 숨기지 않고 있다. 그럴 리는 거의 없겠지만
미국이 만약 중국의 요구를 받아들인다면 아세안 국가들은 모두 중
국의 영향 아래 들어가게 될 것이며, 미국의 주요 동맹국인 한국,

일본, 호주는 중국의 위협에 노출될 것이다. 중국의 힘이 더 커지면 방어선은 2,000Km 밖인 제2도련선으로 확장될 것이 분명하다. 중국은 '거부Area-denial 전략'을 넘어서 제2도련선까지 뻗은 해상에 진입불가 지역No-go-zone을 설정할지도 모른다. 중국은 이 같은 해양패권 전략을 추진하는 데 있어 미국이야말로 결정적 방해 세력이라고 인식하고 있다. 물론 현재 해군력으로 중국은 미국의 상대가 되지 않는다. 그래서 중국은 미국을 따라 잡으려고 끊임없이 군사력을 늘리고 현대화하고 있는 것이다.

중국은 우선 미국의 항모전단을 무력화시키기 위해서 노력하고 있다. 미국의 항모전단은 미국 패권을 상징하는 힘이며 세계의 바다와 태평양을 지배하는 수단이기 때문이다. 중국은 미국의 항공모함을 파괴하기 위한 무기로서 지상발사 대함탄도미사일(ASBM) 개발했다. 2009년 8월 미국 해군정보국(ONI)이 발간한 '중국 인민해방군 해군 보고서People's Liberation Army Navy Report'는 "중국이 세계 최초로 ASBM을 개발했고, 이로써 미국의 중국 근해 진입을 억제할 수 있는 진입불가 지역이 생겨났다"고 밝혔다.

로버트 게이츠 미 국방장관도 "중국의 탄도 미사일 개발은 미군이 항모를 통해 군사력을 전개하는 데 큰 위협"이 될 것이라고 말했다.[48] 중국은 2020년까지 제1도련선으로 진출하고, 2050년까지는 제2도련선으로 진출하는 것을 목표로 하고 있다.[49] 도련선 전략을 뒷받침하기 위해 중국 해군은 2020년까지 3~4만t 급 중형 항공모함 2척과 6만t 급 핵추진 항모 등 4~6척의 항공모함을 건조할 것으로 예상된다. 물론 중국이 예상대로 막강한 해군력을 장비할 수 있을지는 알 수 없는 일이다. 많은 미국의 전문가들은 중국의 경제성장이 2030년대까지 지속될 가능성이 없다고 말하고 있으며 필자도 중국이 미국을 앞설 정도로 막강한 나라로 성장하는 것은 대단히 어려운 일이라고 생각한다. 그럼에도 불구하고 현재 나타나고 있는 상황은, 미국과 중국이 본격적으로 군사 경쟁을 벌이기 시작하는 모습이다. 미국은 2012년 1월 5일 발간한 '신국방정책 보고서'에서 미국 군사력의 역할을 논하면서 중국이 A2/AD(반접근 거부)전략으로 도전하고 있음에도 불구하고 미국은 이 지역(중국이 설정한 제1도련선)에 미국의 군사력을 투사power projection할 것이라고 분명하게 언급하고 있다.

08

미국의 중국 견제 전략

중국의 부상에 대한 미국 사람들의 관점은 앞 장에서 이미 지적했던 바처럼 단일적인 것은 아니다. 중국의 경제는 이미 미국과 융합되어 있다는 견해, 중국은 미국이 정한 게임의 룰rule을 벗어나지 않을 것이라는 견해, 혹은 중국이 부상하더라도 중국은 점잖은 팬다곰Panda Bear으로 남아있을 것이라는 견해 등 중국의 부상을 두려워할 필요가 없을 것이라는 견해가 미국인들의 마음 한구석을 차지하고 있다.

그러나 다른 한편에는 중국의 부상은 필연적으로 미국과의 패권 갈등을 야기할 것이고, 궁극적으로 미국은 중국과 군사적 경쟁을 벌여야 할지도 모른다는 견해가 존재한다. 본서는 처음부터 중국의 부상은 미국의 반응을 불러일으키고 이는 심각한 미중 패권 갈등을 야기할 수밖에 없을 것이라는 관점을 취해왔다. 미래를 정확하게 예측할 수 없는 상황에서 전략 연구는 비관적인 전제로부터 출발하는 것이 안전하다고 생각하기 때문이며, 또한 강대국의 급격한 성장이 평화롭게 이루어진 적이 없었다는 역사적 경험 때문이기도 하다. 미중 패권 경쟁은 없을 것이라고 가정하는 것보다 미중 패권이 필연적으로 발생할 수밖에 없고, 미국 패권 경쟁은 운명적으로 한국에 전략적인 선택의 번민을 하게 만들 수밖에 없을 것이라고 가정하고 이에 대처하는 것이 더욱 현명한 일일 것이다.

실제로 우리는 지난 수년간 미국의 대중국 전략이 급속한 속도로 군사화되고 있는 상황을 보고 있다. 물론 미국이 먼저 중국을 견제하기 위해 선제적인 조치를 취하는 것인지, 중국의 행동에 대한 반응으로 미국이 선제적으로 조치를 취하고 있는 것인지에 대해서는 논란이 분분하다. 다만 분명한 것은 미국이 서서히, 그러나 보다 구체적이고 분명한 모습으로 중국을 군사적으로 견제하는 행동을 취하기 시작했다는 점이다.

본장은 중국의 부상에 본격적으로 대처하겠다는 미국의 전략과 행동을 분석하는 장이다. 미국의 중국 견제정책이 시작된 것은 어제 오늘의 일이 아니지만 2011년 가을 오바마 행정부가 발표한 일단의 언급들,[1] 21세기는 미국의 '태평양 세기America's Pacific Century'가 되리라는 힐러리 클린턴 국무장관의 발언, 그리고 이를 군사적으로 뒷받침하는 미국 국방부의 '신전략선언'을 통해서 노골적으로 표현되었다.

본장은 힐러리 국무장관의 '미국의 태평양 세기'와 미국 국방부의 '신전략선언'을 근거로 미국의 중국 견제 전략이 보다 본격적으로 시행되고 있는 모습을 살펴보고자 한다. 물론 미국의 새로운 아시아 전략이 미국의 전략 전통strategic tradition을 초월하거나 일탈하는 것은 아니다. 현재 진행되는 미국의 중국 포위 혹은 견제 전략을 분석하기에 앞서 미국의 전략 전통에 나타나는 아시아 전략을 우선적으로 살펴볼 필요가 있을 것이다.[2]

미국 외교 및 군사전략의 변천

미국은 현재 세계 최강의 군사력을 보유한 막강한 국가이며 국민들의 80% 정도가 '정의의 실현을 위해 전쟁이란 수단을 택할 수 있다'는 데 동의하는 대단히 군사적인 국가이다.[3] 국가가 정의하는 정의의 실현을 위해 군사력을 선제적으로 사용할 수 있다고 생각하는 국민이 80%나 되는 미국은 지금 당장, 지구 어느 곳에서라도 군사력을 사용하겠다는 의지와 능력을 갖추고 있다고 보아야 한다.

그러나 미국의 건국 역사를 보면 미국은 애초에 극도로 비군사적이었으며, 군사력의 사용은 물론, 보유조차 원하지 않았던 나라였다는 역설적인 측면이 있다. 미국의 모든 정치가들은 자신들이야말로 평화를 애호하는 나라이고 군사력의 사용을 극도로 주저하는 나라라는 사실을 애써서 강조한다. 2004년, 민주당 후보로 대통령 선거전을 치렀던 존 케리John Kerry 상원의원은 "미국은 결코 전쟁을 원했기 때문에 전쟁을 치른 적이 없다. 미국은 오로지 해야만 했기에 전쟁을 치렀을 뿐이다"[4]고 연설했다. 베트남전에 참전하여 퍼플하트purple heart 훈장[5]을 3개나 받은 전쟁 영웅이 한 말이다.

미국 건국의 아버지들은 미국이 상비군standing army을 보유해야 하는가에 대해서조차 논쟁을 벌였었다. 그들은 상비군이 존재할 경우 문민정부의 권한이 침해당할지도 모른다고 우려했으며, 상비군이 존재할 경우 그 상비군을 이용해서 전쟁을 하고 싶은 유혹에 빠져들지 모른다고 걱정했다. 이처럼 미국은 현재 가장 막강한 군사국가로 군림하고 있는 현상과는 달리, 극도로 평화 지향적인 이념적 편향 위에 건설된 나라다.[6]

물론 미국이 이념적으로 평화를 지향하다는 것과 실제로 미국의 역사가 평화로운 역사였는가는 전혀 별개의 이야기다. 미국은 세계에서 가장 참전 빈도가 높은 강대국 중 하나다. 미국은 독립전쟁이라는 치열한 전쟁을 통해 독립을 이룩한 나라였고, 독립 전쟁 이후 전쟁을 치르지 않은 세대가 단 한 세대도 없다고 말해도 될 정도로 끊임없이 많은 전쟁을 치렀다. 미국은 전쟁으로 만들어져 가고 있는 나라라고 말하는 학자도 있을 정도다.[7]

미국의 초대 대통령 조지 워싱턴은 대통령 고별 연설에서 "미국이 미래 어느 날, 그 어떤 강대국들의 영향력도 두려워하지 않을 수 있을 거인이 될 수 있는 날을 기원한다."[8]라고 말했다. 초기 유럽 강대국들의 전횡에 휘둘려야만 했던 초라하고 허약했던 신생 약소국이었던 미국의 대통령다운 말이다. 미국의 힘이 보잘 것 없다고 느낀 워싱턴 대통령은 자신의 후배 미국 정치가들에게 "미국은 유럽의 강대국 국제정치에 개입하지 말아야 하며 불필요한 동맹을 맺으면 안 된다."고 강조했다. 국제정치에 가급적 개입하지 말라는 워싱턴의 고별 연설은 미국 외교 및 안보 정책상 나타나는 고립주의 전통의 근원이 되었다.

그러나 미국은 조지 워싱턴 이후에도 거의 100년 이상 군사력에서는 별 볼일 없는 나라로 남아 있었다. 특히 해군력은 보잘 것 없었다. 건국 초기 미국은 겨우 해적과 싸울 수 있는 수준의 해군을 보유하고 있었을 뿐이었으며, 1861년 남북전쟁이 시작되었을 당시에도 해군은 의미 있는 군사력이 아니었다. 남북전쟁 기간 동안 미국 해군은 확대, 강화되었지만 전쟁 이후 또 다시 쇠락의 길을 걸었다. 미국이 독립한 지 102년이 지난 1878년, 미국 해군은 세계 12위에도 들지 못할 정도로 허약한 군대였다.[9]

이처럼 별 볼일 없었던 미국 해군은 당시 미국 해군대학 교수였던 알프레드 테이어 마한Alfred Thayer Mahan의 이론이 인기를 끌기 시작한 이후부터 급속도로 증강되기 시작했다. 1898년 발발했던 스페인과의 전쟁은 미국의 정치가 및 국민들에게 마한의 주장이 옳았음을 확신시키는 계기가 되었다. 즉 "국가의 위대성은 막강한 해군에 의해 뒷받침되는, 국가의 전 세계적인 경제력"으로 정의될 수 있다는 것이다.[10] 마한을 열렬히 지지했던 시어도어 루스벨트 대통령(1901.9.14.~1909.3.4.)은 해군력 건설에 박차를 가했고 1907년과 1908년 '위대한 백색함대Great White Fleet'의 전 세계 일주 항해를 단행함으로써 신흥 강대국 미국의 해군력을 전 세계에 과시한 바 있었다. 배의 측면을 흰색 페인트로 칠했기 때문에 백색함대라고 불린 미국의 군함들은 인도양과 태평양을 순항하는 동안, 가는 곳마다 헤드라인을 장식하는 뉴스거리가 되었다.

마한의 이론에 따라 건설된 미국의 함대는 세계의 주요 해로를 장악하기 위해 적국의 해군을 바다 위에서 격파하는 것을 목표로 삼았다. 즉 미국 해군의 전략은 바다 위에서 적국의 해군들을 격멸하고 무력화함으로써 세계의 모든 주요 해로를 안전하게 장악하는 것이었다. 이 같은 해군 전략은 1890년 이래 1990년 소련이 몰락하는 순간까지 100년 동안 미국 해군전략의 기본이 되었다.

세계 초강대국으로 발돋움한 이후에도 고립주의isolationism는 이상주의idealism와 더불어 미국 외교정책울 설명하는 중요한 전통의 하나로 남아 있다. 미국인들의 마음속에 면면히 흐르는 국제정치 사상이 극단적인 반전, 평화 사상임에도 불구하고 미국은 어떤 강대국 못지않게 많은 전쟁을 치른 나라다. 미국인들은 전쟁에 대해 대단히 유연한 태도를 형성해 왔다. 그래서 미국은 전쟁을 하는 도중, 갑자기 전쟁을 중단하기도 하며, 또 다시 급작스레 전쟁을 시작할 수도 있는 나라다. 미국은 전쟁을 혐오하지만 전쟁을 통해 독립을 획득했고, 전쟁을 통해 강대국의 지위를 획득했다. 미국인들의 전통에는 이처럼 전쟁과 평화에 관한 역설적 측면이 혼재하고 있으며 이 같은 역설적 전통을 이해하지 못하면 미국의 외교 및 국방정책을 정확하게 분석하기 곤란하다.

미국 건국의 아버지 중 하나이며, 제6대 대통령이 되어 미국의 외교 전통을 수립한 존 퀸시 애덤스John Quincy Adams는 미국인들은 "해외의 괴물들을 파괴하기 위해 나서면 안 된다Americans do not go abroad in search of monsters to destroy"라는 유명한 교훈을 남겼다.[11] 이 부분에 대해서도 미국의 전통은 이율배반적, 역설적 행태를 보여왔다. 외부의 적을 찾아 나서면 안 된다는 존 퀸시 애덤스의 가르침은 미국이 전쟁을 먼저 벌이기보다는 적이 전쟁을 도발해왔을 때 비로소 맞서 싸워야 한다고 말해주는 것이다.

2001년 9월 11일 테러 공격을 당한 이후 미국이 채택한 군사전략은 '선제공격' 전략이었고 부시 대통령은 미국은 스스로 정한 장소와 시간에 전쟁을 수행할 것임을 천명했다.[12] 그러나 부시의 반테러 전쟁 전략이 애덤스의 교훈을 거역한 것은 아니다. 테러리스트라는 명백한 적의 존재를 확인한 후 그들을 제거하기 위한 전술적 차원에서 미국은 '선제'라는 방식을 취한 것이었다.

미국은 오래전부터 잠재적인 적국의 도전을 피하기보다는 먼저 찾아가 그 위협을 제거해 버리는 적극적, 선제적인 전략을 택했던 전통이 있다. 부시 대통령이 테러리스트들에게만 전쟁 목적을 제한하지 않고 이라크, 아프가니스탄 등 국민국가를 공격한 것은 잠재적인 적국의 도전을 피하기보다는 먼저 찾아가 그 위협을 사전에 제거해 버린다는 선제적인 전략의 전통을 그대로 이어받은 행동일 뿐이었다.[13] 미국의 국부들이 전쟁을 혐오하고, 상비군의 존재를 부정하며, 국제정치적인 고립주의를 택했다고 해서 그들이 미국의 국가안보에 대해 소홀했던 것은 아니다. 미국을 건국한 선조들은 상비군을 유지하는 대신, 필요한 경우 '국민 전체'를 군대로 만들어서 대처하는 방식을 선호했던 것이다. 즉 미국은 전쟁을 결정하는 경우, '온 미국인이 전쟁에 참여하는' 총력전쟁의 방식을 선호했던 것이다. 이처럼 가능한 한 최소 규모의 상비군을 유지한다는 미국의 전통은 21세기에도 상당 부분 그대로 남아있다.

미국 동아시아 정책의 방향

미국의 동아시아 정책의 본질은 애초에는 상업적인 것이었지만 냉전 당시 소련과의 경쟁이 전 세계적 차원으로 확대됨에 따라 군사적, 전략적 성격을 띠게 되었다. 그럼에도 불구하고 냉전 기간 동안 아시아는 미국에 유럽보다 더 중요한 지역은 아니었다. 냉전이 종결될 무렵인 1980년대까지만 해도 미국의 더 중요한 관심사는 유럽문제였다. 다만 냉전 후반기인 1980년대 이래 일본, 한국을 비롯한 아시아의 4마리 용들의 눈부신 경제발전, 그리고 1980년대 이후 중국의 급속한 경제발전은 미국 대외 정책의 핵심축이 유럽으로부터 서서히 아시아로 옮겨지는 계기를 제공했다.

특히 중국의 부상은 아시아에 대한 미국의 정책이 더욱 더 전략적, 군사적인 모습을 띠게 만들었다. 아시아 각국의 경제발전과 중국의 부상은 미국으로 하여금 자국의 경제적인 이익 확보와 패권체제 유지를 위해서 아시아에 대한 정책을 강화하지 않을 수 없는 상황으로 몰아갔다. 아시아에 속한 나라인 일본 그리고 중국이 미국 패권체제에 대한 도전의 중심지로 부상했다는 사실은 미국의 아시아 정책의 핵심 요인이 되었다. 과거 미국의 패권에 대한 제1도전국이었던 소련은 영토가 유럽과 아시아에 걸쳐 있었지만, 국가성격상 소련은 유럽국가로 간주되었고 냉전의 주전장main battlefield도 유럽이었다. 미국 대전략의 제1목표는 소련의 세력이 서부 유럽까지 팽창하는 것을 허락하지 않는 것이었다.

냉전 기간 동안 미국은 아시아 지역에서 냉전 중의 열전이라 말할 수 있는 한국 전쟁과 베트남 전쟁을 치르긴 했지만, 이 전쟁들은 미소 냉전의 '주변부'에서 일어난 전쟁들이었다. 그렇기 때문에 미

296

국은 이 전쟁들에서 비기기도 했고 지기도 했다. 한국 전쟁 혹은 베트남 전쟁이 냉전의 승패를 가르는 결정적인 전쟁이었다면, 미국은 결코 이 전쟁들을 비기거나 지는 수준에서 종료시킬 수 없었을 것이며, 그렇게 하지도 않았을 것이다.

그러나 지금 상황이 달라졌다. 아시아는 미국이 패권을 유지하려는 대전략의 핵심지역이 되었다. 냉전의 주전장이 유럽과 대서양이었던 것과는 달리 21세기 미중 패권 경쟁의 주전장은 태평양과 아시아가 되어버렸다. 미국은 이제 본격적으로 아시아에 개입하지 않을 수 없게 되었다. 미국은 아시아에 대한 개입을 '미국은 태평양 국가', '21세기는 미국의 태평양 세기' 등과 같은 논리로 정당화시키고 있다. 미국은 소련이 몰락한 후 당분간 '역사의 휴일'로 불렸던 느긋한 무전략의 시대를 향유했고, 고립주의적인 경향조차 잠시 보였지만, 21세기가 시작된 직후 미국의 대외정책은 보다 적극적인 국제 개입 정책으로 전환되었다.

9.11 테러 공격을 계기로 미국은 반테러 전쟁이라는 비전통적 대외정책을 수행하면서, 동시에 미국의 패권을 유지한다는 전통적인 대전략도 함께 수행했다. 미국 패권유지 전략의 표적 지역은 바로 패권 도전국으로 인식되는 중국이 자리 잡고 있는 아시아다. 미국은 아시아에서 압도적인 지위를 유지함으로써, 혹은 아시아 지역에 어떤 한 나라가 지배하는 상황을 방지함으로써, 자신의 패권을 유지하는 것을 대전략으로 삼고 있다. 2010년대인 지금, 미국은 중국을 자신의 패권에 대한 가장 중요한 도전자로 인식하고 중국의 부상을 견제하고 있으며, 최소한 중국이 아시아의 패권국hegemon이 되는 것을 저지하기 위해 노력하고 있다. 이를 위한 구체적인 전략이 2011년 이후 더욱 뚜렷이 나타나기 시작했다.

■ 미국의 태평양 세기

미국 국무장관 힐러리 클린턴은 2011년 11월 10일 호놀룰루 소재 하와이 대학 동서센터East West Center에서 '21세기는 미국의 태평양 세기America's Pacific Century가 될 것이다'라는 주제의 정책연설을 했는데,[14] 이는 9·11 이후 미국이 중동에서 벌여왔던 전쟁은 이제 접을 때가 되었으며, 아프가니스탄, 이라크는 미국의 미래 운명을 결정할 나라가 아니라고 분명히 언급한 것이다. 필자는 당시 이 문장을 읽으면서 미국의 반테러 전쟁이 곧 끝날 것이라고 해석했다. 몇 년이 지난 시점에서 더욱 많은 자료를 알게 된 상황에서 다시 생각해 보면 클린턴 장관의 언급은 중동이 미국의 국가이익 선상에서 별로 중요하지 않은 지역으로 추락할 것임을 예고한 것이었다.

미국의 중동 정책의 근원은 '석유'라고 해도 과언이 아니었다. 그런데 미국은 '셰일 혁명' 덕분에 석유 자급은 물론 수출도 가능한 나라로 변신하고 있다.[15] 현재 그 변신은 거의 완벽할 정도로 진행되었고 클린턴 장관은 2011년 이미 그 사실을 알고 있었던 것이다. 에너지 문제를 해결하게 된 미국은 대외 정책의 초점을 중동에서의 반테러 전쟁으로부터 아시아에서 유래하는 패권도전에 대한 견제로 전환할 수 있게 되었고 또 그렇게 하고 있다. 미국이 아시아 전략을 본격적으로 가동시킬 수 있는 배경은 중동에서의 반테러 전쟁이 점차 미국의 승리 쪽으로 귀결되고 있다는 자신감과 미국의 에너지 자급을 가능하게 한 셰일오일 혁명이었다. 2011년 4월 미국은 9·11 공격의 수괴인 오사마 빈 라덴을 제거하는 데 성공했고, 알 카에다 조직은 사실상 와해되었다. 알 카에다 테러 조직은 이제는 "아무것도 아니다"고 단언하는 평론가도 있었고 2012년 9월 17

미국의 태평양 세기 선언: 클린턴 국무장관

일자 〈타임〉지는 '알 카에다의 종언End of Al-Qaeda?'이라는 특집기사에서 "빈 라덴의 세계적 꿈은 끝났다"고 쓰고 있다.[16]

반테러 전쟁에 대한 미국의 자신감은 오바마 정부가 단행한 이라크 주둔 미군의 전면 철수와 아프가니스탄 주둔 미군의 점진적인 철수 계획에서도 잘 나타나고 있다. 2007년 11월 170,300명으로 정점에 올랐던 이라크 주둔 미군병력은 2011년 12월 18일 이라크에서 완전 철수했고, 이라크 전쟁은 종결되었다. 중동에서의 반테러 전쟁이 혼미한 상태에 있었다면 미국은 이라크 및 아프가니스탄에서 쉽게 철군하지 못했을 것이다.[17]

물론 미국이 이라크 전쟁에서 패배했고 아프가니스탄에서도 승리하지 못했다고 주장하는 분석가도 있지만 미국의 목표가 그 나라들을 민주화하거나 점령하는 데 있는 것은 아니었다는 사실을 이해해야 한다. 미국의 목표는 이라크와 아프가니스탄이 미국에 대한 테러를 자행하는 기지가 될 수 없게 하는 데 있었으며 후세인, 오사마 빈 라덴 같은 인물이 이슬람의 리더가 되는 것을 차단하는 데 있었다. 미국이 아프가니스탄과 이라크에서 벌이고 있는 전쟁의 목적에 대해 정확한 이해가 있어야 미국의 승전 여부를 판단할 수 있다.

앞에서 미국의 대전략을 논할 때 지적한 바 있지만, 미국은 이미 패권의 지위를 차지한 나라이기 때문에 미국의 대전략은 무엇을 성취한다기보다는 남들이 '무엇을 하지 못하게 하는 데' 초점이 맞춰지고 있다. 반테러 전쟁을 수행하는 미국의 목표는 테러리스트들이 미국을 공격하지 못하도록 하는 데 있는 것이지 이라크와 아프가니스탄을 점령하는 데 있는 것이 아니다. 적어도 이들 나라들이 테러리스트들의 온상이 되지 않도록 하는 것이 미국의 전쟁 목표였다.

2012년을 기점으로, 미국은 아프가니스탄과 이라크가 미국을 공격하려는 테러리스트의 기지로서 더 이상 작동할 수 없는 곳으로 만든다는 목표를 상당 수준 달성했다고 보고, 관심의 초점을 동아시아(특히 중국)로 옮기기 시작했다. 힐러리 클린턴 국무장관이 "21세기 세계정치는 아시아에서 결정될 것"이라고 말한 후 미국은 본격적으로 중국의 도전을 견제하기 시작했다. 미국 외교의 초점이 중동에서 아시아로 바뀌게 될 것이라는 미국 국무장관의 언급은 미국 군사력의 투사 방향 역시 아시아를 지향하게 될 것이라는 신국방전략 보고서에 의해서 더욱 구체화되었다.

패권 유지를 위한 미국의 신국방전략 보고서

2012년 1월 5일 미국 국방부는 '신국방전략 보고서'라는 짧은 문건을 간행했다. 미국은 정기적으로 국방전략에 관한 보고서를 만들어서 현 상황을 진단하고 대책을 마련하는 전통을 가지고 있다. 냉전 당시 미국은 매년 소련의 군사력에 관한 보고서를 만들어 소련 군사력을 정확하게 측정하고자 노력했고, 결국 소련을 굴복시키는

미국의 신국방전략 보고서

데 성공했다. 냉전 당시 매년 소련의 군사력을 평가하는 보고서를 간행했던 미국은 1990년 소련이 몰락하자 가상 주적의 군사력을 평가하는 작업을 중지했다. 1990년 'The Soviet Military Power' 라는 보고서를 마지막으로, 미국은 탈냉전 시대 약 10년 동안 어느 잠재 적국의 군사보고서도 간행하지 않고 있었다.

그러던 미국 국방부는 2002년부터 중국의 군사력에 관한 보고서를 매년 발간, 의회에 제출하기 시작했다. 미국 의회는 2002년부터 국방부로 하여금 매년 중국의 군사력을 평가, 의회에 보고서를 제출하도록 했고, 미국 국방부는 현재 2015년 중국의 군사력 보고서까지 간행했다.[18] 미국 국방부가 중국의 군사력 평가 보고서를 매년 미국 의회에 제출해야 하는 의무를 지고 있다는 사실만으로도 미국이 중국을 패권 도전국으로 간주하고 있다는 사실을 분명히 하고 있는 것이며, 미국의 중국 견제 정책에 군사적인 요소가 반드시 포함될 것임을 의미한다.

미국은 특정국가의 군사력을 분석하는 것 외에 정기적으로 미국 국방에 관한 보고서를 간행하는데 매 4년마다 간행하는 QDR(4년차 국방보고서Quadrennial Defense Review)이 그 대표적인 것이다. 이 외에도 미국은 부정기적으로 핵 태세 보고서Nuclear Posture Review, 백악관에서 간행하는 국가전략 보고서National Security Strategy for the 21st

Century 등 매우 다양한 국방 군사 관련 보고서를 간행해 오고 있다.

2012년 1월 5일 간행된 국방 보고서는 그 이름이 '미국의 세계 리더십 유지Sustaining US Global Leadership'로 되어 있으며, 부제는 '21세기 국방의 우선 순위Priorities for 21st Century Defense'로 되어 있다. 한국에서는 이 보고서를 '신국방전략 보고서', 또는 '신국방 지침'으로 부르고 있는데, 지침이란 표현은 본 의미를 오도할 가능성이 있다. 2012년의 국방 보고서는 단순히 새로운 지침이기보다는 미국의 패권적 지위를 유지하기 위한 군사 전략에 관한 보고서이다.

2008년 미국 발 금융위기 이후 언론 혹은 지식인들은 일반적으로 "미국은 쇠락하는 강대국이며 경제적인 측면에서 뿐만 아니라 종합 국력 측면에서도 몰락하는 나라"라고 인식하기 시작했다. 그러나 신국방전략 보고서는 미국의 몰락에 관한 세간의 주장을 거부하면서 미국은 몰락하는 강대국이 아니라 21세기에도 패권적 지위를 유지하는 강대국이 될 것이라는 의도를 분명히 밝히고 있다.

일부 논자들은 미국이 돈이 없기 때문에 새로운 국방전략을 구상하게 되었다고 주장한다. 미국은 돈이 없어서 국방비를 감축하지 않을 수 없게 되었고, 그 결과 새로운 국방전략을 만들게 된 것이라는 주장이다. 그러나 이 같은 주장은 미국의 군사전통에 대한 몰이해에서 나온 것이다. 미국은 경제 때문에 국가안보가 영향 받는 나라가 아니다. 국가안보가 위태롭다고 생각할 때 미국은 언제라도 국가의 총력을 기울여 전쟁을 치를 준비가 되어 있다.

2001년 이후 중동에서 두 개의 전쟁을 치르는 동안, 미국이 국방비로 지출한 돈은 미국 GDP의 약 4% 정도에 불과했다. 지난 10여년간 중동에서 2개의 전쟁을 치르면서 미국은 2차 대전 이후, 비율상으로 제일 적은 국방비를 쓰고 있었다. 물론 절대적인 액수는 상당한 것이었지만 미국의 현재 경제력과 비교했을 때 상대적으로 아주 낮은 것이다. 1945년 이래 지금까지 약 70년 기간 중 미국의 국방비 지출 비율이 지금보다 낮았던 것은 '역사의 휴일'이라고도 불리는, 소련 몰락 직후부터 9·11 테러가 발생하기까지 10여 년간 (1990~2001)뿐이었다. 이 기간을 제외하면 현재 미국은 2차 대전 이후 GDP 대비 최소 수준의 국방비를 지출하고 있다.[19]

미국 국방부가 신국방전략 보고서를 간행하게 된 보다 더 중요한 이유는 미국이 당면하게 될 전략, 안보 상황이 과거와는 크게 다를 것이라는 인식 때문이었다. 오바마 대통령은 "우리는 지금 '오늘의 전쟁'을 끝내고 있는 중이며, 앞으로는 – 아시아 태평양 지역의 안보와 번영을 포함하는 – 더욱 광범한 도전과 기회들에 초점을 맞출 것이다."[20]라고 언급하고 있다. 이처럼 미국 국방정책의 초점은 중동에서 아시아 태평양 지역으로 옮겨지고 있다.

■ 중국을 대상으로 하는 미국의 신군사전략

신국방전략 보고서는 미국의 군사력이 날렵하고agile, 탄력적 flexible이며 온갖 종류의 상황에 대처할 수 있는 것이어야 한다고 주장한다. 또한 미국 군사력의 대상이 중국이라는 사실을 분명하게 언급한다. 오바마는 미국 군사력은 접근이 거부된 상황anti-access environments에서도 훌륭하게 작전을 수행할 수 있어야 한다고 말하고 있는데, 오바마가 말하는 '접근이 거부된 상황'이란 바로 중국 국방전략의 내용을 의미하는 것이다. 미국은 신국방전략 보고서의 서문에서 중국이 고심 끝에 내놓은 미 해군 견제 전략인 반접근 전략을 '노골적으로 되받아 치고' 있는 것이다. 미국은 또한 사이버

cyber 영역을 포함하는 국방의 모든 영역에서 다른 나라를 압도하겠다고 천명하고 있다. 사이버 전쟁 역시 중국을 염두에 둔 언급이다. 미국 국방부는 자신의 컴퓨터 시스템이 하루에 약 1,000건 이상 해킹을 당하고 있다고 보며 그 대부분이 중국에 의한 것임을 이미 공개한 바 있다.

신국방전략 보고서에서 파네타 국방장관은 미국의 국방전략은 변해야 할 역사적인 시점에 와 있으며, 재정 상황 때문이 아니라 변화해야 할 시점에 도달했기 때문에 변해야 하는 것이라고 말한다. 그는 미국이 '지구 전체'에 군사력을 현시顯示할 것이라고 말하며, 가장 중요한 지역을 아시아 태평양, 중동, 유럽 순으로 나열했다. 파네타 장관 역시 미국의 군사력 투사를 거부하는 세력, 사이버 공간에서의 전투 등을 언급함으로써 미국의 새로운 국방지침의 표적 국가가 중국임을 숨기지 않는다.

한국의 언론들은 미국이 두 개의 전쟁을 동시에 수행하는 전략에서 하나의 전쟁만을 수행하면서 다른 지역에서는 비군사적인 방법으로 대응하는 전략으로 바꿨다고 보도했지만 미국 신국방전략 보고서 원문에는 그런 언급이 없다.[21] 오히려 "미국은 세계 여러 지역에 중요한 이익을 가지고 있는 나라이며, 미국의 군사력은 한 지역에서 대규모 전쟁을 치르고 있는 중일지라도, 어떤 기회주의적인 침략국이 다른 지역에서 침략을 도모하는 것을 억지하고 '격파'할 수 있는 능력을 보유하고 있어야 한다"라고 언급하고 있다. 신국방전략 보고서는 미국이 하나의 대규모 전쟁을 치르는 동안 다른 곳에서 기회주의적인 적이 도발해 올 경우[22] 이를 억지하고 격파할 것임을 분명히 말하고 있다. 격파는 전쟁을 통해서만 가능한 일이다.

■ 미국이 인식하는 새로운 안보문제

신국방전략 보고서는 미래의 도전이 아시아에 있다고 명기하고 있다. 동아시아, 인도양, 남아시아 지역에 미국의 경제와 안보이익이 심각하게 연계되어 있다고 보며, "미국은 전 세계의 안보에도 기여해야 하지만, 아시아 태평양 지역을 더욱 강조해야 할 필요가 있다"고 단언한다. 신국방전략 보고서는 인도를 대단히 중요한 전략 동맹으로 간주하는 반면, 중국의 군사력 증강에 대해서는 그 투명성을 의심하고 있다. 미국의 국가안보 및 세계의 안보에 대해 부정적인 대상으로 그 이름이 명기되어 있는 나라들은 북한, 중국, 이란 등 단 세 나라뿐이다. 세 나라 중 두 나라가 동아시아에 있다.

미국이 특히 강조하는 것은 '지구의 공유지Global Commons'는 누구라도 자유롭게 사용해야 한다는 점이다. 지구의 공유지란 다름 아닌 '바다'를 의미한다. 지금 중국은 일본 오키나와에서 필리핀을 거쳐 인도네시아에 이르는 선을 그어놓고 이를 제1도련선이라 말하며, 제1도련선 내에서 미국 해군이 작전하는 것을 거부Anti-Access 할 수 있는 능력을 보유하는 것을 중국 국가 방위 전략의 핵심 목표로 삼고 있다. 미국의 신국방전략은 중국의 '거부 전략'을 '거부' 하겠다고 천명하고 있는 것이다. 미국의 신국방전략 보고서는 미국 해군은 동지나해는 물론 서해(황해), 동해에서 자유롭게 활동할 것임을 선언하고 있다.

■ 미국 군사력의 사명

신국방전략 보고서는 미국 군사력의 사명을 10가지로 나누어 정리하고 있는데, 그중에서 특히 눈여겨보아야 할 두 가지가 있다.

1. 미국은 어느 한 지역에서 대규모 전쟁을 치르는 도중에 다른 지역에서 전쟁이 발발하는 경우 이를 억지하거나 격파하겠다.(즉 두 개의 전쟁을 치른다는 것)
2. 어느 국가가 미국의 접근을 거부하는 전략을 사용한다 해도 미국은 이 지역에 군사력을 투사할 것이다.

현재 세계에서 미국의 군사력이 자국 가까이 접근하는 것을 거부한다는 전략을 분명히 수립해 두고 있는 나라는 중국뿐이다. 미국은 이 같은 중국의 A2/AD 전략을 무시하겠다고 선언한 것이다. 보고서는 미국군의 나머지 사명들로서 테러리즘과 비정규전에 대한 대비, 대량파괴무기에 대한 대비, 사이버 공간과 우주 공간에서의 효율적 작전, 안전하고 효과적인 핵 억지 상황유지, 본토 방위 및 요인 경호, 안정적인 미국 군사력 현시, 안정화 및 폭동 진압 작전, 인도주의적 재난 구조 작전 등을 제시하고 있다.

이 같은 새로운 전략을 수행하기 위해 미국은 향후 미국 해군의 60%를 아시아 지역에 배치할 것이라고 발표했다. 이 같은 변화의 배경에는 경제적인 요인도 있겠지만 변화의 보다 큰 요인은 역사적이고 정치적인 것이다. 미국은 비전통적인 도전인 테러와의 전쟁을 10여 년 만에 종결하고, 급부상하는 신흥 강대국 중국의 도전에 대응하기 위한 전략을 세우고 있는 것이다. 이는 물론 미국이 앞으로 테러와의 싸움을 완전히 그만둔다는 것은 아니며 미국이 중국과 당장 본격적인 갈등 관계에 빠져들어 갈 것이라는 것도 아니다.

신국방전략 보고서는 미국 군사력의 초점이 국제정치상보다 전통적인 위협인 패권 도전국 중국에 대한 대응에 맞추어질 것임을 보여준다. 21세기 미국의 국가이익 – 경제와 안보 – 은 아시아에서 결정된다는 미 국무장관의 말은 미국의 미래가 중국과의 경쟁에 달려 있다는 말과 같은 의미다.

미국의 대중국 해양전략[23]

우리나라는 한때 국방백서에서 주적主敵 개념을 삭제하는 어처구니없는 일을 한 적이 있지만 미국은 언제라도 잠재적인 적국을 명시하는, 즉 '특정 국가를 적으로 상정specified enemy'하는 전통을 가지고 있다. Specified Enemy는 우리말로 번역하기 어려워서 한국은 그 의미가 상당히 부정적인 '주적主敵'이라는 용어를 사용하고 있는데, 개념적으로 문제가 있는 번역이다. 그러나 어떤 경우라도 적을 상정하지 않은 전략은 전략이라고 말할 수 없다. 우선, 적을 상정하지 않는 경우, 전략을 수립하는 일이 원천적으로 불가능하다. 특정한 적이 상정되지 않는 경우 그것은 전략적 몰상식strategic nonsense이 아닐 수 없다.[24] 주적 혹은 특정한 적이 상정되지 않았는데 누구와 싸울 것을 가정하고 훈련할 것이며, 누구와 싸울 것을 상정한 무기체계를 갖출 수 있겠는가? 주적이 상정되지 않은 군사 전략은 '이 세상 모든 나라와 다 싸울 것'을 가정하든지 혹은 '아무 나라와도 싸우지 않을 것'을 가정해야 할 것이다.

미국의 21세기 국가전략 혹은 해양전략이 상정하고 있는 특정 국가는 중국이다. 물론 미국의 각종 군사 전략 보고서에서 '중국'을 명기하지는 않고 있지만 미국의 전략 보고서를 읽은 누구라도 일반

상식을 가진 사람이라면 다 알 수 있을 정도로 미국 군사전략의 대상을 중국이라고 밝히고 있다.

■ 미국의 아시아 회기전략

2001년 이후 10년 걸친 테러리스트들과의 전쟁에서 승기를 잡았다고 판단한 클린턴 국무장관은 2011년 11월 하와이 대학 연설에서 미국의 외교적 초점이 중국과 아시아에 맞춰질 것을 분명한 어조로 밝혔고, 이는 미국 국무부의 홈페이지[25]와 〈포린 폴리시Foreign Policy〉지에 게재되었다. 미 국무장관의 선언이 있은 후 2개월도 되기 전에 발표된 신국방전략 보고서는 미국의 국방정책이 미국의 외교정책을 적극 지지하는 것임을 분명하게 밝히고 있다.

신국방전략 보고서는 미국 군사력의 기능을 10가지로 요약하고 있는데 그 중 3번째 항목에서 "미국은 A2AD(중국의 반접근/지역적 거부Anti access/Area denial 전략) 도전에도 불구하고 미국의 군사력을 투사할 것"임을 적시하고 있다.

■ 미국의 아시아 회기전략으로서 해양전략

미국은 반테러 전쟁 준비에 집중하던 2002년, '21세기 해양력'이라는 보고서를 간행했다. 이 보고서는 미국 해군은 "바다, 육지, 하늘, 우주, 그리고 사이버 공간을 과거 어느 때보다 더욱 효율적으로 통합시키기 위해" 노력할 것임을 천명했다. 당시 미국 해군참모총장 버논 클라크Vernon Clark 제독은 "바다는 지구 모든 곳을 향해 직접적이고 결정적인 힘을 투사할 수 있는 방대한 기동공간을 제공하는 곳"이라고 말하면서 바다를 통한 공격, 바다를 통한 방위, 기지로서 바다의 역할 등을 강조했다.[26]

클라크 제독의 뒤를 이어 해군참모총장이 된 마이클 멀린Michael Mullen 제독은 전 세계적인 해양문제에 다른 나라들과 함께 대처하자는 제안으로 유명해졌다. 그는 미국의 해양 정책에 동참하는 나라들의 참여를 통해 구성된 대규모 함대를 통해 군사문제는 물론 비군사적인 문제까지 포함하는 세계의 해양문제 전반에 대처하자는 전 지구적 해양 파트너십을 주장했다.[27] 뮬렌 제독의 협력적 해군전략은 2007년 간행된 미국의 해양전략인 '21세기 해양력을 위한 협력전략'[28]에서 다시 강조되었다. '21세기 해양력을 위한 협력전략'은 미국 역사상 처음으로 미국의 3대 해양 군사력인 해군, 해병대, 해안경비대가 합작으로 만든 첫 번째 해양전략이었다. 이 전략 보고서는 구체적인 적을 상정하지 않았고, 해군의 역할로서 안전한 해상수송과, 불법적이며 테러리즘적인 행동 예방을 강조했다는 점에서 기존의 해양전략과 상이했다.[29]

2015년 3월 미국은 다시 같은 이름의 최신 해양전략 보고서를 발간했는데,[30] 발간사에서 레이 매버스Ray Mabus 미국 해군장관은 "미 해군은 미국 스스로의 노력과 우호국 및 동맹국의 노력을 통합할 것"이라고 말하고 있다. 이는 미국이 스스로의 힘은 물론, 우방국들과의 협력을 통해 미국이 당면한 문제들에 대처할 것임을 밝힌 것이다. 보고서 서문에서는 오늘날 주요 해양 위협이 인도-아시아-태평양의 중요성이 점증하는 가운데 이 지역에서 나타나고 있는 반접근/지역적 거부Anti access/Area denial라는 도전임을 지적하고, 생각을 공유하는 국가들의 참여를 통해, 지구적 차원의 해군 네트워크global network of navies를 구성하고, 이를 통해 제반 해양문제에 대처할 것을 제시한다.[31] 구체적으로, 미국 해군은 해군력을 전진 배치할 것이고 동맹국 혹은 파트너 국가 해군과 연합작전을 벌일 것임을 밝히고 있다.

2015년 미국 해양전략 보고서는 "우리는 동맹국 및 친구들과 함께 작전할 때 더욱 막강하다"고 강조하면서 중국의 해양력 증강을 인도 태평양 지역에서의 기회이자 도전이라고 말하고 있다. 중국을 '기회'이기도 하다고 한 것은 아덴만의 해적 퇴치 작전에서 중국 해군이 협력했다는 사실을 의미한다.

수차례 지적한대로, 미국은 앞으로 2020년 까지 미국 해군력의 60%를 인도 태평양 수역에 배치할 예정이다. 미국의 대서양 중심 해양전략이 완전히 태평양, 인도양 중심 해양전략으로 바뀌게 되는 것이다. 요약하자면 미국은 중국의 도전에 대응하기 위해 미국의 아시아 동맹국들은 물론 파트너 국가들의 힘을 적극적으로 활용할 것이다. 아시아의 미국 동맹국은 한국, 일본, 필리핀, 호주 등이고 파트너는 베트남, 인도를 의미한다.

중국의 해군력 증강과 공격적인 전략으로 인해 초래되기 시작한 태평양 지역에서의 긴장 상황은 미국이 주도하는 협력전략이 쉽게 성사될 수 있는 환경을 만들고 있다. 일본, 호주, 인도, 베트남, 필리핀, 싱가포르 등 남중국해 및 동중국해에 연해 있는 모든 나라들이 중국의 위협에 공통적인 두려움을 느끼고 있으며, 중국의 위협에 대처하기 위해 미국과의 동맹을 더욱 강화하거나(일본, 호주, 필리핀) 혹은 새로운 협력 관계를 추구하고 있다(베트남, 인도). 동시에 필리핀 – 베트남 협력 강화, 인도 – 일본 – 호주의 해군 협력 강화 등 역내 국가 간 협력 강화도 보다 적극적으로 진행되기 시작했다.

09

중국의 부상과 한국의 지정학적 고뇌

중국의 부상과 한국의 딜레마

1978년 덩샤오핑에 의해 개혁개방 정책이 채택된 이후 중국은 급격히 부상하여 세계 제2위의 경제 대국이 되었다. 중국의 경제성장률은 지난 30년 동안 매년 9% 이상을 기록하고 있으며, 1990년대 초반 이후 2015년까지 중국의 국방비 증가율은 경제성장률을 훨씬 능가하는 것이었다. 시진핑 주석 취임 이후, 중국의 경제성장률이 7%대로 내려갔을 즈음에도 중국의 국방비 증가율은 매년 10%를 넘고 있다.

중국의 급속한 경제성장은 군사력을 현대화할 수 있는 기반을 제공했고, 그 결과 최근 중국의 군사력은 해군과 공군력을 중심으로 급속히 증강되고 있는 중이다. 세계 인구의 1/5을 차지하는 대국이 연평균 10% 가까운 급속한 경제 및 군사력 성장을 기록하고 있다는 사실은 국제체제 구조에 중요한 변화를 야기하는 요인이 될 수밖에 없다. 중국처럼 규모가 큰 나라의 힘이 급격히 성장한다는 것은 국제정치의 구조 변화structural change가 급속하게 진행되고 있음을 의미하는 것이다. 국제체제의 급격한 구조 변화는 결국 국제체제의 안정을 해치는 요인이 된다는 것은 반복되는 역사의 교훈이었다. 국제체제가 불안정해졌다는 사실은 강대국들 간 전쟁과 국제분쟁의 가능성이 고조되고 있음을 의미한다. 이미 많은 국내외 전문가들이[1] 중국의 급격한 성장이 어떤 영향을 미칠 것인지를 놓고 다양한 분석과 설명을 제시하였다. 최근의 견해들을 종합해 보면, 중국의 급격한 성장이 세계 평화에 유리할 것이라는 견해보다는 세계 정치의 불안 요인이 될 것이라는 견해가 더 우세하다.

미국의 정치평론가 조지 윌George Will은 중국의 국력 성장을 1차 대전, 2차 대전 이전 독일의 경제성장에 비유하고 있다.² 현실주의 국제정치 이론가로 유명한 미어세이머Mearsheimer 교수 역시 자신의 저서『강대국 국제정치의 비극』한국어판 서문에서 "미국은 중국의 성장을 그냥 바라보고만 있지는 않을 것"이라고 말한 후, 한국도 중국에 인접해 있는 급성장하고 있는 나라라는 사실을 지적하면서, 중국의 이웃나라들인 한국, 인도, 베트남, 러시아, 일본 등은 중국에 대항하는 균형 연합balancing coalition을 형성할 가능성이 높다고 전망했다.³ 그러나 중국이 성장에 실패해 아시아 전체를 지배할 수준에 이르지 못한다면 미국은 이 지역에서 손을 뗄 수도 있고, 한국에 대한 안보 지원을 중단할 수도 있다고 전망했다.⁴ 중국의 부상은 필연적으로 미국과의 대결을 불러올 수밖에 없다고 확신하는 미어세이머 교수는 2014년 출간된『강대국 국제정치의 비극』제2판⁵에서는 특별히 '중국의 부상'에 관한 장을 추가하고 있다.

미어세이머 교수는 중국이 부상하는 것도, 중국이 부상을 멈추는 것도 모두 한국 안보에 쉽지 않은 환경이 될 것이라고 말한다. 많은 한국인들은 그동안 중국의 부상이 멈출 것이라는 생각을 거의 하지 않았고 중국이 미국을 앞설 것임에 대해 별 의문을 제기하지 않았다. 그러나 이미 2004년에 미어세이머 교수는 중국이 미국과 맞먹을 수 있는 수준으로 부상하지 못할 가능성을 언급하고, 그 경우 아시아 주둔 미군은 철수할 수도 있다고 예상한다. 다시 해석하자면 '2000년대 한국에 주둔하고 있는 미군의 전략적 대상은 중국'이고, 중국이 미국의 패권 경쟁자, 즉 미국의 전략적 위협이 되지 못할 경우 미군은 한국과 아시아에서 철수할 수도 있다는 것이다.

미국의 외교 및 군 관리들이 북한의 위협을 논하고 있지만 21세기 국제정치에서 미국은 북한을 '전략적 위협strategic threat'으로 간주하지 않는다. 북한은 미국에 전략적인 위협이 될 만한 나라가 아니다. 현재 미국의 전략적 위협이 되는 나라는 앞으로 계속 부상할지도 모르는 중국이다. 만약 현 수준에서 중국의 부상이 둔화될 경우, 그런 중국은 미국의 전략적 위협의 대상에서 제외될 것이다.

문제는 대한민국이다. 중국이 지속적으로 부상하는 경우 미국은 한국의 전략적 가치를 중요하게 여길 것이고 한국의 안보를 위해 적극적인 노력을 할 것이다. 막강한 중국이 한반도까지 차지할 경우 미국은 대단히 위험한 전략적으로 불리한 상황에 당면할 것이기 때문이다. 그러나 미국이 생각하기에 중국의 부상이 멈추고, 중국이 미국에 대한 패권 도전자가 되지 못한다고 인식할 경우 주한미군을 본토로 철수시킬 수 있다. 중국이 부상해도 문제, 중국의 부상이 멈춰도 문제인 상황이 도래할 수 있다는 것이 한국 국가안보 정책 결정자들이 유념하고 있어야 할 국제정치 현실이다. 미국과 중국이 갈등을 벌이는 것도 한국에는 힘든 전략적 선택을 요구할 것이며, 중국의 성장이 중단되는 경우 한국은 스스로의 힘으로는 벅찬 중국의 위력에 홀로 맞서야 될 지도 모를 일이다.

현재까지의 중국의 급격한 경제성장은 이미 동북아시아 국제정치 구도에 큰 영향을 미치기 시작했다. 과거 미국과 소련을 중심으로 양 진영으로 나뉘었던 동북아시아 전략구도는 냉전 종식 후 누가 적이고 누가 친구인지 모르는 애매한 상황을 창출했고 그런 상황이 10여 년간 지속되고 있다. 중국의 부상이 보다 가시화된 2000년대 이래 동북아시아 전략구도는 중국의 노골적인 강대국적 행동, 일본의 급속한 대미 밀착 등 해양세력(미국, 일본)과 중국 간의 갈등이 보다 뚜렷하게 나타나기 시작했다. 아직도 분단을 해소하지 못한 채 해양세력과 대륙세력의 가운데 위치한 한국은 2000년대 초반 10여 년 이상 전략적 입장을 분명히 설정하지 못하고 미국과 중국 사이에서 번민하는 형국이다.

■ 미중 사이에서 균형자가 되겠다던 한국

한때 한국은 미국과 중국 사이에서 균형자均衡者 역할을 해야겠다는 구상을 한 적이 있었다. 노무현 정부 시절 나왔던 이 같은 견해는 두 가지 측면에서 황당한 것이었다. 첫째, 균형자 역할을 하려고 하는 나라는 어떤 나라와도 동맹관계에 있으면 안 된다. 둘째, 균형자 역할을 원하는 나라는 다투는 두 나라 사이에서 힘의 균형을 바꾸어 놓을 만큼의 국력을 보유하고 있어야만 한다.

한국은 현재 미국과 동맹국인데, 동맹국인 미국이 중국과 갈등을 벌일 경우 한국이 균형자 역할을 하려면 우선 미국과의 동맹관계를 종료해야 한다. 우리의 동맹국이 싸우는데 어떻게 우리가 중립을 지킬 수 있겠는가?6 역으로 우리가 중국과 갈등을 벌일 때 동맹국인 미국이 균형자 노릇을 하겠다면 우리는 미국을 어떻게 볼 것인가? 우리가 미국과 동맹관계를 유지한 채 미중 갈등에서 균형자가 되겠다고 말한다면 중국은 우리를 어떻게 볼까? 비겁한 사기꾼으로 보지 않을까? 둘째는 적정한 힘이 있어야 하는데, 우리는 과연 미국과 중국의 갈등을 벌일 경우 힘의 균형추를 바꾸어 놓을 만한 국력을 보유하고 있는가? 안타깝지만 아직 우리 국력은 그럴 수준이 되지 못한다. 중국이 부상하는 상황에서 한국이 명확한 입장을 견지하지 못하고 우왕좌왕한다면 한국은 중국으로부터도, 미국으로부터도 신뢰를 얻지 못하는 최악의 상황에 직면할 수도 있다.

박근혜 정부의 한 외교 당국자가 한국이 "중국과 미국 양국으로부터 러브콜love call을 받고 있다"고 이야기한 적이 있다. 하지만 현실 국제정치에서 강대국이 약한 나라에 러브콜을 하는 법은 없다. 미국은 한국에 동맹국으로서 할 일을 해달라고 요구할지는 몰라도 러브콜을 하지는 않는다. 미국은 국가 속성상 러브콜을 하는 나라도 아니다. 중국의 대한국 전략은 한국을 미국과 멀어지게 하는 데 있다. 궁극적으로 한반도 전체를 자신의 영향권에 들어오게 하는 것이 중국의 대한국 정책 목표다. 그러니 중국이 우리에게 하는 행태를 러브콜이라고 보면 정말 곤란하다. 앞서 설명했던 것처럼 중국적 국제정치관에서 보았을 때 중국인이 인식하는 한중 관계는 대국과 소국의 관계일 뿐이다. 다만 한국이 미국의 동맹국이라는 현실 때문에 중국은 한국을 마음대로 다루고 있지 못할 뿐이다.

지난 10여 년 동안 한국이 미중 관계에서 정확한 입장을 취하지 못하고 있던 결과 한국은 미국의 신뢰를 일정 부분 잃어버렸다고 볼 수 있다. 미국은 미중 사이에서 고뇌하는 한국을 과연 신뢰할 수 있는 동맹국인지 의심하기 시작했을 것이다. 우리의 친중 정책이 성공했느냐의 여부는 친중 정책을 통해 얻은 이익이 미국을 서운하게 함으로써 얻은 손실을 상쇄하고도 남는가의 여부에 의해 판단되어야 할 것이다. 필자는 그동안 대한민국의 어정쩡한 정책은 득보다는 실이 훨씬 큰 것이라고 생각하고 있다. 미국은 중국을 견제하기 위한 중국 주변 아시아 국가들과의 연합 전선에서 신뢰가 가지 않는 한국을 포함시켜야 하느냐를 생각하고 있을 정도가 되었다.[7]

■ 중국은 한국의 전략적 동반자가 되기 어렵다

2000년대 이후 중국의 동북공정, 탈북자 체포 및 북한 송환, 한국에 대한 고압적 태도로 인해 한국 국민들의 중국에 대한 기대감은 점차 줄어들고 있으며 중국에 대한 반감과 의구심이 고조되기 시작했다. 한국인들의 중국에 대한 인식이 결정적으로 악화된 것은 2010년 3월 및 10월 북한의 천안함 공격, 연평도 포격 등의 무력 도발에 대한 중국의 양비론적 입장이었다. 북한을 두둔하는 중국의 태도는 한국으로 하여금 한미동맹의 중요성을 더욱 절실하게 인식하게 하는 계기가 되었다. 2012년 여름 중국 당국이 북한인권 운동가 김영환을 체포, 구금하고 고문까지 한 사건은 한중 관계를 한층 더 나쁘게 만들었다.

그러나 2013년 출범한 박근혜 정부는 북한 문제를 해결하기 위한 방편으로 중국 의존적인 정책을 펼치기 시작했다. 이미 이전 한국 정부들도 사용했던 용어이지만 박근혜 정부는 중국과의 관계를 '전략적 동반자 관계'라고 격상시켜 표현했다. 그러나 현실주의 국제정치학적 관점에서 중국은 한국의 전략적 동반자가 될 수 없다. 중국의 한반도 전략목표는 한국의 대전략과 상충되기 때문이다. 중국의 한반도 전략이 우리의 대전략과 상충된다고 말하는 것은 중국이 나쁜 나라라고 말하는 것이 아니다. 중국이 자신의 국가이익에 입각해 행동하는 것은 당연한 일이다.

우리나라의 대전략은 우리의 사상과 체제로 한반도를 통일하는 것이다. 그러나 중국은 자유민주주의로 통일을 이룩한 한반도를 원하지 않는다. 사실 중국은 북한이 통일하는 한반도도 원하지 않는다. 한국이 통일하던, 북한이 통일하던, 힘이 부쩍 강해진 이웃나라가 생기는 것은 어떤 경우라도 중국에 바람직한 일은 아니다. 그래서 중국은 분단된 한반도가 안정을 유지하고 있는 편을 선호하지 통일이 되는 것을 선호하지 않는다. 국가와 민족의 통일을 대전략으로 삼는 한국과 한반도의 통일을 전략적으로 원하지 않는 중국을 '전략적 동반자'라고 보는 것은 국제정치학 용어상 모순이다. 기껏해야 의미 없는 희망사항일 뿐이다.

중국이 우리가 원하는 바를 해줄 수 없다는 현실은 2016년 1월 6일 북한이 4차 핵실험을 단행한 후, 그리고 2016년 2월 7일 장거리 미사일을 발사한 후 보다 노골적으로 드러났다. 결정적인 순간, 중국은 한국의 안전보다는 북한의 생존이 더 중요하다는 사실을 그대로 내보이고 말았다. 2016년 1월의 북한 핵실험은 한국 정부를 여러 가지 측면에서 대단히 당혹스럽게 만들었다. 중국은 북한의 4차 핵실험을 막는 데 아무런 힘도 쓰지 않았다. 핵실험을 사전에 방지하지 못한 것보다 더 큰 문제가 되는 것은 북한이 핵실험을 한 이후 중국이 보인 행동이다. 중국은 4차 핵실험을 '말로나마' 강력히 규탄하는 국제사회의 입장에 동참하지 않았다. 강격한 제재를 요구하는 국제사회의 주문에 대화를 통해 풀어야 한다는 말만 계속했다. 2월 7일 북한의 장거리 미사일 발사를 막는 데도 실패한 중국은, 오히려 한국이 방어책으로 미국과 사드 미사일 배치를 논의하려 하자 외교적으로 도저히 할 수 없는 막말을 하며 한국을 협박하고 있다.

박근혜 정부의 '중국 의존적' 북한 핵 폐기 전략은 '실패'로 판명될 가능성이 높다. 중국정부는 북한이 핵실험을 단행한 직후, 한국 대통령과 국방장관이 건 핫라인 전화도 받지 않았다. 한국 외무장관과 전화가 연결되었던 중국 외무장관은, 강력한 제재를 요구하는 한국의 장관에게 '평화적인 수단과 대화'로 북한 핵문제를 해결해야 한다고 말했다. 중국과의 관계를 더욱 돈독히 함으로써 북한 핵문제 해결의 실마리를 찾아보겠다는 박근혜 정부의 노력은 그다지 성공적이지 못했다.

박근혜 대통령의 중국 전승절 70주년 행사 참관

　중국이야 말로 북한의 핵무장 노력을 막을 수 있는 '힘'을 가진 나라임은 틀림없다. 그래서 대한민국 정부는 동맹국인 미국과의 관계에 불협화음을 감수하면서까지 중국을 미국과 등거리로 대우하겠다면서 중국에 접근했던 것이 사실이다. 한국 대통령은 자유진영의 국가원수로서는 유일하게, 더욱이 미국과 동맹국인 국가원수로서는 처음으로 중국의 전승절 행사에도 참여했다. 이 모든 조치들은 한미동맹의 일정 부분을 훼손하더라도 우리의 사활적인 이익인 북한 핵 폐기를 중국에 호소하려는 의도 아래 이루어진 일이라고 이해할 수 있었다.

　필자는 오래전부터 북한 핵문제 해결을 중국에 의존한다는 것은 '현실적으로 거의 가망성이 없는 일'이라 생각해 왔기에, 중국 의존 정책을 비판적으로 보고 있다. 중국이 군사적 수단을 사용하지 않고서도 북한의 핵능력을 제거할 수 있는 '힘'을 가졌다는 사실과 중국이 그런 '의지'를 가지고 있는지는 전혀 다른 문제이다. 전략은 한 나라의 '능력'과 '의지' 모두를 고려해야만 한다. 필자는 중국이 북한의 핵을 폐기하기 위해 자신의 막강한 '힘'을 사용할 의

지는 없다고 생각한다. 북한 핵을 폐기시키기 위해서는 북한이 붕괴될 수도 있는 수준으로 압박을 가해야만 한다. 문제는 중국이 자신을 직접 위협하는 것 같아 보이지 않는 북한의 핵폭탄을 제거하기 위해 자신의 지정학적 안전판인 북한의 붕괴라는 위험을 감수할 것 같아 보이지 않는다는 것이다. 아무리 망나니 같은 북한일지라도 살아 있어주는 것 그 자체가 중국에는 고마운 일이다.

1950년 초겨울 UN군의 반격으로 북한이 궤멸 위기에 처했을 때 중국은 100만 대군을 파병, 북한의 붕괴를 막고 한반도의 통일도 막았다. 미국과 전쟁을 치르면서까지 살려 주어야 했던 북한을 중국이 앞장서서 붕괴시킬 이유는 어디에도 존재하지 않는다. 중국에 있어서 북한의 붕괴는 핵을 보유한 북한이 말썽부리는 것보다 훨씬 더 못한 일이다. 그래서 북한 핵문제를 해결하기 위해 우리나라가 중국에 크게 의존하는 정책을 펴온 것은 현실주의적 관점이 아니라 희망적인 관점에 의거한 것이었다. 이미 워싱턴 주재 중국 대사는 북한 핵을 해결하라는 미국정부의 촉구에 대해 "그건 불가능한 일 mission impossible"이라고 대답한 적도 있었다. 미국은 중국이 북한 핵문제를 해결하지 않고 있다고 비난하고, 중국은 북한 핵은 미국의 문제라고 떠넘기고 있다. 미국과 중국이 북한 핵문제에 대해 소극적인 것처럼 보이는 이유는 북한의 핵은 결코 미국과 중국의 '존재에 관한 위협existential threat' 이 되지 못하기 때문이다.

중국의 부상과 한국의 지정학적 위험

중국의 힘이 앞으로 더욱 강해지게 될 경우, 한국이 당면하게 될 전략적, 지정학적 문제는 생각보다 훨씬 힘든 도전이 될 것이다. 2012년 2월 출간된 『전략적 비전Strategic Vision』이라는 책에서, 카터 대통령의 국가 안보 보좌관이었으며 저명한 국제정치학자인 브레진스키 교수는 미국이 쇠퇴하면서 야기될 세계 패권 질서의 변화로 인해 '지정학적 위험'에 빠질 가장 대표적인 나라 중 하나가 한국일 것이라고 주장했다.

> "미국의 쇠퇴는 한국으로 하여금 고통스러운 선택에 직면하도록 할 것이다. 한국은 중국의 지역적 패권regional dominance을 받아들여, 국가안보를 중국에 의존해서 사는 방안과 역사적 반감에도 불구하고 일본과의 관계를 강화하는 방안, 두 가지 중 하나를 택해야 할 것이다. 그러나 미국의 강력한 지원 없이, 일본이 중국에 맞설 수 있을지는 회의적이다. 이 경우, 마지막 방안으로 한국은 스스로 힘만으로 생존할 수 있는 수단을 찾아야 할 것이다."[8]

이는 한국의 미래에 대한 대단히 우울한 전략적 전망이 아닐 수 없다. 중국의 국력이 미국과 맞먹거나 그 이상이 된다고 가정할 경우 브레진스키 교수가 제시하는 한국의 미래 전략 옵션은 결국 그가 제시한 세 가지 중 하나가 될 수밖에 없을 것이다.

『전략적 비전』이 출간되고 약 6개월이 지난 시점에 〈동아일보〉 기자는 브레진스키 교수와의 인터뷰에서 이렇게 물었다. "『전략적 비전』에서 미국의 쇠퇴로 한국에 힘겨운 선택이 기다리고 있다고 지적했는데, 당신이 한국 정부의 안보자문을 맡고 있다면 어떤 조언을 하겠나?" 브레진스키 교수는 다음과 같은 조언을 제시했다.

"미국의 핵우산이 사라지면 한국은 세 가지 옵션 가운데 고민스러운 선택을 해야 한다. 중국의 영향권 내에 들어가든지, 독자적 핵무장을 하든지, 일본과의 안보 협력을 강화해야 한다. 마지막 옵션이 가장 낫다고 본다. 한일 협력이 미국에 가장 덜 위협적이기 때문에 미국은 이를 지지할 것이며 동북아 안정에도 도움이 될 것이다. 이를 위해 한일 양국은 역사적 감정을 극복해야 한다."[9]

브레진스키가 말하는 한국이 중국에 안보를 보장해 달라고 의존하는 상태란 사실 과거 명청시절 중국과 조선의 관계를 말하는 것이다. 이렇게 말하는 데 대해 의문과 불만을 표시하는 한국인들이 많을 것이다. 이들은 미국과 동맹 관계에 있는 한국은 미국의 영향권, 혹은 미국에 종속된 것이 아니냐며 반문한다. 이렇게 말하는 사람들은 지정학의 의미를 잘 모르는 사람들이다. 물론 미국도 중국과 마찬가지 속성을 가진 강대국이라는 사실을 부인할 수 없다. 그러나 미국이 한국에 대해 중국과 결정적으로 다른 점은 거리상으로 멀리 떨어져 있다는 점이다. 거리상 멀리 있는 미국은 자신의 '전략적 이익Strategic Interest'에 따라 한국을 지원하거나 혹은 지원하지 않을 수 있다.

그러나 지리적으로 너무나 가까운 곳에 있는 중국은 한국에 대해 '영토적 이익Territorial Interest'을 가지고 있을 수밖에 없다. 중국이 보다 공격적이거나 강압적인 국가이기 때문에 그런 것이 아니다. 한국과 너무 가까이 있기 때문에 자연히 중국은 한국의 영토에 관심을 가진다는 말이다.[10] 한반도에 대해 영토적 이익을 가지고 있는 중국과 힘이 약한 우리가 상호 거래할 때 우리는 중국에 종속될 가

능성이 대단히 높고, 중국의 영향력을 받을 가능성이 대단히 높다
는 사실을 부인할 수 없다는 것이다.

여기서 동맹은 먼 곳에 있는 강대국과 맺어야 안전한 것이라는
'지정학적 철칙'이 나오는 것이다. '원교근공遠交近攻' 즉 가까운 나
라와 전쟁을 하고 먼 나라와 외교를 한다는 중국 고전에 나오는 상
식은, 사실은 지정학과 권력에 입각한 국제정치 철칙인 것이다. 브
레진스키 교수가 일본과의 안보 협력 강화를 한국이 택할 수 있는
가장 좋은 선택방안으로 제시한 것은 현실주의적 국제 정치 분석의
결과다. 현실주의 국제정치학은 "국제정치에는 영원한 적도 영원한
친구도 없다. 다만 영원한 국가이익이 있을 뿐"이라고 가정한다.

지금 동북아시아에서 가장 위협적인 세력은 중국이다.[11] 오늘의
중국은 마치 1900년대 초반 일본이 아시아에서 했던 역할을 반복
하고 있다고 볼 수 있을 정도다. 그때 우리는 다른 나라들의 힘을
빌려 일본에 대항하려 했다. 하지만 우리는 일본에 맞서 함께 싸울
적당한 강대국 파트너를 찾지 못했다. 그 결과 우리는 일본의 식민
지가 되고 말았다

지금 중국의 부상에 대처하는 현실적인 방법 역시 미어셰이머 교
수가 제시한 대로 중국의 위협을 느끼는 국가들이 연합전선을 형성
하는 것이다. 한국의 경우 중국 부상의 위협을 민감하게 느끼고 있
는 일본과 안보 협력을 강화하는 것이 가장 현실적인 방법이 된다.
상당 수준의 국력을 가진 강대국 일본과 한국의 안보 협력은 그 자
체로서 중국과 맞먹는 균형을 형성할 수 있을 정도로 막강하다.

그러나 국제정치를 극도로 정서적情緖的 관점에서 이해하고 있는
한국이 현실주의 국제정치학이 제시하는 모범 답안을 과연 받아들
일 수 있을지는 의문이다. 그래서 브레진스키는 '역사적 반감에도

불구하고'라는 수식어를 '한일 안보 협력'이라는 말 앞에 붙이고 있는 것이다. 해결될 가능성 없이 지속되고 있는 독도문제, 2015년 연말 비록 불완전하지만 간신히 타결을 본 위안부 문제 등 한일 양국 간 갈등은 중국의 도전 앞에 공동으로 대처해야 할 나라들이 오히려 지리멸렬한 모습을 보이는 상황이다. 2015년 12월 28일 한일 간 위안부 문제가 타결되지 않았더라면, 북한의 4차 핵실험 및 장거리 미사일 발사에 대해 한일 양국이 공동 대처하는 상황을 맞이할 수도 없었을 것이다.

현재 미국은 아시아 국가로서 존재하고 있으며, 경제적이고 군사적인 면에서 중국보다 압도적으로 강하다. 미국의 존재 때문에 한일 양국은 중국의 도전 앞에서 분란을 보일 수 있는 여유가 있었던 것일지도 모른다. 그런데 만약 미국의 존재가 아시아에서 사라진다면, 그리고 그 경우에도 한국과 일본이 분쟁 관계에 놓여있다면 중국은 한국과 일본을 쉽게 각개 격파할 수 있을 것이다. 중국에 종속되기도 싫고, 일본과의 안보 협력은 불가능하다면 그때 마지막 남는 옵션은 한국 스스로 살 길, 즉 핵무장을 강구하는 것이다. 이 방안은 어렵지만 우리가 궁극적으로 선택해야 할 길이라 생각된다. 이는 마치 북한이 냉전 종식 이후, 국가의 모든 자원을 국방에 퍼부은 것과 유사한 상태를 의미하는 것이다. 어려운 일이겠지만 한국이 명나라, 청나라 앞의 조선과 같은 나라가 다시 되기를 원하지 않는다면 핵무장은 국가안보와 자주 독립을 위한 마지막 남은 대안이라는 점에서 심각히 고려해 보지 않을 수 없다.

마오쩌둥의 한국 전쟁 참전 결정을 연구한 한 한국인 역사학자는 그의 책 서문에서 다음과 쓰고 있다.

"일본 침략 시대가 마감된 이래 한민족의 운명에 거대한 영향력을 행사했던 미국의 영향력이 옅어지면 또 다시 중국에 사대하는 시대로 되돌아가야 하는가? 주변 4대 강국의 어느 일방에도 휘둘리지 않는 강력한 국가로 거듭나야 하지 않겠는가!"[12]

이 글이 쓰여진 시점은 2006년으로 미국의 쇠퇴, 중국의 부상이 대세大勢처럼 여겨지던 무렵이다. 2016년인 지금 대세는 미국의 부활이다. 동시에 중국의 고도성장은 한풀 꺾인 상태다.

한반도에 대한 중국 패권의 역사

■ 한반도에 대한 중국의 전통적 지배

중국과 한국의 역사는 한국의 고대古代인 약 2000년 전으로 거슬러 올라간다. 물론 이 무렵의 역사에 대한 자세한 기록이 남아 있지 않지만 중국 역사서들은 이미 기원전 2세기 무렵부터 중국은 한반도에 식민지를 운영했다고 기록하고 있다. 물론 중국이 한반도에 식민지를 유지했었다는 사실을 부정하는 한국의 역사학자들은 중국 학자들과 고대사에 관해 소위 '역사 전쟁'이라는 학술 논쟁을 치열하게 벌이고 있는 중이다.[13]

특히 한국인들이 이상적인 선조 국가로 존경하고 있는 고구려高句麗의 역사에 관한 한국과 중국의 논쟁은 한국인의 중국에 대한 관점을 악화시키는 데 결정적으로 기여했다. 중국이 자국 역사의 일부라고 주장하는 고구려는 BC 37년에 건설된 후 AD 668년까지 한반도 북부와 만주 지역에 존재했던 동아시아의 강대국이었다.[14] 고구려는 한국의 선조 국가 중 가장 군사적 성격이 강한 국가로서 당시 세계 최강인 중국의 수隋·당唐 왕조와 대등한 입장에서 전쟁을 치를 정도로 막강했던 강대국이었다. 대부분 기간 동안 약소국으로 주변국의 침략 때문에 서러움을 받았던 한국인들은 고구려를 우리의 선조국가 중 하나라고 믿으며 고구려의 역사를 한국 고대 역사의 자랑스러운 일부로 생각하고 있다.[15] 그러나 고구려는 한국이 아니라 중국 지방 역사의 일부라는 주장이 중국학자들에 의해 제기되었고, 이는 한국 학자들은 물론 일반 시민들의 공분을 불러일으켰다. 한국의 TV 방송국들은 고구려를 한국 역사의 자랑스러운 부분이라고 미화하는 드라마들을 만들어 방영했고 중국정부 및 중국 국민들은 한국의 방송들이 역사를 왜곡했다고 비난했다.

한국이 중국과 아주 양호한 관계를 유지한 것은 1392년 시작 된 조선시대부터였다. 당시 조선은 한국을 작은 중국Little China, 小中華이라고 생각하고 중국의 문명, 중국의 제도 등을 모방했고 중국에 조공朝貢, tribute을 바치는 나라로서 스스로 만족해했다. 중국의 국가 지도자는 황제皇帝, emperor라고 부르는데 반해 조선의 지도자는 황제보다 격이 낮기 때문에 왕王, king이라고 불렸다. 조선은 중국과 대등한 나라가 아니라는 사실을 스스로 인정했다.[16] 물론 조선의 자발적인 대중국 굴종 정책은 중국이라는 대국 앞에서 동등한 자격을 추구할 수 없는 현실적인 요인이 작용한 결과라고 볼 수도 있다. 조선은 중국의 속국으로 남아 있음으로써 어느 정도 자치自治를 인정받고 독립을 유지할 수 있었다. 중국은 조선 사람들이 흠모하는 동시에 두려워하는 대상이었다. 조선 사회의 지도층은 중국 문화에 동화되는 것을 자랑스럽게 생각했고 중국에 대한 사대주의事大主義

는 조선의 전통이요 현실주의적인 대중국 외교정책이었다. 당시 조선 사람들은, 오늘과 같은 뚜렷한 민족주의 감정이 발달되지 않은 상태에서, 조선이 중국의 속국이라는 사실에 큰 불만을 표시하지도 않았다. 한국은 그 역사가 시작된 이래 중국에 인접한 약소국으로서 오랫동안 중국에 조공을 바치는 국가로써 존재했고, 한때 중국의 직접적인 군사 통치를 받으며(元제국 시대) 산 적도 있었다.[17]

물론 중국이 한국(조선)에 대해 일본과 같은 식민통치를 단행했던 것은 아니었지만, 중국은 조선의 주권을 중국과 동등한 것이라고 인정한 적이 없었다. 조선의 자치를 허용했지만 그것은 조선이 중국의 권위를 인정하고 자발적으로 종속하는 한도 내에서 그렇게 했던 것이다. 중국에서 조선으로 파견되는 사신들은 조선의 왕들보다 권위와 위세가 더 높았다. 조선 사람들이 최초로 중국의 우월성이 허구라는 사실을 깨닫기 시작한 것은 19세기 초반부터의 일이다. 조선이 가장 경외하던 나라인 중국이 서양의 강대국 영국과 프랑스에게 패배하고(아편전쟁, 1842), 연이어 일본이 청나라와의 전쟁에서 승리한 후(1895), 한국 지식인들은 세계관의 대변환을 겪지 않을 수 없었다. 19세기 말엽 한국에서는 서양의 문물을 수용하고 중국의 것과 결별해야 된다는 운동이 시작되었고, 일본, 미국, 러시아 등을 중국을 대체하는 새로운 우방으로 삼아야 한다는 세력도 등장하기 시작했다. 그러나 당시 조선의 위정자들은 세상의 흐름을 제대로 읽고 대처하지 못했다. 그 결과 일본이 동아시아의 패권을 장악하게 되자 한국은 중국의 속국dependency으로부터 일본의 식민지colony로 처지가 바뀌게 되었다.

거의 1,000년 이상 지속되어 왔던 한국인의 중국에 대한 관점은 여지없이 붕괴되어 버렸다. 중국은 모방해야 할 대국이기보다는 극복해야만 하는 낡은 전통과 같은 것이 되어버렸다. 일본의 식민지에서 해방되는 1945년까지 한국인들에게 있어서 중국은 한국과 '마찬가지 처지에 놓여 있는 비참한 나라'였고 이 같은 의미에서 중국은 한국의 동지와 같은 처지였다. 한국인들 중 일부는 중국의 공산당, 국민당을 각각 지지하여 그들과 함께 일본 제국주의에 대항하는 전쟁에 참전하기도 했다.

중국의 영향력이 급격히 줄어든 19세기 후반, 조선의 개화된 지식인들은 '독립문'을 건립하는 등 '중국으로부터의 독립'을 결의했다. 19세기 말엽 중국이 몰락하자 조선의 마지막 두 왕은 비로소 스스로를 황제皇帝라 칭할 수 있었다. 호칭에 걸 맞는 힘도 없이 황제를 칭했던 조선왕조는 한때 러시아의 보호국이 되기를 요청하기도 했다. 그러나 19세기 후반기 이후 일본은 한반도 지배권을 놓고 중국 및 러시아와 경쟁을 벌였고, 중국과 러시아를 차례로 격파한 일본에 의해 조선은 식민지로 전락하고 말았다. 조선은 1945년 8월 15일에 이를 때까지, 35년 동안 식민지로서 치욕을 당해야 했다.

■ 한국 전쟁과 중국

1948년 대한민국 정부가 수립된 후 1년 만에 중국에는 공산 정권이 들어섰고 한국은 중국과 사상적으로 적국이 되었다. 한반도의 북반에 건립된 북한은 공산주의를 표방하는 국가였고 마오쩌둥군의 배후기지 역할을 함으로써 중국의 공산혁명을 지원하기도 했다.[18] 1949년 공산혁명에 성공한 중국은 적어도 한반도의 북반에 대해 결정적인 영향을 가지는 나라가 되었다. 중국은 특히 한국 전쟁을 준비 중이었던 북한을 위해, 3개 사단 규모의 중국 공산군 출신 조선인들을 북한에 보냄으로써 한국 전쟁 개시의 선봉군이 되도록 지원했다.

한국 전쟁 중 중국은 한국군과 유엔군이 압록강 부근까지 진격하자 '인민지원군'이라는 이름으로 대규모 병력을 파견해서 북한의 생존을 도왔다. 중국군의 불법적인 개입으로 전세는 역전되었고, 한국 전쟁은 장기전으로 변질되었다. 결국 한반도는 자유국가로서 통일을 이룩하는 데 실패했다.

한국 전쟁 이후 한반도의 남북한은 그 적대감이 더욱 고조되고 긴장 상태가 계속되고 있다. 최근에도 천안함 폭침, 연평도 포격, 4차에 걸친 핵실험, 장거리 미사일 발사 등 북한의 군사도발이 끊이지 않고 있다. 중국의 입장은 안보문제에 관한 한 언제라도 북한을 두둔하는 것이었다. 한반도는 현재 통일은커녕 안정과 평화도 이룩하지 못하고 있는 상태다. 북한은 오늘날에도 자신의 생존과 존속을 중국에 결정적으로 의존하고 있다. 중국의 지원이 없었다면 북한은 지금처럼 살아남아 핵을 만들고 있을 수는 없을 것이다.

한국 전쟁 이후 오랜 기간 동안 중국은 한국의 지식인과 일반인 모두에게 통일을 위한 절호의 기회를 빼앗은 원수로 인식되었고, 중국을 노골적으로 '중공 오랑캐'라는 비속어로 칭하기도 했다. 중국은 한국 전쟁 휴전의 당사자로 참여했었고 냉전 기간은 물론 냉전 종식 이후 오늘에 이르기까지 변함없이 북한체제에 대한 지원을 계속하고 있다.

중국은 한국 전쟁 이후부터 중소분쟁이 발발한 1960년대 중반까지 북한지역에 대해서는 조선시대 수준의 종주권을 회복했다. 그러나 중·소 분쟁이 격화되자 북한은 중국, 소련 사이에서 줄타기 외교를 전개했다. 주체사상이라는 개념도 중국과 소련 어느 편도 들기 거북한 북한이 고육지책으로 만들어 낸 외교정책 노선에 불과하다. 누구 편에도 설 수 없는 처지를 주체라고 표현했던 것이다.

■ 수교 이후 한중 관계

소련의 붕괴, 국제공산주의의 붕괴는 한국과 중국의 수교를 가능하게 했고 한중 두 나라는 역사상 최초로 '독립국 대 독립국'으로서의 국제 관계를 열게 되었다. 중국이 한국과 외교 관계를 정상화하는 일은 중국의 오랜 동맹국인 북한의 격렬한 반대를 받았지만 국제정치의 대세는 중국과 한국이 수교를 할 수밖에 없는 상황이었다. 동부 유럽의 공산주의 정권들이 모두 붕괴했고 1990년에는 소련도 와해된 상황이었다. 1978년 이후 공산주의를 사실상 포기하고 시장경제를 택한 중국은 1960년부터 시작된 한국의 경제발전을 모델로 삼았다. 한국에서는 독재자라고 비판받는 박정희 대통령 (1961~1979)이 중국에서는 경제발전을 이룩한 영웅처럼 추앙되는 분위기도 있었다. 43년간의 적대 관계를 청산하고 국교를 연 한국과 중국 양국은 주로 경제적인 데 집중하여 관계를 발전시켰다.

국교 재개 이후 한중 간 교역액과 인적 교류는 폭발적으로 증가했다. 수교 15년이 지난 2007년 당시 하루 평균 1만 명이 넘는 한국인이 중국을 찾았다. 매일 1억 명 이상의 중국 시청자가 한국 드라마를 보고 있고, 중국 내 외국인 유학생 3분의 1이 한국인이며, 중국어를 구사할 수 있는 외국인 3명 중 2명이 한국인이라고 한다. 한미 간 교류를 단번에 몇 배나 뛰어넘는 폭발적 변화였다.[19] 수교 24년이 지난 2015년 한중 관계는 '밀월 관계'라고 말하는 사람이 있을 정도로 경제는 물론 정치 및 외교에서도 대단히 관계가 깊어지는 듯 했다.

하지만 한중 관계가 진정한 밀월이 되기 위해서는 북한과 중국의 관계가 먼저 정리되어야 한다. 중국이 북한과 동맹을 유지한 채 한국과 밀월 관계에 들어갈 수는 없는 일이기 때문이다. 북한과 중국의 동맹 관계가 공식적으로 정리되지 않는 한 한중 밀월은 불륜 수준일 뿐이며 언제라도 파탄나게 되어있다.[20]

사실 한중 관계는 2016년 1월 6일 북한의 4차 핵실험, 2월 7일의 장거리 미사일 발사 등과 관련 중국이 보여준 행동으로 파탄상태에 들어갔다. 파탄상태에 들어갔다기보다는 현실을 깨닫게 되었다고 보는 편이 정확하다. 한중 관계의 본질이 밀월이 된 적은 없었고, 그런 관계는 북한이 존재하는 한, 그리고 지정학적으로 불가능한 관계이기 때문이다. 북한의 핵공격 위협에 노출된 대한민국이 북한의 탄도미사일에 대한 방어망[21]을 구축하려는 것을 오히려 더욱 크게 문제 삼는 중국의 행태는 이상한 일도 아니다.

한중 관계의 본질은 밀접한 경제교류가 전쟁을 막아주는 것은 아니라는 전통적인 국제정치 이론을 다시 한 번 확인시켜준 것에 불과하다. 세계 제1차 대전이 발발했던 1914년, 유럽 국가들의 대외무역 의존도[22]는 1990년대 이후 소위 세계화의 시대라고 불리던 시대의 국가들의 대외무역 의존도보다 오히려 더 높았다. 긴밀한 경제 거래가 전쟁을 방지하는 요인이라면 1차 대전은 발발하지 말았어야 했다.

"한중 무역액이 한미 간 무역액을 넘어섰다", "한중 양국의 경제 의존도가 대단히 높아졌다", "한중 양국 간 투자액이 엄청나게 늘었다" 등과 같은 사실들은 양호해진 한중 관계를 말해주는 것일 뿐이며, 그 자체로 한중 관계가 지정학적 난제들을 초월하게 된 것을 의미하지 않는다. 그렇게 생각한다면 대단히 위험한 일이다. 지정학적으로 볼 때, 만약 한국이 언젠가 한 번 전쟁을 벌일 날이 있을 것이라고 예상한다면, 제일 확률이 높은 전쟁 상대방이 중국일 것이라는 사실을 부인할 수 없다.

지난 20여 년간 중국은 한국에 국가적 기회가 된 것이 사실이다. 한국과 중국은 인적 교류가 제일 많고 경제 교류도 압도적으로 늘어났지만 중국과의 교류가 늘어났다는 사실이 반드시 한국 국민들의 중국에 대한 호감도가 높아졌음을 의미하는 것은 아니다. 오히려 거래가 빈번해 질수록, 특히 한국 국민의 일상적인 생활에 중국의 영향력이 커질수록, 문제들이 더 많이 발생할 수도 있다.

오늘날 중국의 경제적 성장과 군사적 성장은 한국에 또 다른 종류의 도전이 되고 있다. 중국은 경제적인 측면 그리고 심리적인 측면에서 한국에 대한 영향력을 확대해 오고 있다. 북한에 대한 영향력과 더불어 한국에 대해서도 중국은 그 영향력을 급속하게 확대하기를 원하고 있다. 그러나 한국 국민들은 중국에 대해 본질적인 의구심을 떨치지 못하고 있는 것이 현실이다. 2014년 1월 미디어리서치가 1,000명의 한국 성인을 상대로 조사한 통일여론조사에서 한국인 22%는 "북한 급변 사태 시 중국이 북한을 편입하려 할 것이고 통일은 힘들 것"이라고 대답했다. 한국 국민들 1/5 이상이 중국 때문에 통일이 어렵다고 생각하고 있다.[23]

김정은이 국방위원회 제1위원장으로 재추대되자, 시진핑 중국 주석은 축전을 보내 "나는 형제적 조선 인민이 당신을 수반으로 하는 조선노동당의 영도 밑에 국가건설과 경제발전의 여러 분야에서 반드시 새롭고 보다 큰 성과를 이룩하리라고 믿는다."라고 덕담을 건넸다. 김정은의 재추대는 너무나도 당연한 요식행위였다. 중국

외에 얼마나 많은 나라가 김정은에게 축전을 보냈는지 궁금하다.

박근혜 정부 출범이후 한중 관계는 대단히 양호해졌는데 그것이 한미 관계를 전혀 훼손하지 않은 채로 진행된 것은 아니었다. 박근혜 정부 출범 이후 한중 관계의 긴밀화는 한일 관계의 악화라는 변수와 함께 진행되었다. 2013년 11월 9일자 〈이코노미스트〉 지는 '미국, 한일 간의 입씨름에 화나다'라는 제목의 기사에서 "북한과 중국으로부터의 '같은' 전략적 위협에 직면한 두 나라가 1965년 수교 후 최악의 관계에서 더 악화될 조짐인 것에 미국이 진절머리를 내고 있다"는 기사를 게재했다. 한일 양국은 미국의 대한/대일 공약을 기화로 더 싸우고 있으며, 한미일 3각 동맹 강화가 중국에 대한 경고를 통해 중국의 대북 지원을 재고하게 할 수 있는데도 그렇게 하지 않고 있다고 비판했다. 〈이코노미스트〉 지는 미국 정부가 한일 양국의 갈등이 더 이상 악화될 경우 동북아시아에 대한 미국의 외교정책은 성공할 수 없다는 견해를 표명했다고 보도했다.[24]

한중 관계는 2015년 9월 3일 박근혜 대통령이 중국의 전승 기념일 열병식에 참석할 무렵 그 정점에 올랐다고 할 수 있다. 대통령의 열병식 참석에 대해 한국의 수많은 지식인들이 우려를 표명했다. 중국의 태도가 과연 진정한 것인지 믿을 수 없었기 때문이다. 중국의 태도가 진정한 것인지 여부는 앞으로 닥쳐올지도 모를 북한의 핵실험이나 북한의 미사일 발사 실험에 대해 중국이 적극적으로 저지하거나 혹은 처벌하는 데 동참할 것이냐로 판명될 것이다. 〈조선일보〉는 2015년 10월 17일자 논설을 통해 최근 정부의 대중 편향 외교를 강하게 비판하였다.

"박근혜 정부는 이미 대중對中 전선에서 미국과 함께 중국에 맞설 의

사가 없다는 신호를 여러 번 미국에 보냈다. 사드(고고도 미사일방어 체계) 배치 논의를 미루고, 미국이 신경을 곤두세우고 있는 난사군도 문제에도 아예 입을 다물었다. 박 대통령은 한미 혈맹이란 북한이라는 좁은 전선에서만 유효할 뿐이라고 말하고 싶었던 것일까… 며칠 전에도 미 국방부와 가까운 유력 연구소가 중국의 대만, 난사군도 공격을 가정한 미중 전쟁 시나리오를 공개했다. 미국의 중국 경계심은 상상을 뛰어넘는다. 일본은 그걸 알고 있고 우리는 모른다. 미중 사이에서 가중치를 어느 쪽에 무겁게 둬야 하는지 무시한다. 벌써 워싱턴에서 불어오는 바람이 차갑게 느껴진다. 작은 에러가 대량 실점으로 연결되곤 하는 게 야구의 징크스다. 패배의 고통을 맛본 뒤에야 2015년에 우리가 어떤 에러를 범했는지 떠오를 것이다."[25]

대단히 불행한 일이지만 2016년 1월, 2월 예상했던 바처럼 북한은 4차 핵실험, 장거리 미사일 발사실험을 단행했고 중국은 이를 막지 못했다. 막지 못했을 뿐 아니라 국제사회의 강력한 제재에도 반대하고 있다. 북한의 핵실험과 미사일 발사보다 더욱 격한 어조로 한국의 사드 배치에는 반대하고 있다. 위기 상황이 왔을 때 진정한 친구와 그렇지 않은 나라가 판명되기 마련이다.

중국의 부상을 보는 한국인의 인식[26]

한국 국민들은 과연 중국을 어떻게 생각하고 있는가? 중국의 급격한 경제성장과 군사력 증가를 한국인들은 어떻게 바라보고 있는가? 중국에 대한 한국의 판단, 정책 그리고 선택은 한국뿐 아니라 주변국인 일본, 그리고 중국과 패권 경쟁을 벌이고 있는 미국의 전략에도 큰 영향을 미치는 국제정치적으로 대단히 중요한 일이다.

그러나 한국인들이 중국의 급속한 경제성장 및 급격한 군사력 증강에 대해 어떤 견해들을 가지고 있는지 분석하는 것은 용이한 일은 아니다. 전문가들의 견해가 일치하지 않고 일반 국민들의 견해는 더욱 다양하다. 중국에 관한 한국 사람들의 견해는 사안에 따라 달라지고, 시간의 흐름에 따른 변화의 폭도 대단히 넓고 복잡하다. 그래서 중국의 군사력 증강 및 경제발전에 관해 한국인들의 견해는 '이것이다'라고 결정적으로 말할 수 없는 상황이다.

다만 중국이 고구려사를 자국 역사의 일부로 편입하려고 시도한 동북공정東北工程 이후 그리고 특히 2010년 천안함 격침 및 연평도 포격사건 이후 한국 사람들이 중국을 보는 관점은 급속도로 부정적으로 바뀌어 가고 있다고 말할 수 있다. 2012년말 완성 예정으로 있는 중국의 청사공정淸史工程에서 조선을 청나라의 '종속국'으로 표시할지의 여부는 향후 한중 관계를 결정할 중요한 관건이 될 수 있을 것이다.[27]

한국에 있어서 중국은 특이한 나라다. 중국은 한국과 국경을 접하고 있는 가장 가까이 있는 나라, 문화적으로 가장 영향을 많이 준 나라, 그리고 10세기 이상 한국 민족에 대한 지배력을 행사해온 나라다. 그래서 한국 국민들이 중국에 관해 어떤 생각을 가지고 있는지를 파악한다는 것은 대단히 복잡한 일이다. 일반 시민들과 전문가들의 견해가 다르며, 개인들이 중국과 어떤 관계를 유지하고 있는가에 따라서도 중국을 보는 눈이 다르다. 일례로 중국과 밀접한 경제활동을 하고 있는 한국 사람들과 그렇지 않은 사람들은 중국을 보는 눈이 다르다. 역사를 연구하는 학자들은 중국에 대해보다 부정적인 반면, 경제를 연구하는 사람들은 중국의 성장을 긍정적으로 보기도 한다. 마찬가지로 군사를 연구하는 사람들은 중국의 군사력 성장에 우려를 보이는 경향이 높다.

신봉하는 이념에 따라서도 중국을 보는 한국인의 시각은 달라진다. 최근 한국사회의 이념갈등이 심각해진 상황인데 자유주의, 자본주의에 반대하고 사회주의를 선호하는 사람들, 특히 미국에 반대하는 사람들이 대체로 친중국적이며, 자유주의, 자본주의, 민주주의를 선호하는 사람들은 중국의 본뜻에 의구심을 표한다. 그렇기 때문에 한국인들이 중국의 경제성장과 군사력 증강에 대해 어떻게 생각하고 있는지를 한마디로 말한다는 것은 사실상 불가능하다.

더 문제가 되는 것은 중국에 대한 관점이 '이슈'에 따라 달라지고, 시간의 변화에 따라 함께 변한다는 점이다. 2007년 봄 한국의 화물선이 중국의 화물선과 충돌하여 선원 16명 전원이 사망하거나 실종된 사건이 있었는데 처음에는 짙은 안개 때문에 사고가 났다고 알았지만 중국의 화물선이 사고가 난 후 7시간 동안이나 침몰된 선원을 구조하려는 아무런 조치도 취하지 않았다는 사실이 알려졌을 때 많은 한국 사람들이 중국에 대해 분노를 표시했다.

1992년 8월 중국과 수교를 재개한 직후 한국인들의 중국에 대한 관점은 대체로 긍정적이고 양호한 것으로 변했지만 중국이 한반도의 역사를 중국 역사의 일부라는 주장을 내놓기 시작한 1990년대 후반 이후 중국에 대한 한국인의 관점은 다시 악화되기도 했다. 1990년대 10년간 한국사회에서 반미주의anti-Americanism가 기승을 부리는 동안 중국에 대한 호감이 높아졌으나 2000년대 이후 반미 감정이 약화되는 추세를 보이자 한국인의 중국에 대한 반감이 다시 고조되는 현상이 나타나고 있다. 이처럼 한국인의 중국에 대한 관점은 상황과 주제에 따라 큰 폭으로 변해왔다.

한국학자 중에 중국을 연구하는 사람이 많지만 그들의 상당 부분은 중국 문화, 중국어, 중국 역사에 편중되어 있고 중국의 군사, 중국의 경제발전, 중국의 정치를 연구하는 전문가들은 상대적으로 그 숫자가 적다. 또한 한국에서 출간되는 중국 관련 저술들이 중국에 관해 통일된 입장을 견지하고 있는 것도 아니다. 이들 중에는 중국을 번영의 상징이자 한국이 친하게 지내야 할 국가로 보는 저술이 있는가 하면, 중국을 한국의 경제는 물론 국가안보도 위협하는 나라라고 주장하는 저술도 적지 않다.

중국이 향후 지속적인 발전을 할 것이라고 낙관적으로 보는 저술이 수년 전까지만 해도 더 많았던 것이 사실이지만 2010년대 들어 중국의 미래는 그다지 밝지 않다고 보는 저술들이 점차 많이 나타나는 경향을 보인다.

■ 중국을 대하는 한국 언론의 문제점

'일본은 한국에 대해 너무 잘 알고 있고 한국은 일본을 너무 모른다'는 책인 『일본 내면 풍경』[28]의 저자 유민호 씨가 일본에 대해 잘 알기 위해서는 한국의 신문을 안 보는 것이 차라리 낫다고 말하는 것을 들은 적이 있다.[29] 필자는 이 같은 입장을 중국에 관해서도 견지하고 있는 편이다. 중국에 대해 올바로, 정확하게 이해하기 위해서는 한국의 언론을 그대로 믿지 않는 편이 더 낫다고 생각한다. 2015년 공영방송인 KBS가 여러 차례에 걸쳐 '슈퍼 차이나'라는 다큐멘터리를 방송했을 때, 중국의 실력을 심하게 과장한다는 느낌을 받았다. 물론 언론이 어느 한 나라를 학술적으로 정확하게 분석하기도 어렵고 또 기대할 수도 없다. 그러나 언론보도나 방송의 영향으로 국민들에게 어떤 특정국가에 대한 잘못된 이미지가 형성될 경우 그 나라에 대한 외교 정책은 혼란스러울 수밖에 없다.

2003년 한국의 한 여론조사 기관은 같은 해 선출된 대한민국 국회의원들을 대상으로 앞으로 한국에 가장 중요한 나라는 어느 나라인가라는 질문을 던진 적 있었다. 놀랍게도 '중국'이 제일 중요한 나라라고 대답한 의원이 미국이라고 대답한 의원들의 숫자를 능가했다. 그 같은 상황은 한미 동맹 관계를 60년간 유지해 온 한국사회에 충격적인 일이었다. 이 같은 보도 이후 신문사 기자가 필자에게 '어떻게 이런 일이 생겼다고 보는가'를 묻는 전화를 했다. 그때 필자는 기자에게 "당신 신문사가 늘 중국이 더 중요하다고 쓰지 않았냐?"고 반문했다. 그 신문뿐만 아니라 우리나라 신문들이 대체로 중국이 미국을 앞서 차기 패권국이 될 것을 당연시하고 있었다.

언론의 속성은 본질적으로 학술적이기보다는 센세이셔널리즘 sensationalism에 의거한다. 중국이 신형 전투기를 한대 만들면 마치 중국 공군력이 미국을 곧 앞설 것인 양 보도한다. 2003년 11월 중국이 유인 인공위성을 발사했을 때 한국의 각 언론들은 마치 곧 중국과 미국이 '우주 전쟁'이라도 벌릴 듯이 보도했다. 신문을 본 필자의 학생이 중국은 놀라운 나라라고 말하기에 미국이나 소련이 최초의 인공위성을 발사한 것이 언제인줄 아느냐 물었더니 전혀 알지 못하고 있었다. 필자는 그 학생에게 "자네가 태어나기 무려 20여년 전에 미국과 소련은 이미 유인 인공위성을 쏘았다네."라고 말해주었더니 그 학생은 도무지 믿을 수 없다는 표정을 지었다. 미국을 비롯한 여러 나라에서 이미 중국의 경제가 미국을 앞선 것으로 생각하는 사람들이 수십%에 이를 정도로 언론의 영향력은 지대하다.

이 같은 현상은 우리나라뿐 아니다. 미국 사람들 중에서도 중국 경제가 세계 1위라고 알고 있는 사람들이 적지 않다.

언론은 이처럼 일반 시민의 감정을 흥분시키는 기능을 하고 있다. 2010년 중국이 항공모함을 진수했을 때 우리나라 언론은 "서해를 앞바다로 만든 중국, 찬란한 태양이 떴다"고 표현했다.[30] 어떻게 이렇게 쓸 수가 있는가? 이글은 쓴 기자는 일본이 항공모함을 만들면 '동해를 앞바다로 만든 일본, 찬란한 태양이 떴다'고 쓸 것인가? 아니라면 이 기자의 글은 보도가 아니라 친중국적인 자신의 입장을 나타낸 기사일 뿐이다.

그동안 한국의 언론은 중국에 대해 미국을 곧 능가할 차세대 초강대국, 한국과는 오랫동안 문화를 공유한 나라라는 점을 주로 강조했다. 반면 중국이 한국을 지배했던 나라, 한국과 전쟁을 여러 차례 벌였던 나라, 한국의 자유민주주의 통일을 반대하는 나라라는 역사적, 정치적 사실을 소개하는 데는 소홀했다. 그러던 언론이 수년 전부터 중국에 대한 비판에 앞장서는 경향을 보이고 있는 것도 센세이셔널리즘의 하나일 수 있다. 2007년 8월 하순 서울의 주요 신문들은 한국과 중국의 수교 15주년을 기념하는 사설을 게재했다. 대부분의 사설들은 한국에 대한 중국의 이중성을 강조하면서 중국을 경계해야 할 대상으로 언급하고 있다. 조선일보는 2007년 8월 23일자 사설에서 다음과 같이 말하고 있다.

"중국과의 관계가 기회인 동시에 커다란 도전이란 사실도 날이 갈수록 현실화되고 있다…. 중국이 대한민국 주도의 한반도 통일을 용인하리라는 것은 설익은 낙관에 지나지 않는다. 최악의 경우 중국군의 북한 진주 가능성까지 제기되고 있다. 우리의 통일을 뒷받침할 수 있는 힘은 결국 동맹국 미국에서 나올 수밖에 없다."

당시 반미주의가 팽배되어 있고 친중적 관점이 만연된 상황에서 "우리의 통일을 뒷받침할 수 있는 힘은 결국 동맹국 미국에서 나올 수밖에 없다"는 단언은 매우 놀라운 주장이다. 〈조선일보〉는 한국 경제가 중국에 종속될 위험이 있으며, 중국이 한국의 통일을 결정 적으로 방해하는 국가가 될 수 있음을 경고하였다.

〈신동아〉 2003년 11월호는 중국 전문가인 고성빈 교수의 글을 게재하면서 "한중 관계의 과거와 미래, '우호' 착각 버리고 '자주' 로 활로 찾아야"라는 제목을 붙였다. 고성빈 교수는 중국의 패권주 의의 위험을 지적하며 중국 패권으로 인한 역사적 희생양은 한국과 베트남이었다는 사실, 앞으로도 그럴 가능성이 높다는 사실을 지적 하였다. 그가 제시하는 대안은 한국이 중국으로부터 의존성을 줄이 고 자주노선을 걸어야 한다는 것이었다.[31] 〈신동아〉 2007년 7월호 에서는 '중국 위협론'에 관한 또 다른 전문가의 글을 게재했다. 서 울시립대 금희연 교수는 미국, 일본 등에서 제기되는 중국 위협론 을 소개하면서, 중국의 실력이 아직 미국에 미치지 못한다는 견해 를 제시했다. 나아가 중국이 경제발전만을 위해 인권을 무시하고 독재국가로 남는다면 주변국들로부터 위협의 대상으로 인식될 수 밖에 없을 것이라고 주장했다.[32]

한국 언론의 중국에 관한 부정적인 견해는 특히 한국의 주요 TV 방송국들이 방영했던 드라마들에서 많이 보였다. 2000년대 중후반 에 고구려 관련 역사드라마가 많이 제작되었는데 그 이야기의 대부 분이 한국의 고대 왕국이었던 고구려의 위대함과 강대함을 미화하 는 것이었다. 이러한 사극물史劇物들은 중국의 수나라와 당나라 왕 조를 호전적인 국가로 묘사하고 있으며 이들을 맞아 싸운 고구려의 영웅적인 전투들을 자세히 묘사했다. 중국 시민들이 한국의 드라마들이 역사를 왜곡하고 있다고 항의할 정도였다.

2012년 8월 중국과의 수교 20주년에도 많은 한국 언론들은 중국의 이중성을 지적하였다. 연미화중, 즉 '미국과 동맹을 유지하면서 중국과도 조화롭게 지내자'는 구호가 대세를 이루고 있었지만 이를 심각하게 비판하는 중국전문 기자도 있었다. 〈조선일보〉의 지해범 기자는 '중국의 한반도 문제 인식'이 우리의 대중국 인식과 판이함을 지적하고 한중 관계의 미래가 평탄치 않을 것임을 경고했다.[33]

"지난달 한중 수교 20주년을 맞아 다양한 한국 외교의 해법이 제시됐다. 연미화중聯美和中(미국과 연대하고 중국과 친화함), 연미연중聯美聯中(미·중과 모두 연대함), 구동화이求同化異(같은 점을 찾고 다른 점을 없앰) 등이다. 이들 해법은 공통적으로 미국 일변도 외교에서 벗어나 미중 간 '균형외교'로 갈 것을 주문한다. 한국이 미국과 중국 사이에서 균형을 취할 수 있다면 얼마나 좋겠는가. 하지만 냉혹한 국제 현실은 이를 쉽게 허용하지 않는다. 현재 한국의 종합 국력과 국제적 위상으로는 강대국과의 관계에서 뜻대로 되지 않는 부분이 많다. 무엇보다 중국의 한반도 문제 인식은 우리의 기대와 거리가 멀다. 현 상황에서 중국이 한반도의 통일을 지지할 것으로 기대한다면 착각이다. 중국은 늘 '한반도의 통일을 지지한다'고 말해왔지만 거기에는 조건이 있다. 즉 '남북한에 의한 평화적 통일'만 지지한다는 것이다. 이 말은 미군 등 외세가 개입하거나 한국 주도의 흡수통일은 반대한다는 뜻이다. 중국은 주한미군이 철수 또는 철수 약속을 할 때까지 남북통일을 반대하고 저지하려 할 것이다. 중국이 북중 변경에 군사력을 증강하고 백두산 점령 훈련을 실시하는 것도 이와 무관치 않다."[34]

"북한의 천안함·연평도 도발과 미사일 실험에 국제사회의 비판이 빗발칠 때 중국은 한국에 자제력 발휘를 요구했고 북한에 대한 식량 에너지 생필품 지원을 유지했다. 이런 중국에 비핵화를 위한 대북 압력을 주문하는 것은 연목구어緣木求魚다. 6자회담 역시 북핵 문제 해결의 돌파구를 찾기보다 북한 달래기에 필요한 비용을 한미에 전가하는 도구로 전락했다. 한국이 갈 길은 미국과 중국 모두의 마음을 얻으려 애쓰기보다 두 강대국이 서로 한국을 필요로 하도록 몸값을 올리는 데 있다. 그 방법은 세 가지다. 첫째는 자주국방의 역량을 키워 북한의 도발과 주변국의 주권 침해를 예방하는 것이고, 둘째는 기술력과 상품경쟁력 문화의 역량을 높이는 것이며, 셋째는 장기적으로 남북한의 경제적 심리적 통합을 추진해나가는 일이다. 이 세 가지 근본을 다질 때 우리는 '연미화중'의 큰 그림을 그리고, 중국과도 진정한 '전략적 협력 동반자'가 될 수 있다"[35]

결국 우리가 택해야 할 궁극적인 방안은 우리의 실력을 기르는 것뿐이다. 2016년 새해 벽두 북한의 도발들은 결국 중국이 우리 편이 아니라는 현실을 만천하에 드러내 보였다. 그동안 한국정부의 노력이 헛수고가 되었지만, 중국이 결국 우리 편이 될 수 없다는 것을 분명히 일깨워 준 교훈적인 계기로 삼아야 할 것이다. 중국은 언제든 대한민국의 국가안보에 위협을 가할 수 있는 능력과 의도를 갖고 있다. 필자는 중국도 북한과 함께 우리나라 국가안보 정책의 '대상국'이 되어야 한다고 생각한다.

10

미중 패권 경쟁과 한국의 대전략[1]

또 다시 최악의 안보환경에 처한 한국

대한민국은 세계 어떤 나라보다 국제정치의 냉혹함을 경험해온 나라다. 대한민국과 비슷한 처지에 있는 나라로서 역사적으로는 폴란드, 그리고 현대에 와서는 이스라엘을 이야기하지만 대한민국의 역사는 두 나라보다 훨씬 더 폭력적이고 고단한 역사였다. 우리나라를 향한 침략 전쟁의 횟수는 대소 281회에 이른다.[2] 평화를 사랑한다는 민족이 전 세계 어떤 민족보다 더 많고 처절한 전화戰禍를 겪으며 살아온 것이다.

러시아와 독일이라는 강대국 틈바구니에 끼여 있는 불행한 지정학 때문에 이들 강대국이 전쟁을 치를 때마다 전쟁터가 되곤 했던 폴란드의 역사가 슬픈 역사인 것은 분명하다. 그러나 우리나라 역시 강대국의 의해 정복당하고 분할당했으며 강대국들이 싸울 때마다 전쟁터가 되어 수많은 인명 피해를 입었다는 점에서 폴란드보다 더욱 처절하다. 현대에 이르러 한국과 비견될 정도로 안보 상황이 불량한 나라는 이스라엘이다. 이스라엘은 1947년 건국 이후 오늘에 이르기까지, 자신을 지중해 바다 속으로 쓸어 넣어버리겠다는 적대국들에 둘러싸여 험난한 삶을 살아오고 있다. 자신의 존재를 부인하는 이웃을 갖고 있다는 점에서 한국의 처지 역시 이스라엘과 다를 바 없다.

1948년 건국한 직후 우리는 대한민국을 제거해 버리려는 국제공산주의 세력의 무력 공격 때문에 인구의 1/10이 죽고 다치는 처참한 6·25 전쟁의 참화를 겪은 바 있었다. 1953년 휴전 이후 지금까지 60년의 세월 동안 우리는 한국 전쟁 당시와 똑같은 목표, 즉 대한민국을 제거하고 자신이 원하는 방식으로 통일을 하겠다는 북한과 함께 지내고 있다. 너무나 오랜 시간 동안 최악의 국가안보 상황에서 살아오다 보니 한국인의 안보 감각은 무뎌질 대로 무뎌지고 말았다. 한국인은 자신이 처한 상황이 얼마나 험악한지를 잘 모르게 되었을 정도다.

우리나라는 이스라엘보다 훨씬 더 열악한 안보 환경에서 살고 있다고 말할 수 있는데, 그 이유는 이스라엘과 달리 우리나라는 주변국들보다 훨씬 힘이 약하다는 현실 때문이다. 이스라엘의 주변국들은 모두 이스라엘을 미워하기는 하지만 단결력을 과시하지도 못하고 개별적으로 이스라엘보다 막강한 나라도 없다. 이스라엘은 스스로 상황을 개척해 나갈 수 있다. 최근 우리는 이란과 사우디아라비아가 마치 전쟁이라도 할듯 험악한 관계에 돌입하는 것도 보았다. 이스라엘은 자신의 적들을 각개 격파할 수 있는 여건을 갖고 있다.

그런데 우리나라 주변국들은 어떠한가? 세계 2위의 국력을 갖추고 점점 더 공격적인 외교 행태를 보이는 중국, 미국보다 오히려 더욱 많은 핵폭탄을 보유했던 군사대국 러시아 등 두 나라는 한반도와 국경을 접하고 있는 나라들이다. 불과 수십 Km의 좁은 바다를 사이에 두고 있는 일본 역시 중국, 러시아에 전혀 뒤지지 않는 강대국이다. 그리고 우리나라와 멀리 있지만 사실상 동북아시아 국가라고 말해도 되는 미국은 명실 공히 세계 제1의 강대국이다. 즉 우리나라 주변국 4개국은 각각 종합 국력상 세계 1, 2, 3, 4위의 강대국이니 우리나라처럼 어려운 국제환경에 처한 나라는 없다고 말해도 과언이 아니다.

이처럼 대한민국 국민들은 지구 어느 나라 국민들보다 국제정세로부터 심각한 영향을 받는 상황에 놓여 있다. 그래서 우리는 국제정치의 변화에 예민해야 하며 국제정치 환경을 우리에게 유리하게 바꿀 수 있기 위해, 아니 적어도 우리에게 심각한 피해가 오는 것을 피하기 위해 국제정치를 잘 이해해야 할 뿐만 아니라 극도로 '전략적'이어야만 한다.

우리나라는 지구 어떤 나라보다 파도가 심한 바다를 항해하고 있는 작은 배라고 말할 수 있다. 불행하게도 아직 대한민국호는 험악한 바다를 스스로의 힘으로 헤쳐나가기에 충분히 크고 튼튼하지 못하다. 21세기 초반인 지금 중국의 부상으로 우리나라가 항해 중인 바다는 점점 더 거칠어지고 있다. 이런 상황에 대처하는 방법은 우리나라를 더 크고 튼튼한 배로 만들고, 험한 바다를 헤쳐 나갈 수 있는 좋은 항해 실력을 갖추는 일이다. 즉 우리에게 당장 필요한 것은 막강한 국력과 좋은 전략이다. 이에 앞서 우리는 국제정치를 어떻게 보고 이해할 것인가에 대한 실력을 가지고 있어야 한다. 특히 냉혹한 국제정치를 정확히 인식할 수 있는 안목을 길러야 한다.

국제정치와 전략에 대한 올바른 시각

■ '역설의 논리'에 의해 지배되는 국가 안보

국가라는 조직은 개인과 마찬가지로 번영하고 융성할 수도 있고 타락하고, 피폐하고, 멸망할 수도 있다. 모든 인간이 지금보다 더 건강하고 부유하게 살기를 바라는 것처럼 모든 국가들의 꿈과 희망은 지금보다 더 부유하고 안전하게 사는 것이다. 그런데 국제사회는 인간들이 모여 만든 어떤 조직과도 판이하게 다른 점이 하나있다. 바로 국가들이 모여 사는 국제사회에는 국가보다 상위에 있는 기관이 없고 법과 질서도 존재하지 않는다는 것이다.

국제연합, 국제법 등이 있기는 하지만 이들 조직과 법은 국가를 강제할 만한 능력을 가지고 있지 못하다. 국가들은 주권sovereignty을 가진 조직이며 주권이란 문자 그대로 대외적으로 독립적인 권력을 의미한다. 이처럼 주권을 가진 국가들이 모여 사는 국제사회에서 국가들이 궁극적으로 의존할 수 있는 것은 자신의 능력, 즉 자신의 힘이다. 국가들이 믿을 것은 자국의 힘뿐이라는 의미에서 국제정치는 힘의 정치Power Politics라고 말한다. 힘이 모자란 나라는 이웃나라의 침략을 받고 식민지가 되든가 혹은 이웃나라의 요구에 굴복해야만 한다. 법이나 도덕보다 힘이 기준이 되는 사회에서 살아가는 국가들에게 국가안보는 가장 중요한 과제가 아닐 수 없다. 힘을 갖추지 못한 국가의 운명은 처절하다. 우리나라도 과거 힘이 없던 시절 중국의 속국으로 살았고 일본의 식민지가 되었던 것이다.

한국 전쟁 당시처럼 우리가 허점을 보이는 순간 북한은 또다시 침략 전쟁을 감행해 올 것이다. 이 같은 상황에 처해 있는 우리는 국가안보를 가장 중요한 국가의 임무라고 생각하지 않을 수 없다. 국가들에 있어서 국가안보란 개인들에 있어서 건강과 마찬가지다. 건강하게 오래 사는 것이 모든 인간의 희망이듯 국가들의 희망도 오랫동안 안전하게 살아가는 것이다.

이처럼 국가안보는 특수한 영역이다. 국가의 '삶과 죽음을 다루는 영역'이기 때문에 상식적인 생각으로 국가안보를 이해하기 어렵다. 미국의 유명한 전략 이론가인 에드워드 럿왁Edward N. Luttwak 박사는 국가안보의 영역은 '역설의 논리Logic of Paradox'가 지배하는 영역이라고 말했다.[3] 평화는 평화의 반대 개념인 전쟁을 준비함으로써 얻어질 수 있다는 것이 국제정치와 안보의 역설이다.

■ '아무리 나쁜 평화라도 전쟁보다 낫다' 라는 위험한 사고

평화가 중요하다는 사실을 모르는 사람은 없다. 그런데 전쟁 없는 상태를 평화라고 생각해도 안 되고, 모든 평화가 다 좋은 것이라고 착각해도 안 된다. 만약 북한이 공격해 올 때 우리가 맞서서 싸우지 않고 항복한다면 남한과 북한은 전쟁을 벌이지 않을 것이며, 한국은 '평화적'으로 북한에 의해 통일될 것이다. 싸우지 않고 북한에 굴복하여 공산국가가 되는 것을 평화라고 말할 수는 없다.

그런데 우리나라를 지배하는 관점은 '아무리 나쁜 평화라도 전쟁보다 낫다.' 라는 것이다. 이는 원천적으로 틀린 문장이다. 이처럼 말도 안 되는 말이 마치 대단한 진리처럼 호도된 데는 이유가 있다. 전쟁과 평화를 같은 차원에 놓고 말해서 그런 일이 벌어지는 것이다. 평화는 '목적'이고 전쟁은 '수단'이다. 수단과 목적을 같은 차원에 놓고 전쟁이냐 평화냐를 선택하라면 안 된다. 우리나라 지도자들이 안보가 중요하다고 주장하는 사람들을 윽박지를 때마다 항상 하는 말이 있다. "그럼 전쟁하자는 말입니까?!"

평화란 언제라도 전쟁이라는 '수단'을 각오함으로써 지켜질 수 있는 것이다. 세계 모든 나라들은 전쟁이라는 수단을 잘 활용함으로써 평화를 지키고자 한다. 그래서 전쟁할 준비를 완벽히 갖춘 나라는 오히려 전쟁을 회피하고 평화를 유지할 수 있는 것이다. 처칠 수상은 영국 국민들에게 전쟁과 평화 중 택일하라고 요구하지 않았다. 그는 국민들에게 '피와 땀과 눈물'을 요구했다. 평화를 위해서 그렇게 했던 것이다.

우리는 북한에 굴종하는 평화, 평화적으로 적화 통일되는 그런 상황을 거부한다. 그렇게 굴종적으로 살게 될 바에야 우리는 자유를 지키기 위해서 목숨 걸고 싸울 것이다. 우리는 또한 중국이나 일본에 굽실거리며 유지될 수 있는 평화를 거부해야 한다. 아무리 나쁜 평화라도 전쟁보다 낫다는 사람들에게 물어보자. 일본에 나라를 전쟁을 하지 않은 채 넘긴 이완용은 평화주의자였었냐고? 중국에 굽실거리고 중국의 비위를 상하지 않게 함으로써 얻게 된 평화는 우리들의 즐거운 삶을 보장하냐고? 앞으로 이웃 나라가 우리를 협박할 경우 전쟁보다는 평화적으로 항복하는 게 낫다고 생각할 것이냐고? 상대방에게 굴종함으로써 유지되는 평화를 결코 평화라고 말할 수는 없다. 불행한 일은 한국 사회에는 아직도 상당수 국민과 정치인들이 '아무리 나쁜 평화라도 전쟁보다는 낫다'고 착각하고 있다는 사실이다. 굴종과 노예 상태는 평화 상태가 아니다.

■ 무력 사용을 극도로 두려워하는 한국

미국 사람들에게 '국가의 이익과 정의를 위해 전쟁을 할 수 있느냐?'라는 질문을 하면 무려 80%의 사람이 그럴 수 있다고 대답한다고 한다. 같은 질문에 대해 유럽 사람들은 약 20%정도가 그렇다고 대답한다고 한다.[4] 필자의 강의를 들은 학생들을 포함해 여러 계층의 사람들에게 같은 질문을 해보았다. 과학적인 조사는 아니겠지만, 결과는 0%였다. 아무리 국가이익이 심각하게 걸려있다 해도, 선제공격은 결코 안 된다는 것이 한국인들의 무력사용에 대한 표준적인 견해다. 우리는 '다른 나라를 한 번도 공격한 적이 없다'는 사실을 자랑으로 삼고 또한 그렇게 배워왔다. 우리는 '어떤 일이 있어도 선제공격은 안 된다'라는 전쟁관을 가지고 있음이 틀림없다.

그러나 우리 민족의 선조들인 고구려, 신라, 백제는 모두 자국의 이익을 위해 선제공격을 감행했던 나라들이며 특히 고구려의 경우는 "전쟁의 나라"[5]라고 말할 수 있을 정도로 상무정신이 강했다. 고구려가 침략전쟁을 감행하지 않았더라면 그렇게 넓은 영토를 차지할 수 없었을 것이다. 우리민족은 단 한 번도 남을 침략한 적이 없음을 자부하는 한 중국이 고구려를 중국사의 일부라고 말해도 할 말이 없게 된다.

대한민국은 수십 년 동안 북한의 무력 공격을 받았다. 그런데 우리가 북한이 말처럼 '혹독한 대가'를 치르게 한 적은 근년에[6] 이르러 한 번도 없었다. 그동안 대한민국 국민들은 북한에 대해 겁먹고 있었으며, 전쟁을 극도로 두려워한 나머지, 혹은 비겁한 정치가들의 이념적 호도 때문인지, '아무리 나쁜 평화라도 전쟁보다는 낫다'라는 대단히 잘못된 생각에 빠져들어 있다. 제주해군기지 건설을 놓고 중국이 화내는 일을 왜 하냐며 소리친 정치인들도 있었고, 방어조치인 사드 배치에 대해서는 중국이 화내는데 왜 해야 하느냐며 목청을 높이는 정치가들도 있다. 이런 사람들이 있는 한 한국이 누리는 평화는 '굴종'이 될 뿐이다.

■ 전략은 비관론에 근거해서 만드는 것

한국 국민들은 국제정치의 혹독함을 그토록 오래 경험했음에도 불구하고 국제정치 감각이 예민한 편이 아니다. 너무 오래 힘든 세월을 살았기 때문에 감각이 무뎌졌는지도 모른다. 또한 항상 강대국에 편승해서 살다보니 독자적인 전략을 세울 줄 모르게 되었을 수도 있다. 훌륭한 전략의 수립을 위한 여러 원칙들 중 가장 중요한 원칙은 국가안보 전략은 '비관적 판단'에 근거해야 한다는 것이다.

임진왜란이 일어나기 전 선조는 일본의 상황을 정탐하기 위해 두 특사를 보냈다. 특사들이 돌아와서 자신이 관찰한 바를 말했는데 서로 반대되는 이야기였다. 김성일은 도요토미 히데요시가 감히 전쟁을 도발할 인물이 되지 못한다고 보고했고, 황윤길은 그와 반대로 일본의 침략에 대비해야 된다고 보고했다. 전략론의 상식에 의하면 당연히 황윤길의 보고를 맞는 것으로 간주하고 이에 대비해야 했다. 조선의 현인 이율곡은 당시 조선의 능력으로는 도저히 이룩할 수 없는 10만 양병론을 주장했다. 아마 요즘 같은 세상이라면 그는 수구 꼴통으로 취급되고 전쟁광이라며 손가락질 받았을 것이다.

놀랍게도 선조는 낙관적인 보고에 의존하여 일본의 침략에 대비하지 않았다. 그 결과 조선은 한민족 역사상 최악의 전란과 참화를 당하게 된다. 우리 개인들은 그 확률이 비록 낮을지라도 중병에 걸릴 수 있다는 전제하에 건강을 지키기 위한 전략을 세우고 행동한다. 국가도 마찬가지다. 국가의 삶과 죽음이 걸린 사안을 놓고 돈이 부족해서 안 된다느니 혹은 전쟁이 날 가능성이 그렇게 높겠는가 등의 핑계를 대면 안 된다. 국가안보를 위해 바친 물적 정신적 희생은 전쟁이 발발하고 있지 않는 한, 효과를 보고 있는 것이라 보아야한다. 비록 100년에 단 한 번 쓸 일이 있을지라도 그때에 대비해서 국가 안보전략을 세워둬야 하며 군사력을 갖추어야 하는 것이다. 인간에게 있어서 삶과 건강보다 더 중요한 가치가 있을 수 없듯이 국가에게도 생존(즉 국가안보)보다 더 중요한 가치는 없는 것이다.

■ 이웃나라들을 보는 올바른 관점

국제정치는 빨리 변하고 또한 복잡한 영역이다. 국가들의 힘이 빠르게 변하고 이에 따라 국가들의 생각과 외교정책 그리고 행동이 변하기 때문이다. 지난 3년 동안 우리나라는 중국과 아주 잘 지냈다. 2014년 1월 중국은 작년 6월 박근혜 대통령이 중국측에 부탁했던 안중근 의사의 의거 현장에 표지석을 설치해 달라는 부탁을 훨씬 넘는 응답을 했다. 표지석이 아니라 아예 하얼빈 역사에 200제곱미터에 이르는 안중근 의사 기념관을 세워 주었다. 대한민국 온 국민이 감동했고 사사건건 싸움하는 정치권도 일제히 환영했다. 좋은 일이다. 그러나 우리 국민들은 우선 이런 일이 일어난 배경에 대해 잘 모르고 있었다.

중국이 그렇게 우호적으로 나오는 이유는 중국이 한국을 각별하게 생각해서가 아니다. 중국은 지금 일본을 견제하기 위해 한국을 필요로 하고 대일 공동전선에 한국을 묶어 두기 위해 그렇게 통 큰 행보를 한 것이다. 더 크게 보아 중국은 한국을 미국으로부터 떼어내려고 노력하는 것이다. 우리 국민들 중 그런 사실을 기억하는 사람은 거의 없지만 2006년 중국 당국은 하얼빈 시 중심가에 세워져 있었던 안중근 동상을 철거한 적이 있었다. 당시는 중국과 일본의 관계가 양호했던 시점이었다. 현재 극우파로 비난받고 있는 같은 인물인 아베 총리가 2006년 이후 수년간 중국과의 관계를 양호하게 바꾸어 놓았던 인물이라는 사실을 아는 사람 역시 별로 없다. 2007년 봄 원자바오 총리는 일본을 방문, 일본 정치가들과 국민들의 역사에 대한 '진정한 사죄'에 중국 인민은 감사하게 생각한다고 말한 바 있다. 지금 상황에서는 믿을 수 없는 이야기다. 2006년 중국인들은 일본과의 관계가 양호한 시점에서, 안중근 동상이 도심 한복판에 서 있는 것이 좋지 않다고 생각했을 것이다. 이처럼 불과 수년 사이에 바뀔 수 있는 것이 국제정치다.

중국 하얼빈 시에 세워진 안중근 의사 동상

2016년 1월 6일 북한의 핵실험과 2월 7일 미사일 발사는 한중 관계를 한순간에 원점으로 되돌려 버렸다. 한국 정부는 중국판 다보스 포럼에 아예 불참하기로 결정했다. 이처럼 국제 관계는 쉽게 변하는 것이다. 그러나 변하지 않는 도도한, 본질적인 흐름이 있는데 이는 지도자들의 친분관계, 거래 협력관계의 증진, 외교 등으로 바뀔 수 없는 것들이다. 우리는 그동안 한중 관계의 본질을 바꿀 수 있다고 착각했었다.

그렇다면 이웃나라를 어떻게 생각하는 것이 국제정치적으로 올바른 일일까? 우리 국민들이 대단히 잘못 알고 있고, 또한 잘못 행동하고 있는 것이 바로 이 문제와 관련된 것이다. 어떤 경우라도 다른 나라를 '좋은 나라, 나쁜 나라'라고 구분하면 안 된다. 우리가 말하는 혈맹血盟은 문자 그대로 '피로 맺어진 동맹국'이라는 의미인데 국제정치학에서 그런 개념은 원천적으로 존재하지 않는다.

미국과 소련은 2차 대전 당시 독일의 나치 정권을 향해 피나는 투쟁을 함께 벌인 동맹국이었지만 두 나라가 상대방을 혈맹으로 인식한 적은 없다. 반대로 우리나라 사람들은 한 번 적이면 거의 영원한 적, 혹은 미운 나라로 간주하는 습성이 있다. 한국 사람들이 언제 일본 사람들을 객관적으로, 이웃이라는 관점으로 대할 수 있게 될지 알 수 없다. 한국인들에게 일본은 '영원한 적'일지도 모른다.

미국과 일본은 2차 대전 당시 서로 철천지 원수였다. 일본군은 미군 포로를 생체 실험했고 미군 병사 중에는 자신이 죽인 일본군 병사의 두개골을 고향의 여자 친구에게 기념품으로 보낸 경우도 있었다. 2차 대전 당시 독일군은 약 2,000만 명에 이르는 소련 시민들과 군인들을 죽였다. 반면 독일을 점령한 소련군은 독일 수도 베를린에서 200만 건의 강간 사건을 일으켰다. 그러나 오늘 미국, 소련(러시아), 독일, 일본 중 누구도 상대방을 결코 용서할 수 없는 철천지 원수로 생각하고 있지 않다.

국제정치에는 영원한 적도 영원한 친구도 없다. 대영제국 시절 영국의 수상이었던 파머스톤이 그렇게 말했고 미국의 초대 대통령 조지 워싱턴도 비슷한 말을 했다. 워싱턴은 누구를 영원한 나쁜 나라, 누구를 영원히 좋은 나라로 생각하는 것은 스스로를 옭아매는 바보 같은 일이라 말했다. 오늘 우리나라의 국민들과 정책 결정자들이 반드시 유념해야 할 국제정치적 금언이 아닐 수 없다.

■ '좋은 나라, 나쁜 나라'는 없다. '무서운 나라, 덜 무서운 나라'가 있을 뿐이다

한국 사람들은 이웃 국가들로부터 오랫동안 능멸을 당해왔기 때문에 국제정치를 감정적으로 보는 관점이 농후하다. 우리나라 사람들에게 반일反日은 하나의 고정관념이 되어 버렸다. 감히 일본하고 잘 지내야 한다고 말하기 어렵다. 대한민국에서 최악의 위험한 일은 일본과 잘 지내야 한다고 말하는 일이다. 그런데 한 가지 도무지 이해하기 어려운 일은 우리나라 사람들은 중국으로부터 일본에 당한 것과 별 다를 바 없는 시달림을, 더 오랫동안 받아 왔는데 중국에 대한 한국인의 감정은 대일 감정과 너무도 다르다는 것이다. 물론 한때는 중국을 '중공 오랑캐'라며 격하게 적대한 적도 있었지만 반일감정이 지속되는 것과는 달리 반중 감정은 어느날 갑자기 놀라울 정도로 희석되었다.

외교정책은 국민감정이 아니라 국가이익에 따라 결정되어야 한다. 미국과 소련은 서로 좋아해서 독일에 대항한 전쟁을 함께 벌인 것이 아니다. 지금 미국과 일본이 세계 제1의 동맹국처럼 되어 있는 이유는 일본 사람들과 미국 사람들이 서로 좋아해서가 아니다. 그래야 할 필요가 생겼기 때문이다. 과거 미국이 일본과 태평양 전쟁을 벌이던 당시 미국과 중국은 일본에 대항해서 함께 싸우던 좋은 친구였다. 그러나 지금 미국은 중국과 겨루기 위해 일본과 힘을 합치고 있다.

여기서 국제정치의 원리가 나온다. 국가들은 '무서운 나라'가 존재할 때 그 나라에 대항하기 위해 이웃나라들과 힘을 합치는데 그 기준은 과거가 아니라 현재라는 것이다. 미국은 독일과 처절한 전쟁을 치렀지만 소련이 강자로 부상하자 소련이 무서워서 독일과 힘을 합쳐야 했다. 미국이 소련과 냉전을 벌이는 동안 독일(서독)은 중요한 나토 회원국으로서 미국 편에 서서 싸웠고, 결국 미국의 막강한 지지를 얻어 통일을 이룩할 수 있었다. '무서운 나라'가 야기하는 위협을 감소시키는 일, 그것이 바로 국가안보 전략의 기초인 것이다. 미운 나라랑 대결하는 것이 국가안보 전략이 아니다.

■ 무서운 나라를 찾아내는 기준

그렇다면 무서운 나라는 어떤 나라를 말하는 것일까? 외국들을 '좋은 나라, 나쁜 나라'라는 관점에서 평가하는 경우 무서운 나라를 찾아내는 일이 어려워질 수 있다. 무서운 나라를 잘못 찾으면 국가안보 정책을 망치게 된다. 우선 국제체제의 모든 나라들을 일단 무서운 나라, 즉 언제라도 생각이 바뀌면 자국을 해칠 수 있는 나라라고 생각하는 것이 안전하다. 국제정치 체제가 아직 그 수준에 머물러 있기 때문이다. 그래서 국가들은 외국을 대할 때 신뢰하기보다는 의심하고, 타협하기보다는 경쟁하는 것이다.

최근 미국이 독일 수상의 전화를 도청했다는 사실이 밝혀졌는데 국제정치가 얼마나 자국 중심적인 차원에서 이루어지는지를 극명하게 보여 주는 일이 아닐 수 없다. 독일은 동맹국끼리 그럴 수 있냐며 발끈했지만, 독일도 마찬가지로 미국의 정보를 캐내기 위해 노력하고 있었고, 그 사실이 미국에게 발각되기도 했다. 현재 친구이지만 미국과 독일이 상대방의 정보를 캐내려고 하지 않았을 것이라고 생각하는 것이 오히려 현실을 모르는 일이다.

그렇지만 이웃나라들 모두를 무서운 나라라고 생각하고, 그 나라들을 모두 상대할 수 있는 국가안보 정책을 수립한다는 것은 아무리 막강한 나라라 할지라도 불가능한 일이다. 그래서 안보정책의 대상을 '한정'해야 하는데 이것이 바로 '잠재 적국' 혹은 '주적'이라는 개념으로 나타나는 것이다.

미국의 경우 독립 직후에는 영국을 무서워했다. 미국의 독립과 국력이 확고부동한 단계에 도달한 후 미국은 고립주의 정책을 채택, 아무도 적으로 삼지 않는 정책을 취했다. 제1차 세계대전 당시, 미국은 독일을 자국의 안보를 가장 위협하는 나라로 삼아 전쟁을 했고 2차 대전 당시에는 독일과 일본을 두려운 나라로 상정했었다. 2차 대전 이후 세계 정치에 본격 개입하기 시작한 미국은 소련이 붕괴되는 1990년까지 소련을 미국의 안보정책의 핵심 대상국으로 삼았고, 소련이 무너진 후 얼마 동안은 테러리스트들을, 그리고 2010년 이후부터는 중국을 안보정책의 핵심 대상국으로 삼기 시작했다. 영국, 독일, 일본, 소련, 테러리스트 등은 특정 시기 미국이 가장 두려워했던 안보 정책의 핵심 대상이었고 현재는 중국이 그런 대상이다.

미국의 경우 지구 전체를 상대할 수 있을 정도로 막강한 국력을 보유한 패권국이지만, 그럼에도 불구하고 안보정책의 대상국을 한정한다. '악의 축' 3국 등이 바로 미국이 적을 한정한 사례다. 힘이 상대적으로 약한 나라들은 당연히 가상 적국을 상정하지 않으면 안 된다. 자신을 가장 두렵게 만드는 나라를 정확히 파악하고, 그에 대비해야 한다. 가상 적국은 미운 나라가 아니라 무서운 나라이다.

'무서운 나라'가 누구인지를 파악하는 데 유용한 국제정치학적 기준이 있다. '가까이 있는 이웃나라 중에서 힘이 가장 막강한 나라'를 가장 무서운 나라로 상정하면 된다. 무서운 나라가 지금 당장은 우호적일 지라도 '영원히' 우호적일 수는 없기 때문에, 만약의 경우에 대비, 그 나라를 안보정책의 대상국이라고 가정해야 한다는 것이다.

미운 나라가 동시에 힘이 제일 막강한 이웃 국가일 경우 안보정책은 쉬워진다. 그러나 그렇지 않을 경우가 있을 수 있다. 미운 나라가 힘이 상대적으로 약한 나라이고, 현재 관계가 양호한 나라가 힘이 막강한 나라인 경우도 있을 수 있다. 이 경우는 정말 난감한 상황이다. 원칙적으로는 상대적으로 약한 나라와 연합함으로써 막강한 나라에 대응해야 하지만 사이가 나쁜 나라와 협력을 한다는 것이 쉬운 일은 아니기 때문이다. 이 같은 상황은 지난 수년 동안 한국이 처했던 상황과 대단히 흡사하다. 중국과 일본 중 현재 힘이 더 강한 나라는 중국일 것이다. 그러나 한국은 중국과는 양호한 관계를 유지하는 반면 일본과는 관계가 악화되고 있다. 전략적 원칙은 우리에게 약한 편(일본)과 협력하여, 강자(중국)와 균형을 이루라고 가르쳐 준다. 우리는 솔직히 지난 수년간 그런 대외 정책을 전개하지 않았다. 오히려 원칙에 역행했다.

'무서운 나라'를 상정하는 또 다른 대단히 유용한 기준이 있다. 주변에 있는 막강한 나라가 민주주의 국가라면 일단 국가안보의 대상으로 경계할 필요는 없다. 미국이 민주주의 국가이기 때문에 국경을 접하고 있는 캐나다와 멕시코가 미국을 안보 위협으로 느끼지 않는 것이다. 그러나 이웃의 막강한 나라가 민주주의 국가가 아니라면 반드시 안보 정책의 대상으로 삼고 경계하지 않으면 안 된다. 1990년대 국제정치학자들이 발굴한 최대의 국제정치 이론인 민주주의적 평화론Democratic Peace Theory에 의하면, '민주주의 국가들끼리는 어떤 경우에도 전쟁하지 않는다'고 한다. 이 이론에 따르면 한국과 일본은 아무리 서로 미워하는 사이일지라도, 민주주의 체제를 유지하는 한, 전쟁은 결코 없을 것이라고 예측할 수 있다. 대한민국과 일본이 앞으로 독재국가가 될 가능성은 없을 것이다.

전쟁은 최소한 한쪽이 민주주의 국가가 아닐 경우에만 발생한다는 것이 민주주의적 평화론이 가르쳐 주는 거의 확정적 진리다. 이는 민주주의 국가가 아닌 나라를 적으로 상정하고 대비해야 한다는 것을 의미한다. 이 같은 국제정치 원칙에 의거할 경우 중국이 우리에게 궁극적으로 어떤 국가인지 길게 설명할 필요도 없다. 중국은 우리가 '무서운 나라'라고 생각하고 대비해야 할 나라다.

19세기 말 조선과 21세기 초 한국은 무엇이 다른가

일본에 의해 식민지가 되기 이전의 조선은 주권을 가진 독립국은 아니었다. 조선은 중국의 명나라, 청나라에 조공을 바침으로써 자치권을 유지하던 책봉 국가vassal state이었을 뿐이다. 조선 왕은 중국의 황실에 정기적으로 조공을 바침으로써 왕권의 정통성을 유지했다. 왕의 정통성이 조선의 국민들에 의해서가 아니라 중국의 황제에 의해 보장되던 나라였다. 현대 국제정치학은 중국 중심의 국제질서를 진정한 의미의 국제체제로 인정하지 않는다. 중국을 제외한 체제의 구성 국가들이 독립국가가 아니었다는 이유에서다.[7] 국제체제International System란 독립 국가들로 구성된 세계이다. 한 나라만이 독립국이고 나머지는 그 나라에 종속되는 세계는 제국체제Empire System다. 중국의 조선 지배, 일본의 조선 지배 모두 제국주의적이라는 면에서 대동소이했다.

1910년 조선은 서구식 사상과 문물을 재빨리 받아들여 근대화에 성공한 일본 제국에 합병됨으로써 나라 자체가 소멸되었기 때문에 그나마 유지했던 '책봉 국가'의 지위조차 잃어 버렸다. 일본의 조선 지배는 중국의 조선 지배처럼 능숙하지 못했다. 중국의 지배는 조선 사람의 인식 체제와 세계관까지 지배함으로써, 적대감을 불러일으킬 원인을 원천적으로 차단했다. 조선 위정자들은 중국의 속국임을 오히려 자랑스럽게 생각했다. 반면 일본의 지배는 정신적이기보다는 물리력에 의한 지배였다는 점에서 중국의 지배와 달랐다. 중국은 더 오래 지배했으면서도 한국 국민들의 대중국 적대감을 억제할 수 있었지만, 일본의 35년 통치는 지금까지 이어지는 격한 반일 감정의 원천이 되었다.

지금 온 한국 국민은 위안부 강제 동원 사실을 부정하는 일본에 대해 분노하고 있지만, 청나라는 병자호란 당시 수십만 명에 이르는 조선의 여인들을 중국으로 끌고 갔었다.[8] 청나라 이전의 명나라 역시 주기적으로 조선의 여인들을 징발해 갔고, 딸을 빼앗기지 않으려는 조선의 아버지들은 열두 살밖에 되지 않았던 어린 딸들을 시집보내야 했다.[9] 중국에 끌려가지 않으려고 일부러 얼굴에 흠집을 낸 여인들도 있었다. 그러나 오랑캐라며 무시하던 청나라에 복속된 지 200여 년 만에 조선은 청나라를 흠모하는 나라로 바뀌고 말았다. 세계정세에 둔감했고 조선의 국왕이나 정치가들은 국가안보를 위한 대전략을 가지고 있지 않았다. 동학란이 발생했을 때 조선의 국왕은 이를 진압하겠다고 청나라 군대를 불러들였다. 자신이 통치하는 백성을 외국군보다 더 무서워했던 그런 왕이 통치하던 나라가 망하지 않았다면 그것이 오히려 더 이상한 일이었을 것이다.

1894 - 1895년 전쟁에서 청나라를 격파한 일본은 패전국 청나라와 시모노세키 조약을 체결하는데, 동 조약의 제1조는 "청나라는 조선이 독립국임을 인정한다"로 되어 있다. 그 이전의 조선은 독립국이 아니었다는 말이다. 이 말은 '한국은 이제는 더 이상 중국의 속국이 아니다'는 뜻일 것이다. 중국으로부터 조선을 빼앗아 자신의 식민지로 만들기 위해 일본은 우선 조선을 '독립국'으로 만들

필요가 있었다.

1897년 8월17일 조선은 '대한제국大韓帝國' 즉 황제의 나라임을 선포했다. 제국으로서의 국력이 있든 없든, 명칭 상으로나마 조선은 수백년 만에 처음으로 중국과 동급의 나라, 즉 황제가 통치하는 나라가 되었다. 조선의 왕들은 중국의 사신이 한양을 방문할 때마다 쩔쩔맸다. 조선의 왕을 자신보다 오히려 아래 직급으로 대했던 중국의 사신들은 한양에 올 때마다 영은문迎恩門, 즉 '은혜를 환영하는 문'을 통해 서울로 입성했다. 대한제국은 영은문 바로 앞에 독립문을 세웠다.

조선이 대한제국을 선포하고 단기간이나마 독립국처럼 행동할 수 있었던 것은 1895년 청일전쟁에서 일본이 승리했던 결과다. 전쟁에 패배한 중국은 일본의 강압에 의해 모욕적인 시모노세키 조약을 체결했고 조선을 독립국으로 인정하지 않을 수 없었다. 그러나 조선은 진정한 독립을 이룩하는 데 실패했다. 독립국으로 발전하기는커녕, 서구식 국가발전을 이룩한 일본의 제국주의에 합병되고 말았다.

19세기말은 조선을 둘러싼 국제정치 질서가 바뀌는 시기였다. 당시 조선의 엘리트들은 진정한 독립을 획득하기 위한 전략적 지혜는 물론 독립의 의지와 능력도 결여하고 있었다. 독립협회 회원 등 당시 개명된 사람들 중에는 중국으로부터 한국을 독립시켜 주었다며 일본에 대해 우호적인 생각을 가지고 있던 사람들도 적지 않았다.

■ 19세기 말과 비슷한 21세기 초반의 동북아

최근의 한반도 정세를 100여 년 전 조선이 일본의 식민지가 되어

나라가 멸망당했던 무렵과 비슷하다고 보는 사람들이 많다. "똑같다"며 과장하는 식자도 있다. 우리의 선조국가 조선은 1800년대 중엽 이후 급변하는 세계정치를 제대로 파악하지 못하고 적절하게 대응하지 못하는 바람에 결국 그동안 깔보던 왜倭나라의 식민지가 되고 말았다. 100년 전 한반도와 현재의 한반도가 비슷하다고 비유하는 이유는 한반도를 둘러싼 국제질서가 급격히 변하고 있다는 점에서 유래한다.

19세기 말 조선 국민들과 엘리트들은 조선을 진정 독립국으로 만들 수 있는 기회를 놓쳤다. 우리보다 나을 것이 별로 없었던 일본은 세계적 강대국으로 부상할 수 있었는데 우리는 오히려 일본의 식민지가 되고 말았던 역사의 반전이 일어난 시대가 바로 19세기였다. 21세기 또 다시 국제체제가 급변하는 상황은 우리에게 통일을 이룩하고 독립을 완성할 수 있는 기회를 제공하고 있다. 그러나 우리가 이러한 상황에 잘못 대처할 경우 우리는 주변 강대국의 적대적 갈등 구조 속에서, 오히려 지금만도 못한, 남의 눈치를 보고 살아야 하는 비참한 상태로 전락할 수도 있다.

■ 동북아에서 한국의 국력 서열은 변하지 않았다

조선 말엽과 오늘의 대한민국이 처한 국제정치 상황의 유사점을 몇 가지로 정리해 보자. 대한민국은 지난 50여 년 동안 엄청난 수준의 경제력 증가 덕택에 현재 세계 10위권의 국력을 가지게 되었다. 그러나 문제는 대한민국이 동북아시아에서 차지하는 국력 서열은 100년 전과 별 다를 바 없다는 점이다. 19세기 말 조선은 동북아시아에서 제일 약한 나라였고, 21세기 초인 지금도 그 사실이 변하지는 않았다. 미국, 일본, 중국, 러시아 등 강대국들 간의 국력 서열에 약간의 변동이 있었지만 이들은 여전히 모두 한국보다 상위 서열에 위치하고 있는 나라라는 사실에 변함이 없다. 미국, 일본, 중국, 러시아는 현재 세계 1~4위의 강대국이며 북한마저도 '미국만 빠져 준다면' 한국과 싸워 이길 수 있다고 호언하고 있는 판이다.

국력의 정확한 측정을 위해서는 국민의 사기morale, 국민의 교육 수준, 정치가의 리더십, 국가의 단결성, 문화, 예술, 학문적 능력 등 계량적으로 측정할 수 없는 요인들도 고려해야 한다. 지금 우리나라는 계량적으로 측정할 수 없는 국력 요인들에서 다른 나라보다 우세하다고 말하기 힘들다. 국론의 분열, 희박해진 국가안보 의식, 흐릿해진 대적관對敵觀 등은 눈에 보이는 국력마저도 효과적으로 행사할 수 없게 만드는 부정적 요인들이 아닐 수 없다.

어느 나라가 힘이 더 강한지에 대한 최종적인 평가는 '전쟁을 해 봐야' 알 수 있는 일이다. 총력전쟁에서 이길 수 있는 나라가 종합 국력이 더 우세한 나라다.[10] 결국 우리가 '힘'으로 북한을 확실하게 제압할 수 없는 상황이라면, 우리는 북한보다 더 강하다고 말하기도 힘든 상황이다. 아무리 힘이 세다고 해도 싸우려는 의지가 없다면 그 나라의 국력은 0이나 마찬가지다.

■ 국제정치의 본질은 변하지 않았다

100여 년 전 조선이 당면했던 국제정세와 오늘 대한민국이 당면한 국제정세를 비슷하다고 말할 수 있는 또 다른 근거는 '국제정치의 본질'이 예나 지금이나 별로 변한 바 없다는 점이다. 많은 사람들이 오늘의 세계는 100년 전 세계와 다른 줄 알고 있고, 앞으로의 세계는 '전쟁 없는 평화의 세상'이 될 것이라고 믿고 있지만 전혀 그렇지 않다. 국가들은 과거와 마찬가지로 지금도 경쟁하고 있으며 경쟁은 언제라도 국가 간의 폭력적인 분쟁, 즉 전쟁을 유발할 잠재적 가능성을 내포하고 있다.

지구상의 모든 나라들은 지금보다 더 잘 살고 싶어 하며, 지금보다 더 강력한 나라가 되길 원한다. 모든 나라들은 돈을 더 많이 벌기 원하며 돈을 더 많이 번 나라는 당연히 더욱 막강한 군사력을 보유하려 한다. 누구도 믿기 어려운 것이 국제정치일진데, 지켜야 할 재산이 늘어난 나라가 어떻게 군사력을 늘이지 않을 수 있겠는가.

국가들은 서로 협력함으로써, 모두가 더 잘 살 수 있지만 국가들의 더 큰 관심은 협력함으로써 누가 '더' 잘 살게 되는가, 누가 '더' 큰 이익을 보는가에 있다. 모든 국가들은 자신이 국제정치에서 차지하는 서열이 상승되길 원하며 이 같은 점에서 국가들의 경쟁은 제로 섬zero sum적인 측면을 가지고 있다. 어떤 나라의 순위가 올라간다는 사실은 다른 나라의 순위가 내려간다는 것을 의미하기 때문이다. 이웃나라가 강한 나라가 되기보다는 약한 나라로 남아 있는 것을 오히려 더 좋아해야 하는 것이 국제정치의 속성이다. 우리의 이웃나라인 중국과 일본으로서는 한국이 약한 나라로 남아 있는 것이 훨씬 더 좋을 것이다. 우리가 통일을 이룩한다는 것은 한반도에 강한 나라가 생겨나는 것인데 그들이 좋아할 리가 없다. 우리가 최근 중국에 실망하는 것은 우리가 국제정치의 본질을 잘 모르고 중국에 허무한 기대를 했던 탓이다.

최근 들어 국가들의 전쟁 가능성은 확실히 줄어들었다는 것이 국제 정치학자들의 공통적인 견해다.[11] 그러나 전쟁의 빈도가 줄어든 것이 국제체제의 본질이 변했기 때문은 아니다. 전쟁의 수행방식이 달라졌고, 무기 체계가 급격히 발달한 결과 국가들의 전쟁 억제력이 향상되었기 때문에 전쟁의 빈도가 줄어든 것이다. 국가들이 서로 막강한 파괴력을 가지고 있기 때문에 전쟁이 과거처럼 쉽게 발발하지 못한다는 것일 뿐, 전쟁과 평화의 논리는 과거나 지금이나 마찬가지이다.

전쟁의 빈도는 줄어들었을지 모르지만 국가들로 하여금 전쟁에 대비하지 않을 수 없게 하는 "국제정치 체제의 본질 그 자체는 변한 바 없다."[12] 특히 대한민국이 위치하고 있는 동아시아의 국제체제는 세계 어떤 지역보다 전쟁의 발발 가능성이 훨씬 높은 상황이라는 점을 잊으면 안 된다.[13]

■ 조선과 대한민국의 국제상황을 본질적으로 다르게 만드는 요인

그러나 100여 년 전 조선이 당면했던 국제정치 상황과 오늘 대한민국이 당면한 상황은 한 가지 요인 때문에 대단히 다르다. 한국은 세계에서 제일 막강한 미국과 동맹을 맺고 있다는 사실, 그리고 세계 최강 미국이 한국의 전략적 가치를 인정해 주고 있다는 사실이 100년 전과 지금을 다르게 만드는 가장 중요한 요인이다. 한미동맹이라는 요인을 뺀다면 지금 대한민국이 처한 상황은 100년 전 조선보다도 오히려 더 못할 수 있다. 100년 전 조선은 하나였는데, 지금은 둘로 나뉘어져 있고, 대한민국에 적대적인 북한과 대치하고 있기 때문이다.

중국, 일본, 러시아가 대한민국보다 국력이 강한 것은 사실이지만 만약 이들이 대한민국을 무력으로 침략한다면 미국이 도와주게 되어 있는 한미동맹 구조야말로 100년 전 조선이 당면했던 국제 정세와 오늘 우리가 당면한 국제 정세를 '완전히 다르게' 해 준다. 대한민국을 무력 점령하려는 북한의 침략을 억제해 주는 가장 중요한 요인 역시 한미동맹이 아닐 수 없다.

100여 년 전 조선의 정치가들과 우국지사들은 조선의 독립을 위해 각기 다른 구상들을 가지고 있었다. 청나라와 지속적인 관계를 유지해야 한다는 세력(친청파), 일본과 연계해야 한다는 세력(친일파), 러시아와 잘 지내야 한다는 세력(친러파), 미국을 통해 생존 독립을 강구해 보자는 세력(친미파) 등 다양한 견해와 세력 분파들이 존재했다. 친청파는 세계가 바뀌고 있다는 사실에 무지했고, 친일파, 친러파는 일본과 러시아 역시 중국과 마찬가지로 한국을 독점적으로 지배하려는 야욕이 있다는 사실을 간과했다. 친미파는 당시 미국이 세계 최강도 아니고 한국에 대해 결정적으로 관심이 없다는 사실을 잘 몰랐다. 당시 세계 최고의 강대국은 영국이었는데 영국을 통해 조선의 독립을 강구해 보려는 세력은 거의 없었다. 있었다고 해도, 당시 국제구조상 영국과의 연계에 성공할 가능성은 높지 않았다.[14]

■ 급변하는 국제정세와 국가 대전략

19세기 말과 21세기 초반 조선과 대한민국이 당면했던 국제 구조의 유사성은 우리를 불안케 하는 요인이며, 상이성(한미동맹의 존재)은 우리가 반드시 견지함으로써 21세기 초가 19세기 말처럼 되지 않도록 해야 할 당면 과제다. 급변하는 국제정세 속에서 우리가 추구해야 하는 최선의 상황이 오도록 하고, 나쁜 상황의 도래를 차단하는 것은 우리의 국가 대전략이 추구해야 할 중요한 부분이다.

최선의 상황은 대한민국 주도로 한반도 통일을 이룩하고, 통일된 대한민국이 강대국 역할을 담당하는 것이다. 한마디로 대한민국이 '통일 강대국'이 되는 상황이다. 그리고 이 같은 최선의 상황은 자동적으로 우리나라의 국가 대전략 목표가 되는 것이다.

이 같은 상황에 이르기 위해서는 우리는 우리 자신의 능력 증대와 국제적인 힘의 활용이라는 두 가지 측면에서 성공해야 한다. 즉 우리는 스스로의 국력 증강을 위해 부단히 노력해야 하며 우리나라의 대전략을 진정으로 지지해 줄 수 있는 나라와 항상 긴밀한 관계를 유지할 수 있는 외교에도 성공해야 한다. 물론 우리가 원한다고 좋은 상황이 저절로 오지는 않는다. 바람직한 상황의 도래를 위해 우리는 때로 피와 땀과 눈물을 각오해야 한다. 대전략 목표를 성공적으로 달성하기 위해 우리는 훌륭한 전략을 개발해야 하며 이를 위해 세상의 움직임을 올바로 파악하고 있어야만 한다.

21세기 동북아시아의 미래: 몇 가지 시나리오

이 책 앞부분에서 자세히 설명했던 것처럼 한반도의 주변 국제정치의 미래는 상당 부분 우리의 희망과 배치될 가능성이 크다. 즉 평화가 공고해지기보다는 불안정과 전쟁 가능성이 늘어나는 방향으로 진전되고 있는 것처럼 보인다. 그리고 불길한 시나리오 중에는 우리나라의 힘만으로 어쩔 수 없는 요인들이 있는 것도 사실이다. 시나리오 별로 우리나라가 택해야 할 전략도 달라져야 한다. 우선 국제정치학자들이 상상해 본 몇 가지 시나리오를 소개하기로 하자.

■ 중국이 아시아 패권을 장악하는 경우

중국이 세계 패권국이 되거나 혹은 최소한 아시아에서는 확실하게 미국의 힘을 거부할 수 있는 상황에 도달하는 경우를 가정할 수 있다.[15] 가능성이 별로 없는 일이라 판단되지만 중국이 아시아의 패자가 될 경우 한국은 어떤 처지에 놓이게 될까? 최근 한국 사람들은 중국을 별로 두려워하지 않는 경향이 있었는데, 중국은 우리에게 미국과는 본질이 다른 나라다. 미국은 한국의 영토에 대해 심각한 이익이 없지만 중국은 한국의 영토 그 자체에 관심이 없을 수 없다. 중국은 한반도와 접해 있는 나라다. 그리고 중국은 앞에서 논한 바처럼 한국과 한국 국민을 결코 동등하게 인정할 수 없는 전략문화와 역사를 가진 나라다.[16]

중국이 아시아의 패자가 되어 미국의 세력을 물리치는 경우, 한국은 사실상 중국에 종속된 채 살아가야 하는 처지가 될 것이다. 복거일 작가가 쓴 『한반도에 드리운 중국의 그림자』는 이 같은 상황이 우리에게 얼마나 비참한 것일지를 경고해 주고 있다.[17] 대한민국은 적어도 한국 전쟁 이후에는 미국과의 동맹 덕분에 아시아에서 당당한 독립국으로 살아올 수 있었다. 그러나 만약 미국의 힘이 아시아에서 빠져 나갈 경우, 한국이 당면하게 될 상황은 대단히 힘든 것일 것이다.

브레진스키 박사는 미국이 아시아에서 떠나야 할 상황이 되었을 때 한국은 어떤 나라보다 어려운 처지에 놓일 것이라고 예상하고, 그런 상태에 놓인 한국은 그 어느 것도 바람직하지 않은 세 가지 전략적 선택지 중 하나를 택하지 않을 수 없을 것이라 분석했다.[18]

1. 중국의 패권을 인정하고 거기에 종속되어 사는 것이다. 조선이 그렇게 했었다. 자존심과 독립은 훼손되겠지만 멸망하지는(죽지는) 않을 것이다.
2. 한국인들에게는 대단히 어려운 선택이겠지만 일본과 협력하여 중국에 대항함으로써 자존과 독립을 유지하는 것이다.
3. 독립을 유지하기 위해 핵무기 제조 및 보유를 포함하는 대책을 세우는 것이다.

브레진스키 교수는 한국이 택해야 하는 가장 올바른 전략은 '일본과의 안보 협력'이라고 조언했다. 한국인의 입장에서는 이 같은 제안을 받아들이기 쉽지 않을 것이다.[19] 만약 대한민국의 위정자들마저도 '일본과의 협력은 생각할 수 없는 일'이라고 생각한다면 한국의 선택은 나머지 두 가지 중 하나가 될 것이다. 즉 중국에 복속되든가 혹은 핵무장 등을 통해 단독의 힘으로 중국에 맞서는 것이다. 중국이 아시아의 패권국이 되는 일을 미국이 막지 못하고 물러난다면, 그리고 한국과 일본의 안보 협력이 영원히 불가능한 것이라면, 일본의 선택도 역시 두 가지 중 하나가 될 것이다. 하나는 중국의 속국이 되는 것이고, 다른 하나는 군사강국이 되어 중국에 대적하는 것이다. 이 두 가지 중 일본이 중국의 속국이 되는 길을 택할 가능성은 거의 없다. 일본은 필히 군사강국의 길을 택할 것이다. 일본 식자들은 제2의 일중 전쟁이 이미 시작되었다고 말하고 있다. 일본마저 핵무장할 경우 한국의 살길은 무엇인가?

미국과 일본은 이미 수년 전, 특히 아베 정권 출범 이후부터 중국이 아시아의 패자가 되는 것을 허락하지 않겠다며 전열을 가다듬고 있다. 한국 정부가 친중 정책을 적극적으로 전개하던 지난 수년 동안 한국은 미국의 대중국 억제 전략의 대열에 적극 동참하지 않은 상태에 있었다.

한 가지 이해하기 대단히 어려운 이율배반적 상황이 있다. 한국인들은 중국의 부상을 대단히 부정적으로 보면서도, 다른 한편으로 중국의 부상보다는 일본의 우경화를 더 비난하고 있다는 점이다. 중국의 군사력 증강을 '나쁜 것bad thing'이라고 대답한 한국인이 89%나 되었는데, 지금 한국의 국민, 정부, 언론 모두가 일본의 우경화를 비난하는 데 골몰하고 있으니, 도무지 헷갈리는 상황이라 하지 않을 수 없다.[20] 이는 좋은 전략과 책략을 구상하는 데 결코 바람직한 상황이 아니다.

중국이 아시아의 패자가 되는 경우가 만약 온다면, 그때 우리가 선택할 대안 2가지 중, 필자는 '핵무장'을 해서 자존과 독립을 유지하는 길을 택해야 한다고 주장한다. 지난 70년 당당한 삶을 살았던 대한민국이 다시 조선처럼 살 수는 없을 것이기 때문이다.

■ 미국의 우위가 지속되는 경우

미국은 중국의 패권을 허락하지 않기 위해 노력할 것이라는 점은 분명하다. 이미 미국은 아시아의 재균형 전략Rebalancing Asia, 아시아 회기Pivot Asia 전략을 택함으로써 중국의 아시아 패권 장악을 억제하기 시작했다. 군사전략뿐만 아니라 경제전략을 통해서도 미국의 중국 압박은 점점 더 분명해지고 있다. 2015년말의 TPP 체결은 미국의 대중국 패권 경쟁의 일환으로 보아야 한다.[21] 미국의 노력이 성공하는 경우 미국은 세계 패권국의 지위는 물론 아시아에서도 패권적 지위를 유지할 것이다. 필자는 오래전부터 미국의 아시아 패권 유지 시나리오가 중국의 패권장악 시나리오보다 가능성이 훨씬 더 높다고 보아 왔다. 이미 미국은 상상을 초월하는 스텔스 구축함, 레이저 함포, 차세대 항공모함 제럴드 포드 클래스 등 신무기를 속속 개발하고 있으며, 이들은 2016년을 전후해서 서태평양 해역에 실전 배치될 것이다.

이 같은 상황은 중국이 아시아 패권을 장악하는 것보다는 대한민국에게 훨씬 덜 힘든 전략적 상황이 될 것이다. 이는 1950년 이래의 동북아시아 상황이 지속되는 것이나 마찬가지이며, 우리에게는 큰 정책 변화를 요구하지 않는 익숙한 상황이다. 중국과 달리 미국은 지정학적으로 한국에서 멀리 떨어져 있고, 자유민주주의를 신봉하는 나라로서 한국의 영토를 탐내고 한국의 독립을 훼손할 가능성이 낮기 때문이다.

■ 미국 패권이 확고해지고 아시아 주둔 미군이 철수하는 경우

2015년이 되면서부터 미국이 앞으로도 오랫동안 세계 패권국으로 남아 있을 것이라는 인식이 확산되기 시작했다. 미국의 경제 회복, 셰일 에너지 혁명 등을 계기로 일단의 미국 학자들에게서 기존의 외교정책을 바꾸어야 할 때가 되었다는 새로운 주장이 나올 정도다. 중국이 도저히 미국과 대결할 상대가 되지 못하는 상황을 가정하는 것인데 이런 상황이 곧 도래하리라는 견해가 점차 설득력을 얻기 시작하고 있다. 이미 2004년 미어셰이머 교수가 자신의 책, 『강대국 국제정치의 비극』한국어판 서문에서 말한 상황이다. 그는 "중국의 부상이 멈추게 될 경우 미국은 아시아에서 철수할 수도 있다"고 말했다.

그런데 2014년 중반 이후를 시점으로 중국이 미국과 대결할 수 있을 정도의 나라가 못되는 상황이 갑자기 구체적인 모습으로 현실화되고 있다. 중국 경제가 급격한 멈춤세를 보이고 오히려 미국이 치고 나오는 형국인 것이다. 2016년 2월 12일 자 〈블룸버그 통신〉은 중국이 곧 당면하게 될 금융위기는 미국이 당면했던 것보다 금액상 4배 정도가 될 것이며 중국의 화폐 가치가 약 30% 정도 절하될 수 있다고 경고했다.[22]

미국이 에너지 독립을 이룩한 결과[23] 2016년이면 중국에 있는 미국기업 공장들을 미국으로 불러들여도 될 정도로 미국 대 중국의 임금 구조가 개선될 것이라고 예측되고 있다.[24] 이미 저명한 국제정치학자로서 필명을 날리고 있는 아이언 브레머Ian Bremer 〈타임〉 지 편집장은 미국은 더 이상 국제정치 개입을 그만두고 국내정치에 집중해야 한다고 주장하는데 미국 국민들 중 약 72%가 이 같은 주장에 동의하고 있다.[25] 미국의 패권이 앞으로 오래 지속될 것이라 주장하는 피터 제이한Peter Zeihan 역시 최근 저서에서, 미국이 더 이상 휴전선이나 찰리 포인트(독일에 있는 미군 검문소)를 지켜야 할 필요가 없게 되었다고 주장한다.[26] 미국은 지정학적으로 최고로 양호한 곳에 위치한 대륙 국가로서 전통적으로 고립지향적인 국제 행태를 보여 왔다. 조셉 나이 교수의 말대로, 200년 쓸 수 있는 석유, 100년 쓸 수 있는 천연가스를 확보한 미국이 더 이상 국제문제에 열심히 개입할 일이 없게 될지 모른다.

만약 이 같은 상황이 도래한다면 그것 역시 대한민국에게 그다지 유리한 상황은 아니다. 미국이 보기에 약한, 그래서 더 이상 견제할 필요가 없는 중국이 우리에게도 약한 나라일지 생각해 보아야 한다. 결국 또다시 원칙으로 회귀하게 된다. 국가안보는 자기 힘으로 하는 것이 가장 확실한 것이다.

■ 어떤 상황이 바람직한가?

미래 동북아시아에 관해 더 많은 시나리오를 만들어 볼 수 있지만 가능성이 높은 3가지가 바로 앞에서 논한 것들이다. 세 가지 중에서 어떤 상황이 가장 바람직한가? 대한민국이 주도하는 통일을 이룩하고 대한민국이 강한 나라로 올라서는 데 가장 유리한 것이 가장 바람직한 상황이다. 당연히 우리에게 가장 바람직한 상황은 미국의 우월한 지위가 지속되는 두 번째 시나리오가 아닐 수 없다.

중국과 일본은 한반도와 지리적으로 너무 가까이 있기 때문에 두 나라 모두 막강해진 대한민국을 원하지 않는다. 물론 중국과 일본은 모두 입버릇처럼 한국의 통일을 지지한다고 말한다. 대한민국이 막강해지는 가장 빠른 방법이 통일일진대, 이웃나라인 중국과 일본이 한국의 통일을 지지할 것이라고 믿는 것은 순진하기 그지없는 일이다.

우리나라의 국가 대전략 목표가 되어야 할 '통일 강대국 건설'을 가능하게 만들어주는 국제 환경은 미국의 우위가 유지되는 동북아시아뿐이다. 지정학적인 이유에서 미국은 한반도의 통일을 두려워해야 할 이유가 없고, 역시 지정학적 이유에서 미국은 한반도의 통일을 반대해야 할 이유도 없다. 최근 형성된 동아시아 국제구조의 변화는 미국의 '전략적 고려'가 한반도를 빠른 시기에 통일시키는 것으로 변하고 있다고 말해도 되는 상황이다. 미국은 통일을 이룩해서, 지금보다는 훨씬 강한 대한민국을 미국의 대아시아 정책에 가장 유용한 파트너가 될 수 있다고 생각하고 있다. 통일된 강국 대한민국이 미국의 동맹국으로 남아 있는 경우 미국은 중국은 물론 일본도 효과적으로 컨트롤할 수 있을 것이기 때문이다. 미국 사람들이 앞으로도 오랫동안 한국과 동맹을 유지하기 원한다고 말하는 이유가 바로 여기에 있다.

우리나라는 국제상황이 우리에게 최대한 유리하게 전개될 수 있도록 대외정책을 구사해야 할 것이다. 우리가 할 수 있는 역할을 과소평가할 필요가 없다. 미국은 이미 대한민국을 동북아시아 안보를 위한 린치핀linchpin이라 말했다. 대한민국은 미국이 보기에 아시아 안보를 위해 막중한 역할을 담당할 수 있는 나라인 것이다. 우리도 세계 정치의 흐름을 바꾸는 데 모종의 역할을 할 수 있다고 생각하고 한미 관계를 더욱 긴밀하게 유지하기 위해 노력해야 한다.

조선책략과 21세기 한국의 책략

■ 조선책략

1880년 여름 일본 주재 청국 공사 하여장은 일본에 파견 온 조선 수신사 김홍집을 위해 청국 공사관 참찬관인 황준헌黃遵憲으로 하여금 조선책략朝鮮策略을 저술케 했다. 조선책략은 조선의 급선무는 러시아 침략에 대비하는 것이며, 이를 위해 서방 각국이 취하고 있는 균세정책(세력균형정책)을 채택하여 친중국, 결일본, 연미국 하고 자강책을 도모해야 한다고 주장했다. 조선책략은 명목상으로는 조선을 위한 것이지만, 실제적으로는 중국에 유리한 조선의 행동을 권고하는 전략서였다.

황준헌은 "오늘날 조선의 책략은 러시아를 막는 일보다 더 급한 것이 없을 것이다. 러시아를 막는 책략은 어떠한가? 중국과 친하고, 일본과 맺고, 미국과 이어짐으로써 자강自强을 도모하는 것이다."라고 제안했다. 그는 조선은 조속히 서구 열강들과 조약을 체결해야 하는데 서양 제국 중에서 가장 믿을 만한 나라는 미국이니 조선은 속히 미국과 조약을 맺어야 한다고 조언했다.

김홍집으로부터 조선책략을 건네받은 조선 왕실은 조선책략에서 제의된 내용을 긍정적으로 받아들이고 곧 미국과 수교를 체결했다(1882). 하지만 차후 조선 왕실은 친러적인 행동을 보임으로써 황준헌의 제안을 무시했다. 당시 황준헌이 조선과 일본이 잘 지낼 수 있다고 가정한 것도 국제정세를 잘못 분석한 결과였다. 그럼에도 불구하고 청나라의 관리가 조선이 청나라의 영역에서 완전히 벗어나는 것을 방지하기 위해, 조선 왕실의 정책을 자신들에게 유리하도록 이끌어 내려는 노력을 폄훼할 필요는 없을 것이다. 오늘 우리나라도 21세기 대한민국 책략을 절실히 필요로 하는 시점에 이르렀기 때문이다.

황준헌은 우선 러시아를 가장 큰 위협이라고 판단하고 이에 대처하는 외교적 방안을 제시했는데 전략론의 입장에서 보았을 때 타당한 것이다. 위협의 원천을 먼저 밝혀야 전략의 수립이 가능하니 말이다. 러시아가 위협의 원천이라는 주장이 맞는 것이었다면 황준헌의 제안은 대체로 무난한 것이었다.[27] 제일 무서운 러시아를 막기 위해서 조선은 서양 열강들 중에서는 제일 괜찮다는 미국과 연계하고, 이웃인 일본과 결합해야 했었다.

■ 21세기 대한민국의 책략

황준헌이 100여 년 전 그랬듯이 우리는 지금 한국 주도의 남북통일을 이룩하고 강대국이 되는 대전략을 성공시키기 위한 '전략'을 구상해야 한다. 황준헌이 말한 스스로의 힘을 기르는 것은自强 당연한 일이고, 이와 더불어 정말 정교한 대외정책을 수립해야 한다. 전략을 수립하기 위해서 무엇보다도 가장 큰 '위협의 원천'이 무엇인지를 파악하는 일이 중요하다.

지금 당장 대한민국의 최대 위협은 북한이다. 그러나 19세기 말과 달리 21세기 한국의 전략은 북한의 침략에 대응하는 것을 넘어서, 남북통일이라는 적극적인 목표를 가진 것이어야 한다. 그렇다면 통일을 이룩하기 위해서 우리는 어떤 외교 정책을 구사해야 할까?

우선 우리는 우리가 원하는 통일을 지원하는 세력과 그렇지 않은 세력을 구분할 필요가 있다. 지금 대한민국은 통일 문제에 관한 한 상당히 혼돈스런 상황에 처해 있다. 한반도 통일에 큰 영향력을 행사하는 주변 강대국들이 모두 '한반도의 통일을 지지한다'고 말하고 있는 상황이니 말이다. 주변 강대국들, 특히 중국도 통일을 지지한다는데 왜 이다지도 통일의 여정이 지지부진하단 말인가? 주변 강대국들 통일을 지지한다는 말이 빈말이든가 혹은 그들이 원하는 통일의 방법 혹은 통일의 결과가 우리가 원하는 것과 다르기 때문에 그럴 것이다. 우선 우리나라 주변 강대국들의 한반도 통일에 대한 입장을 알아보자.

■ 주변 강대국들의 한반도 통일에 대한 입장

미국의 버락 오바마 대통령은 "한국의 통일 정책과 한반도 신뢰 프로세스를 지지"한다고 말했고, 2013년 5월의 한미동맹 60주년 선언에서 미국은 "민주주의와 자유시장 경제에 입각한 평화통일을 지지"한다고 말했다. 중국의 시진핑 국가주석은 "통일은 대세이고 중국 국익에 부합하며 중국 국민이 바라는 것"이라고 말하고 한중 미래비전 선언에서 중국은 "한민족의 염원인 한반도의 평화통일 실현을 지지"한다고 말했다. 러시아의 블라디미르 푸틴 대통령은 "통일은 당면한 과정이며 평화적으로 이뤄질 때 지지할 것"이라고 말했다. 아베 총리는 한반도 통일에 대한 공식 언급을 하지 않았다.[28] 그러나 일본 역시 공식적으로는 한국의 통일을 지지하고 있다. 일단의 일본 우파 지식인들은 일본 정부가 대한민국에 의한 한반도 통일을 지지할 것을 촉구하는 서한을 제출하기도 했다.

미국, 중국, 러시아 3개국 국가원수가 모두 통일을 지지한다고 언급했다. 그러나 그들 중 통일의 결과가 어떤 것일지에 대해서는 오로지 미국만이 분명한 입장을 말했을 뿐이다. 미국만이 "대한민국 주도의 자유민주주의 통일국가"를 명시하고 있다. 대한민국이 원하는 통일을 명시적으로 지지하고 있는 나라는 오로지 미국 한 나라뿐인 것이다. 중국의 시진핑 주석은 "통일은 대세이고 중국 국익에 부합하며 중국 국민이 바라는 것"이라고 말했지만 2012년 6월 한중 정상회담 직후 가진 기자회견에서 중국이 지지하는 통일은 "자주적인 통일"이라고 말했다. 2015년 9월 2일 그는 "한민족에 의한 통일을 지지한다"고 말했다. 시진핑이 말하는 '한민족'에는 북한 사람들도 포함된다는 사실을 인식하는 것이 중요하다. 박근혜 대통령의 친중 외교가 중국이 북한과 한국을 동동하게 취급해 달라고 요구하기 위해서는 아니었을 것이다.

　시진핑은 더 나아가 한국이 통일할 수 있는 절호의 기회를 무력으로 막았던 1950년 중공군의 6·25 전쟁 개입에 대해서 "침략자들에 대항해서 싸운 정의로운 전쟁"이라고 여러 차례 언급한 바 있다. 중국이 진정 대한민국이 주도하는 통일이 중국의 국가이익에 부합하는 것이라 믿는다면 지금 당장 북한을 설득 혹은 압박할 수도 있는 것 아닐까? 중국은 북한이 도발할 때마다 북한을 옹호해왔다. 북한이 미사일 발사로 인해 국제사회의 제재를 당할 때마다 중국은 대북 제재의 완화를 위해 노력했고, 천안함, 연평도 포격 사건 등에서도 북한을 격렬하게 비난하지 않았다. 오히려 미국과 가까워지는 대한민국에게 "미국만 없으면 손볼 것"이라며 악담을 했었다.

　러시아의 경우 남북 분단의 당사국이지만 지금 한반도 통일에 대한 러시아의 영향력은 미국, 중국에 비해 훨씬 약한 것이 사실이다. 푸틴의 언급은 통일에 대한 일반론을 말한 외교적인 언급이라고 보면 될 것이다.

　결국 대한민국이 원하는 통일을 지지하는 나라는 미국뿐이며 어떤 나라도 대한민국이 이룩하는 자유·민주 통일을 지지한다고 말한 바 없다. 특히 중국은 직접적으로 말하지 않았지만 미국이 지원하는 통일을 오히려 결단코 막으려 할 것임이 분명하다. 대한민국의 전문가들은 "중국의 핵심 이익에 배치되는 통일 방식이어서는 안 될 것"이라고 말하며, "주한미군이 북한 지역에 주둔하는 것은 중국의 핵심 이익을 건드리는 일"이라고 판단한다.[29] 오늘 같은 첨단 군사력의 시대에서 미군이 북한에 주둔하는 것은 중국의 핵심

이익에 위배되고 평택에 주둔하는 것은 핵심 이익에 위배되지 않는다는 논리는 성립될 수 없다.

중국이 원하는 바는 통일을 이룩한 한반도에 미국의 영향력, 특히 군사적 영향력이 완전히 없어지는 상황일 것이다. 즉 중국이 원하는 바는 통일 후 한미 동맹관계가 사실상 소멸되는 상황일 것이다. 중국이 원하는 상황이 될 때 우리는 중국과 일본의 위협에 어떻게 대처해야 할까? 중국은 한국을 위협하지 않을 것이라고? 중국이 마음먹기 나름일 것이다.

그렇다면 미국은 그런 통일을 지지할까? 절대로 아닐 것이다. 한반도를 다 차지한 중국은 아시아의 패자가 되기 더욱 쉬워질 것이기 때문에 미국의 동아시아 전략에 정면 배치되는 일이다. 미국은 중국을 견제하는 데 있어 한반도를 대단히 중요한 전략자산으로 생각한다. 그런데 한반도에 대한 영향력을 잃게 되는 그런 한반도 통일을 미국이 허락할 리도 없다. 미국의 입장에서 보면 그동안 아시아 대륙을 향한 미국의 군사 교두보 역할을 해왔던 한반도 남쪽에 대한 군사적 영향력을 잃게 되는 통일보다는 차라리 한반도의 분단이 지속되는 것을 선호할지 모른다.

통일된 한반도가 중국의 군사적 영향력 아래 들어가는 것을 누구보다도 격렬하게 반대할 나라는 일본일 것이다. 통일된 한반도가 중국의 영향력 아래 들어갈 것이 분명해지는 경우, 일본도 가만히 있지는 않을 것이다. 일본은 북한을 살려 주려 노력할 것이다. 일본은 현재 북한을 살려 줄 수 있는 능력과 의도를 가지고 있다. 도를 넘는 반일은 일본과 북한의 접촉을 야기할 것이다. 일본은 적어도 한반도 통일을 훼방할 수 있는 충분한 능력을 가지고 있다. 한국의 식자들 중에 많은 사람이 우리가 통일을 하더라도 중국에 위협이 되지 않을 것이라고 중국을 설득해야 한다고 말한다. 중국이 설득 당한다고 믿을 수 없다. 중국 사람들이 우리에게 통일을 지지할 테니 한국은 미국과 완전히 결별하라고 요구하면 우리는 어떻게 대답해야 할까?

중국과 일본은 한반도의 통일을 자국 주변에 상당히 큼직한 나라가 출현하는 것으로 인식한다. 친하냐 아니냐의 문제가 아니라 통일을 이룩한 한반도의 나라(그것이 북한에 의한 통일이던 대한민국에 의한 통일이던)가 지금보다는 훨씬 다루기 어려운 강한 나라가 될 수밖에 없으리라는 점이 중국, 일본 사람들이 한국의 통일을 부정적으로 생각하는 기본적 이유다. 중국이 미국의 전통적 동맹국인 대한민국에 의한 한반도 통일을 지지한다면 그것이 오히려 비정상이다. 중국은 북한에 의한 통일도 역시 반대할 것이다. 분단 상황에서도, 동맹국 중국의 말을 잘 듣지 않는 북한이 통일을 이룩해서 더욱 막강해지는 것을 중국이 좋아할 리가 없다.

사실상의 안보 동맹(한미일 삼각구조) 관계에 있으면서도, 지금처럼 한일관계가 적대국처럼 변할 수 있는데, 힘이 더욱 막강해 질것이 불을 보듯 뻔한 통일된 한반도의 출현을 일본 역시 결코 지지할 수 없을 것이다.

미국이 한반도 통일을 지지하는 것은 통일된 한반도는 지정학적으로 미국 편이 될 확률이 제일 높기 때문이다. 지정학적으로 한국이 두려워해야 할 나라는 언제라도 중국 아니면 일본이다. 중국, 일본의 위협에 대응하기 위해 한국이 동원할 수 있는 가장 좋은 강대국은 미국이다. 미국이 착한 나라여서가 아니라 멀리 있는 나라여서다. 원교근공遠交近攻은 지정학의 진리이며 이는 영원토록 변하지 않을 것이다.

중국의 힘이 무서워서 일본과 연합한다면 우리는 일본의 아래 나라가 될지 모르며, 일본이 무섭다고 중국과 연합하면 우리는 그때 중국의 아래 나라가 될 가능성이 대단히 높다. 이제까지의 역사가 알려주는 진리다. 2차 대전 이후 냉전 시대 동안 미국 밑으로 들어갔던 게 아니냐며 분노하는 사람들이 많다. 일본이 통치하던 시대, 중국에 조공 바치던 시대와 한미동맹 시대를 비교해 보면 무슨 차이가 있는지 쉽게 알 수 있는 일이다. 미국도 당연히 지배를 원하는 강대국이지만 지정학과 국가 속성을 고려할 때 한국에 미국보다 나은 동맹국은 없는 것이다.

■ 한미동맹의 폐기는 100년 전 국제상황으로의 회귀를 의미한다

지금 대한민국은 미국이라는 세계 최강국가와 동맹관계라는 최고, 최대의 전략적 자산을 가지고 있다. 이 같은 사실은 역설적으로, 한미 동맹이 소멸될 경우 대한민국이 처한 국제정치 상황은 100여 년 전 조선이 처한 국제정치 상황과 같아질 것, 혹은 더욱 나빠질 것을 의미하는 것이다. 대다수 한국 국민들이 그럴 리 있겠냐고 생각할지 모르지만 한미동맹이 약화 혹은 소멸될 가능성은 상존한다. 한미동맹을 약화 혹은 종료시키려는 세력이 국내와 국외에 광범하게 번져 있는 상황이기 때문이다. 대한민국 내의 좌파 세력, 북한, 중국 그리고 일본마저도 한미동맹의 약화 혹은 폐지를 위해 노력하고 있는 상황이다. 대한민국의 정상적인 세력들도 스스로 잘 의식하지 못하는 사이 한미동맹을 약화시키는 행동을 하고 있는 중이다.

■ 균형자론, 미중 등거리론, 친중 반일주의는 한미동맹에 반한다

최근 한국의 국력이 어느 정도 강해졌다는 사실에 우쭐한 나머지 '균형자 외교', '미중 등거리 외교' 등을 말하는 정치가들과 국민들이 있다. 그러나 균형자 외교, 미중 등거리 외교라는 용어 자체가 한미동맹의 종료 및 약화를 의미한다는 점을 알아야 한다.

이미 설명했듯이 어떤 나라가 균형자가 될 수 있는 필수 조건은 누구와도 '동맹 관계를 맺지 않은 상태'이다. 우리가 미국과 동맹을 유지한 채, 미중 갈등에서 균형자 노릇을 할 수는 없는 일이다. 그렇게 행동한다면 한미동맹의 약속을 저버리는 일이 될 것이며 중국을 기만하는 일이 될 것이다.

'미중 등거리 외교론'도 마찬가지로 위험한 것이다. 미국은 우리의 동맹국이고 중국은 북한과 동맹국이다. 그런데 어떻게 우리의 동맹과 적의 동맹을 같은 거리에 놓을 수 있다는 말인가? 우리 스스로 '한미동맹을 무시'하겠다는 것과 같은 말이 아닐 수 없다.

우리들이 흔히 듣고 보는 '미국과 중국 사이에서 어떻게 해야 할지 고민'이라는 언급 자체도 한미동맹을 약화시키는 말이다. 미국과의 동맹을 폐기한 상태라면 우리는 미중 갈등 속에 누구를 택해야 할지 고민해도 되며 또 고민해야 한다. 중국은 현재 북한과 동맹 관계를 폐기하지는 않은 상태다. 우리는 미국과 중국 사이에 '끼어' 있는 나라가 아니다. 법적으로 미국 편에 서야할 의무가 있는 나라다. 끼인 나라가 되고 싶으면 한미 동맹을 폐기하면 된다. 한미동맹의 법적 근거인 한미 상호방위조약 6조는 어느 편이던 상대방에 통고하면 1년 후 한미동맹은 자동 종료된다고 명기하고 있다.

중국은 경제적으로 중요하고 미국은 안보상으로 중요하다며 번민하는 사람들도 있다. 그래서 국제정치학자들은 국가이익의 우선 순위를 설정하는 것이다. 경제적 이익보다는 국가안보가 훨씬 더 중요한 것임은 물론이다. 안보이익과 경제이익이 충돌할 경우 번민할 일이 아니라 당연히 안보를 택해야 한다. 건강이 중요하지 돈이 중요한가.

미중 패권 갈등과 한국의 전략적 원칙

미국과 중국이 갈등하는 경우 한국이 중립을 택할 수 없다는 점은 불행하기는 하지만 현실이다. 중립은 주변 강대국들이 전략적으로 별 볼일 없다고 취급하는 나라들이나 택할 수 있는 정책 방안이다. 혹은 스스로의 힘으로 적의 침략을 막을 만한 능력을 갖춘 나라들이 택하는 전략이다. 스위스를 허약한 중립국으로 알고 있는 사람들이 있는데 스위스는 즉각 전 국민이 동원될 수 있는 나라다. 스위스의 험난한 자연 환경은 히틀러조차도 피해가는 게 낫겠다고 판단하도록 했다.

한국이 존재하는 한반도는 주변 강대국들이 결코 그대로 놔둘 수 없는 전략적 요충이다. 그래서 우리는 누구 편도 아니었지만 러일전쟁, 청일전쟁 당시 러시아, 중국, 일본은 모두 한반도를 장악하기 위해 노력했고 국제정치를 전혀 주도하지도 못했음에도 불구하고 한반도는 항상 대국들의 '전쟁터'가 되곤 했다. 중립을 선언하면 중국과 미국이 갈등을 벌이더라도 그 불똥이 한국에 미치지 않을 것이라는 생각은 천진난만이 아니라 국제정치에 대한 무지를 노정하는 것이다. 불행한 일이지만 한국은 중립이 불가능한 곳이다. 그래서 한국은 궁극적으로 어느 한편을 드는 수밖에 없다.

그렇다면 한국은 누구의 편을 들어야 하는가? 전략적 원칙에 의거해서, 냉혹할 정도의 현실주의적 감각을 가지고 답해야 한다. 우리가 어느 편을 들어야 할지를 결정하는 기준은 국민감정이 아니라 국가이익이어야 한다. 미국과 중국 중 어느 편을 들어야 할 것인지에 정서적, 감정적 판단이 개입되면 절대 안 된다.

말하기 대단히 거북한 일이지만 우리는 '이기는 자'의 편 혹은 '더 센 나라 편'을 드는 것이 옳다. 미국이 승리할 것이 확실한데 친 중국적인 행동을 한다든가, 중국이 승리할 것이 확실한 데 친미를 한다는 것은 모두 전략적 파탄 상황을 초래하는 일이다. 그런데 어려운 문제는 사전에 누가 이길지를 어떻게 정확하게 판단할 수 있느냐는 것이다. 그래서 우리는 국력의 정확한 분석을 위해 가능한 모든 능력을 다 가동시켜야 하는 것이다. 우선 기본적인 전략 원칙 두 가지를 말하자면 다음과 같다.

원칙 1. 우리의 선택은 냉혹한 현실주의에 바탕을 둔 것이어야 한다.
원칙 2. 우리는 경쟁에서 승리할 편에 서야 한다.

이상의 두 가지 원칙에 우리의 소망이라는 부분이 추가되어져야 한다. 이미 앞에서 분석한 바처럼 우리에게 좋은 상황은 현재와 같이 미국 우위가 지속되는 상황이다. 우리는 우리에게 유리한 상황을 지속시키기 위해 노력해야 한다. 물론 미국이 중국을 압도할 정도로 우위에 서게 될, 즉 미국이 중국을 상대가 안 된다고 판단하는 경우, 미국의 한국에 대한 안보 개입이 줄어들 가능성이 생길 수 있다. 사실 냉전 종식이후 특히 2000년대 이후 미국의 한국 지원은 미국의 대 중국 견제와 직접 연계되어 있는 것이다.

우리에게 아주 어려운 상황은 중국이 미국을 압도, 동아시아에서 미국을 축출하는 상황이다. 그 경우 이미 브레진스키 교수의 제안에서 나타난 것처럼 우리는 중국에 종속하는 방안, 일본과 연합하는 방안, 독자적 수단을 강구하는 방안 등 어려운 대안만 남는다. 그래서 우리는 현상을 유지하는 방안을 가장 선호할 수밖에 없다. 지금 일본, 인도, 베트남 등 아시아 국가들이 중국의 부상에 대처하고 있는 방안도 바로 이것이다. 미국과의 동맹 강화를 통해 미국을 이 지역에 지속적으로 개입하도록 엮어 두고, 미국의 힘이 중국에 비해 상대적으로 약화되지 않도록 하는 방안이다.

여기서 미중 패권 갈등 상황에서 우리가 취해야 할 전략 원칙이 몇 가지 더 생성된다. 앞의 두 가지 원칙에 이어 세 번째 원칙과 네 번째 원칙은 다음과 같은 것이 되어야 할 것이다.

원칙 3. 우리에게 가장 유리한 국제 상황을 만들기 위해 노력해야 한다. 다가올 미래 중 우리에게 가장 유리한 국제 상황은 현재와 같은 미국 우위 상황이 지속되는 것이다.

원칙 4. 현재 상황의 지속을 위해서는 미국의 지속적인 아시아 개입이 결정적이며 한국은 이를 지향하는 정책을 수립해야 한다. 즉, 한미동맹의 지속적 유지 강화를 위해 노력해야 하는 것이다.

미국과 중국의 국력 추세 및 2010년대의 국제 정치, 경제, 군사 체제를 종합적으로 판단컨대, 미국의 힘이 중국에 밀리게 되고 중국이 세계 패권국이 된다는 것은 요원한 일이다. 이 같은 점에서 우리는 앞으로도 오랫동안 미국과 동맹을 유지하는 것이 올바른 정책 대안이 된다고 볼 수 있다.

다만 미국이 중국과의 경쟁에서 불리한 상황이 될 수 있는 가능성을 전혀 배제할 수 없기 때문에 우리는 마지막이자 가장 바람직한 전략 원칙 하나를 더 생성시킬 수 있다. 마지막 원칙은 국제정치학의 기본 원칙이기도 한다.

원칙 5. 최악의 상황에 대비할 수 있는 최소한의 자주 국방력이 확보되어야 한다.

자주 국방이란 상대방을 능가할 국방력을 의미하는 것은 아니다. 상대방이 우리의 이익을 침해할 때 상대방이 치러야 할 대가가 만만치 않음을 알려줄 수 있는 정도면 된다. 즉 우리는 우리를 위협하는 상대방에게, 치러야 할 대가가 이득보다 크다는 사실을 인식시키기 충분할 정도의 국방능력을 보유하고 있으면 된다. 2016년, 우리는 결단을 내려야 할 때가 되었다. 가장 좋은 방안은 한국의 핵무장이다. 우리가 핵무장하는 날, 우리는 중국은 물론 일본과도 암묵적인 '불가침 조약'을 체결하는 효과를 얻을 수 있을 것이다.

한국의 국가 대전략: 통일의 성취

한국이 처한 국제정치 환경은 하나도 쉬운 것이 없다. 일본과 중국, 미국과 중국이 예기치 않았던 전쟁을 할지도 모르는 상황이다. 2014년 2월 2일 중국 공군은 방공식별 구역에 들어온 타국 비행기를 실탄 사격해서 추방했다고 발표하고 있다. 어느 나라 비행기인

지를 발표하지 않았는데 한국은 한국 비행기는 아니라고 발표했다. 어느 나라 비행기인지, 출격한 장소가 어디인지 모두 모호하지만 분위기가 나쁘다는 것은 부인할 수 없다. 때마침 키신저 박사도 독일에서 열린 안보 세미나에서 "아시아에 전쟁의 유령이 배회하고 있다"고 말했다. 2015년 가을부터 미국 군함과 폭격기들은 본격적으로 중국이 선언한 영해 수역을 드나들고 있다. 미국은 '자유항행의 원칙'을 지키기 위해서라고 말하지만 중국은 자국의 국가안보를 심각히 훼손한 일이라며 반발하고 있다. 양국 군사력의 조우는 마치 냉전 시대 미소 군사력의 치킨 게임을 방불케 하고 있다.

북한은 핵무기 체계를 완비해 가는 중이고, 일본과 중국은 싸우자고 으르렁대며, 한국과 일본 역시 매사 으르렁대는 격이다. 미국은 중국을 위험한 나라로 보는데 미국의 동맹국인 한국은 중국과 '밀월'이라는 말까지 하던 상황이 지난 수년간 지속되었다. 한국은 지금 미국이 중시하는 동맹국 일본과는 사사건건 대립한다.

이 같은 부조화不調和의 상황은 놀랍게도 2016년 벽두 북한의 도발을 계기로 정리되고 있는 중이다. 결국 한미일 대 북한과 중국의 구도로 동북아시아 국제정치 구도가 틀을 잡고 있다. 이 같은 상황에서 우리의 국가전략 목표는 다음과 같은 것이어야 한다.

■ 현실적인 통일방안을 적극적으로 추구해야 한다

그동안 대한민국의 대 북한 정책은 사실상 '분단을 관리하는 정책'이었다. 말로는 통일을 이야기했지만 실제로는 북한과의 공존을 도모했다. 통일이야말로 우리가 당면한 모든 복잡하고 어려운 문제를 해결하는 열쇠다. 통일도 공허한 탁상공론 같은 접근은 안 된다.

우리의 통일 목표는 현재 북한 정권을 붕괴시키고 자유민주주의 통일 한국을 만드는 것이다. 그 방법이 평화통일과 무력통일로 나누어지지만 통일의 결과는 예외 없이 흡수 통일이다.[30] 통일을 대화로만 한다는 것은 사실은 공허한 말에 불과한 것이다. 통일은 반드시 한편이 양보해야 하는데 대화를 통해 북한의 양보를 얻어낼 수 없다. 현실적으로 이야기해야 한다.

솔직히 역대 한국 정부 중에서 진정한 통일전략을 가지고 있던 정부는 이승만, 박정희 정부뿐이었다. 당시의 북진통일론과 멸공 혹은 승공 통일론은 통일의 목표와 방법을 다 포함하고 있는 것이었다. 이승만, 박정희 정부의 통일정책은 대한민국이 주도하는 자유민주주의 통일을 적극적으로 성취하는 것이었다.

지금 우리에게 현실적으로 가능한 방안은 북한 정권을 교체, 즉 레짐 체인지regime change하는 것이다. 자신이 말하는데 졸았다고 대장을 총살하고, 자신의 고모부를 고사포로 처형하며, 자라를 잘못 길렀다고 자라공장 지배인을 총살하는 김정은 정권을 대화나 협상 대상으로 삼기는 이미 늦었다. 국제사회는 이미 오래전 김정은 정권의 교체만이 한반도와 세계평화를 위한 길임을 분명히 했었다. 2011년 12월 31일자 〈이코노미스트〉지는 김정은 관련 특집에서 "김정은이 영원히 생존할 수는 없다. 어떻게 그를 교체할 것이냐에 관한 논의는 지역 안정을 위해서 뿐만 아니라 북한의 잊혀진 그리고 비참하게 살고 있는 인민들을 위해서 빠르면 빠를수록 좋다."고 주장했다.[31] 2016년초 북한의 핵실험, 미사일 발사실험 등 막무가내식 도발이 이어진 후 한국에 형성되고 있는 새로운 통일논의가 그 모멘텀을 잃지 않도록 해야 한다. 박세일 서울대 명예교수는 다음과 같이 말했다.

"북한식 수령 절대주의 체제에서는 지도부 차원의 변화가 불가능하다. 레짐 체인지regime change를 하지 않고는 평화와 통일을 위한 핵 문제를 풀 수 없다. 또 중국과 러시아가 우리나라의 통일을 지지할 것이라는 기대는 환상이다. 오히려 '반反통일'이 중국의 국가 목표다."[32]

북한과 중국에 관한 환상이 깨진 지금, 우리가 어떻게 해야 할지에 대한 정확한 진단이 아닐 수 없다.

■ 통일에 대비 군사력 강화가 필요하다

북한의 도발을 억지하는 군사력과 북한을 평정하기 위한 군사력은 다르다. 통일에 대비하고 통일과정을 성공적으로 이루기 위한 군사력을 빨리 갖추어야 한다. 미국이 이라크를 점령할 수 있는 군사력만 가지고 전쟁을 개시, 평정과정에서 병력 부족으로 오랫동안 고생했다는 사실을 기억해야 한다. 지금 대한민국 국방부는 육군병력을 점차 감축하는 것을 정책으로 삼고 시행하고 있는 중이다. 통일을 이룩한 후 해도 충분한 일일 것이다.

■ 한미동맹은 더욱 강화되어야 한다

일본에는 적대감을 보이고 중국과는 친밀함을 유지한 채, 한미동맹을 양호하게 지속시킨다는 것이 가능한 일인지를 생각해 보아야한다. 국제정치 힘의 구조상 불가능한 일이다. 기존의 대일, 대중정책에 변화가 있어야 한다. 그리고 미국과의 동맹 관계를 더욱 강화해야 한다. 친중 정책이 한미동맹과 공존할 수 있다는 허구를 끝내야 한다. 우리의 지정학은 한편에 붙을 것을 강요하지, 양다리 걸치는 것을 가능하게 하지 않는다. 누구에게 붙어야 하나? 처절한 국제정치 논리를 따르자면 '이길 나라'에 편승하는 것이 옳다고 이미 말했다. 어느 편에 편승할지를 올바르게 판단할 수 있기 위해서는 국제정치를 제대로 분석해야 한다. 국제정치학의 탁월한 전략 분석가들은 미중 패권 경쟁에서 미국의 승리를 예견하고 있다.

우리는 그동안 한미동맹은 어떤 경우에도 주어진 것이고, 우리는 한미동맹을 기반으로 중국과의 관계를 좋게 열어나갈 수 있다고 생각했다. 그러나 그렇지 않다는 사실이 계속 노정되어 왔다. 최근 한국의 태도에 실망한 일부 미국 사람들은 대중국 봉쇄 전략에서 비협력적인 것처럼 보이는 한국을 "빼고 하자"는 이야기도 나오고 있는 상황이다.[33] 한국 대통령으로부터 "한국인들은 미국과 일본을 위협으로 생각한다"는 말을 직접 들은 미국 국방장관은 한국을 어떻게 생각했겠는가?[34]

미국이 이처럼 한국을 포기할 수도 있음을 염두에 두고 대처해야 하는 이유는 중국의 주변국 중 이미 일본, 인도, 베트남 등이 미국의 대중국 정책에 적극적으로 지지, 협력하고 있다는 사실에 있다. 일본, 인도, 베트남 등 3국은 군사력과 경제력은 물론 인구에서도 중국을 능가할 정도다. 즉 이 세 나라를 대중 견제정책의 적극적 협력국으로 맞이한 미국은 대아시아 정책에 조금의 여유가 생기기 시작한 것이다. 게다가 중국의 경제가 휘청거리고 미국의 경제는 대폭 회복되고 있다. 미국은 대중국 봉쇄 전략에서 한국이 지정학적으로 중요하다고 보고 한국을 동북아 안보의 린치핀linchpin이라고까지 말하고 있지만, 한국이 지난 수년 동안 했던 것처럼 친중, 반일 행보를 계속할 경우 미국이 한국을 제외시키지 않으리라는 보장이 없다. 그럴 경우 대한민국의 안보 및 통일 정책은 문자 그대로 파탄 상황에 이를 것이다. 한미동맹은 통일 이후에도 지속되어야 한다. 주변 강대국들의 위험에 대처하고 동북아시아에서 균형자의 역할을 담당하기 위해서 말이다. 한미동맹은 저절로 지속되는 것이 아니라 지속시키기 위해 부단히 노력해야 하는 상황이 되었다.

■ 한국은 동북아시아 안보의 린치핀이 되어야 한다

미국은 현재 동북아 정책을 2차 대전 시 처절한 적국이었던 일본에 크게 의존하는 상황이다. 그래서 일본을 지원해주고 일본이 급속히 우경화하고 군사력을 증강시키는 것을 허락하고 있다. 우리나라가 미국의 동아시아 정책에 적극 협조한다면 그것만으로도 미국의 일본 의존을 대폭 약화시킬 수 있을 것이다. 미국이 한국에 원하는 것은 한국이 미국의 대중국 견제 전략에 적극 동참하는 것이다. 우리가 그렇게 한다면 미국은 일본에 우경화를 허락할 이유가 없어진다. 결국 우리가 진정 일본의 우경화가 싫다면 미국과의 동맹을 더욱 강화하고 미국이 원하는 바에 적극적으로 협력하면 될 일이다. 믿을 수 있는 대한민국이 미국의 대아시아 정책에 적극적으로 동참해 준다는데 미국이 한때 적국이었던 일본을 무장시키는 위험을 감내할 필요가 없게 될 것이다.

한국 사람들이 고민하는 부분이 그 경우 중국이 어떻게 생각할까에 대한 두려움이다. 지정학적으로 사고하고 답을 찾아야 한다. 우리가 중국을 설득할 수 있다는 국제정치학적 비상식을 버려야 한다. 미국과 우리나라의 관계가 약화되면 될수록 중국은 한국을 우습게 볼 가능성이 더 커진다는 현실을 직시해야 한다. 미국은 한국의 전략적 가치를 대단히 높게 평가하고 있다. 우리는 미국의 힘을 빌어야 통일을 이룩할 수 있다. 미국의 지원이 없으면 통일은 불가능하다.[35] 한국이 미국이 현재 원하는 역할을 해 줄 때, 통일을 이룩하는 과정에서 미국의 적극적인 지지를 받을 수 있고, 통일 후에도 미국과의 동맹을 통해 중국, 일본에 버금가는 지위를 확보할 수 있을 것이다.

미국과 일본은 지금 중국이 아시아의 패자가 되는 것을 허락하지 않겠다며 전열을 가다듬고 있는 중이다. 한국 정부가 친중 정책을 적극적으로 전개하는 현재, 한국은 미국의 대중국 억제 전략의 대열에 적극적으로 동참하지 않은 상태에 있다. 우리는 더 이상 이러한 전략적 망설임에 빠져있을 여유가 없다.

북한 급변 사태에 어떻게 대응해야 하는가

■ 북한 붕괴 시 우리는 반드시 개입해야 한다

한국인들에 있어서 통일은 민족 최대의 전략적 목적이며 또한 당위다. 김정은 체제의 내구성도 그 한계에 도달하고 있다고 보이며 한반도 주변을 둘러싸고 있는 국제정세의 구조 역시 통일의 가능성을 높이는 방향으로 변화하고 있다고 보인다. 특히 미국의 정책이 아시아 중시 정책으로 바뀌고 있다는 사실은 한반도의 안정과 통일을 위해 유리한 진전이 아닐 수 없다. 미국은 통일된 한반도가 미국의 대아시아 정책을 위해 유용할 것이라고 판단한다.[36]

미국이 한반도의 통일에 대해 긍정적으로 생각하기 시작했다는 점은 대단히 고무적인 일이다. 그러나 한국 국민들의 고민은 북한에 급변 사태가 와서 북한이 무너지는 경우 중국이 과연 가만히 있을 것이냐의 여부다. 필자는 이미 다른 연구에서 북한에 급변 사태가 왔을 때 한국은 군사적 개입을 포함, 적극적인 개입을 해야 한다고 주장한 바 있다. 물론 상당수 한국인들은 북한 급변사태에 대한 개입 문제에 조심스럽게 접근한다. 중국이 개입할지 모른다는 우려 때문이다. 그러나 이 같은 접근 방법은 옳지 않다.

북한은 역사적, 문화적, 인종적으로 한국의 일부다. 그래서 우리는 중국이 생각하는 북한과 같은 수준으로 북한을 인식하면 안 된다. 중국이 가만히 있지 않을 것이 두려워 북한이 무너지고 있는데도 보고만 있으면 결국 북한은 우리나라가 아니라 중국의 일부가 되고 말 것이다. 북한이 붕괴될 시 우리의 선택 대안은 없다. 우리는 반드시 북한지역에 진입해야 한다. 그렇지 않으면 북한은 중국과 미국, 혹은 일본과 러시아마저 개입하게 될 혼돈의 장이 될 것이다. 그래서 우리는 다른 나라들의 개입 이전에, 특히 중국이 개입할 것이냐의 여부와 관계없이 북한에 개입해야 한다. 북한은 대한민국이 책임져야 할 동족의 나라다. 북한 급변 사태 시, 이를 수습하고 궁극적으로 통일을 이룩해야 할 권리와 의무는 대한민국이 가지고 있다는 적극적인 사고방식으로 북한의 급변 사태에 임해야 한다.

■ 북한 급변 사태에 대한 중국군의 개입 가능성과 대책

북한에 급변 사태가 발생할 시 중국의 군사력이 개입할 가능성을 염두에 두고 우리의 대책을 마련해야 해야 함은 당연하다. 그러나 이렇게 말하는 것이 중국이 북한의 급변 사태에 개입할 가능성이 100%라는 사실을 의미하는 것은 아니다. 우리가 하기에 따라 중국은 개입하지 않을 가능성도 높다. 중국이 군사적으로 개입할 가능성은 한국과 한미동맹이 북한 급변 사태에 어떤 대비 태세를 가지고 대응할 것이냐의 여부에 따라 결정될 것이다.

우리는 중국이 군사적으로 개입하지 않도록 사전 조치를 취해야 할 것이며, 중국이 군사적으로 개입할 경우, 중국과의 무력 충돌이 야기되지 않도록 노력해야 할 것이다. 이를 위해 미국과의 협력은 대단히 중요하다. 이미 미국은 공식적인 문건(Quadrennial Defense Review, 2010), 혹은 최고위급 장군의 공개적인 언급 등을 통해 북한에 급변 사태가 발생할 경우 미국군은 '개입'할 것이라는 사실을 천명했다. 월터 샤프 주한미군사령관은 2010년 3월 11일 한미 합동 키 리졸브 훈련 당시 가진 언론 인터뷰에서 미국은 북한 유사시 핵무기와 생화학무기, 중장거리 탄도미사일 등 북한의 대량살상무기(WMD)를 제거하기 위한 전담부대를 운용하고 있으며, 현재 실시 중인 한미 연합 키 리졸브Key Resolve 연습에도 이 부대가 참가해 훈련을 하고 있다고 밝혔다. 샤프 사령관은 북한의 WMD와 관련, "한미 양국의 공동책임이라고 생각하며 WMD의 위치 파악과 확보, 제거와 관련해 양국이 긴밀히 협조하며 대응해갈 것"이라고 말했다. 또한 샤프 대장은 "미국은 이 같은 전문성을 가진(북한의 대량파괴무기를 장악하고 제거할 수 있는) 부대를 보유하고 있다"고 말했다. 주한미군 최고책임자가 북한의 WMD 제거 전담부대의 존재 및 한미연합 훈련에 참여하고 있다고 공식적으로 언급한 것이다.[37]

북한 급변 사태 시 중국이 군사적으로 개입할 것이냐의 여부는 불확실하다. 확률적으로 말한다면 개입할 가능성보다 그러지 않을

철혈 정책과 노련한 외교력으로 독일을 통일한 비스마르크

가능성이 더 높아 보인다. 미국이 북한의 급변사태에 군사적으로
개입할 것임을 사실상 공식적으로 밝혔지만, 중국이 북한 급변사태
에 공개적으로 개입할 것을 밝힌 적은 없는 것으로 안다.[38]

■ 한반도 통일의 방정식

많은 식자들은 중국이 한반도 통일에 반대할 것이고 그래서 한반
도 통일은 어렵다고 말한다. 이 같은 언급은 국제정치학적 진리를
말해준다. 이 진리는 역사적 사건에 의해서도 증명되었다. 즉 중국
은 한국의 통일을 반대하기 때문에 6·25 전쟁 당시 북한이 붕괴 위
기에 처했을 때 미국과의 전쟁을 불사하고 한국 전쟁에 참전하여
북한을 구했던 것이다. 그럼으로써 중국은 한반도의 분단을 지속시
켰다. 중국은 국제정치학의 원칙대로 행동한 것이다. 앞으로도 이
같은 원칙은 지속적으로 적용될 것이다. 대한민국의 국가 대전략인
통일이 대화와 협력을 통해 주변국의 박수를 받으며 이루어질 것이

라고 생각했다면 그것은 환상이다.

프러시아 통일이라는 대전략을 추구하던 비스마르크는 다음과 같은 연설을 통해 자신의 정책을 밀고 나갔다.[39] 오늘의 한반도에도 적용되는 언급이 아닐 수 없다.

"독일에서 프러시아의 지위는 프러시아의 자유주의에 의해서가 아니라 프러시아의 힘에 의해 결정될 것이다…. 프러시아는 힘을 집중시켜야 하며 유리한 순간이 올 때를 기다려야 한다. 그런 유리한 순간은 이미 여러 번 지나치고 말았다. 비엔나 조약 이후 프러시아의 국경은 건강한 정치체제를 위해서는 대단히 잘못된 불량한 것이었다. 오늘의 심각한 문제는 1848년과 1849년의 경우처럼 연설이나 다수결에 의해 결정되지는 않는다. 이 문제들을 결정하는 것은 철과 혈인 것이다."

한국의 자유민주 통일은 통일을 원하는 한국의 힘과, 지정학적, 전략적으로 한국의 통일을 지지하는 미국의 힘이 지정학적, 국제정치 구조적으로 한반도의 통일을 불편해 하는 중국과 일본의 힘, 그리고 한국이 주도하는 통일을 결사적으로 반대하는 북한의 힘의 합보다 훨씬 클 때 이루어지는 것이다. 지금 한반도 주변 통일의 방정식은 한국에 유리하게 진전되고 있다고 보인다. 통일을 반대하는 중국의 힘이 멈칫하고 있으며, 북한의 힘은 점차 영에 가까워지고 있다. 비록 반대편에 있지만 일본은 미국이 나서서 통일을 지지하는 편으로 비교적 쉽게 끌어올 수 있다. 대한민국은 위기와 함께 찾아온 이 절호의 기회를 놓치면 안 될 것이다.

I NOTE I

프롤로그

1. 영국의 좌파 기자인 마틴 자끄(Martin Jaques)는 누구보다도 중국이 패권국이 될 것임을 확신하는 인물이다. 그는 중국 패권론의 경전이라고 말할 수 있는 When China Rules the World: The End of the Western World and the Birth of New Global Order (New York: Penguin Books, 2009)라는 책을 저술하였다. 이 책의 한국어 번역본은 안세민 (역)『중국이 세계를 지배 하면: 패권국가 중국은 천하를 어떻게 바꿀 것인가』 (서울: 부키 2010).
2. 이상우,『국제 관계이론』(서울 박영사, 1978), p. 153.
3. Zbigniew Brzezinski, Game Plan: How to Conduct the U.S.-SOVIET Contest (Boston: Atlantic Monthly Press, 1988).
4. 長谷川慶太郎,『中國大減速の 末路: 日本はアジア盟主となる』(東京: 東洋經濟, 2015), p. 1.
5. Jack S. Levy, "The Diversionary Theory of War: A Critique" in Manus I. Midlarsky (ed.) Handbook of War Studies (London: Unwin and Hyman, 1989).
6. 양성철, "전화 속에서 나라를 지켜 세우다." 박실,『벼랑 끝 외교의 승리: 이승만 외교의 힘』(서울: 청미디어, 2010). 추천의 글.
7. Hamish McRae, The World in 2020: Power, Culture and Prosperity-A Vision of The Future (New York: Harper Collins, 1994). 맥래는 2003년 중국의 GDP가 미국의 GDP를 추월할 것이라고 예측했다. 이 책의 한국어판은 김광전 (역)『2020년: 어떤 지역, 어떤 나라가 어떻게 되나?』(서울: 한국경제신문사,1995), p. 25.
8. 중국의 부상을 확신하는 한국 학자들이 인용한 중국 경제발전 통계자료를 보면 중국의 경제가 한 해에 30% 정도씩 증가하는 해도 자주 있었다. 중국 경제성장의 통계를 액면 그대로 믿을 수 있을 것이냐에 관한 논의는 본서 5장 1절 '믿기 어려운 중국 국력 관련 통계자료' 에서 자세히 다루고 있다.
9. 이곳의 자료들은 모두 미국 중앙정보국이 발표한 자료를 기준으로 한 것이다. CIA, World Fact Book 2016. 2015년 12월 간행 된 2016년 판 CIA 자료에 제시된 최근 중국 경제 자료는 2013년 것이다.
10. James Steinberg and Michael E. O'Hanlon, Strategic Reassurance and Resolve: US-China Relations in the Twenty-First Century (Princeton: Princeton University Press, 2014), pp. 93, 284.
11. Rudolf J. Rummel, Peace Endangered: The Reality of Detente (Beverly Hills:

Sage Publications, 1979)

12. 옌셰퉁(閻學通) 중국 칭화대 교수가 2014년 4월 24일 서울 성균관대학교에서 열린 세미나에서 발표한 내용.

01 20세기 이후 패권의 역사

1. Francis Fukuyama, The End of History and the Last Man (New York: Free Press, 1992). 이 책의 한국어 번역판은 이상훈(역)『역사의 종말: 역사의 종점에 선 최후의 인간』(서울: 한마음사, 1992).
2. 2차 세계대전 이후 유엔 헌장 등을 통해 켈로그-브리앙 조약의 정신이 계승되었지만, 이 조약은 국제법상 효력을 상실하였다. 다만 켈로그-브리앙 조약이 공식적으로 폐기되었다는 말을 아직 들어 본 적이 없으니, 1928년 이후 발발한 수백 개가 넘는 전쟁과 국제분쟁들은 모두 불법이라고 말할 수 있겠다.
3. Williamson Murray and Allan R. Millett, A War to be Won: Fighting the Second World War (Cambridge: Harvard University Press, 2000), p. 136.
4. 당시 언급을 영어로 직역하면 "Whether you like it or not history is on our side. We will dig you in" 이었다. "당신들이 좋아하든 좋아하지 않던 역사는 우리 편이요. 우리는 당신들을 묻어버릴 것이오."
5. Richard Nixon, Seize the Moment: America's Challenge in a One-Superpower World (New York: Simon and Schuster, 1992).
6. 노벨 경제학 수상자인 폴 사무엘슨은 소련의 미래를 대단히 낙관적으로 보았다. 그는 1984년 소련이 미국을 앞선 다고 예측했다가, 예상이 빗나가자 다시 1997년에는 소련이 미국을 앞설 것으로 예측했고 그 후 적어도 2002년 혹은 2012년 이 되면 소련이 미국을 앞설 것이라고 주장했다. 소련은 1990년 망했다. http://www.adamsmith.org/blog/economics/persistent-fallacies/
7. 소련이 붕괴한 후 10년이 지난 2000년 당시 미국은 GDP 기준으로 소련의 약 21배, 군사비 지출 기준으로 소련의 약 6배에 이르고 있었다. IISS, The Military Balance 2002-2003 (London: Oxford University Press, 2002), pp. 332-333.
8. Henry A. Kissinger, Does America Need a Foreign Policy? (New York: Free Press, 2002).
9. Joseph S. Nye, Jr., The Paradox of American Power: Why the World's Only Superpower Can't Go It Alone (New York: Oxford University Press, 2002).
10. George Will, "The end of our holiday from history", Jewish World Review. September 12, 2001.
11. Josef Joffe, The Myth of American Decline: Politics, Economics, and Half Century of False Prophesies (New York: Liveright Publishing Corporation, 2014).
12. Bruce Berkowitz, The New Faces of War: How War Will Be Fought in the

21st Century (New York: Free Press, 2003), pp. 4-8.

13. Robert Kagan, The Return of History and the End of Dreams (New York: Knopf, 2008).

14. 이라크 대통령 사담 후세인은 2006년 12월 30일, 알카에다 두목 오사마 빈 라덴은 2011년 5월 2일, 리비아 대통령 가다피는 2011년 10월 20일 각각 처형되었다.

15. Donald J. Trump, Crippled America: How to Make America Great Again (New York: Threshold, 2015).

16. George Friedman, The Next 100 Years: A Forecast for the 21st Century (New York: Double Day, 2009) 이 책의 한글판은 손민중(역)『100년후: 22세기를 지배할 태양의 제국 시대가 온다』(서울: 김영사, 2010).

17. 1980년대 이후 미국에서는 '일본 두드려 패기(Japan Bashing)'가 대유행이었다. Narrelle Morris, Japan-Bashing Anti-Japanism since the 1980s (London: Routledge, 2010).

02 패권 변동에 관한 일반 이론

1. Ezra Vogel, Japan as Number 1: Lessons for America (Cambridge: Harvard University Press, 1979).

2. Paul Kennedy, The Rise and Fall of the Great Powers: Economic Change and Military Conflict From 1500 to 2000 (New York: Random House, 1987). 이일주 외(역)『강대국의 흥망』(서울: 한국경제신문사, 1996).

3. Rockwell A. Schnabel, The Next Superpower?: The Rise of Europe and its Challenge to the United States (New York: Rowman and Littlefield, 2005).

4. Zbgniew Brzezinski, The Choice: Global Domination or Global Leadership (New York: Basic Books, 2004), p. 3.

5. Rudyard Griffiths and Patrick Luciani (eds.), The Munk Debates on China: Does the 21st Century Belong to China? (Toronto: Anansi Press, 2011).

6. 조선일보 2012년 3월 7일자.

7. Ho-fung Hung, The China Boom: Why China Will Not Rule the World (New York: Columbia University, 2016), p. xiv.

8. 서울대학교 박철희 교수의 조선일보 2015년 4월 13일자 시론을 길게 인용한다. "다른 나라들은 미국과 중국이 양대 강국이라는 의미의 G2라는 표현을 거의 쓰지 않는데 한국에서는 일상화되어 있다. 미국은 아직 중국이 자기와 동등한 경쟁자가 아니라서 G2라 부르지 않는다. 중국은 미국처럼 국제사회의 관리를 책임질 능력이나 의향이 없어서 이 표현을 삼간다. 일본은 자기네가 들어 있지 않은 표현이니 쓰지 않는다. 유독 한국만 G2라고 부르며 중국을 마음속에서 미국 다음가는 나라로 자리매김하고 있다."

9. 조정래 작가의 말. 교보문고 조정래 작가의 소설『정글만리』광고판에 게재되어있

던 글 중에서 발췌.

10. 어떤 경우든 진단이 정확해야 올바른 처방을 할 수 있을 것이다.

11. Thucydides, translated by David Grene, The Peloponnesian War (Chicago: The University of Chicago Press, 1959), p. 15. 천병희(역)『펠로폰네소스 전쟁사』(서울: 숲, 2011).

12. A.F.K. Organski, World Politics (2nd. ed.; New York: Alfred A. Knopf, 1968), Chapter 14. The Power Transition.

13. 국제정치의 구성단위들인 국가들은 모두 대내적으로 독립, 국내적으로 최고의 권위인 주권(主權, sovereign power)을 보유하고 있기 때문에 국가들을 강제할 법적 장치 혹은 상부의 권위 있는 조직은 없다. 이처럼 주권을 가진 국가들은 스스로 최고이기 때문에 국제사회는 국가를 강제할 규범이 없다. 힘에 의해서 겨우 질서가 규정될 수 있다는 의미에서 국제정치를 무정부 상태라고 말한다.

14. 오건스키의 이 같은 주장은 40년이 지난 후 미어셰이머 교수의 '공격적 현실주의 이론'에 의해 다시 한 번 각광을 받게 된다. 공격적 현실주의 이론은 모든 국가는 힘을 키우려 노력하며 국가들은 패권국이 될 때까지 힘의 증강을 멈추려는 경향이 없다고 전제한다. John J. Mearsheimer, Tragedy of Great Power Politics (New York: Norton, 2001). 이춘근(역)『강대국 국제정치의 비극』(서울: 나남출판, 2004).

15. Organski, Op. Cit., p. 345.

16. 오건스키는 국제정치의 시대를 3기의 세대로 구분하고 있다. 제1기는 1750년 이전의 시대로서 산업화 이전의 왕조시대다. 당시 국가는 곧 왕이었고 정치는 스포츠와 같은 것이었으며 국제사회는 대체로 균등한 힘을 가진 국가들로 구성되어 있었다. 당시 국가들은 현명한 외교, 동맹, 군사적 모험 등 국제적 활동을 통해 국력을 증진시킬 수 있었다. 당시 국제정치를 규정하는 규칙은 세력균형의 법칙이었다. 오건스키가 상정하는 국제정치 제2기는 이 시대의 국제정치를 설명하는 데 보다 적합한 이론이 바로 오건스키가 제시하는 힘의 전이 이론이라고 주장하는 것이다. 그는 국제정치를 설명할 수 있는 보편적인 이론은 없다고 주장하며 자신의 이론도 국제정치 제3기 시대인 산업화가 끝난 시대, 즉 국가의 국력변화가 더 이상 없는 시대의 국제정치를 설명하기는 부족할 것이며 새로운 국제정치를 설명하기 위해 새로운 특수 이론이 필요할 것이라고 주장했다. Ibid.

17. Ibid., p. 340.

18. Ibid., p. 348.

19. 약간 다른 맥락이기는 하지만 미국의 학자들은 현재 중국은 국력이 증강되더라도 미국이 만들어 놓은 게임의 규칙을 따를 수밖에 없다고 주장하는데 중국의 국력 증강 그 자체가 미국이 만든 국제거래의 틀 속에서 가능했던 일이기 때문이라는 것이다. 이 주장의 대표적인 저서는 Edward S. Steinfeld, Playing Our Game: Why China's Rise Doesn't Threaten the West (New York: Oxford University Press, 2010).

20. Organski, Op. Cit., p. 365.

21. Ibid., pp. 367-368.

22. Ibid., p. 370.

23. Edward N. Luttwak, The Rise of China VS. The Logic of Strategy (Cambridge: Belknap Press of the Harvard University Press, 2012).

24. Nicole Bousquet, "From Hegemony to Competition: Cycles of the Core?" in Terrence K. Hopkins and Immanuel Wallerstein, (eds.) Process of the World System (Beverly Hills, CA: Sage, 1980), p. 49.

25. Robert O. Keohane, After Hegemony: Competition and Discord in the World Political Economy (Princeton: Princeton University Press, 1984), p. 32.

26. Ibid., pp. 34-45.

27. Robert Keohane and Joseph S. Nye, Power and Interdependence (Boston: Little Brown, 1977), p. 44. "A hegemonic system is one in which one state is powerful enough to maintain the essential rules governing interstate relations, and willing to do so."

28. Raymond Aron, Peace and War: A Theory of International Relations (New York: Praeger 1968), p. 151.

29. Immanuel Wallerstein, The Politics of the World-Economy: The States, the Movements and the Civilizations (New York: Cambridge University Press, 1984), pp. 39-43.

30. 패권 전쟁에서 승리한 나라들은 예외 없이 해양제국이었다. 즉 해양제국이 아닌데도 세계의 패권국이 된 나라는 없었다. 이와 관련한 결정적인 저서는 Colin S. Gray, Strategic Advantages of Sea Power.

31. 학자들이 같은 종류의 대전쟁을 연구 대상으로 삼으면서 그 전쟁들을 다른 이름으로 불렀다는 사실은 다음과 같은 그들의 저서 및 논문의 제목에서 찾아볼 수 있다. General War라고 부르는 경우는 Jack S. Levy, "Theories of General War" World Politics 37 (April) 1985; Global War라는 용어는 William R. Thompson, On Global War: Historical-Structural Approaches to World Politics (Columbia: The University of South Carolina Press, 1988) 이 책에서 톰슨 교수는 패권 전쟁(hegemonic war), 지구적 전쟁(global war)등의 용어를 혼용하고 있다. p. 30을 참조; World War라는 용어는 Manus I. Midlarski, On the Onset of World War (London: Hyman Press, 1988)에서 볼 수 있다.

32. Arnold J. Toynbee, A Study of History, IX (London: Oxford University Press, 1954). 토인비의 방대한 저서 제9권이 패권 전쟁을 설명하는 책이다.

33. Ibid., pp. 260~287.

34. Raymond Aron, "War and Industrial Society" in War: Studies from Psychology, Sociology, Anthropology, edited by Leon Bramson and George W. Goethals (New York: Basic Books, 1964), p. 359.

35. Robert Gilpin, War and Change in World Politics (Cambridge: Cambridge University Press, 1981), pp. 28, 49.

36. Ibid., p. 197.

37. George Modelski, "Long Cycle of Global Politics and the Nation State," in Comparative Studies in Society and History, vol. 20 (April, 1978), pp. 214~235.

38. William R. Thompson, On Global War: Historical-Structural Approaches to World Politics (Columbia: The University of South Carolina Press, 1988), pp.6~7. 원문을 인용한다. (Global Wars) are wars fought to decide who will provide systemic leadership, whose rules will govern, whose policies will shape systemic allocation processes, and whose sense or vision of order will prevail.

39. Quincy Wright, A Study of War (2nd. ed.; Chicago: The University of Chicago Press, 1965), p. 647~649.

40. Robert Gilpin, Op. Cit., p. 200.

41. Toynbee, Op. Cit., p. 255. 토인비는 제2차 세계대전을 1차 대전을 마무리하는 보조전쟁(recrudescent general war)으로 보고 있다.

42. 미중 관계를 힘의 전이(power transition) 라는 개념으로 설명하는 저술들은 이미 다양한 책과 논문으로 출간되었다. Ronald L. Tammen and Jacek Kugler, "Power Transition and China. US Conflicts"; David Lai, The United States and China in Power Transition (2012); Steve Chan, Power Transition; Ernest R. May and Zhou Hong, "Power Transition and Its Effect," in Richard Resecrance and Gu Guoliang (eds), Power and Restraint: A Shared Vision for the US-China Relationship (New York: Public Affairs Books, 2009) 등

43. Robert Kaplan, "How to Fight China" Atlantic Monthly (June, 2005). 카플란은 이 논문에서 '중국과의 전쟁' 혹은 군사적 긴장 및 갈등 가능성이 상존하며 21세기 국제정치의 가장 중요한 이슈가 될 것이라고 주장했다. 미국과 중국의 갈등이 결국 전쟁으로 귀결될 수 있다는 보다 최근의 주장들은 John J. Mearsheimer, The Tragedy of Great Power Politics (Revised Edition; New York: Norton, 2014). 저자는 공격적 현실주의의 대표적인 교과서인 자신 책(재판)에서 중국의 부상이 필연적으로 미국과 대결을 불러올 것이라는 장을 추가했다. Christopher Coker, The Improbable War: China, The United States and Logic Great Power Conflict (New York: Oxford University Press, 2015); Peter Navarro, Crouching Tiger: What China's Militarism Means for the World (New York: Prometheus Books, 2015).

44. Steve Chan, Op. Cit.

45. John J. Mearsheimer, 이춘근(역) .강대국 국제정치의 비극. (서울: 나남출판. 2004), 한국독자들에게 보내는 저자 서문 중.

46. Luttwak, Op. Cit.

47. Hilary Clinton, "America's Pacific Century," Foreign Policy (November, 2011).

48. U.S. Department of Defense, Sustaining the Global Leadership for the 21st Century (January 5, 2012) 중국의 부상에 대한 미국의 본격적인 전략은 본서 8장에서 자세하게 다루고 있다.

49. "U.S. destroyer sails near disputed Chinese islands" (미국 구축함 분쟁중인 중국 도서 부근을 항진하다) Christopher Bodeen and Robert Burns, Associated Press, 2015.10. 27.

50. "China accuses US of military provocation by flying bomber" (중국 미국 폭격기의 도발을 비난하다) Associated Press by Christopher Bodeen 기자. 2015.12.19.

51. 王小東 外, 『中國不高興』 김태성(역) 『앵그리 차이나』 (서울: 21세기북스, 2009); Steven Mosher, Hegemon: China's Plan to Dominate Asia and the World (New York: Encounter Books 1994).

52. 류진궈(저) 황선영, 한수희(공역) 『월스트리트의 반격』 (서울: 에쎄, 2010); 량셴핑(저) 홍순도(역) 『중미전쟁: 환율, 무역 그리고 원가를 둘러싼 21세기 세계대전』 (서울: 비아북, 2010); 량셴핑(저) 홍순도 (역) 『자본전쟁』 (서울: 비아북, 2010) 등 중국 저자들에 의한 중국 경제의 문제점들을 지적한 책이 다수 출간되고 있다.

53. 중앙일보, 2015년 2월 26일.

54. Robert Kagan, Of Paradise and Power: America and Europe in the New World Order (New York: Alfred A. Knopf, 2003).

03 미국과 중국의 세계관과 국가전략

1. 동서양의 전통 철학과 문화적 요인들이 국제 관계 및 정치권력 분석에 반드시 포함되어야 한다고 주장한 대표적인 저술은 Lucian W. Pye, Asian Power and Politics: The Cultural Dimensions of Authority (Cambridge, Mass.: The Belknap Press of the Harvard University Press, 1985), p. 9.

2. Marc Mancall, China at the Center: 3000 Years of Foreign Policy (New York: The Free Press, 1984).

3. 2011년 12월 1일~2일, The KIMS-CNA Annual Conference. 한국 해양전략 연구소(The Korea Institute for Maritime Strategy)와 미국 해군분석연구소(Center for Naval Analysis) 연례 합동 학술회의.

4. 최근 중국인들은 한국인들과 이야기할 때 "자신들은 대국이고 한국은 소국"이라고 말하는 경우가 부쩍 늘었다고 한다. 2012년 8월 18일 북경에서 한국인 동포 지도자들과의 간담회에서 청취. 실제로 한국과 중국 사이의 서해바다의 해양경제문제를 획정하는 과정에서 한국은 중간선을 주장하는 반면, 중국은 자신들이 대국이기 때문에 소국인 한국과 같은 넓이의 바다를 차지할 수는 없다고 주장하고 있다.

5. 국제정치학자들은 국가의 내부적 속성보다는 국가들이 처한 환경, 즉 국제정치의

구조로부터 각 국가들의 외교정책을 설명하는 방식을 선호한다. 특히 Kenneth N. Waltz를 필두로 하는 구조적 현실주의(Structural Realism)의 분석 방식은 국가의 개별적 차이보다는 국가가 처한 환경의 분석에 초점을 맞춘다. 세력균형 이론, 패권 전쟁론, 힘의 전이 이론 등 현실주의 국제정치 이론들은 대체로 국제정치의 환경적 요인을 강조한다. 아테네의 국력 증강(스파르타의 대외 적 환경요인)을 스파르타가 펠로폰네소스 전쟁을 일으킨 원인으로 보는 투키디데스의 분석방법은 국제정치학의 전통적 연구방법이 되었다.

6. 그리스 철학은 국가들이 평등주의 철학에 의해 연계될 때 평화가 가능하다고 보았다. F. Parkinson, The Philosophy of International Relations: A Study in the History of Thought (Beverly Hills: Sage Publications, Inc., 1979), p. 11.

7. John King Fairbank (ed.), The Chinese World Order (Cambridge: Harvard University Press, 1968).

8. Choon Kun Lee, "War in the Confucian International Order", The University of Texas at Austin, Ph.D dissertation, 1988. 필자는 본 논문의 한글 제목을 '중국적 국제질서 하에서의 전쟁에 관한 연구'라고 번역한다.

9. 이 부분의 논의는 필자의 박사학위 논문(앞의 각주) 중 일부(pp.22-82, 제2장)에 의거해서 작성했다.

10. Arnold Toynbee, Study of History IV., pp.465ff.; Quincy Wright, A Study of War (Chicago: The University of Chicago Press, 1965), pp.130-131.; Lewis F. Richardson, Statistics of Deadly Quarrels (Chicago: Quadrangle Books, 1960), pp.239-240.; James F. Dunnigan and William Martel, How to Stop a War (New York: Doubleday, 1987), p. 268. 상기 저서 모두는 중국 및 동양의 국제정치는 타 지역에 비해 전쟁의 빈도 및 전쟁의 가혹성 등이 모두 낮은, 지구의 여러 문명 중 가장 평화 애호적인 문명이라는 사실을 밝히고 있다.

11. 이 시기를 표현하는 영어는 문자 그대로 'Warring States Period'이다. 즉 '전쟁하는 국가들의 시대'라고 번역될 수 있겠다.

12. Richard L. Walker, The Multi State System in Ancient China (Hamden: Shoestring Press, 1953).

13. 申台泳(編), 中國의 戰爭 (서울: 도남서사, 1985), p. 58. 전차 1대당 30명의 보병이 할당되었다고 주장하는 자료도 있다.

14. 혹자는 이러한 숫자가 너무 과장된 것이 아닌가 생각하는데 필자는 이 숫자는 거의 정확한 숫자라고 생각한다. 서양의 경험에 의하면 대국들은 보통 인구의 3% 정도에 해당하는 군사력을 보유하였는데 중국은 오래 전부터 징집에 의한 농민출신 군대를 유지한 전통을 가지고 있으며 중국의 인구에 비례해서 생각할 경우 이 정도의 군사력은 용이하게 갖출 수 있었으리라고 사료된다. 수(隋)나라가 서기 611년 2월 고구려를 공격하기 위해 동원한 병력은 전투병의 숫자만도 113만 3,800명이었고 전투병 이외의 부수적인 병사들을 포함하면 200만이 넘는 대병력이었다. 중국은 이미 한(漢)나라 당시 (BC 206~AD 220) 인구가 5,000만 명을 돌파했었다. 중국의 인구는 그 후 완만히 증가하여 12세기가 되어서야 1억에 도달하

였다. 고대 중국의 인구통계자료는 Colin McEvedy and Richard Jones, Atlas of World Population History (New York: Penguin Books, 1978), pp. 166~174를 참조.

15. John K. Fairbank, "Introduction: Varieties of Chinese Military Experience," in Frank A. Kierman and John K. Fairbank (eds), Chinese Ways in Warfare (Cambridge: Harvard University Press, Massachusetts, 1974), pp. 6~7.

16. 중국 영화 '적벽대전'은 그 좋은 사례가 될 것이다.

17. Fairbank, Ibid., p. 7. 그러나 물론 중국인들이 정의로운 전쟁과 정의롭지 못한 전쟁의 구분기준을 가지고 있지 않았던 것은 아니다. 고대 중국의 전략가들은 전쟁의 동기에 따라 정의로운 전쟁과 그렇지 못한 전쟁을 구분하였는데 폭력과 무질서를 제압하기 위한 전쟁은 정의로운 전쟁이고 그 이외의 모든 전쟁은 정의롭지 못한 전쟁으로 간주되었다. 이 문제에 관해서는 Chen-Ya Tien, Chinese Military Theory: Ancient and Modern (Oakville: Mosaic Press, 1991). Chapter 2. "Survey of Ancient Chinese Military Theories," pp. 21~66.

18 서양의 경우에도 하나의 패권국이 국제질서를 주도했던 시대의 전쟁 빈도가 상대적으로 적었다는 사실이 발견된다.

19. 金錫原 譯解, 論語 (서울: 惠園出版社, 1988), pp. 298~299. '子曰善人 教民七年 亦可以卽戎矣. 子曰 以敎民戰 是謂棄之'

20. 爭地以戰 殺人盈野 爭城以戰 殺人盈城 此 所謂率土地 以食人肉 罪不容於死. 故善戰者 服上刑 連諸候者次之 僻草萊任土地者次之. 范善均 譯解, 『孟子』 (서울: 惠園出版社, 1988), P. 264.

21. 孟子 曰 春秋 無義戰 彼善於此則有之矣 征者 上 伐下也 敵國 不相征也. 위의 책, p. 510.

22. 즉 시진핑은 한국 전쟁을 국제 권력투쟁의 측면에서 말하지 않은 것이다. 제국주의 대국 미국이 약소국 북한을 침략했기에 약한 조선을 '돕기 위해' 대국 중국이 싸움에 임한 것으로 설명하고 정당화시키는 것이다.

23. 조선일보 2016년 1월 13일자. 역시 중국(대국)과 소국은 다르다는 사실을 강조하고 있다. 중국은 해도 되지만 다른 나라는 하면 안 되는 일이 있다는 발상자체가 서구적 국제정치 질서관과 다르다.

24. 유교의 평화관에 관한 보다 자세한 언급은 張其均 著, 中國文化研究所 譯, 『中國思想의 根源:諸子百家-그들의 人生과 哲學』 (서울: 문조사, 1989), PP. 47~61, 136~137; Fung Yu Lan, A Short History of Chinese Philosophy (New York: Free Press, 1997), Chapters 7&16. 이 책의 한국어 번역본은 鄭仁在 譯, 『中國哲學史』 (서울: 형설출판사, 1989).

25. 중국식 국제정치질서에 관한 분석서는 John K. Fairbank (ed.), The Chinese World Order: Traditional China's Foreign Relations (Cambridge University Press, 1968); C.P. FitzGerald, The Chinese View of Their Place in the World (London: Oxford University Press, 1981); 全海宗,.『韓中 關係史 研究』 (서울: 일조각, 1982); 金翰圭, 『古代中國的國際秩序研究』 (서울: 일조각, 1982) 등이 있

다. 동양 국제질서의 붕괴 과정에 대해서는 Key-Hiuk Kim, The Last Phase of the East Asian World Order: Korea, Japan, and the Chinese Empire, 1860-1882 (Berkeley: The University of California Press, 1980).

26. 金學主 譯解, 『新譯 墨子』(서울: 明文堂, 1989), p. 187.

27. 盧台俊 譯解, 『新譯 道德經:老子』(서울: 홍신문화사, 1989), pp. 108~109. 以道佐人者 不以兵强天下. 其事好還. 師支所處, 荊棘生焉. 大軍之後 必有凶年. 번역문은 金學主, 『老子와 道家思想』(서울: 태양문화사, 1978), p. 175를 참고하였음.

28. 김학주, 위의 책 p. 175; 노태준, 위의 책, pp. 179~181.

29. 張其均, 위의 책, pp. 349~350.

30. 당시 진(秦)나라 시민들의 상무정신은 시경 국풍(詩經 國風) 중 진풍(秦風)의 시구절에서도 잘 나타나고 있다. "어느 누가 옷이야 없겠나마는, 둘이서 나눠입으세. 이 옷 한 벌로 임금께서 군사를 일으키셨네. 갑옷이랑 병기랑 손질하여서, 어깨를 나란히 달려가 보세" 원문은 "豈曰無衣 與子同裳 王字興師 脩我甲兵 與子皆行" 번역문은 李家源 監修. 『詩經』(서울: 교육출판공사, 1986), p. 246.

31. '百戰百勝, 非善之善者也, 不戰以 屈人之兵 善之善者也' 백전백승이 최선이 아니다. 싸우지 않고 이기는 것이 최선인 것이다.

32. 이와 관련된 보다 자세한 논의는 James A. Aho, Religious Mythology and the Art of war: Comparative Religious Symbols of Military Violence (Westport: Greenwood Press, 1981), pp. 114~119 참고.

33. Alastair Ian Johnston, Cultural Realism: Strategic Culture and Grand Strategy in Chinese History (Princeton: Princeton University Press, 1995).

34. Lucian W, Pye and Nathan Leites, "Nuances in Chinese Political Culture," RAND Corporation, 1970, Document Number P-4504.
    이 자료는 http://www.rand.org/pubs/papers /P4054.html에서 볼 수 있다.

35. Michael Pillsbury, The Hundred-Year Marathon: China's Secret Strategy to Replace America as the Global Superpower (New York: Henry Hold and Company, 2015).

36. 이은상(역) 『이충무공전서』(서울: 성문각, 1992), p. 39.

37. 이 부분의 논의는 필자가 2010년 〈월간조선〉 11월호에 기고했던 '미국은 중국의 패권 도전을 허락하지 않을 것'이라는 에세이와 한국 해양전략 연구소가 발간하는 학술지 〈Strategy 21〉 2009년 여름호에 발표했던 '미국의 대전략'이라는 논문을 수정 보완해서 다시 정리한 것이다.

38. 2012년 1월 5일 발표된 신국방전략 보고서의 제목도 '미국 지도력의 유지 (sustaining the global leadership)를 위하여'로 되어 있다.

39. Richard H. Immerman, Empire for Liberty: A History of American Imperialism from Benjamin Franklin to Paul Wolforwitz (Princeton: Princeton University Press, 2010); Gordon S. Wood, Empire of Liberty: A History of the Early Republic, 1789-1815 (New York: Oxford University Press, 2011).

40. Rudlof J. Rummel, Peace Endangered: The Realities of Detente (Beverly Hills: SAGE, 1976). 1980년대 초반 레이건 대통령의 대대적인 군비증강 정책이 있기 이전 미국의 연간 국방비 지출은 소련의 연간 국방비 지출액보다 더 적었다.

41. Peter Schweitzer, Victory: The Reagan Adminstration's Secret Strategy that Hastened the Collapse of the Soviet Union (New York: Atlantic Monthly Press, 1994), p. xiii.

42. Francis Fukuyama, The End of History and the Last Man (New York: The Free Press, 2006 reprint edition). 이 책의 한국어 번역은 함종빈 옮김『역사의 종언』(서울: 헌정회, 1989).

43. 이 같은 면에서 필자는 다수 한국 학자들과 견해를 달리한다. 한국 학자들 대부분은 미국이 1945년 이후 패권국이 되었다고 보지만 필자는 미국이 진정 패권국이 되었다면 그것은 1990년 소련이 붕괴된 이후부터라고 주장한다. 미국의 학자들 중에도 많은 이들이 미국 패권을 1945년 직후부터라고 본다. 그러나 Robert Liber 등과 같이 미국 붕괴론을 비판하는 학자들은 미국이 패권국으로 등극한 시기를 1990년대 이후로 본다. Robert J. Lieber, Power and Willpower in the American Future: Why the US is not Destined to Decline (Cambridge: Cambridge University Press, 2012).

44. Joseph S. Nye, Jr., Is the American Century Over? (New York: Polity, 2015).

45. David E. Schmitz, The United States and Right-Wing Dictatorships (Cambridge: Cambridge University Press, 2006).

46. Michael Mandelbaum, The Ideas That Conquered the World.: Peace, Democracy, And Free Markets In The Twenty-first Century (New York: Public Affairs, 2004). 이 책의 한국어판은 황원남(역)『자유의 지배』(서울: 민음사), 2009.

47. Amy Chua, Day of Empire: How Hyperpowers Rise to Global Dominance and Why They Fall (New York: Doubleday, 2007).

48. 이 체제를 외교사가 및 국제정치학자들은 '베르사이유(Versaille) 체제'라고 부른다. 1차 대전을 종결하는 강화회의가 프랑스의 베르사이유 궁전에서 열렸기 때문이다. 그러나 1차 대전을 통해 국제체제의 최강국으로 등장한 미국은 베르사이유 체제의 주도국이 되지 않았다.

49. 1940년도 GDP는 "Nominal GDP: Louis Johnston and Samuel H. Williamson, "The Annual Real and Nominal GDP for the United States, 1789? Present," Economic History Services, March 2004, http://www.eh.net/hmit/gdp/

50. John J. Mearsheimer, Op. Cit., 이춘근(역)『강대국 국제정치의 비극』(서울: 나남 출판, 2004). 한국 독자들에게 보내는 저자 서문에서 인용. 저자는 중국의 부상은 특히 한국에는 다양한 측면에서 심각한 안보 상의 도전이 될 것이라고 강조하고 있다.

51. 미국의 국내총생산은 이미 1900년 당시 세계 1위가 되었다. Paul Kennedy 교수의 자료에 의하면 미국의 생산능력은 1900년 당시 세계 23.6%로서 영국 18.5%,

독일 13.2%를 크게 앞지르고 있었다. Paul Kennedy, Rise and Fall of the Great Powers: Economic Change and Military Conflict From 1500 to 2000 (New York: Random House, 1987), p. 149 표 6을 참조.

52. Ray S. Cline, World Power Trends and U.S. Foreign Policy for the 1980s (Boulder: Westview Press, 1980), 최규장(역)『아메리카의 회복: 80년대 국력비교와 세계전략』(서울: 정우사, 1981), p. 160. 레이 클라인은 미국과 소련의 국력은 434:382로 미국이 앞서지만 전략과 의지라는 측면까지 고려할 경우 미국과 소련의 국력 비율은 304:458로 소련이 더 우세하다고 평가했다.

53. Ray S. Cline, The Power of Nations in the 1990s: A Strategic Assessment (Lanham: University Press of America, 1994), p. 107.

54. George W. H. Bush (재임기간 1989-1993)는 소련 붕괴 이후의 세계를 신국제질서(New World Order)라고 말했는데 미국이 주도하는 세계를 상징하는 용어였다. 부시 대통령이 의미한 새로운 세계질서는 정치에서는 민주주의, 경제에서는 자유무역을 기본으로 하는 것이었다.

55. 미국 패권시대 미국 국력의 압도적 우위에 대한 분석은 Bill Emmott, 20:21 Vision: Twentieth Century Lessons for the Twenty First Century (New York: Farrar, Straus and Giroux, 2003); Josef Joffe, Uberpower: The Imperial Temptation of America (New York: Norton, 2006) 등을 참조.

56. Bruce Berkowitz, Strategic Advantage: Challengers, Competetors, and Threat to America's Future (Washington D.C.: Georgetown University Press, 2009), pp. 1~2.

57. A.F. Organski and Kacek Kugler, The War Ledger (Chicago: The University of Chicago Press, 1980).

58. George Friedman, The Next 100 Years: A Forecast for the 21st Century (New York: Doubleday, 2009), p. 5. 조지 프리드만은 미국의 목표는 승리가 아니라 적들이 '무엇을 하지 못하게 방해하는 것' 임을 강조한다.

59. Zbgniew Brezezinski, Game Plan: How to Conduct the U.S.-SOVIET Contest (Boston: Atlantic Monthly Press, 1988), p. 5.

60. 강대국의 흥망 이론을 대중의 차원까지 넓히는 데 기여한 폴 케네디 교수는 미국을 대체할 차기 패권국을 일본이라고 주장했다. 폴 케네디 교수는 700페이지나 되는 강대국의 흥망 어디에서도 중국이 미국의 패권에 대한 도전자가 되리라는 전망을 하지 않았다. 미국과 일본의 패권 전쟁 가능성을 논한 책은 George Friedman and Meredith Lebard, The Coming War With Japan (New York: St. Martin's Press, 1991). 이 책의 한국어 판은 남주홍 감수, 『충격적인 전쟁 시나리오: 제 2차 태평양 전쟁』(서울: 동아출판사, 1991).

61. 오세준, 『왜 달러는 미국보다 강한가: 달러 패권의 역사는 반복된다』(서울: 원앤원 북스, 2012), pp. 45-46.

62. Richard Bernstein and Ross H. Munro, The Coming Conflict with China (New York: Alfred A. Knopf, 1997); Alastair Iain Johnston, Cultural Realism:

408

Strategic Culture and Grand Strategy in Chinese History (Princeton: Princeton University Press, 1995); Arthur Waldron, The Great Wall of China: From History to Myth (Cambridge: Cambridge University Press, 1990); Daniel Burstein and Arne De Keijzer, Big Dragon, China's Future: What it means for Business, the Economy, and the Global Order (New York: Schuster, 1998); Steven W. Mosher, Hegemon: China's Plan to Dominate Asia and the World (San Francisco: Encounter Books, 2000); Bill Gertz, The China Threat: How the People's Republic Targets America (Washington D.C.: Regnery, 2000); Aaron L. Friedberg, A Contest for Supremacy: China, America, and the Struggle for Mastery in Asia (New York: Norton, 2011); Alastair Ian Johnston, Cultural Realism: Strategic Culture and Grand Strategy in Chinese History (Cambridge: Harvard Universty Press, 1995); Ross Terrill, The New Chinese Empire: And What it Means for the United States (New York: Basic Books, 2003) 이 책의 한국어 판은 이춘근 (역)「새로운 중국 제국: 미국에 대한 함의」(서울: 나남출판, 2005); Gary J. Schmitt, The Rise of China: Essays on the Future Competition (New York: Encounter Booksm 2009); Michael Phillsbury, The Hundred-Year Marathon: China's Secret Strategy to Replace America as the Global Superpower (New York: Henry Holt, 2015).

63. 이 같은 견해는 너무나도 많은 학자들이 상식처럼 주장하는 견해다. 일일이 각주를 달 필요조차 없는 다수설이다. 물론 필자는 이 다수설을 비판적으로 보아왔다.

64. Department of Defense, Annual Report to Congress: The Military Power of the People's Republic of China와 같은 중국 군사력 보고서가 미국 국방부에 의해 매년 간행되고 있다. 이 보고서 간행은 2000년 미 의회의 요구에 따른 조치다. 'ANNUAL REPORT TO CONGRESS Military and Security Developments Involving the People's Republic of China 2015'가 가장 최신에 출간된 것이다.

65. 이들은 패권 전쟁론(Theories of Hegemonic War), 힘의 전이 이론(Power Transition Theory) 등에서 공통적으로 찾아볼 수 있는 주장이다. Paul Kennedy, The Rise and Fall of the Great Powers (New York: Random House, 1987); AFK Organski and Jacek Kugler, The War Ledger (Chicago: The University of Chicago Press, 1981); Karen Rasler and William R. Thompson, The Great Powers and Global Struggle 1490-1990 (Lexington: The University Press of Kentucky, 1994) 등이 있다.

66. Bill Emmott, Rivals: How the Power Struggle Between China, India and Japan Will Shape Our Next Decade (New York: Harcourt, 2008). 특히 제1장 Asia's New Power Game 부분을 참고.

1. Jeffrey A. Bader, Obama and China's Rise: An Insider's Account of America's Asia Strategy (Washington D.C.: Brookings Institution Press, 2012).

2. Bruce Herschensohn, Obama's Globe: A President's Abandonment of U.S. Allies Around the World (New York: Beaufort Books, 2012); 브렛 M. 데커, 윌리엄 C. 트리플렛 2세(저), 조연수(역) 『중국 패권의 위험』 (서울: 갈라북스, 2012) 등을 참조.

3. 현실주의적 국제정치 분석에 관한 자세한 논의는 Hans. J. Morgenthau, Politics among Nations: Struggle for Power and Peace; John J. Mearsheimer, The Tragedy of Great Power Politics (New York: Norton, 2001) 이 책의 한국어 번역판은 이춘근(역) 『강대국 국제정치의 비극』 (서울: 나남, 2004); 이춘근, 『현실주의 국제 정치학』 (서울: 나남, 2007) 등을 참조.

4. 한일 간 영토분쟁 중인 독도 문제가 평화적인 합의에 의해 해결될 가능성이 있을까? 그리고 중국과 일본이 센가쿠(다오위다오) 분쟁, 중국이 남지나해에서 벌이고 있는 필리핀, 인도네시아, 말레이시아, 베트남과의 영토갈등 등이 '평화적인 수단'으로 '완전히' 해결될 수 있을까? 2012년 9월 22-28일자 〈Economist〉 지는 표지 기사에서 센가쿠 열도를 둘러싸고 일본과 중국 사이에 전쟁이 발발할 가능성이 농후하다고 주장했다. 역사적으로 보아 전쟁으로 비화할 가능성이 가장 높은 종류의 분쟁이 '영토'를 둘러싼 분쟁이다. 이 주장은 John Vasquez, The War Puzzle Revisited (New York: Cambridge University Press, 2009)을 참고.

5. John J. Mearsheimer, Op. Cit., 이춘근 (역) 『강대국 국제정치의 비극』 (서울: 나남, 2004), 각주3을 참조.

6. Hans J. Morgenthau, Op. Cit., 모겐소 교수의 연구 주제가 바로 이 같은 이슈들이었다.

7. Jack S. Levy, War in the Modern Great Power System 1495-1973 (Lexington: The University of Kentucky Press, 1983).

8. 최근 미국 CIA 출신 전문가 Pillsbury는 중국의 이 같은 노력을 다음의 책에서 자세히 분석하고 있다. Michael Pillsbury, The Hundred-Year Marathon: China's Secret Strategy to Replace America as the Global Superpower (New York: Henry Holt and Company, 2015).

9. John J. Mearsheimer, 이춘근 (역), Op. Cit. 한국의 독자들을 위한 서문.

10. Tomothy Beardson, Stumbling Giant: The Threat to China's Future (New Haven: Yale University Press, 2013), p. 269.

11. Zbigniew Brzezinski, Game Plan: A Geostrategic Framework for the Conduct of the U.S.-Soviet Contest (New York: Atlantic Monthly, 1986).

12. 2015년 초반 러시아가 우크라이나를 점령한 후부터 미국과 러시아 사이에 '제2의 냉전'이 벌어지고 있다는 분석이 많이 나오고 있지만 대중적인 흥미를 위한 조

어일 뿐이다. 러시아는 종합적 국력에서 미국과 냉전을 벌일 정도로 막강한 패권 도전국이 아니다. 러시아의 경제력은 이태리 수준인데 이태리가 미국에게 도전한 다고 말할 수 없는 것과 마찬가지다.

13. 인식된다는 것과 실제로 그렇다는 것은 다른 말이다. 2015년 기준 미국의 군사비 는 중국의 7~8배, 경제력 총량 기준으로 중국의 1.8배 의 국력을 가지고 있는 나 라다. 군사력의 작전적 측면까지 고려할 경우, 미국의 군사력은 중국의 약 10배 (동맹국을 제외하고 계산할 경우)에 이른다. 미국의 군사력이 중국의 10배라는 분 석은 James Steinberg and Michael E. O. Hanlon, Strategic Reassurance and Resolve: US-China Relations in the Twenty First Century (Princeton: Princeton University Press, 2014), pp. 93 & 284.

14. Robert Fogel, "$123,000,000,000,000. China's estimated economy by the year 2040. Be Warned," Foreign Policy (January/February 2010).

15. Josef Joffe, Uberpower: The Imperial Temptation of America (New York: Norton, 2006).

16. Robert Fogel, 앞의 논문.

17. Katy Barnato, "China's GDP may be much lower than you think" 11 Jan 2016. CNBC.com

18 Bibek Debroy, "The Folly of Fogel's Numbers," The Indian Express (Feb. 08, 2010).

19. Stefan Karlsson, "China's Economy may surpass US before 2020," Christian Science Monitor (January 26, 2012).

20 "China to overtake US and dominate trade by 2030," BBC News (March 24, 2011).

21. Ibid. 맞는 말이다. 다만 중국이 앞으로 20년 동안 8% 성장을 이룩한다면 중국은 무려 60년 동안 세계 최고의 경제성장률을 기록했다는 역사상 유일무이한 기록도 세우게 될 것이다.

22. "Daily Chart: The Dating Game," Dec. 27, 2011. The Economist Online.

23. Martin Jacques, Op. Cit., p. 225.

24. Ibid., p, 219. 그러나 값싼 노동력을 필요로 해서 중국에 진출했던 한국의 기업인 들은 전혀 다른 이야기를 하고 있다. 중국인들의 임금은 10년 전보다 약 10배 이 상 올랐기 때문에 중국에서 사업을 하는 것이 한계에 이르렀다고 말하고 있 다.(2012년 8월 15~22일 중국 방문 중 한국 기업인들과의 면담에서 청취)

25. 미국의 PEW Research Center의 조사(2014.7.14.)에 의하면 미국인 중 49%가 중국이 미국을 이미 앞서거나 금명간 앞설 것이라고 대답했다. 중국이 미국을 앞 서지 못할 것이라 대답한 미국 사람들은 45%였다. PEW Research Center, July 2014. "Global Opposition to U.S. Surveillance and Drones, but Limited Harm to America's Image," p.11.

26. 2015년 7월 1일 기준 미국과 중국의 인구는 각각 3억 1,889만 2,103명, 13억 5,569만 2,576명으로서 중국인구가 미국의 4.25배에 이르고 있다.

27. 북한이 4차 핵실험을 단행 한 후 중고등학교 선생님들을 대상으로 한 강의(2016. 1.14)에서 필자는 과학적이지는 못하지만 간단한 여론 조사를 해 보았더니 역시 중국이 궁극적인 패권국이 될 것이라고 믿는 분들이 더 많았다.

28. 독서시장에 소개된 책들 중에도 중국의 미래에 대해 낙관적인 서적들이 훨씬 많은 것도 한국사회의 분위기를 21세기는 중국의 시대가 될 것이라는 방향으로 몰고 갔다. 일반 시민들이 읽는 대중적 경영, 경제서는 압도적으로 중국 경제를 찬양하는 책들이 주류를 이루었다. 국내학자들 중에서 중국의 경제에 대해 비관적인 견해를 분명하게 표시한 저자는, 필자의 과문 탓인지 모르나, 세종연구소의 국제정치경제 전공 학자 김기수 박사의 책이 거의 유일한 것 같았다. 김기수『중국 도대체 왜 이러나?』(서울: 살림 출판사, 2010); 김기수『중국 경제 추락에 대비하라』(서울: 살림출판사, 2012). 중국학자, 미국, 프랑스 학자의 중국의 미래에 관한 비관론적 분석은 학자들의 눈에나 겨우 뜨일 정도가 번역, 출간되었다.

29. 조정래 소설. 2013년 해냄 출판사에서 간행되어 베스트셀러가 되었었다.

30. 중국에서 공부한 학자들의 글들과 언급들을 듣고 판단한 것이다. 다만 이 같은 평가는 정밀한 과학적 분석은 아니고(필자는 이들의 논문들을 정밀하게 분석하지는 않았다) 다만 동료 학자들로서 그들의 일반적인 언급을 듣고 그들의 글을 읽으며 느낀 것을 뭉뚱그려 표현하면 그렇다는 말이다.

31. 최근 (2015년 12월) 필자의 강의를 5년 만에 다시 들었다는 장교(계급도 소령에서 중령으로 진급한)로부터 받은 문자 메시지에서 인용한 것이다. 5년 전 같은 주제의 강연을 들었을 때 자신은 필자의 강연을 '편파적'이라고 생각했었는데 5년 후 다시 들어보니 그렇지 않다고 느끼게 되었다는 내용이었다.

32. George Firedman, The Next 100 Years: A Forecast for the 21st Century (New York: Doubleday, 2009).

33. Ibid., Chapter 5. pp. 88-100.

34. 예로서 중국 부상론의 대표적인 책인 Martin Jacque의 'When China Rules the World'는 중국이 미국을 앞설 해(year)는 제시되어 있지만 중국이 고도성장을 '어떻게' 지속할 수 있는지에 대해 설득력 있는 논리를 제시하지 못하고 있다. 해미시 맥래의 'World in 2020'도 마찬가지다.

35. 필자가 2012년 8월 중국 방문시 보고 들은 것들이다. 이후 중국 경제는 지속적으로 성장둔화세를 나타내 보이고 있다.

36. 중국의 허약한 구심력에 관해서는 윤석준(역)『중국은 과연 분열될 것인가?』(서울: 화동21, 1996).

37. Karl Lacroix and David Marriott, Fault Lines on the Face of China: 50 Reasons Why China Never be Great (Marrito and Lacroix Project, International Edition 2010-2011), p. 22. 이 책을 요약 번역한 한글판이 간행되었다. 김승완, 황미영(역)『왜 중국은 세계의 패권을 쥘 수 없는가?: 중국 낙관론을 정면으로 반박하는 31가지 근거』(서울: 평시리출판사, 2012), p. 36.

38. Stephen M. Walt, facebook. (September 4, 2015).

39. Nina Hachigian and Mona Sutphen, The Next American Century: How the

U.S. Can Thrive As Other Powers Rise (New York: Simon and Schuster, 2008), p. 47에서 재인용.

40. Robert J. Shapiro "The Unique Advantage of the United States" The Globalist (June 12, 2008).

41. CIA, World Factbook, 2016, p. 152.

42. John A. Vasquez, The War Puzzle Revisited (Cambridge: Cambridge University Press, 2009), p. 7.

43. Edward N. Luttwak, Op. Cit.,

44. CIA World Fact Book 2016.

45. U.S. Department of Defense, Report to Congress on U.S.-India Security Cooperation (November, 2011). 부시(43대) 대통령 당시 미국은 인도와의 관계를 급격히 우호관계로 격상시켰다. 두 나라는 중국의 부상에 공동 대응하자는 이익이 맞아 떨어졌기 때문에 냉전 시대의 소원한 관계를 쉽게 복원할 수 있었다.

46. 2012년 이미 미국 해군과 베트남 해군은 중국과 영토분쟁이 진행되는 해역에서 다수의 합동훈련을 전개하고 있다. 미국 해군의 최신 탐사선은 2012년 6월 21일 다낭항에 입항 탐사활동을 벌이기도 했다. 연합뉴스, 2012년 6월 22일자 보도.

47. Prashanth Parameswaran, "US, Vietnam Deepen Defense Ties: The two countries pave the way for bolder defense cooperation," The Diplomat, June 05, 2015.

48. 연합뉴스, 2012년 6월 22일자 보도.

49. Murray Hiebert, Phung Nguyen, Gregory B. Poling, A New Era in U.S-Vietnam Relations: Deepening Ties Two Decades after Normalization, A Report of the CSIS Sumitro Chair for Southeast Asian Studies (June, 2014), p. vi에서 재인용.

50. 이 부분에 관해서는 이미 이 책 3장의 '미국의 대전략' 절에서 상세하게 설명한 바 있다.

51. Bill Emmott, Rivals: How the Power Struggle Between China, India, and Japan Will Shape Our Next Decade (New York: Mariner Books, 2009). 이 책의 한국어판은 손민중(역)『2020 세계경제의 라이벌: 글로벌 패권을 둘러싼 중국, 인도, 일본의 미래전략』(서울: 랜덤하우스코리아, 2010).

52. 이미 1990년대 초반에도 중국이 분열될 수도 있다는 다양한 견해가 제시되었다. 그중 대표적인 것들은 Gerald Segal, "China Changes Shape," IISS, Adelphi Papers, No. 287, 1993. 이 책의 한국어 번역본은 윤석준(역)『중국은 과연 분열될 것인가?』(서울: 화동21, 1996); 松井 武『中國內戰』중국문제연구회(역)『중국내전』(서울: 도서출판 한벗, 1997). 이 책에서 일본 육상자위대 소장 출신인 마츠무라 츠토무 장군은 중국 군부의 분열 가능성이 있다는 사실을 근거로 중국 내전 혹은 중국 분열 가능성을 주장하고 있다. 중국인이 제기한 중국 분열론도 있다. 倪健中 外,『南北春秋』이필주(역)『중국의 분열: 중국은 분열로 가는가』(서울: 대륙연구소 출판부, 1996).

53. 板本正弘, 『中國. 分裂 と膨脹の3000年』(東京: 東洋經濟新報社, 1999); 杉山徹宗, 『侵略と戰慄: 中國 4000年の 眞實』(東京: 祥傳社, 1999).

54. 조선일보, 2011.5.29. 인터뷰 기사.

55. The Wall Street Journal – China, Oct. 15, 2014.

56. He Qinglian(2014년 11월 1일)의 보도. 허칭리안은 중국 체제에 대해 대단히 비판적인 시각을 가진 경제학자, 논객이다.

57. 중국 관련 통계자료가 얼마나 부정확 것인지를 여실히 보여준다. 아무튼 중국의 빈곤, 특히 불균형 문제는 별로 나아지지 않았다.

58. Segal, Op. Cit.

59. 2012년 8월 16일 광저우 한인 지도자 간담회에서 청취.

60. 2015년도 2학기 이화여자대학교에서 필자의 강의(강좌명: Globalization, Market, People and Places)를 수강했던 중국 여학생은 학기말 시험 답안지에 자신은 중국인이라기보다 상하이 사람이라는 인식이 더 강한 삶을 살고 있었다고 쓰고 있을 정도다.

61. Karl Lacroix and David Marriott, Op. Cit., 한글판, p. 103.

62. Ibid., pp. 105~106.

63. 2005년 8월 중국정부 발표 자료. 실제보다 축소한 것일 가능성이 높다.

64. 'Economic Bubble,' Wikipedia, 검색일 2012. 8. 2.

65. Paul Krugman, "China ' Bubble Is Visibly Bursting," The New York Times, December 20, 2011.

66. 최윤식 『대담한 미래 2030』(서울: 지식노마드, 2013). 물론 "단기 거품 붕괴보다는 하락기를 거친 안정화" 가능성을 예상하는 낙관적 보고서도 있다. 이치훈 "전환기의 중국 부동산시장과 리스크 평가" 금융투자협회, 중국자본시장연구회, 『2015년 중국자본시장연구』(2015년 2월). 필자는 부동산 전문가는 아니지만 이치훈 부장의 분석은 정치, 사회적, 특히 인구통계학적, 국제정치적 변수들을 거의 고려하지 않은 것 같다는 생각이 든다.

67. 2011년 10월 31일 자 〈Time〉 지는 특집 기사로 중국의 버블 붕괴현상을 다루고 있다. "Be Very Afraid of The China Bubble" By Ken Miller (Monday, Oct. 31, 2011).

68. Roubini: My "Perfect Storm" Is Unfolding Now By Ansuya Harjani CNBC. Mon, Jul. 9, 2012 6:49 미국의 CNBC 방송 2012년 7월 9일자 보도는 루비니 교수가 자신이 예측했던 '2013년 중국 대 폭락 시나리오'가 현재 진행 중임을 확신하고 있다는 내용을 전했다. "Dr. Doom" Nouriel Roubini, says the "perfect storm" scenario he forecast for the global economy earlier this year is unfolding right now as growth slows in the U.S., Europe as well as China.

69. 조선일보, 2012년 7월 19일자. 셰 박사는 1997년 아시아 외환 위기와 2008년 세계 금융 위기를 예견해 '버블(bubble) 예측'의 권위자로 명성을 얻은 학자다. 서울 롯데호텔에서 열린 한국금융연구원 초청 세미나에서 주장한 내용.

70. Ibid.

71. 최윤식, Op. Cit.,에서 중국의 빈 아파트 수자를 8,000만 채 정도로 추정했다.

72. 베이징의 아파트는 면적 기준으로 한국 서울의 아파트 가격과 비슷하다. 100 제곱미터(약 30평)짜리 아파트가 서울 가격으로 6억~9억 원 수준이라고 한다. 2012년 8월 18일 민주평화통일 자문회의 베이징 지회 이훈복 회장으로부터 청취. 중국이 발표한 2011년 일인당 국민소득은 5,000달러로 한국의 약 1/4 수준이었다.

73. 이상은 Foreign Affairs(http://www.foreignaffairs.com)에 게재된 쇼반스의 논문을 요약, 정리한 것임.

74. 2011년 12월 18일 New York Times에 기고한 "중국은 붕괴할 것인가?(Will China Break?)"라는 크루그만 교수의 에세이.

75. Sophia Yan, July 28, 2015: 11:31 PM ET.(미국 동부 표준시 밤 11:31분 방송)

76. KBS-TV. 2016년 1월 3일.

77. Hung Ho-fung, China Boom: Why China Will Not Rule the World (New York: Columbia University Press, 2015).

78. 2015 State of the Union Address

79. 조선일보, 2015년 1월 1일자.

80. 필자는 에버슈타트의 논문을 요약, 격주간지 〈미래한국〉의 필자 고정칼럼인 '이춘근 박사의 전략 이야기' 란에 게재한 적이 있었다. 이곳의 글은 필자가 기고했던 글을 일부 수정 보완해서 다시 게재하는 것이다. Gary J. Schmitt (ed.), The Rise of China: Essays on the Future Competition (New York: Encounter Books, 2009), chapter 7. Nicholas Eberstadt, "Will China (Continue to) Rise?" pp. 131~154.

81. 한국은 2012년 6월 23일 세계 7번째로 20-50 클럽에 들어갔다.

82. 통계학 용어인 중앙가란 가운데의 수치란 의미로서 중국인을 나이 순서대로 세워놓았을 때 딱 중간에 위치한 나이를 의미한다. 평균치와는 다른 개념이다.

83. USA Today 2012. 8. 24.는 은퇴한 미국인들이 상당히 만족스럽고 풍요한 삶을 살고 있다고 보도한 바 있다. 미국은 인구통계학적으로 보아 선진국 중에서 가장 젊은 나라이며 사실상 노령화로 인한 문제점이 제일 적은, 혹은 없다고 말해도 될 나라다.

84. 필자는 미중 관계를 연구하던 중 에버슈타트의 인구통계학적 분석을 읽은 후 중국이 미국을 앞설 수 없다는 데 대해 확신하게 되었음을 고백한다.

85. 이상의 소개는 중국 미래를 비관적으로 보는, 특히 최근에 쏟아져 나오기 시작한 중국의 미래에 대한 비관론적 견해의 극히 일부를 소개한 것에 불과하다. 중국의 정치, 경제, 안보, 인종 문제에 관한 비관적 주장들은 다음의 책들을 더 참고하면 될 것이다. Alexandra Harney, The China Price: The True Cost of Chinese Competitive Advantage (New York: The Penguin Press, 2008); Carl E. Walter and Fraser J.T. Howie, Red Capitalism: The Fragile Financial Foundation of China's Extraordinary Rise (New York: Wiley, 2011); Gordon Chang, The Coming Collapse of China, 형선호(역) 『중국의 몰락』 (서울: 뜨인돌, 2001); 陳

志武(천즈우), 『沒有中國模式回事』, 박혜린, 남영택(역) 『중국식 모델은 없다』(서울: 메디치, 2011); James Kynge, China Shakes the World: A Titan 's Rise and Troubles Future and The Challenge for America (Boston: Houghton and Mifflin, 2006); Susan Shirk, China: Fragile Superpower, How China's Internal Politics Could Derail Its Peaceful Rise (New York: Oxford University Press, 2007). Jonathan Fenby, Will China Dominate the 21st Century? (Cambridge: Polity Press, 2014)

86. 영국의 BBC 방송은 중국의 실제 경제성장률을 2.4%라고 추정할 정도다.

87. 미어세이머 교수는 필자가 번역한 자신 저서의 한국 독자들에게 보내는 서문에서 "중국이 미국에 맞먹는 도전자로 성장하지 못할 경우, 아시아 주둔 미군은 미국 본토로 철수할 수 있다"고 언급했다. 그의 글이 작성된 시점은 2004년이었는데, 이미 미국은 주한미군, 혹은 아시아 주둔 미군을 중국 견제용으로 생각하고 있었던 것이다.

05 미국과 중국의 국력 변동

1. Geoffrey Blainey, Causes of War (2nd. ed.; New York: Free Press, 1973), p. 122.

2. Richard D. Fisher, China's Military Modernization: Building for Regional and Global Reach (Stanford: Stanford University Press, 2010).

3. U.S. Department of Defense, Annual Report to Congress: Military and Security Developments Involving the People's Republic of China 2012 (Washington D.C.: USGPO, 2012, May), p. 6.

4. http://en.wikipedia.org. 자료검색일. 2012년 6월 26일.

5. 이정남, "중미관계의 변화와 한국외교에 대한 함의" 2012년 5월 4일 한국외교협회 제2회 정책 대 토론회 발표논문, 논문집 p. 47.

6. 조영남 『용과 춤을 추자: 한국의 눈으로 중국읽기』(서울: 민음사, 2012), p. 62에 인용된 표. 이 자료는 1990년과 2000년부터 2008년까지의 통계 자료가 수록되어 있다. 자료출처: Institute of International Strategic and Developmental Studies, The Rise of China's Power and International Role (June, 2009), 9쪽.

7. 필자는 이 자료가 너무 이상하다는 생각에서 당시 필자가 근무했던 한국경제연구원의 경제학 박사들께 자문을 구했다. 김영신 박사는 "어떤 해 중국의 경제성장이 10%였는데 인플레가 20%였다면 그 해 GDP 성장률이 30%로 기록될 수 있는 경우가 가능하기는 하다"라고 설명했다. 김영신 박사는 중국의 공식 인플레 통계자료를 확인한 후, 해당 년도 중국의 공식 보도에 의하면 물가 상승률이 5%도 안 되는 것으로 나타났기 때문에 그 자료는 맞는 것이라고 보기 어렵다고 설명해 주었다. (2012년 8월 9일)

8. 예로서 금년도 소득이 5,000만 원인 사람이 10년 전에는 당시 화폐로 1,000만 원

소득을 올렸다고 할 때 이 사람의 년 소득 자료를 만들기 위해 금년의 화폐가치를 기준으로 10년 전의 1,000만 원을 다시 계산해야 소득 변동에 관한 정확 통계 자료를 얻을 수 있는 것이다. 인플레를 감안한다면 10년 전 수치는 1,000만 원보다 훨씬 높은 것이 되어야 할 것이다.

9. 조영남, 위의 책, p. 63.

10. 中華人民共和國國家統計局, "新世紀實現新跨越 新征程譜寫新篇章"

11. Sapio, '中國 解體: 25가지의 균열' 2005년 4월 13일자.

12. Ibid.

13. 기 소르망은 2004년 중국을 1년 동안 방문한 후, 중국에 관한 책을 저술했는데 프랑스어 제목은 중국에 거주했던 해가 닭띠의 해였다는 의미에서 Annee de Coq(닭띠의 해)라고 되어 있다. 이 책의 한국어 번역판은 책의 내용을 충실히 반영해서 '중국이라는 거짓말'로 되어있다. 이 책의 영어판 역시 Empires of Lies, 즉 거짓말의 제국이라고 되어있다. 홍상희 · 박혜영(역), 『중국이라는 거짓말』(서울: 문학세계사, 2006). 특히 제6장 발전의 허상 부분을 참조. 이 책의 영문판은 Guy Sorman, Empire of Lies: The Truth About China in the Twenty First Century (New York: Encounter Books, 2008).

14. 기 소르망, 앞의 책, 한국어판 pp. 225 ff.

15. Lester C. Thurow, Fortune Favors the Bold, 현대경제연구원(역) 『세계화 이후의 부의 지배』(서울: 청림출판, 2005), p. 250.

16. Lester Thurow, Ning Zhou, Yunshi Want, "The PRC's Real Economic Rates of Growth" MIT Working Paper. 위의 책, pp. 248~249에서 재인용.

17. 조선일보, 2009년 11월 7일자.

18. 연합뉴스, 2009년 10월 30일자.

19. 조선일보, 위에서 인용된 기사.

20. Treffor Moss, "China's Lies, Damn Lies, and Secret Statistics: Besides pollution figures, what else is Beijing trying to keep hush-hush?" www.foreignpolicy.com/articles/ 2012/06/07.

21. Ibid., p. 3.

22. 명보(明報)와 사우스차이나모닝포스트 등은 중국공산당 비판 책자를 판매하는 '코즈웨이베이 서점'의 주요 주주인 리보(李波 · 65)가 지난달 30일 저녁 차이완에 있는 창고에 책을 가지러 간 뒤 실종됐다고 3일 보도했다. 매체는 작년 10월 중순 이후 두 달 반 새 코즈웨이베이 서점 관련 실종자가 5명에 달한다고 전했다. 아시아 투데이, 인터넷판. 2016년 1월 31일자.

23. 2011년 1월 26일. 서울 Plaza Hotel에서 면담 시 청취.

24. Treffor Moss, Op. Cit., p. 4.

25. Ibid.

26. Rockwell A. Schnabel, The Next Superpower?: The Rise of Europe and Its Challenge to the United States (New York: Rowman & Littlefield Publishers, Inc, 2005).

27. 매년 간행되는 미국 CIA 의 World Fact Book의 자료를 필자가 정리한 것임.

28. CIA, The CIA World Fact Book, 2012.

29. William H. Overholt, The Rise of China: How Economic Reform is Creating a New Superpower(New York: Norton, 1993), p. 90.

30. 2012년 1학기 필자는 연세대학교 대학원 통일학 과정에서 한반도 주변 국제정치와 통일에 대한 강의를 했었는데 수강생 중 한국계 중국인 여학생이 자신의 고향인 만주의 연길을 다녀온 후, 필자에게 한말이 생각난다. "1~2년 사이에 물가가 2.5배는 족히 뛰어 오른것 같아요. 엔지(연길)시의 스타벅스에서 아메리카노 톨 사이즈 한 잔 값이 한국 돈으로 환산하면 6,000원이나 될 지경이에요" 라고 말을 해주어 놀란 적이 있었다.(2012년 6월 11일 수업 중) 이런 관점에서 필자는 국력을 계산하는 기준으로서의 ppp 자료는 너무 자의적인 부분이 많이 포함되어, 객관적인 국력비교 자료가 될 수 없다고 생각한다.

31. 2014년 한국의 개인소득은 미화 27,971달러, 중국은 7,594달러였다. 구매력 기준으로 계산할 경우 한국은 34,356달러, 중국은 13,217달러였다. 명목과 구매력 기준 GDP가 같은 미국은 54,629달러였다. World Bank 2014.

32. 물론 이 숫자는 정확한 것이 아니다. 설명을 위해 대충 설정해 본 숫자다.

33. 동아일보, 2012년 8월 29일자. 김용석 기자.

34. 중국 칭다오에서 봉제공장을 경영하며 제품의 대부분을 미국으로 수출한다는 한국의 기업인은 "그게 우리가 만들어 미국에 파는 것이지 뭐 중국 것입니까"(2012. 8. 22. 칭다오 더블트리 힐튼호텔 세미나에서 청취)라고 말했다. 그러나 무역 통계상 한국 기업가가 운영하는 공장에서 나온 제품은 중국이 미국으로 수출한 것으로 계산되는 것이 현실이다.

35. 북한인권 운동가로서 중국에 114일 억류되었던 김영환 씨는 중국정부로부터 고문을 당했다고 주장했다. 중국정부는 아니라고 발표했다. MRI 촬영을 한 결과 김영환 씨 머리에 구타 흔적이 있다는 사실도 나왔다. 필자는 김영환 씨의 인격과 성품을 알고 있는 사람으로 중국정부의 발표에 대해 강력한 의문을 제기하지 않을 수 없다.

36. "The United States of America is the most powerful nation on Earth. Period. It' s not even close,"

37. Dennis Keegan and David West, Reality Check: The Unreported Good News about America(Washington D.C.: Regnery Books, 2008), pp. 25-26.

38. Ibid., p. 27.

39. 류진저(저) 김선우(역)『블랙차이나: 중국발 경제위기가 온다』(서울: 한빛비즈, 2012). 구소련 경제력이 미국의 80%에 이른 적이 있었다는 자료는 믿기 어렵다.

40. Real Historical Gross Domestic Product (GDP) Share and Growth Rate of GDP Shares for Baseline Countries/Regions 1969-2014. Updated: 9/18/2015.

41. 2011년 발표되었던 자료와 2015년 발표된 자료에 약간의 상이점이 있는데 차후 발표된 자료는 앞의 자료보다 미국이 차지하던 비중을 매해 대략 2~3% 정도 낮은 것으로 다시 추정하고 있다.

1. Zachary Karabell, Superfusion: How China and America Became One Economy and Why the World's Prosperity Depends on It, 송연수(역), 『슈퍼퓨전: 미국과 중국의 경제융합』(서울: 컬쳐앤드스토리, 2010), p. 7.

2. Niall Ferguson, The Ascent of Money (New York: Penguin, 2008)라는 책에서 Chimerica라는 용어가 최초로 사용되었다. 그런데 퍼거슨은 차후 미중 패권 경쟁이 있을 것이며 중국이 승리할 것이라고 예측하는 편에 섰다.

3. Zachary Karabell, Op. Cit., 번역판 p. 8.

4. Ibid., p. 17.

5. Ibid., p. 58.

6. Ibid., p. 59.

7. Samuel J. Palmisano, "The Globally Integrated Enterprise," Foreign Affairs (May, 2006).

8. Derek Chollet and James Goldgeier, America Between the Wars: From 11/9 to 9/11. The Misunderstood Years Between the Fall of the Berlin Wall and the Start of the War on Terror (New York: Public Affairs, 2008), pp. 150~151.

9. Zachary Karabell, Op. Cit., pp. 7~77.

10. Ibid., p. 96.

11. Ibid., p. 121.

12. Joseph Fewsmith, "The Political and Social Implications of China's Accession to the WTO," China Quarterly (2001), p. 537. 2001년 12월 중국은 WTO에 가입했다.

13. Edward Timperlake and William C. Triplett II., Year of the Rat: How Bill Clinton Compromised US Security for Chinese Cash (Washington D.C.: Regnery, 1998).

14. TIME, June 7. 1999.

15. Zachary Karabell, Op. Cit., p. 176.

16. Ibid., p. 349.

17. Ibid., p. 356

18. Ibid., p. 195.

19. Ibid., pp. 219, 221.

20. http://www.census.gov/foreign-trade/balance/c1220.html

21. https://www.census.gov/foreign-trade/balance/c1220.html

22. https://www.census.gov/foreign-trade/balance/c5700.html

23. https://www.census.gov/foreign-trade/balance/c2010.html

24. "Donald Trump Says He'll Stop Apple From Making iPhones in China" by Dan Primack, FORTUNE January 18, 2016. 2016년 1월 17일 미국 버지니아 주 리버티 대학에서 유세 중 언급.

25. Ian Bremenr, Op. Cit.

26. 브레진스키 교수는 유럽이 미국을 앞서려면 경제 통합이 아니라 먼저 정치적으로 통합을 이루어야 할 것이라고 충고한 바 있다. Zbigniew Brzezinski, The Choice: Global Domination or Global Leadership (New York: Basic Books, 2004), pp. vii-viii.

27. 1914년 유럽 국가들의 경제 의존도는 세계화의 시대라는 오늘날보다 오히려 더 높았다. Samuel P. Huntington, The Clash of Civilization and the Remaking of World Order (New York: Simon and Schuster, 1996).

28. Dale C. Copeland, Economic Interdependence and War (Princeton: Princeton University Press, 2014).

29. 경제적 상호의존이 평화의 조건이 되지 못했다는 고전적 주장은 Geoffrey Blainey, Causes of War (New York: The Free Press, 1973).

30. Zachary Karabell, Op. Cit., 제7장.

31. Ibid., p. 186.

32. Ibid., p. 19.

33. Edward S. Steinfeld, Playing Our Game: Why China's Rise Doesn't Threaten the West (New York: Oxford University Press, 2010); 이 책의 한국어 번역판은 구계원(역) 『왜 중국은 서구를 위협할 수 없나 (서울: 에쎄, 2011).

34. Edward S. Steinfeld, Op. Cit., p. 6. (영문원서) 번역판, pp. 17~18.

35. Ibid., p. 7.

36. Ibid., p. 36.

37. Ibid., p. 38.

38. Ibid.

39. Edward S. Steinfeld, Op. Cit. p. 7. 번역판, p. 18.

40. Ibid., p. 19.

41. 최근 제품들에는 그 이유를 알 수 없지만 조금 바뀐 문장이 쓰여있다. made in China 대신 assembled in China로 되어 있다.

42. Ibid., p. 51.

43. Ibid., p. 24.

44. Edward S. Steinfeld, Op. Cit., (영문원서) 번역판 p. 32. 여기서 중국이 국가의 지도 방법을 미국으로부터 배우고자 했다는 주장은 마치 1950년 중국 공산당이 소련으로부터 국가를 운용하는 방법을 배우고자 했다는 수준에서 이해되어져야 할 것이다.

45. Ibid., pp. 36~39.

46. Ibid., p. 36.

47. Seymour Martin Lipset, "Some Social Requisites of Democracy: Economic Development and Political Legitimacy" The American Political Science Review Vol. 53, No. 1 (Mar., 1959), pp. 69~105.

48. Edward S. Steinfeld, Op. Cit. 번역판, p. 400.

49. Ibid., pp. 394.

50. Ibid., pp. 406~407.

51. Edward S. Steinfeld, Op. Cit. (영문원서) 번역판 p. 411.

52. Stephen Roach, Unbalanced: The Codependency of America and China (Yale University Press, 2014). 이은주(역) 『G2 불균형: 패권을 향한 미국과 중국의 경제 전략』 (서울: 생각정원, 2015), pp.165-167.

53. Samuel P. Huntington, Culture Matters, 이종인(역) 『문화가 중요하다』 (서울: 김영사), 2001; Samuel P. Huntington, The Clash of Civilizations, 이희재(역) 『문명의 충돌』 (서울: 김영사), 1997; Adda B. Bozeman, Politics & Culture in International History: From the Ancient Near East to the Opening of the Modern Age (2nd. ed,: New Brunswick: Transaction Publishers, 1994).

54. 王小東 外 『中國不高興』 김태성(역) 『앵그리 차이나』 (서울: 21세기북스, 2009).

55. 이에추화(저) 전병서(역) 『중국은 미국을 어떻게 이기는가?』 (서울: 밸류앤북스, 2011).

56. John C. Ikenberry, "The Future of Liberal International Order," Foreign Affairs, May/June 2011. p. 58.

57. Robert Kagan, The World America Made (New York: Alfred A. Knopf, 2012).

58. David Shambaugh, Power Shift: China and Asia's New Dynamics (Berkeley, Univ. California, 2006); Arthur Kroeber, "Rising China and the Liberal West" China Economic Quarterly, (March 2008), pp. 29~44.

59. Marc Blecher, "Hegemony and Worker's Politics in China" The China Quarterly, no 170. (June 2002), pp. 283~303.

60. 윤평중 "중국은 한국을 劫迫하지 말라" 조선일보, 2016년 1월 21일자 시론.

61. 조선일보, 2016년 2월 2일자 보도.

62. 2012년 당시 전문가들의 견해는 해군력에 관한한 일본이 중국보다 강하다는 것이었다. James Holmes, "The Sino-Japanese Naval War of 2012: OK, it's probably not going to happen. But if it did, who would win?" Foreign Policy (August 20, 2012). 2016년 현재 미국의 해군력은 중국과는 비교될 수 없을 정도로 막강하다. 미국 해군은 현재 세계 2위 - 17위의 해군을 모두 합친 것만큼 강하다. 이와 관련된 논의는 이 책 제5장에서 다루었다.

63. Jonathan Holslag, China's Coming War With Asia (Cambridge: Polity, 2015).

64. Joshua Goldstein, Winning the War on War: The Decline of Armed Conflict Worldwide (New York: Plume, 2011).

65. Colin Gray, Another Bloody Century: Future Warfare (New York: WN Press, 2007).

66. Graham T. Allison, "The Thucydides Trap: Are the U.S. and China Headed for War?" The Atlantic Monthly, September, 24. 2015.

67. "Thucydides Trap Case File 16 major cases of rise vs. rule" Belfer Center for

Science and International Affairs, Harvard University September 23. 2015. 앨리슨 교수 발표 자료.

68. Allison, Op. Cit.

69. 바바라 터크맨은 사소한 바보 같은 행동들이 이어져 1차 대전 같은 대전쟁이 발발했다고 설명한다. Barbara Tuchman, March of Folly: From Troy to Vietnam (New York: Ballantine Books, 1985).

70. Henry A, Kissinger, Does America needs a Foreign Policy? (New York: The Free Press, 2002), p. 110.

71. Richard Bush and Michael O'Hanron, A War Like No Other: The Truth About China's Challenge to America (New York: Wiley, 2007).

72. 미국 헤리티지 재단의 한반도 전문가인 브루스 클링너 선임 연구원은 재단 홈페이지에 올린 '북한의 정권 교체 – 미국엔 어떤 의미인가' 라는 제목의 보고서에서 북한 급변사태에 따른 중국의 대응을 이 같이 분석했다. 세계일보. 2010년 4월 9일자 보도.

73. Christopher Coker, The Improbable War: China, The United States and the Logic of Great Power Conflict (New York: Oxford University Press, 2015), p. 5.

74. The Economist, October 23, 2010.

75. Wesley K. Clark, Don't Wait for the Next War: A Strategy for American Growth and Global Leadership (New York: Public Affairs, 2014), pp. 92ff.

07 중국의 군사력과 군사전략

1. George Friedman and Meredeth Levard, The Coming War with Japan (New York: St. Martin's Press, 1991).

2. 일본의 우익정치가인 이시하라신타로는 1989년 소니 회장과 함께 공저한 『노라고 말할 수 있는 일본』(Noといえる 日本)을 간행, 당시 일본 민족주의에 불을 부쳤다. 이 책은 영어로 번역되어 미국인들의 논쟁거리가 되었다. Shintaro Ishihara, The Japan That Can Say No: Why Japan Will be First Among Equals (New York: Simon and Schuster, 1991). Japan as NO 1.을 저술한 하버드 대학의 에즈라 포겔(Ezra Fogel) 교수가 영문판의 추천사를 작성했고, 논란이 격화된 탓에 소니 회장은 영문판 저자 이름에서 자신을 빼기도 했다.

3. Daniel Burstein and Arne de Keijzer, Big Dragon: China's Future (New York: Simon and Schuster, 1998), p. 7의 George Will의 언급을 재인용함.

4. Bruce D. Berkowitz, The New Face of War: How War Will Be Fought in the 21st Century (New York: Free Press, 2003).

5. http://www.globalsecurity.org/military/world/china/budget.htm 2016.2.5. 검색.

6. 2016년 2월 2일 중국의 공군기들이 사전 통고도 없이 한국이 설정한 방공식별구역을 침범하고 동해로 진입하는 비행을 했다. 4차 북한 핵실험 이후 한국이 대응

조치로 미국의 사드(THAAD) 미사일 배치를 긍정적으로 검토하는 와중에서 한국에 압박을 가하기 위해 중국이 행한 무력행사라고 볼 수 있을 것이다. 동아일보, 2016년 2월 2일자.

7. 동아TV 뉴스, 2011년 1월 10일자 해설 기사. 게이츠는 아시아 순방에 앞서 행해진 기자회견에서 최근 중국의 새 스텔스 전투기 '젠-20' 독자 개발 등이 "미국의 예상보다 빠르다"고 말하고 "중국의 군사력은 우리(미국)의 능력을 위협할 만한 잠재력을 갖고 있다"고 강조했다. 물론 게이츠 장관은 '중국의 스텔스 전투기가 레이더망을 얼마나 잘 피할지는 의문이며 미국은 스텔스 기술에서 여전히 다른 나라보다 10년 이상 앞서있다' 면서 자신감을 보였지만, 중국의 군사력 증강에 본격적인 우려를 표명한 것이다.

8. Ibid.

9. 2012년 현재 2,285,000명이었다.

10. 중국 군사력의 공세적 전략과 태도는 Larry M. Wortzel, The Dragon Extends Its Reach: Chinese Military Power Goes Global (Washington D.C.: Potomac Books, 2013)을 참조.

11. 2016년 현재 북한은 현역 군사력이 119만 명에 이르렀고 총 인구는 2,300만 정도였다. 중국의 인구는 13억 4,000만 명이니 중국이 북한과 같은 비율로 군사력을 보유하고 있다면 중국군은 약 7,000만 명에 이르러야 할 것이다. 이춘근『북한의 군사력과 군사전략』(서울: 한국경제연구원, 2012).

12. 동아일보, 2012년 8월 3일자 보도. 2014년부터 중국은 경찰국가라는 이미지를 지우기 위해 경찰 예산을 따로 발표하지 않는다. 오관철 기자 "국방비보다 많은 공안예산… 중국, 올해는 공개도 안 해" 경향신문 2014년 3월 6일자.

13. Bruce D. Berkowitz, Op. Cit.,

14. 2011년 가을 미국 오바마 행정부는 수차례의 공시적인 언급을 통해 미국은 아시아에서의 역할을 대폭 확대할 것이라고 선언했다. Congressional Research Service 7-5700 www.crs.gov R42448. Pivot to the Pacific? The Obama Administration's "Rebalancing" Toward Asia. Mark E. Manyin, Stephen Daggett 등이 작성한 보고서 참조. 간행일 2012년 3월 28일.

15. IISS, The Military Balance 2015 (London: Routeledge, 2015)를 참조함. 국방비 지출 순위 세계 2위는 중국, 3위 사우디아라비아, 4위 러시아, 5위 영국, 6위 프랑스, 7위 일본, 8위 인도, 9위 독일, 10위는 대한민국이다.

16. 이 부분은 필자가 2011년 12월 2-3일 미국 하와이에서 열린 한국 해양전략연구소-미국해군분석연구소(Center for Naval Analysis)와 공동 주최한 학술회의에서 발표한 논문 "China's Reaction to US Maritime Operations inside the First Islands Chain" (제1도련선 내 미국 해군 활동에 대한 중국의 반응)을 수정 보완한 것이다.

17. 대륙의 적은 러시아를 의미한다. 많은 분석자들이 현재의 러시아와 중국을 전략적 동반자로 착각하고 있지만 중국과 러시아는 지정학적 운명 때문에 결코 진정한 전략적 동반자가 될 수 없는 처지다. 냉전 당시 중국은 미국과 연합, 소련을 붕괴

시키는 데 큰 공을 세웠던 것을 기억해야 한다. 중국이 가장 두려워했던 나라는 소련이었다. 지금 힘이 약해진 러시아와 중국이 노골적인 분쟁을 삼가고 있지만 두 나라는 3,645Km 이르는 긴 국경을 맞대고 있는 강대국이다.

18. 중국의 해양전략에 대한 간단한 역사는 이춘근, "중국 해군력 발전의 역사적 궤적" 이홍표(편) 『중국의 해양전략』(서울: 한국 해양전략 연구소, 2009)을 참조.

19. John W. Downing, "China's Evolving Maritime Strategy, Part 1" Jane's Intelligence Review 8 (April, 1996), p. 130.

20. 류화칭 제독은 쿠릴 열도, 일본, 류큐 열도, 대만, 필리핀, 인도네시아를 잇는 선을 제1도련선(first islands chain)으로 설정했다. 제2도련선(second islands chain)은 쿠릴 열도, 일본, 보닌, 마리아나, 캐롤라인 군도와 인도네시아를 연결하는 선이다. 제2도련선은 중국 본토로부터 대략 1,800해리(약 3,333km)에 이르는 지역이며, 동지나해 대부분과 동아시아의 주요 해로를 모두 포함하는 수역이다.

21. Howard J. Dooley, "The Great Leap Outward: China's Maritime Renaissance." The Journal of East Asian Affairs (Institute for National Security Strategy) vol. 26. no. 1. (Spring- Summer 2012), p. 71.

22. Financial Times, November 8, 2012.

23. 이미 2001년 4월 미국 해군 정찰기 EP-3와 중국 전투기 F-8가 공중 충돌하는 사건이 발생한 바 있었고, 2009년 3월 9일 동지나해에서 임무 수행 중이던 미국 군함 임페커블호(USS Impeccable)와 미국 군함 빅토리어스(USS Victorious)호에 중국 어선 등이 달려들어 임무수행을 방해한 사건이 발생한 바 있다. 2009년 6월 중국의 잠수함과 미국 구축함의 예인 소나(sonar array)가 충돌한 사건도 있었다.

24. 유엔국제해양법(UN Convention on the Law of the Sea, UNCLOS)에 의할 경우 인공섬은 영해(Territorial Waters)를 보유할 수 없게 되어 있다.

25. The Guardian, October 27, 2015.

26. 동아일보, 2015년 11월 20일. 조선일보, 2016년 1월 31일.

27. 남해 9단선은 중국 공산정권이 수립되기도 전인 1947년 장개석 정부가 발표했던 것이다. 즉 공산주의 이념과 관계없는, 중국의 전통적인 영토에 관한 견해를 반영하는 것이다.

28. 중국은 이 선이 국제법적으로 무엇을 의미하는 지를 구체적으로 밝히고 있지 않다고 한다. 2016년 1월 7일 국제해양법 재판관 백진현 박사와의 대담에서 들음.

29. 2009년에 간행되었던 중국 해군 보고서를 대체하는 새로운 보고서로, 2015년 4월에 간행되었다. Office of Naval Intelligence (ONI), The PLA NAVY: New Capabilities and Missions for the 21st Century (Washington DC: ONI, 2015).

30. Ibid., p. 8. 지도 재인용

31. 조선일보, 2016년 2월 1일자.

32. 김덕기 "미국 해군정보국 보고서를 통해서 본 중국 해군: 개괄적 함의" 『KIDA 주간 국방논단』 제1590호(15-43) 2015년 10월 26일. p. 3.

33. IISS, The Military Balance 1983~84.

34. Sources: The Military Balance 1986, 1991, 1996, 2001, 2009, 2011 editions.

35. Office of Naval Intelligence (ONI), The PLA NAVY: New Capabilities and Missions for the 21st Century (Washington DC: ONI, 2015), p. 14 도표에서 인용.

36. Ibid., p. 23

37. 1992년 'From the Sea'라는 전략보고서를 간행한 미국 해군은 1994년 'Forward from the Sea'라는 해병대와 합동작전을 상정한 보다 발전된 해양전략을 간행한다. 이와 관련, 보다 상세한 논의는 다음 장 미국의 대중국 견제 전략에서 보다 자세하게 논의될 것이다.

38. 松井 茂, 『世界紛爭地圖』 (東京, 新潮社, 1995).

39. Stars and Stripes, September 16, 2015.

40. Sankei Shinbun, 日本 産業經濟新聞 (September 15. 2010).

41. 2015년 9월 3일 중국이 전승절기념 퍼레이드를 진행하고 있던 무렵 미국군과 일본군 11,000명은 캘리포니아에서 상륙작전 연습을 벌이고 있을 정도였다. "Japanese troops attack California island in training exercise with US forces" by Yusuke Fukui, Asia Times September 3, 2015. 아사히(朝日新聞) 기사 전재.

42. Roberts M. Gates, Duty: Memoirs of a Secretary at War (New York: Knopf, 2014), p. 527.

43. http://www.thejakartapost.com/news/2011/07/21/south-china-sea-guidelines-agreed. html#sthash.gC4GQwUN.dpuf

44. 2012년 9월 중국은 이 배의 이름을 요녕(遼寧)으로 바꾸어 해군에 인도했다.

45. Jonathan Holslag, China's Coming War With Asia (Cambridge: Polity Press, 2015).

46. http://foreignpolicyblogs.com/2010/06/22/trouble-brews-in-the-south-china-sea/

47. 중앙일보, 2010년 8월 30일

48. 조선일보, 2011년 8월 27일

49. Kim Duk Ki, The 21st Century Chinese Navy (Seoul: KIMS, 2000), p. 120.

08 미국의 중국 견제 전략

1. Mark E. Manyin, et.al. Pivot to the Pacific? The Obama Administration's "Rebalancing" Toward Asia (March 28, 2012), Congressional Research Service 7-5700 R42448.

2. 필자는 미국의 전략을 연구하는 학자로서 유사한 주제의 글을 여러 편 작성한 바 있다. 이곳의 글은 필자가 이미 작성했던 글들을 다시 정리한 것임을 밝힌다.

3. Robert Kagan, The World America Made (New York: Knopf, 2012), p. 142. 독일, 프랑스, 이탈리아 국민들은 약 20% 정도가 이 같은 질문에 대해 긍정적으로 대답한다.

4. Ibid, p. 10에서 재인용.

5. 미국은 전투에서 부상을 당한 참전용사들에게 퍼플 하트(purple heart)라는 무공 훈장을 수여한다.

6. Rachel Maddow, Drift: The Mooring of American Military Power (New York: Crown Publishers, 2012), p. 8.

7. Goeffrey Perret, A Country Made by War: From the Revolution to Vietnam-The Story of America's Rise to Power (New York: Random House, 1989).

8. George C. Herring, From Colony to Superpower: U.S. Foreign Relations Since 1776 Oxford History of the United States (New York: Oxford University Press, 2008), p. 1.에서 재인용.

9. Bernard D. Cole, Asian Maritime Strategies: Navigating Troubled Waters (Annapolis: Naval Institute Press, 2013), p. 40. 이 책의 번역판은 이춘근(역) 『격랑의 바다를 헤쳐 가는 아시아 태평양 국가들의 해양전략』 (서울: 한국 해양전략연구소, 2014).

10. Alfred T. Mahan, The Influence of Sea power upon History 1660-1783 (New York: Little Brown and Co., 1890. reprint edition).

11. Robert Kagan, Op. Cit., p. 10.

12. The White House, The National Security Strategy of the United States for the 21st Century 2002.

13. John Lewis Gaddis, Surprise, Security and The American Experience (Cambridge: Harvard University Press, 2004), 강규형(역) 『9.11의 충격과 미국의 거대 전략: 미국의 안보 경험과 대응』 (서울: 나남출판, 2004). 이 책에서 냉전사(冷戰史) 최고의 권위자인 개디스 교수는 부시의 전쟁 전략은 미국의 전략 전통을 그대로 반영하는 것일 뿐이라고 설명한다.

14. 원문을 소개한다. "The future of geopolitics will be decided in Asia, not Afghanistan or Iraq, and the United States will be right at the center of the action."

15. 2004년 미국은 셰일 가스와 석유를 채굴하는 기술을 개발했고 2014년 여름을 기점으로 미국 본토에서 "셰일 혁명"이라고 부를 수 있을 정도로 석유 증산이 이루어졌다. 보수적으로 분석하는 학자들도 미국은 향후 100년을 쓸 수 있는 천연가스, 200년을 쓸 수 있는 석유를 확보한 것으로 판단한다.

16. Bobby Ghosh, "The End of Al-Qaeda?: In Temen, a successful counterattack by government troops shows how the terrorist group can be beaten," TIME (September 17, 2012), pp. 18~23.

17. 미국은 2014년 6월부터 ISIL테러 조직과 싸우는 이라크를 공중 지원하기 위한 작전을 다시 시작했고 2015년 연말로 계획되었던 아프가니스탄 주둔 미군 철수계획도 일단 연기한 상태다.

18. ANNUAL REPORT TO CONGRESS, Military and Security Developments Involving the People's Republic of China 2015 (Washington DC: Office of the

19. 이 같은 분석에 대해 견해를 달리하는 분들이 있을 것이다. 미국이 돈이 없어서 군사력을 감축하는 것이든 그렇지 않든 우리의 대응이 달라질 것은 없다. 미국의 경제가 나빠졌기 때문에 우리를 적극적으로 도울 수 없을 것이라는 절박함은 우리 국방전략을 다시 생각해 보아야 할 시급한 계기가 되겠지만 미국이 경제가 좋아질 경우 군사력이 증강되고 우리를 더 적극적으로 도와줄 것이라고 기대할 수도 없는 일일 것이다. 그래서 우리는 미국이라는 동맹국이 존재함에도 불구하고 언제라도 스스로의 국방력 증진을 위해 노력해야 한다.

20. 본문은 as we end today's wars, we will focus on broader range of challenges and opportunities, including the security of the Asia Pacific으로 되어 있다. 오늘의 전쟁이란 물론 이라크, 아프가니스탄 전쟁을 의미하며, 미래의 도전이란 아시아 태평양 지역에서 발발할지도 모를 중국을 가상적으로 삼는 전쟁임이 분명하다.

21. 한국의 언론들은 이 같은 기사를 보도하는 데 있어서 미국 뉴욕 타임스의 Elizabeth Bumiller, Thom Shanker 기자의 해설기사를 참조한 것 같다. 버밀러와 생커 기자는 1월 5일자 해설기사에서 '미국은 앞으로 전쟁을 하나만 치르는 전략으로 바뀌고 있다'고 주장한다. 이들이 미국이 하나의 전쟁만을 치를 것이라며 인용한 문구는 "denying the objectives of – or imposing unacceptable costs on – an opportunistic aggressor in a second region"이다. "다른 지역의 기회주의적인 침략자가 목적을 달성하는 것을 거부하고, 감당할 수 없는 대가를 치르게 하겠다"는 말을 기회주의적 침략자와 싸우지 않는 것이라고 해석하는 것은 너무 자의적이다. 본문에서 필자가 인용한 보고서 본문은 분명히 "기회주의적인 적을 억지(deter)하거나 격파(defeat)하겠다"고 명기하고 있다. 미국은 오랫동안 2개의 전쟁 혹은 2.5개의 전쟁을 치른다는 전략을 가지고 있었지만 사실 이것은 개념상의 전략이었다. 버밀러와 생커 기자는 두 개의 전쟁이라는 말 대신 두 개의 민족국가 침략자(two nation state aggressors)와 벌이는 전쟁이라는 용어를 사용함으로써 혼란을 더욱 가중시키고 있다. 두 개의 전쟁이란 멀리 떨어진 두 개의 지역(예를 들면 유럽과 아시아 혹은 중동과 아시아)에서 발생하는 전쟁을 의미하는 것이지 두 개 국가와의 전쟁을 의미하는 것이 아니다.

22. 원문은 As a nation with important interests in multiple regions, our forces must be capable of deterring and defeating aggression by an opportunistic adversary in one region even when our forces are committed to a large-scale operation elsewhere. 보고서 본문 4페이지.

23. 이곳의 논의는 필자가 2015년 여름 작성해서 이어도 연구소가 간행하는 학술지, 『이어도 연구』 6권 (2015년 10월 간행)에 게재되었던 글 '아시아 태평양 지역을 향한 21세기 미국의 해양전략'에서 일부 전재한 것입니다.

24. Philip Bobbitt, The Shield of Achilles: War, Peace and the Course of History (New York: Knopf, 2002), p.13.

25. America's Pacific Century, Remarks Hillary Rodham Clinton Secretary of

State East-West Center, Honolulu, HI November 10, 2011.http://www.state.
gov/secretary/20092013clinton/rm/2011/11/176999.htm
26. Bernard Cole, 이춘근 (역), Op. Cit, p. 59.
27. Speech at Government Executive Magazine Leadership Breakfast, Washington D.C., 1 May, 2007.
28. US NAVY, A Cooperative Strategy for 21st Century Seapower (October, 2007).
29. John B. Hattendorf, "The United States Navy in the Twenty-First Century: Thoughts on Naval Theory, Strategic Constraints, and Opportunities," Mariner's Mirror 97, no. 1 (February 2011), p. 289.
30. A Cooperative Strategy for 21st Century Seapower (March 2015).
31. Ibid., p. 1.

09 중국의 부상과 한국의 지정학적 고뇌

1. 중국의 급성장이 한국에 어떤 영향을 미칠 것인가에 관한 한국 학자들의 대표적인 연구들로는 정재호(편)『중국을 고민하다: 한중 관계의 딜레마와 해법』(서울: 삼성경제연구소, 2011); 백창제 외『차이나 리포트 2012』(서울: 인간사랑 출판사, 2008); 정덕구『한국을 보는 중국의 본심: 이성적 친구, 감성적 타인』(서울: 중앙일보사, 2011); 니어재단(편)『미중 사이에서 고뇌하는 한국의 외교안보: 연미화중으로 푼다』(서울: 매일경제신문사, 2011); 김기수『중국 도대체 왜 이러나?』(서울: 삶, 2011); 정재호(편)『중국의 강대국화: 비교 및 국제정치학적 접근』(서울: 길, 2006); 이춘근『미중 패권 경쟁과 한국의 전략적 선택』(서울: 한국경제연구원, 2013) 등이 있다.
2. Daniel Burstein and Arne de Keizer, Big Dragon: China's Future: What it Means for Business, the Economy, and the Global Order (New York: Simon and Schuster, 1998), p. 9에서 재인용.
3. John M. Mearsheimer, The Tragedy of Great Power Politics, 이춘근(역) 강대국 국제정치의 비극 (서울: 나남출판, 2004), p. 13.
4. Ibid. 본문은 "If China does not grow powerful enough to contemplate ruling Asia, the United States is likely to leave the region and stop providing security for Korea. However, Korea would still leave in a dangerous neighborhood and would still have to worry about its survival."
5. John J. Mearsheimer, The Tragedy of Great Power Politics: Enlarged Edition (New York: Norton, 2014), 제10장 "Can China Rise Peacefully?"
6. 노무현 대통령 당시 균형자라는 발상을 제안했던 사람은 균형자의 본질을 몰랐거나, 알았더라면 한미동맹의 파탄을 의도한 사람이었을 것이다.
7. 조선일보, 2012년 9월 12일자. 강인선 논설위원의 "중국과 너무 가까운 게 문제인

한국"

8. Zbigniew Brzezinski, Strategic Vision: America and the Crisis of Global Power (New York: Basic Book, 2012), pp. 92~93.

9. 동아일보, 2012년 8월 7일

10. 동북공정은 물론 이어도, 만리장성 연장에 관한 중국의 일련의 행동들은 모두 한반도라는 영토를 염두에 둔 것이 아닐 수 없다. 실제로 과거 명청시절 중국은 조선과 엄밀한 국경선을 가지고 있다고 생각하지도 않았을 것이다. 조선은 중국 천자의 통치력이 미치는 변방에 있는 자발적으로 조공을 바치는 속국으로 생각했다. 중국의 사신은 조선의 왕을 쩔쩔매게 했을 정도로 그 위세가 이루 말할 수 없었다.

11. 한국 사람들이 그동안 혼돈하고 있었지만 한국이 안보 대상국으로 삼아야 하는 나라는 북한과 더불어 중국이다. 이는 동북아시아 역사를 잠깐만 훑어보아도 알 수 있는 결론이다. 김시덕『동아시아, 해양과 대륙이 맞서다』(서울: 메디치 미디어, 2015).

12. 서상문『모택동의 한국 전쟁 참전 연구』(서울: 국방부 전사편찬연구소, 2006), 서문.

13. 신경진, "뜨거운 한중간 역사 문화논쟁, 차갑게 바라보기" 정재호 (편)『중국을 고민한다』(서울: 삼성경제연구소, 2011), 제1장.

14. 최광식『중국의 고구려사 왜곡』(서울: 살림, 2004).

15. 최근 고구려사를 확대, 고구려를 아시아를 제패했던 대제국으로 묘사하는 대중적 역사서들이 많이 편찬되었다.

16. 전해종『한중 관계사 연구』(서울: 일조각, 1982). 특히 제2장 조공관계 연구 참조.

17. 몽골족의 원나라를 중국사의 한 부분으로 볼 수 있느냐는 역사 해석상 논쟁적인 문제다. 그러나 중국사에 관한 일반적 역사서들은 원 제국을 중국역사에 포함시키고 있다.

18. 이정식『21세기에 다시 보는 해방후사』(서울: 경희대학교 출판부, 2012), 제2강. 김일성은 일제가 남기고 간 북한지역에 있던 무기 공장에서 만든 소총을 마오쩌둥 공산군에게 제공하는 등 중국의 공산 혁명을 지원했다.

19. 조선일보, 사설 2007년 8월 24일.

20. 이춘근『격변하는 동북아시아와 한국의 책략』(파주: 백년동안출판사, 2014), pp. 99-100.

21. 사실은 이것도 미국이 주한미군을 북한의 미사일 공격으로 보호하기 위한 장치로서 배치하기 원하는 것이었다. 중국은 미국의 사드 미사일 배치가 중국의 안보를 위협한다는 과학적, 군사적으로 온당치 못한 말을 하며 한국정부를 겁박했다.

22. 한 나라의 수출액과 수입액 합계를 그 나라의 GDP로 나누어서 얻은 숫자를 말한다. 오늘의 한국은 수출액과 수입액 합계가 GDP 합계와 거의 같다. 즉 우리나라의 대외 무역 의존도는 1 혹은 100%에 이른다.

23. 조선일보, 2014년 2월 5일.

24. The Economist, November 9, 2013.

25. 송희영 주필, 조선일보 2015년 10월 17일자.

26. 이 부분의 논의는 필자가 미국 아틀라스 연구소(The Atlas Institute)에 제출했던 비공개, 미간행 논문(Korean Perception on the Rise of China)을 기초로 작성한 것임.

27. 중국의 역대 왕조들은 선대 왕조의 역사를 편찬했다. 현 중화인민공화국은 청나라의 역사를 편찬하고 있는 중인데 여기서 만약 조선을 청나라의 종속국처럼 묘사한다면 이는 한중 관계의 미래에 아주 좋지 않은 영향을 미칠 것이 분명하다. 신경진, 앞의 논문(2011), p. 67. 중국정부는 이미 청사공정의 편집을 마쳤지만 2015년 현재 아직 정무적 판단을 남겨두고 있는 것으로 보인다.

28. 유민호『일본 내면 풍경: 한국은 일본을 너무 모르고, 일본은 한국을 너무 잘 안다』(파주: 살림출판 2014)

29. 2015년 11월 27일 유민호 선생 초청 공부모임에서 청취.

30. 조선일보, 2012년 9월 23일 인터넷 판.

31. 신동아, 2003년 11월호, pp. 424~433.

32. 신동아, 2007년 7월 호.

33. 조선일보, 2012년 9월 6일자.

34. 조선일보, 2012년 9월 6일자.

35. Ibid.

10 미중 패권 경쟁과 한국의 대전략

1. 이장은 필자가 2014년 6월 출간했던『격동하는 동북아, 한국의 책략』에서의 논의를 기반으로 해서 재작성한 것임을 알립니다.

2. 김종권,『국난사 개관』(서울:명문당,1984). 부록 국난통계표 p. 122.

3. Edward N. Luttwak, Strategy: The Logic of War and Peace (2nd. ed.; Cambridge: Harvard University Press, 2002).

4. Robert Kagan, The Return of History and the End of the Dreams (New York: Knopf, 2008).

5. 서영교,『고구려, 전쟁의 나라: 700년의 동업과 경쟁』(서울: 글항아리, 2007).

6. 대략적으로 박정희, 전두환 정부 이후의 대한민국 정권은 북한의 각종 도발에 상대적으로 단호하게 대응하지 못했다.

7. Hans J. Morgenthau, Politics Among Nations: Struggle for Power and Peace (5th ed.; New York: Alfred A. Knopf, 1973).

8. 더 자세한 내용은 주돈식『조선인 60만 노예가 되다: 청나라에 잡혀간 조선 백성의 수난사』(서울: 학고재, 2007).

9. 이숙인 "예로써 섬긴 나라? 여자로 섬긴 나라!" 규장각한국학 연구원,『조선 사람의 세계여행』(서울: 글항아리, 2011) 참조.

10. Geoffrey Blainey, Causes of War (New York: Free Press, 1973). 블레이니 교

수는 국가 간 '누가 힘이 더 강한가'에 대한 논란(disputes in the measurement of power) 때문에 전쟁이 발발한다고 주장한다. 누가 더 강한가, 즉 누가 전쟁에 이길 것인가의 문제가 분명할 경우 국가들은 전쟁을 벌이지 않는다.

11. Joshua S. Goldstein, Winning the War on War: The Decline of Armed Conflict Worldwide (New York: Dutton, 2011).

12. Colin S. Gray, Another Bloody Century?: Future Warfare (London: Weidenfeld and Nicholson, 2005).

13. Henry A. Kissinger, Does America Need a Foreign Policy?: Toward a Diplomacy for the 21st Century (New York: Simon and Schuster, 2001), p. 110.

14. 당시 영국의 관심은 러시아의 남진을 막는 것이었는데 영국은 조선이 그 역할을 해 줄 수 있다고 믿을 수 없었을 것이다. 결국 1902년 영국은 일본을 파트너로 택했고 영국과 동맹을 체결한 일본은 러시아마저 굴복시킨 후 아시아의 패자(覇者)로 부상하는 데 성공했다.

15. 최근 중국 경제의 하락, 미국의 부활, 일본의 재부활 등으로 인해 중국이 패권국이 될 것이라는 견해는 결정적으로 약해졌다. 필자는 중국이 세계 패권국이 되는 것은 물론, 아시아의 패자가 되는 것도 사실상 불가능한 일이라고 보고 있다.

16. 한중 수교 이후 지금까지 주중 한국대사와 주한 중국 대사의 격을 비교해 보면 곧 알 수 있는 일이다.

17. 복거일, 『한반도에 드리운 중국의 그림자』 (서울: 문학과 지성사, 2009). 복거일 선생의 이 책은 중국이 한국을 과거 일본처럼 식민통치할 것이라 우려하는 것은 아니다. 그러나 막강해진 중국 앞에 대한민국은 마치 핀란드가 러시아의 눈치를 보며 살아야 하는 어려운 처지에 이르게 될 것이라 우려하는 것이다.

18. Zbigniew Brzezinski, Strategic Vision: America and the Crisis of Global Power (New York: Basic Books, 2012).

19. 그러나 미국을 비롯한 세계 대부분의 나라들은 한국 사람들의 '일본에 대한 거의 영원한 적대감'을 오히려 더 이해하기 어려운 일이라고 생각한다.

20. Pew Global Attitude Projects: Global Unease with Major World Powers. Robert Kagan, Op. Cit., p. 88.에서 재인용.

21. 이춘근, "TPP 체결의 군사전략적 함의" 2015.11.27. (이춘근 Blog)

22. Katia Porzecanski "Bass Says China Bank Losses May Top 400% of Subprime Crisis" http://www.bloomberg.com/news/articles/2016-02-10/bass-says-china-s-banking-losses-may-top-400-of-subprime-crisis

23. 이춘근 블로그(http://blog.navr.com/choonkunlee)에 미국 에너지 혁명과 그 파급효과에 관한 논문들이 게재되어 있음.

24. Ian Bremer, Superpower: Three Choices for Americas Role in the World (New York: Portfolio/Penguin, 2015).

25. TIME, June 1. 2015.

26. Peter Zeihan, The Accidental Superpower: The Next Generation of American

Preeminence and the Coming Global Disorder (New York: Twelve, 2014).

27. 황준헌은 러시아가 조선을 모두 차지하는 경우 청나라가 당면하게 될 상황을 우려한 것이다.

28. 조선일보, 2014년 1월 29일 자

29. 위의 신문. 하영선-문정인 교수 대담 중에서.

30. 한국 국회의원 중에는 이를 헷갈리는 사람도 있다. 통일의 방법에는 전쟁, 평화등 다른 방법이 있지만 통일의 결과는 어떤 경우라도 한편이 다른 한편에 흡수되는 형태로 나타난다. 역사적으로 흡수 통일이 아닌 통일은 없었다.

31. The Economist, December 31, 2011.

32. 조선일보, 2016년 2월 13일자 인터뷰 "통일은 댄스파티가 아니다"

33. 조선일보, 2012년 9월 11일자, 강인선 기자의 글.

34. Robert Gates, Op. Cit., p. 416. 게이츠 전 미국 국방장관의 회고록.

35. 박성조 『한반도붕괴: 위기의 남북관계 그 새로운 전략과 해법』(서울: 랜덤하우스 중앙, 2006), p. 12.

36. 2010년 가을에 행해진 미국의 한 여론 조사는 한반도가 미국에 대단히 중요하며 (80%) 통일을 이룩한 한반도와 미국이 동맹을 유지해야 한다는 여론도 60%가 넘었음을 알려주고 있다.

37. 조선일보, 2010년 3월 12일자. 샤프 대장의 언급도 북한 급변 사태 시 미국이 군사적으로 개입할 것임을 분명히 밝힌 것이라 볼 수 있다.

38. 중국정부 당국자의 공식적인 언급은 아니나 중국 청화대학의 추슈롱(楚樹龍) 교수는 2011년 10월 17일 서울에서 열린 한 세미나에서 중국은 북한 급변사태에 개입하지 않을 것이라고 말한 바 있다. 추 교수는 "중국은 어떤 경우에도 북한을 군사적으로 지원하지 않을 것"이라고 말했다. 조선일보, 2011년 10월 18일자.

39. "The position of Prussia in Germany will not be determined by its liberalism but by its power... Prussia must concentrate its strength and hold it for the favorable moment, which has already come and gone several times. Since the treaties of Vienna, our frontiers have been ill-designed for a healthy body politic. Not through speeches and majority decisions will the great questions of the day be decided that was the great mistake of 1848 and 1849 but by iron and blood (Eisen und Blut)." https://en.wikipedia.org/wiki/Blood_and_Iron_(speech)